本书是国家社科基金“基于空间正义的城市治理研究”
(16B2X015) 的结项成果,
受“华中科技大学文科学术著作出版基金资助”
“湖北省重点马克思主义学院建设经费资助”

基于空间正义的城市治理研究

董慧◎著

中国社会科学出版社

图书在版编目（CIP）数据

基于空间正义的城市治理研究／董慧著．—北京：中国社会科学出版社，2022.2
ISBN 978－7－5203－9281－5

Ⅰ．①基…　Ⅱ．①董…　Ⅲ．①城市管理—研究—中国　Ⅳ．①F299.23

中国版本图书馆 CIP 数据核字（2021）第 218895 号

出 版 人　赵剑英
责任编辑　喻　苗
责任校对　胡新芳
责任印制　王　超

出　　版　中国社会科学出版社
社　　址　北京鼓楼西大街甲 158 号
邮　　编　100720
网　　址　http：//www.csspw.cn
发 行 部　010－84083685
门 市 部　010－84029450
经　　销　新华书店及其他书店

印　　刷　北京明恒达印务有限公司
装　　订　廊坊市广阳区广增装订厂
版　　次　2022 年 2 月第 1 版
印　　次　2022 年 2 月第 1 次印刷

开　　本　710×1000　1/16
印　　张　24.5
插　　页　2
字　　数　316 千字
定　　价　128.00 元

序

欧阳康*

董慧教授的新著《基于空间正义的城市治理研究》将要出版，希望我能够为之做序。有感于空间正义与城市治理在当前中国国家治理中的特殊意义，这里谈些初步的看法，也是对该书出版的诚挚祝贺！

城市是在人类文明发展进步中生成的，是人类群居性社会生活的必要空间。都市化是现代化的重要内容。近代以来的现代化造就了现代大都市，也提出了城市治理的重要任务。空间正义是社会正义的重要内容，城市治理是国家治理的重要单元，也在其最重要的组成部分。城市治理创新是社会治理创新的重要基础，也引领着国家治理的发展方向。由此凸显了本书所具有的特殊意义。

近代以来的中国逐步加入了世界现代化，都市化成为推动当代中国经济社会发展的重要动力。尤其是改革开放以来，经济社会快速发展，既依托于也推动了波澜壮阔的城镇化进程，一方面取得了举世瞩目的成就，另一方面也日益凸显了城市空间非正义问题：城市空间生产异化、空间资源分配不均、空间剥夺、居住空间分异、自然空间过度资本化，等等。

正是对于这些问题的特殊关注，构成了董慧教授这部专著的主

---

* 欧阳康：华中科技大学国家治理研究院院长、哲学所所长、哲学学院二级教授。

题。从主持完成同名的国家社会科学基金项目，到形成该书，前后历经4年，近26万字，难能可贵。该书以空间正义为价值原则与目标导向，运用马克思主义的立场和方法、借鉴新马克思主义城市理论的基本观点和方法，从理论探析、现实透析和实践策略三个层面展开思路，探析如何对城市整体进行系统的统筹治理，空间正义对于城市治理的意义，和迈向中国城市善治的现实路径等重要问题。本书尝试建构以空间正义为价值目标和导向的城市治理体系，积极推动空间正义理论的中国化和本土化，创新社会治理，提升城市治理体系和治理能力现代化，实现文明城市建设常态化，形成了对于基于空间正义的城市治理研究的体系化、系统化的成果。

从空间正义视角探讨城市治理，是一个全新的课题。该书力求在研究视域和思路上有所创新。一是系统梳理空间正义与城市治理之间的渊源流变和交错关系，对城市治理进行了较为深刻的空间剖析，更好阐释城市治理的空间正义维度。二是在追寻正义过程中对于城市治理的理论定位、运行机制、治理策略等进行了较为深入、系统的研究。三是结合中国城镇化、世界城市化、信息化等复杂交错的特殊背景，把握城市治理的空间正义维度与治理视域下的城市空间正义之间的辩证张力，深入挖掘城市空间中所蕴含的利益主体及其相互关系，在此基础上明确城市治理的主体、治理方式、治理权责，探索构建正义的、公平的、人性的城市治理之道。四是在城市治理的空间理论分析框架之下，选取国内外几个典型的“良好的城市治理”地区，梳理其治理实践的模式与经验，为探讨对策路径奠定基础。五是在中国全面深化改革总体目标框架下，针对城市治理变革与实践所揭示出来的新矛盾、新议题、新任务、新方略，积极憧憬和探析如何真正走向正义之城，如何实施符合正义的城市治理。

立足于对诸多重大问题的探讨，该书提出了一些富于创新性的理论和实践观点，例如：城市治理作为国家治理现代化在城市领域的生动实践，直接关系着整个国家治理现代化的水平，也关乎人类文明和可持续发展。为此，既需要科学把握我国各个阶层之于城市空间的伦理诉求，也需要实践论反思来保证其合理性与有效性；城市治理的目标是实现城市空间权利所蕴含的空间多元利益的协调与平衡，从空间政治经济学批判的角度来看，是空间生产和空间分配及使用的平衡；从空间机制建设的角度来看，需要民主化的有效参与机制和法治化的利益协调机制的双重平衡；空间生产、空间权利、空间认同与空间活力是把握和建构城市治理的四个重要因素（Production，Right，Identity，Vitality）；城市“善”治的重要目标不仅仅是提高空间生产力，而且还要注重解决空间异化和极化、空间控制和剥夺、空间隔离和排斥、空间精神文化价值衰落等非正义问题。城市治理如何才能在全面推进过程中，进一步彰显内在的“善”，与此同时，“正义”和“美好”的内涵也将直接决定着中国现代化的未来；基于空间正义的城市治理，其实质在于以空间为中轴，运用社会空间辩证法，思考城市治理究竟治理什么、怎样治理，才能实现公平与正义的诉求。这里尤为重要的是，城市治理是一项复杂的系统工程，既涉及到城市的空间发展和市民生产、生活等各个方面，也涉及到城市规划、建设、管理等各个环节。该书力求从城市空间、城市人以及城市治理的现实问题入手，探究城市空间发展矛盾，把脉人在生产、生活中的问题，审思城市治理本身的问题，明晰城市问题的生成逻辑。这一努力有助于推动城市系统性、有效性、现代化以及正义化的治理。

本书具有非常重要的学术价值，具体体现在以下几个方面：首先，对城市治理的空间逻辑线索的分析，以及尝试建构的跨学科的分析方法，为构建以中国化的空间正义为轴心的城市治理空间分析框架奠定了基础；其次，从哲学本体论、认识论、价值论的角度考察城市治理，加强了城市治理的学理基础；再次，综合哲学、政治学、经济学、社会学、城市规划学等相关学科和知识，以空间为中轴，深刻分析城市空间非正义问题，彰显了本课题研究的学理性。

该书对于推进当前我国的城市治理具有重要的应用价值：例如，建构中国化的符合空间正义的城市治理模式，为诸如空间剥削、空间排斥、空间集聚、空间同质化、居住空间紧张、公共空间缺乏、阶层分异等非正义问题的研究提供方法指导与对策建议；又如，通过梳理和提炼国内、国外几个大城市的演变规律、发展战略、治理经验，有利于进一步探讨由城市化、工业化、信息化、全球化和国际化所推动的城市治理的实践进程，尤其是中国基于正义、以人为中心发展需求的城市治理现代化实践，推进城市治理体系和治理能力现代化。

董慧教授多年前曾经在我的指导下在华中科技大学哲学系攻读哲学博士学位，她的博士学位论文《社会活力论》是社会认识论系列博士学位论文中的重要作品，曾经获批主持国家社会科学基金青年项目，拓展和深化了社会认识论研究。她多年来在华中科技大学马克思主义学院任教，积极开展教学、科研和社会服务，成果丰硕。自2014年华中科技大学成立国家治理研究院以来，她作为研究院的研究员积极参加各种活动，深耕马克思主义哲学与城市治理的研究，努力探索和践行马克思所说的“问题在于改变世界”，为坚持中国特色社会主义制度，推进城市治理现代化努力贡献。她受国家治理研究院委托，承担了中共湖北省委全面深化改革委员会2020年改革智库重点课题“武汉建设科技创新中心城市体制机制研究”，撰写建议报告《武汉建设科技创新中心城市体制机制研究报告》、《湖北省十四五规划建议——关于武汉市建设科技创新中心城市体制机制的思考》，为武汉市贯彻新发展理念、推进省域治理现代化作出了重要贡献，为武汉市疫后经济社会恢复发展、加速现代化发展提供了重要建议参考。

在去年抗击新冠疫情期间，国家治理研究院发起了“抗击新冠肺炎疫情与国家治理现代化综合研究”，组织跨学科团队先后撰写118篇抗疫对策建议案，为国家抗疫建言献策。董慧教授积极参与，所撰写的《精准干预与长效预防——对湖北省新冠肺炎治愈者开展长效心理危机干预的建议》、《科学防控与有序复工——对湖北省疫情防控期间企业复工的建议与思考》、《关于开发利用‘反鄂人员’疫情防控信息平台的建议——精准登记、科学管理、严格把控》、《关于当前新冠疫情风险的应对建议》先后被我所主编的《国家治理参考》抗击新冠疫情专辑采用，并被有关重要内参采纳，有部分建议观点被湖北省抗击新冠疫情指挥部采纳，为抗击新冠肺炎疫情做出了积极贡献。

清晰的研究方向必然带来丰硕的学术成果。董慧博士近年来围绕本专题在国内重要期刊上公开发表近20篇相关论文，多篇被《中国社会科学文摘》、《人大复印资料》转载。同时作者将该研究专长建设为博士和硕士培养方向，积极指导博士生和硕士生开展此项研究，迄今为止已指导了数十位硕士研究生、博士研究生的学位论文，如《历史唯物主义视域下的空间伦理研究》、《城市空间治理研究－马克思主义社会空间批判视角》、《戈特迪纳的城市空间政治经济学理论及其意义研究》、《多琳·马西的空间生产理论》、《本雅明城市空间批判思想研究》、《列斐伏尔的都市社会理论及其时代意义》等，既培养了优秀人才，也深化了学术研究。这些都表明作者具有广阔的研究视野，敏锐的问题意识，也说明了该主题的前沿性、创造性与重要性。希望也相信董慧教授今后会在相关研究领域取得更大成就。

目　录

绪　论

党的十八届三中全会首次提出“推进国家治理体系和治理能力现代化”，十八届四中全会突出强调多层次多领域的依法治理，十八届五中全会针对社会治理领域存在的问题，对加强和创新社会治理做了全面部署，2019 年党的十九届四中全会则将推进国家治理体系和治理能力现代化作为治国的纲领性要义和战略性精神。从整体性的视角来看，城市是国家发展的重要空间有机体和内生动力，城市治理是国家治理最重要的基础之一，是实践国家治理的具体单元，可以说城市治理现代化水平决定着国家经济社会文化的发展。城市治理也是社会治理创新的重要基础和突破口。正如习近平总书记强调的“社会治理的重心必须落到城乡社区，社区服务和管理能力强了，社会治理的基础就实了”[①]。当前中国波澜壮阔的城镇化取得了举世瞩目的成就，也带来了日益凸显的城市空间非正义问题：城市空间生产异化、空间资源分配不均、空间剥夺、居住空间分异、自然空间过度资本化等。基于上述背景，以空间正义为价值原则与目标导向，对城市整体进行系统的统筹治理，探讨空间正义对于城市治理的意义，以及城市治理的理论建构与现实路径，迈向中国城市善治，已成为具有紧迫性的重大时代课题。

① 魏礼群：《实现从社会管理到社会治理的新飞跃》，《北京日报》2019 年 3 月 18 日。

本书的写作目的并不是建构空间正义的理论体系或是城市治理的分析框架，而是在对不同学科和理论领域国内外空间正义和城市治理研究的内容、脉络、趋势及逻辑进行全面的整理与分析的基础上，根据马克思主义哲学和新马克思主义城市理论的基本观点和方法，尝试以正义为价值导向，建构城市治理的空间分析框架及实施策略，通过推进城市治理体系和治理能力现代化来保障城市空间正义。经济发展、科技进步、全球化及城镇化，使得整个城市和社会生活变得空前复杂。这需要发展一种更有效的城市治理能力，更好地协调各方面的关系，维护公平正义，实现和谐社会的长治久安。建构城市治理的空间分析框架，以公平正义作为其哲学基础和价值追求，不仅在理论上是可能的，而且具有强大的实践功能。因此，在明确研究对象的基础之上，确定研究逻辑进路当然就是本书首先要解决的问题。所以，本书聚焦的重点问题之一，就是要在中国城镇化特殊境遇中，理解与建构城市治理的空间正义维度与治理视域下的城市空间正义的辩证张力。因此，对空间正义的基础理论以及城市治理的基本研究进行考察，是本书进一步深入研究的基础性环节。以下将展开对国内外相关研究状况的梳理，这一解释性、描绘性及批判性的工作，将在对本项研究的理论与实践意义进行确证的基础之上，为本项研究提供可借鉴的成果以及可拓展的空间。

一　国内相关研究动态

（一）空间正义

对于空间正义的研究，主要表现在，学者们借鉴西方空间及正义的基础理论，从哲学、城市社会学、政治学、经济学、建筑规划等不同视角，对空间正义进行思想溯源，并结合中国问题的特殊性，尝试提出城市空间正义的基本路径。研究中既有对相关空间正义的文本与思想的解读，也有对空间理论代表性人物的空间正义思想及其价值的当代挖掘，同时也力图发现并诊断时代问题，运用空间生产理论分析中国城市发展现实问题，以期为走向空间正义提供一种可能的理论分析框架和范式。总的说来，研究呈现出以下两方面主要特征：

第一，多元化学理分析。国内最早对空间正义进行界定的是任平，他从政治哲学的角度对空间生产以及空间资源配置中的社会正义问题进行反思。[①] 在对空想社会主义者、城市规划学者以及新马克思主义空间理论代表学者们的空间正义思想进行历史溯源的基础之上，他从人们空间生存方式及其相关空间权益的合法性出发，讨论了空间正义不同维度的要求和基本原则，包括空间产品的权益保护、空间形态的平等合法支配权、空间生活的表现形式的权利维护。空间正义指向公众平等的空间权益，并且是和谐城市、可持续城市化的题中应有之义。陈忠则从城市哲学和城市批评史的角度，通过梳理列斐伏尔的空间辩证法、苏贾的第三空间理论以及奥尔森集体行动理论，展开对空间辩证法、空间正义和集体行动之间关系的逻辑思考，并且为如何解决空间问题、建构空间正义以及中国空间哲学和城市哲学的构建提供了一种创新性的思考方式。[②] 高春花、孙希磊从伦理学角度出发，对城市空间正义的伦理诉求——城市空间的平等性、属人性、多样性进行阐释，并且指出城市发展中正义缺失的现象——城市空间贫困、城市空间异化、城市空间分区，针对这些问题从伦理层面提出建设性路径。[③] 乔洪武等从经济哲学角度出发，通过梳理与挖掘以列斐伏尔、索亚和马尔库塞为代表的当

① 任平：《空间的正义——当代中国可持续城市化的基本走向》，《城市发展研究》2006 年第 5 期，第 1—4 页。

② 陈忠：《空间辩证法、空间正义与集体行动的逻辑》，《哲学动态》2010 年第 6 期，第 40—46 页。

③ 高春花、孙希磊：《我国城市空间正义缺失的伦理视阈》，《学习与探索》2011 年第 3 期，第 21—24 页。

代西方马克思主义的空间正义思想，从经济公平和经济正义的视角寻找对我国城镇化发展的重要借鉴资源，即城乡空间资源配置的均衡与平等是一项非常紧迫的任务。[①] 王志刚则从主体性角度对中国特色社会主义情境下空间正义的基准进行探讨，认为“社会主义空间正义的实质是和谐与平衡”，其要求是社会主体可以相对自由并且平等地享有空间权益，是“不同政治价值取向和不同主体之间利益博弈的动态平衡”。[②] 钱振明则明确提出，当前中国城市化有正义缺失的问题，这个会破坏可持续的城市化的根基，导致诸如地区利益和权利被剥夺、行业和社会人员的收入差距扩大、城乡关系不平衡、社会秩序的稳定得不到保障，因此需要相关政策调整，来保障符合空间正义的新城市化，即平等地享有城市文明的权利、关注社会平等和公共福利、以人为本、城市环境容量以及资源承载力与城市发展相协调的城市化。[③]

第二，对策性的路径建构。主要针对当前城市化进程中，诸如社会空间断裂、社会正义缺失等不断积累的社会问题，提出科学性的对策建议。张京祥、胡毅在对当前中国快速城市化过程中社会冲突批判性分析的基础之上，指出问题的根源在于追逐经济利益而导致正义这一重要的价值取向缺位，并且以新马克思主义视角分析了空间正义，对城市更新的前提、过程和结果中的不正义进行了批判，最后在思考平衡市民、政府和市场的博弈关系的路径中寻找空间正义的准则。[④] 曹现强等认为，空间正义具有很强的政策意义，

---

① 乔洪武、师远志：《经济正义的空间转向——当代西方马克思主义的空间正义思想探析》，《哲学研究》2013 年第 12 期，第 19—25 页。

② 王志刚：《论社会主义空间正义的基本架构——基于主体性视角》，《江西社会科学》2012 年第 32 卷第 5 期，第 36—40 页。

③ 钱振明：《走向空间正义：让城市化的增益惠及所有人》，《江海学刊》2007 年第 2 期，第 40—43 页。

④ 张京祥、胡毅：《基于社会空间正义的转型期中国城市更新批判》，《规划师》2012 年第 28 卷第 12 期，第 5—9 页。

尤其表现在对中国城市问题的强烈的现实意义上。中国城市化过程是城市空间的生产和重构过程，这一过程也是经济效益占主导地位的过程，在城乡空间问题上导致城乡空间利益不协调、农村空间与农民空间权利被剥夺等一系列非正义问题。对此，他提出，我们“需要在发展理念、发展模式及政策选择上系统化地对非正义的空间发展现状进行矫治”[①]，比如城乡之间的整体性规划与调整、保障乡村生存空间的细胞与脉络、增强城乡生活空间的内涵、立法和政策保障农民土地权益等。唐踔认为城市化是一种空间生产现象，有其空间正义诉求，但我国城镇空间非正义问题日益凸显，对此，需要在公共政策的制定、空间规划过程中监督机制的作用、空间层面社会政策的制定、资本的缺陷之限制与弥补、文化传承创新的加强、城镇绿色生态积极改善等方面提出积极化解空间非正义矛盾的现实路径和治理之道。[②]

（二）城市治理

由于城市化快速推进和治理理论勃兴的双重推动，国内城市治理研究持续升温。当前学界研究主要集中在公共管理学和城市规划领域，在对西方城市治理研究进行梳理与分析的基础之上，讨论城市治理兴起背景、分析框架、治理实践、效果评估等主题。总的来说，研究主要呈现为以下两方面基本特征：

第一，拓展化的理论探究。对于城市治理的理论讨论，最初集中在城市管治方面的探讨。例如，顾朝林认为，随着经济全球化的发展，一个不平衡的并且具有空间差异的大都市出现，那么，需要建立一种地域空间管理框架，使得城市管治更加有效。[③] 针对这一

① 曹现强、朱明艺：《城市化进程中的城乡空间正义思考》，《理论探讨》2014 年第 1 期，第 139—144 页。

② 唐踔：《空间正义：中国新型城市化道路的必然选择》，《环球市场信息导报》2014 年第 39 期，第 24—28 页。

③ 顾朝林：《论城市管治研究》，《城市规划》2000 年第 9 期，第 7—10 页。

问题，他较系统地梳理了城市管治理论的历史背景、研究进展，并且概括了中国城市管治研究的主要内容以及研究方法。黄光宇等认为，针对我国物质生产方式发展、市场经济体制和管理体制改革的新形势，需要提出现代城市管治的要求。① 发端于西方的现代城市管治研究，既丰富了城市学的内涵，也可以为我国城市规划建设提供一些可能的借鉴，中国城市管治体系需要创新，需要提高城市管理体系的效率，从垂直和水平两个维度构建体现公正公平原则的管治体系。这些学者主要通过对西方城市治理评介，探讨城市治理的概念、模式特征。还有一些学者则对城市治理中存在的问题及原因进行研究，如丁健②认为科学的城市治理是一个城市实现现代化的根本保障和重要标志，他以上海为例，挖掘上海城市治理存在的问题与缺陷，继而提出相应的理念、体制、技术、运行机制等方面的新思路，来探讨为什么需要以及如何建构一个新的城市治理体系。也有对城市治理主体的研究，如王佃利③从治理主体的角度，挖掘城市治理的基本意涵，建构城市治理的分析框架，并且指出良好的城市治理，会抓住其核心即分配、整合和协调不同主体之间的利益差异。钱振明提出良好的城市治理可以促进城市可持续发展，那么良好的城市治理是对传统城市治理体系即强调政府是唯一主体的突破，要求多元主体共同参与、相互协作，因此按照这一价值准则，可以建立科学合理的绩效评估体系。④ 踪家峰等分析了城市治理的模式，如企业家化治理模式、改革政府模式以及公私共同治理模

---

① 黄光宇、张继刚：《我国城市管治研究与思考》，《城市规划》2000 年第 9 期，第 13—18 页。

② 丁健：《论城市治理——兼论构建上海城市治理新体系》，《上海市经济管理干部学院学报》2004 年第 4 期，第 34—40 页。

③ 王佃利：《城市管理转型与城市治理分析框架》，《中国行政管理》2006 年第 12 期，第 97—101 页；《城市治理中的利益主体行为机制》，中国人民大学出版社 2009 年版。

④ 钱振明：《走向空间正义：让城市化的增益惠及所有人》，《江海学刊》2007 年第 2 期，第 40—43 页。

式，在批判性借鉴这些模式的基础之上指出中国城市治理重要的紧迫性问题以及需要努力的方向。[①] 还有对城市治理法治维度的探讨，例如肖金明提出，城市善治需要在法治上下功夫，要处理好法治与善治之间的辩证关系，诸如权力体系的改造、权利与权力的关系、依法治理与保障人权之间的关系等都要积极考量；[②] 蒋晓伟等则提出城市从管理到治理的发展，就是城市治理法治化的过程，法治化的原则、方略是现代化的城市治理不可或缺的重要内涵。[③]

第二，经验性的实证探讨。通过相关案例及样本数据的客观分析或是模型建构，来讨论如何建构城市治理的科学化结构。如诸大建等提出“四型”“四化”的城市管理，政府、企业和社会的三元治理结构，倡导城市管理主体多元化的存在，培育政府以外的公共组织、社区组织、行业组织、营利组织和社会公众等不同主体力量参与治理。[④] 王志锋对城市治理的结构进行经济学分析与探讨，他认为城市就是由不同利益者相互作用而构成的复杂体，决定未来城市发展成败的关键性因素是主体（包括不同利益集团与个人）之间的利益关系，城市利益相关者“既具有自身的目标函数和利益导向”[⑤]，也拥有一定的博弈资源。只有主体间博弈均衡、利益关系达到协调，才能实现城市管理的创新与改革。经典的新制度经济学对此已有充分论证，因此要对利益相关者地位进行确认，并且通过长效的、创新性的制度建设保障利益确认机制。陈剩勇等则通过对法国、日本、美国和德国这些国家的城市治理与政府改革关系的考察

---

① 踪家峰、郝寿义、黄楠：《城市治理分析》，《河北学刊》2001 年第 6 期，第 32—36 页。

② 肖金明：《城市治理的法治维度》，《中国行政管理》2008 年第 10 期，第 28—32 页。

③ 蒋晓伟、饶龙飞：《城市治理法治化：原则与路径》，《甘肃社会科学》2014 年第 4 期，第 5—9 页。

④ 郝毛、诸大建：《基于三元治理结构的现代化城市管理》，《上海城市管理职业技术学院学报》2005 年第 3 期，第 42—44 页。

⑤ 王志锋：《城市治理多元化及利益均衡机制研究》，《南开学报》（哲学社会科学版）2010 年第 1 期，第 119—126 页。

研究，概括出城市治理变革创新的经验，思考我国城市治理改革方向与路径。[①] 沈建法则聚焦社会经济现象和城市体系发展动态之间关系，从城市政治经济学视角历时性地分析了中国城市化的演进，并且尝试对城市管理模式进行探讨，对人口迁移、基础设施建设以及城市规范化提出建议。[②] 杨上广以上海为例，从空间经济的角度探讨大城市社会空间演变态势及治理，对上海城市功能及经济空间演变历程进行考察，并且通过对工业布局、各区县及工业园区经济指标、商业服务空间格局以及现代服务业空间格局的实证研究，提出未来城市空间的网络结构模式的布局和规划。[③]

（三）空间正义与城市治理

学界关于空间正义与城市治理关系的探讨并不多。较为集中和直接的讨论如下：姚尚建在《城市治理：空间、正义与权利》中讨论了中国城市治理中的权力结构、正义供给与权利发展，他从马克思主义政治经济学批判视角出发，对资本、权力与权利进行了批判性反思，尤其将关注点放在中国城市化进程之上，在治理与正义的辩证关系中审视中国城市发展，认为要保证城市治理正义供给，需要关注到城市是人类共同体的集合，最终落足点是人的权利。[④] 庄立峰等的《城市治理的空间正义维度探究》则明确提出空间正义是城市治理的重要维度，正义应该成为城市治理的应然目标。在快速城市化过程中，诸如城市对乡村的剥夺、弱势群体权利被剥夺等不正义现象日益增多，挑战着城市可持续发展。因而面向空间价值正

---

① 陈剩勇、张丙宣：《城市政府改革与城市治理：发达国家的经验与启示》，《浙江社会科学》2010 年第 8 期，第 19—23、126 页。

② 沈建法：《城市政治经济学与城市管治》，《城市规划》2000 年第 11 期，第 8—11、64 页。

③ 杨上广：《大城市经济空间结构演变研究——以上海为例》，《西南民族大学学报》（人文社科版）2010 年第 31 卷第 10 期，第 157—161 页。

④ 姚尚建：《城市治理：空间、正义与权利》，《学术界》2012 年第 4 期，第 42—48、283—284 页。

义、空间生产正义和空间分配正义的城市治理理应作为应对和化解城市危机的重要切入点。为此，需要公民积极广泛参与，实现城市权利，地方政府也要承担好公共服务的责任和职能。①

从国内研究现状来看，当前有关空间正义的研究，总体上为本课题奠定了良好的哲学基础，城市治理研究略为繁荣的研究状况则为本课题提供了实践层面有益的借鉴。但是，当前将城市治理置于空间正义视域下的系统的理论及实践探讨尚付阙如，而对城市治理问题的讨论则偏重现象描述而轻理论建构，既缺乏系统的思想溯源与充分有力的哲学阐释和反思，也缺乏结合城镇化及城市空间演变特殊背景的探讨。综上，将空间正义与城市治理联系起来作为一个综合性主题进行整体的研究目前在学界尚为空白，追求空间正义的城市治理的独立分析框架尚未建立起来。

二　国外相关研究动态

（一）空间正义

空间正义思想有着非常深厚的历史底蕴。近十几年来伴随着人文社会科学中的“空间转向”，还有诸如新社会运动，空间正义思想逐渐在领地正义、环境正义、非正义的城市化等相关讨论中成为焦点。主要形成了以下三条理论线索：

第一，经典马克思主义对空间正义的讨论。尽管马克思恩格斯并没有明确提出空间正义的概念，但在《资本论》《英国工人阶级的状况》《乌河培谷的来信》《论住宅问题》《共产党宣言》等文本中蕴含着丰富的空间正义思想，这一思想有着深厚的历史唯物主义根基。马克思恩格斯对空间正义的探索，遵循着政治经济学批判路径，建立在对空间的社会性洞见基础之上。空间不仅仅是自然的、

① 庄立峰、江德兴：《城市治理的空间正义维度探究》，《东南大学学报》（哲学社会科学版）2015 年第 17 卷第 4 期，第 45—49、146 页。

物理的、地理的，也是社会的、文化的、交往的、心理的，空间具有属人性、实践性和社会性。他们对资本主义进行的深刻批判，成为探寻空间正义的基本视域与分析框架。资本积累成为全球空间结构变革的真正动力，资本主义世界市场的形成导致不正义的空间剥夺。[①] 资本的贪婪驱使它不断剥削自然环境以获得其不断扩大的财富，对自然空间任意宰割，导致人与自然关系被全面破坏。“在一定时期内提高土地肥力的任何进步，同时也是破坏土地肥力持久源泉的进步。一个国家，例如北美合众国，越是以大工业作为自己发展的起点，这个破坏程度就越迅速。”[②] 他们也对资本主义制度下的城市空间进行了深入考察，资本主义制度无法克服的矛盾加剧着城乡二元空间结构中空间分异、空间剥削等非正义现象。马克思、恩格斯对空间正义的价值诉求蕴含在对空间资本化的深刻批判中。

第二，城市规划理论对空间正义的讨论。最具代表性的当数埃比尼泽·霍华德和刘易斯·芒福德。埃比尼泽·霍华德[③]是20世纪英国著名城市规划师，他提出一条构建理想城市的道路，这是一条和平的改革道路。之所以要改革，是因为大城市的城市规划遭遇种种困难和危机，无法解决在他看来是一些非正义的问题，如农民生活条件恶化，生态环境恶化等。而改革的落足点则是他所构想的符合空间正义的城市模型——有机地将城市和乡村融合起来的田园城市，为此他针对用地规模、收入支出、空间布局等方面做了非常具体的规划。刘易斯·芒福德是美国著名的社会哲学家和城市规划理论家，他对城市发展历史进行了系统梳理，在他看来，大都市包含着尖锐的矛盾，比如城市更新，是城市作为一个生命有机体更迭发

① 参考马克思恩格斯选集相关论述：“各殖民地开始成为巨大的消费者；各国经过长期的斗争，彼此瓜分了已开辟出来的世界市场。……这里已经出现商业和工场手工业集中于一个国家的现象。”《马克思恩格斯选集》第1卷，人民出版社1995年版，第111页。

② 《马克思恩格斯全集》第23卷，人民出版社1972年版，第552—553页。

③ 埃比尼泽·霍华德：《明日的田园城市》，金经元译，商务印书馆2010年版。

展的重要途径和必要手段，它包含着政治、经济、文化等不同维度的重要内涵。但是却因为商业利益和效率的驱使，“清除贫民窟，建立示范住房，城市建筑装饰，郊区的扩大，‘城市更新’—只是表面上换上一种新形式，实际上继续进行着同样无目的的集中并破坏有机机能”①，城市的自然、人文环境均遭到破坏。他从政治、经济、文化、城市规划等不同方面展望有机的、人性的、正义的城市。

第三，新马克思主义城市理论的相关讨论。新马克思主义城市理论中有非常丰富的空间正义思想。这一思潮的出现与资本主义国家城市危机紧密相关，列斐伏尔、卡斯特尔、哈维和索亚是新马克思主义城市理论的代表人物。他们以马克思主义社会空间观为基本研究范式，从空间这一重要分析视角出发，对资本主义城市社会的资本积累、矛盾冲突以及非正义现象进行深入研究和批判，聚焦如何获取城市权利进而实现空间正义的城市革命道路。列斐伏尔是新马克思主义者中最早从空间生产、权利、生产关系的再生产角度探讨空间正义的学者。② 他将马克思理论中的空间洞见、海德格尔的日常生活哲学等直接融入对资本主义城市空间的批判中，把握到城市空间的生产与再生产，与资本主义生产方式即生产关系的再生产是同步的、一致的，并且通过日常生活来实现。空间生产的主导者是资本主义国家，空间生产本身就是一种全新的政治策略和意识形态实践，导致了非正义的城市空间结构和城市生活样态。非正义的空间矛盾，预示着改变的可能性。如何改变？列斐伏尔构想都市革

---

① 刘易斯·芒福德：《城市发展史——起源、演变和前景》，宋俊岭、倪文彦译，中国建筑工业出版社 2008 年版，第 572 页。

② 列斐伏尔的 1968 年《城市的权利》、1970 年《都市革命》、1970 年《空间的政治学反思》、1972 年《马克思的思想与城市》以及 1974 年《空间的生产》等著作中蕴含着丰富的城市空间生产、空间正义的思想。

命这一激进策略，以及“三位一体”[①] 的实践范本——通过差异性空间的建构，差异性权利的获取来实现空间正义。卡斯特尔延续正统的马克思主义思想路线，并且超越传统马克思主义分析的局限性，来分析为什么城市居民在争夺有限的空间资源、获取相关空间权利和争取空间正义的时候往往采取冲突的形式——涉及住房、教育、交通、卫生、福利等领域，而这些领域的冲突，并不在传统马克思主义关于劳动力和资本之间矛盾和冲突关系的讨论范围。在他看来，争取空间正义的城市斗争这样一种社会运动既具有非常重要的理论意义，也具有关键性的现实意义。[②] 并且他看到网络社会的到来，流动空间的意义日益凸显，新工业空间的分散与集中并存，由此引发的一些空间非正义问题，比如管理精英群体与普通大众之间的矛盾、流动空间与地方空间的矛盾等特别值得认真对待。[③]

哈维[④]作为马克思主义地理学家，尤其关注地理不平衡发展和社会不平等的问题。他从总体上对资本空间化问题进行批判，揭示资本主义空间生产的非正义性，尝试在历史—地理唯物主义的分析框架内探寻空间正义的机制与路径，解决城市空间中诸如空间剥夺、空间分异、公共空间使用不平等、资本流通与财富分配的空间

---

① “三位一体”指的是城市权利、差异权利和空间正义，参见 DIKE，MUSTAFA，“Justice and the Spatial Imagination”，*Environment & Planning A*，Vol. 33，No. 10，2001，pp. 1785 - 1805。

② MANUEL CASTELLS，*The City and the Grass Roots*，Berkeley and Los Angeles：University of California Press，1983；*The Urban Question*：*A Marxist Approach*，Cambridge：MIT Press，1977.

③ 曼纽尔·卡斯特：《网络社会的崛起》，夏铸九、王志弘等译，社会科学文献出版社 2006 年版。

④ 参见 DAVID HARVEY，*Social Justice and the City*，Baltimore：John Hopkins University Press，1973；“Labour，Capital，and Class Struggle Around the Built Environment in Advanced Capitalist Societies”，*Politics & Society*，Vol. 6，No. 3，1976，pp. 265 - 295；*The Urbanization of Capital*：*Studies in the History and Theory of Capitalist Urbanization*，Baltimore：Johns Hopkins University Press，1985。

不均衡、环境污染的空间转移等的非正义问题。面对这样的空间非正义现象，哈维构建空间解放政治学和辩证乌托邦理想，在开放的空间秩序中去寻找普遍性、差异性的权利。

索亚在其空间研究的“三部曲”[①] 之后，继续探讨人的空间性存在这一重要命题，并且通过空间正义的理论与实践，完成了其空间研究的“第四部曲”[②]。索亚强调空间三元辩证法，在此基础上提出空间正义，争夺城市权利是获取正义的重要手段。如果人可以获取城市空间，获得参与城市管理的机会，享受城市幸福生活的权利，那么他就是正义性的空间存在。但资本主义社会，资本逻辑主导下的城市规划导致的“中心—边缘结构”、居住区域的阶级分化等都可以将空间非正义这样一种常态呈现出来。他通过洛杉矶的劳动共同体为争取空间正义的行动案例，来展现空间正义的行动与实践路径。

（二）城市治理

国外有关城市治理的研究非常丰富，相关研究主要集中在管理学、经济学、政治学以及行政学等领域。研究的缘起是20世纪70年代，西方城市发展过程中遭遇各种危机，对城市政府的管理职能及水平提出挑战，而西方国家的政府改革运动和新公共管理实践这两股力量，则共同推动了城市管理逐渐向城市治理转变。之后全球化、城市化与信息化的勃兴，城市治理得到长足发展。研究呈现出以下两方面特质：

第一，理论分析与方法研究：这一方面的研究主要针对的是对于城市在发展过程中，面对各种复杂的问题如何做出选择、规划与决策，城市运转的机制究竟是什么样的，涉及城市治理的背景、概

---

① 索亚空间研究“三部曲”：《后现代地理学——重申批判社会理论中的空间》《第三空间——去往洛杉矶和其他真实与想象地方的旅程》《后现代大都市——城市和地区的批判研究》。

② 爱德华·W. 苏贾：《寻求空间正义》，高春花、强乃社等译，社会科学文献出版社2016年版。

念、理念、制度、模式、议题、争论以及采用的方法等基本的探讨。比如，Le Galès，MacLeod 对城市治理的宏观和微观背景进行了研究；①② Leftwich，Adrian 认为好的治理有助于西方对第三世界提供援助，是治理兴起的一个重要因素；③ Lefèvre 认为城市治理是一种公共行动的新形势；④ Cowell，Murdoch 则对城市治理中政府的权力、政策、作用及治理方式的转变进行了讨论；⑤ Pierre 提炼了城市治理的四种不同模式；⑥ Bogason 采用网格分析法对城市治理进行研究。⑦

第二，实践探讨与模型建构：这一类研究则注重的是对某些国家城市、城市群、大都市治理的经验探讨和案例分析。比如，Lowndes 等将不同组织之间合作关系看作是治理的重要组成部分，探讨它们之间的动力机制；⑧ Benz 等对法国和德国的城市治理经验的研究，试图建构多区域治理的模型框架；⑨ Bache 等对英国约克

---

① PATIRCK LE GALES，"Regulations and Governance in European Cities"，*International Journal of Urban & Regional Research*，Vol. 22，No. 3，1998，pp. 482 – 506.

② MACLEOD G.，GOODWIN M.，"Reconstructing an Urban and Regional Political Economy：On the State，Politics，Scale，and Explanation"，*Political Geography*，Vol. 18，No. 6，1999，pp. 693 – 730.

③ ADRIAN LEFTWICH，"Governance，the State and the Politics of Development"，*Development & Change*，Vol. 25，No. 2，1994，pp. 363 – 386.

④ LEFEVRE，"Metropolitan Government and Governance in Western Countries：A Critical Review"，*International Journal of Urban & Regional Research*，Vol. 22，No. 1，1998，pp. 9 – 25.

⑤ JONATHAN MURDOCH，"Land Use and the Limits to（Regional）Governance：Some Lessons from Planning for Housing and Minerals in England"，*International Journal of Urban and Regional Research*，Vol. 23，No. 4，1999，pp. 654 – 669.

⑥ PIERRE J.，"Models of Urban Governance：The Institutional Dimension of Urban Politics"，*Urban Affairs Review*，Vol. 34，No. 3，1999，pp. 372 – 396.

⑦ BOGASON P.，"Changes in the Scandinavian Model. From Bureaucratic Command to Interorganizational Negotiation"，*Public Administration*，Vol. 76，No. 2，1998，pp. 335 – 354.

⑧ LOWNDES V.，SKELCHER C.，"The Dynamics of Multi-organizational Partnerships：An Analysis of Changing Modes of Governance"，*Public Administration*，Vol. 76，No. 2，1998，pp. 313 – 333.

⑨ BENZ A.，EBERLEIN B.，"The Europeanization of Regional Policies：Patterns of Multilevel Governance"，*Journal of European Public Policy*，Vol. 6，No. 2，1999，pp. 329 – 348.

郡等地的治理问题研究。[①]

（三）空间正义与城市治理

西方学界关于空间正义与城市治理关系的研究在城市社会学领域有几篇重要文献，系统的研究尚付阙如。如：Roweis 和 Scott 对城市空间进行政治经济分析，认为私人所有权妨碍了空间的最优化及公平化作用；[②] Rex 和 Moore 将城市看作是空间结构和社会结构合二为一的特殊体，认为是讨论稀缺住房资源的掌握与生活机会分配不平等；[③] Dahl 认为多元论权力能够帮助解决城市的非正义现象。[④]

从国外研究现状来看，关于空间正义和城市治理的研究为本课题奠定了坚实的学理基础，但对空间正义与城市治理之间的渊源流变和交错关联，城市治理的空间剖析，城市治理的空间正义维度，在追寻正义过程中城市治理的理论定位、形成机制、治理策略等均缺乏深入而系统的研究。

三　本书的主旨框架与主要理论观点

本书将借助“空间转向”相关的理论资源，梳理空间正义的具体内涵，以及城市治理的空间逻辑线索。一方面通过理论借鉴、问题梳理以及研究拓展来推动空间正义理论的中国化和本土化，另一方面，尝试梳理建构跨学科的分析方法，构建以中国化的空间正义为轴心的城市治理空间分析框架。从理论上说，以空间正义为基础、背景、视域以及价值诉求来讨论城市治理，并且尝试为当代中

① BACHE I.，“Government within Governance：Network Steering in Yorkshire and the Humber”，*Public Administration*，Vol. 78，No. 3，2000，pp. 575 – 592.

② ROWEIS S. & SCOTT A.，“The Urban Land Question in K. Cox（ed.），Urbanization and Conflict in Market Societies”，Methuen：Methuen，1978，pp. 63 – 72.

③ REX J. & Moore，*Race Community and Conflict*，Oxford University Press，1967.

④ DAHL，ROBERT ALAN，“Who Governs? Democracy and Power in an American City”，*American Journal of Sociology*，Vol. 29，No. 3，1961，pp. 412 – 414.

国城市空间治理如何可行、有效提供可参考的选择性方案，既是对城市治理研究基础性的深化，也是拓展性的创新；从实践上说，可以为人类城市发展提供一条行之有效的道路，不断释放城市对人类的福祉，尤其是在当今我们面对价值多元化的冲突与挑战的城市现实境遇之下，对进一步实现城市的善治，提升城市治理体系和治理能力现代化，实现文明城市建设的常态化具有重要的意义；从方法论上说，借鉴当代城市空间批判的视角，吸取西方城市发展的深刻教训，建构以空间正义为价值目标和导向的城市治理，能够打开城市治理在当代中国发展的新视野，因为中国城镇化的辉煌成就在某种程度上是通过融入全球资本的城市化和空间的资本化双向过程实现的，因而建构中国化的符合空间正义的城市治理模式，可以为诸如空间剥削、空间排斥、空间集聚、空间同质化、居住空间紧张、公共空间缺乏、阶层分异等非正义问题提供具有价值的方法指导。

本书研究框架如下：

本书总共分为基础理论研究、现实问题研究及构建对策思考三大部分，总共六章内容（见图 1）。绪论部分交代了选题缘由及国内外研究现状，并且明确指出本书所聚焦的主题以及研究的价值。三大部分主要内容如下：

基础理论分析（第一章、第二章、第三章）部分将对空间正义的思想源流、概念演变、多重含义以及城市治理的本质内涵、基本特征、功能属性等进行梳理与阐释，并且尝试结合空间正义与城市治理两者的关系、在“以空间正义为重要价值原则和目标导向来引导与规范城市治理”这一研究目标的指导下深刻分析城市治理的构成要素、运行机制。这个理论尝试既能考察空间对于治理的基础性、约束性、能动性，确立城市治理的空间意识和空间思维，同时也可以进一步从空间重构角度概括城市治理的问题渊源、分析框架以及变革逻辑。

研究框架
一、基础理论分析
空间正义视域下的城市治理
空间、正义与治理
空间正义与城市治理
新时代城市治理的推进
城市治理的理论分析
空间生产与城市治理
空间权利与城市治理
空间认同与城市治理
空间活力与城市治理
城市治理的运行机制
社会主体的多元参与
社会组织的协同自治
社会规范的平衡制约
社会秩序的良性互动
智慧城市的助力推进
当代城市治理的地区实践及启示
中国城市治理地区实践
国外城市治理地区实践
珠三角城市群：协调、创新、生态、多元的共治模式
二、现实问题研究
当代城市治理的现实境遇
城市空间的现实问题
城市人的现实问题
城市治理的现实问题
三、构建对策研究
新时代城市治理的变革与实践
新时代城市治理的理念转变
新时代城市治理的实践建构
走向城市正义之途

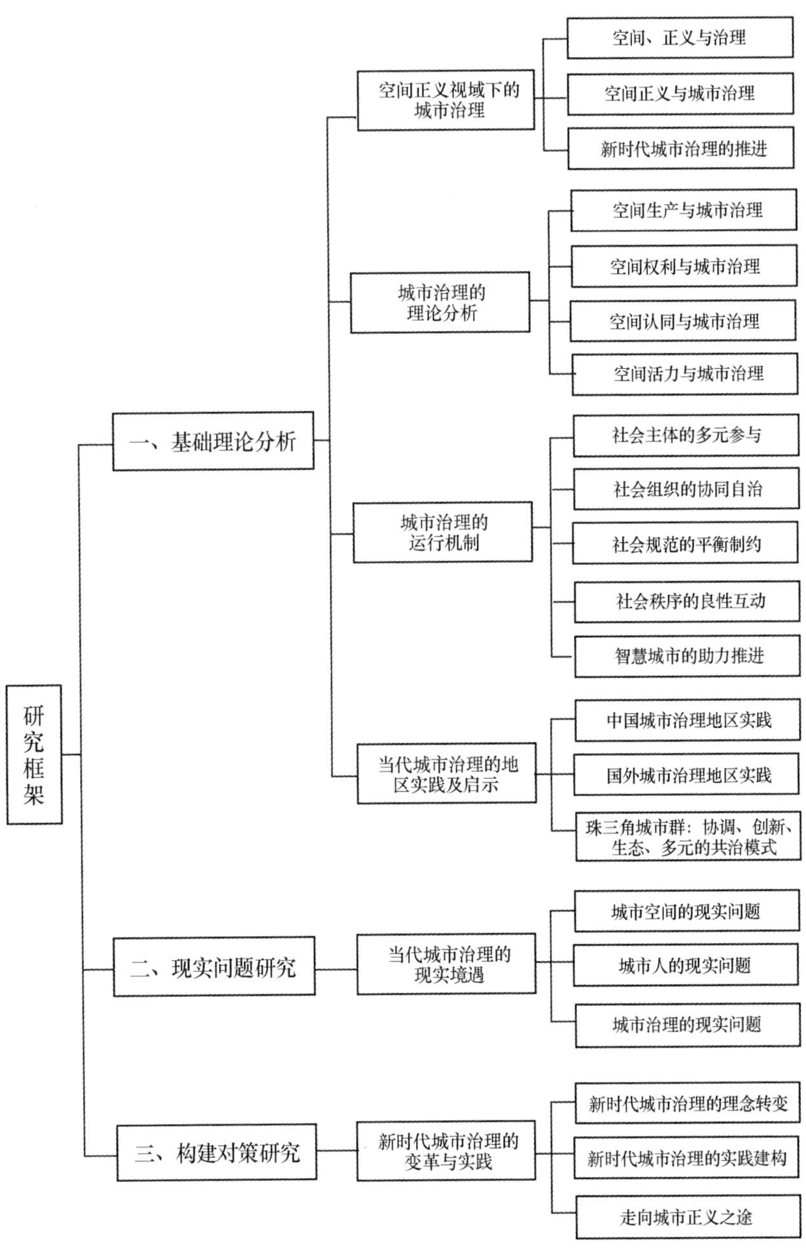

图1　本书研究框架

现实问题研究（第四章、第五章）部分以社会存在和社会意识关系的辩证关系为基点，结合社会空间辩证法和空间批判理论，对城市治理的现实境遇进行分析，通过考察城市空间治理的重要对象要素，包括资本、土地、权力、秩序、公民与信息等，从两个维度指出城市空间治理所面对的问题：一个是城市空间所面对的现实问题，即城市空间生产异化、城市社会秩序矛盾、城市生态系统断裂，另一个则是城市人所面对的现实问题，即生存与发展、交往与参与以及安全与幸福，并且进一步从中梳理出城市治理所遭遇的问题以及相应努力的方向。另外，此部分对比较有代表性的国内外城市治理的地区实践（上海、北京、广州；美国、英国等）进行了梳理，试图呈现城市治理的空间和区域实践形态，在此基础上整理一些经验来助力我国新时代城市治理的实践。

构建对策研究（第六章）部分则以培育空间正义观为价值对策，以规范资本运作与空间生产实现途径为动力机制，以保持政府、市场和社会之间的辩证张力为制度保障，以协调多元利益、促进城市权利平衡为目标导向，从城市治理的理念转变和实践建构两大维度，对新时代城市治理变革与实践进行了梳理和展望，目的是走向正义的城市治理和正义城市，实现城市生产空间的集约高效、生活空间宜居适度、生态空间的自然和谐。

第一章

空间正义视域下的城市治理：基本的理论分析

城市既是自然界长期发展的产物，也是人类文明生息之地，深深打上了人类属性和人类实践的烙印。而因为城市中有居住与生活的人类，有组织机构、管理部门以及各种矛盾与张力，所以正义问题不是独立于城市之外的存在。从空间视角来看，正义问题在城市中就带有空间特性。而对于生活在城市中的人们来说，对美好生活的追求与空间正义紧密相关，人们无时无刻不在进行着争取正义的地理斗争，从而赋予空间正义以随着时间而进行的社会化、实践化的重要特征。这恰恰也是城市治理需要聚焦的关键性问题，是治理的价值所在。空间构成了整个城市人与人之间关系、社会生产关系以及整个城市发展的过程，空间也卷入到诸如城乡空间的失序、区域的不平衡发展、生产要素非平等的空间分配等非正义的进程之中。城市治理在某种意义上可以看作是通过空间去促进公平正义的实践，它的目的是保障人们在居住、安全、生产、就业、文化等方面有更公平的机会，使人们在城市中能够生活得更好，这也是空间正义视域下城市治理的题中应有之义。本章将对这一问题进行基本的理论分析，尝试在社会—空间辩证法框架下梳理并界定空间、正义及治理这几个基本概念，考察空间正义与城市治理的辩证关系，通过对我国城镇化进程的梳理概括城市治理推进、内涵及意义，为后面深入的论述奠定理论基础。

第一节　空间、正义与治理

我们生活在城市中，对于空间、正义与治理都会有直观的领悟与理解。而现实城市发展和社会生活中的种种问题，甚至是困境、危机，尤其是当代空间实践的复杂性，使得对诸如正义、治理等空间相关问题的基础性、本质性的理论考量成为必要。

一　空间

20 世纪中后期的“空间转向”，使得空间这个具有重要性的主题成为学术研究的焦点。转向以前的空间研究，学界常常也有所涉及，但主要集中在物质空间与精神空间领域。在物质空间领域，实证地理学、建筑规划学等学科一直占据着重要地位，牛顿物理学时空观的出现，更加加深了空间研究的自然知识视野和物质向度。直到现代空间经济学日益成为研究的主流，这种可度量的、精细化处理的、几乎是事实性而非价值性的空间研究逐渐得到深远的发展，这一维度的研究是基于空间的纯粹物质性而言的。在精神空间方面，空间研究则主要集中在人文艺术领域，法国著名哲学家巴什拉的《空间诗学》是最为显著的代表。与物质空间的有限性和束缚性不同，人文艺术领域中的空间常常是超越性的，这种超越表现在越出明确的物质空间界限，达到精神的自由驰骋。物质空间充满着现实世界的规律性和客观性，而身体作为一种物质性的空间形式，往往是局限性的存在。主观的精神力量可以穿透这种局限性，跳出嵌入到物质世界的锁链，获得价值与道德自由。这是传统空间研究的两种趋向，这两种趋向也构成了传统空间研究的基本内涵。这两种研究，其实容易造成空间内在的矛盾和对立，从而形成诸如现实性与理想性、有限性与超越性、事实性与价值性等二元研究路径，这种研究路径会对空间自身的研究建构起一条无法逾越和弥补的鸿沟。

被学界所熟知的自20世纪中后期以来的“空间转向”，则有效地勾连了这种二元分离的趋势。这一重要的研究背景或是研究范式，既是对空间研究本身的重要弥补，也是对始于20世纪中后期社会变革的精准把握。自列斐伏尔1974年《空间的生产》出版之后，空间的社会性被鲜明而有力地提了出来，并且形成了巨大的理论反响和实践后果。也就是说，空间不仅是物质性和精神性的，而更重要的是社会性的。社会性是整体的、总体的、具体的，社会性沟通了物质性和精神性，由此形成了对空间研究的三个基点。因而我们可以说，空间转向，可以看作是空间研究、空间视角、空间范式向社会性的转向，或是空间的社会性转向。列斐伏尔与福柯则是空间社会性转向的两位重要奠基人。列斐伏尔在《空间的生产》中明确地提出了“空间是被生产出来”的命题，空间容纳了复杂的社会关系，这种社会关系集中体现了空间生产的资本性。福柯则通过权力、知识、空间三者之间的关系分析了空间的政治权力性。列斐伏尔和福柯之后，空间研究不断深入和拓展，最终形成了三条比较有逻辑性的线索，或者说相关联的主题。

第一，现代性批判语境下的空间研究。这一线索主要以吉登斯、布迪厄等为代表。吉登斯将权力纳入到社会的空间化本体论之中，他对资本主义社会的资源分配结构和运行机制进行考察，用超越经典社会历史理论的解释模式，对资本主义地理学进行了创造性阐释；布迪厄则对由资本总量和资本结构所建构起来的资本主义的多元社会空间进行了分析，并在此基础上厘清了空间与阶级之间的复杂关系。第二，后现代批判语境中的空间研究。比较突出的是以福柯为代表的后结构主义以及谱系学，他们立足于后现代主义立场对启蒙和现代性进行批判，以空间性思维阐释权力和知识的运作逻辑，对资本主义权力和道德的空间性进行批判。可以说福柯最先揭示了空间的政治策略和激进社会批判的意义，其空间理论成为之后激进社会理论空间阐释的范本。第三，新马克思主义的空间批判研究。主要是以列斐伏尔、哈维、卡斯特尔、索亚等为代表，他们试图从空间视角分析资本主义城市化中社会关系的建构、资本积累之历史动力的矛盾、金融危机的城市根源、资本主义变革的原因及替代性方案。其实质是全球化时代资本积累方式和空间政治的反思，提出空间正义的强烈诉求，彰显了激进批判与解放政治的逻辑。

本文的空间内涵，也正是基于第三条研究路径展开，空间的社会性在第三条研究路径的阐释下得以明确的规定。虽然空间的社会性这一核心命题囊括了马克思主义空间批判理论家的诸多理论思考，并在总体上呈现出空间与马克思主义政治经济学相结合的特征，突出了空间的生产作为资本主义生产方式以获得资本积累维持自身存在的当代主体，但空间社会性的具体内涵实际上仍然存在着侧重点上的差异。

列斐伏尔在空间批判研究中具有元哲学家的风范，之所以这么说，是因为城市研究和分析在法国传统中并不占主流，但是列斐伏尔却能够敏锐地抓住城市问题，并且运用马克思主义的批判方法和坚定立场对城市进行独特的分析。他的重要努力，既激活了法国马克思主义的内在精神气质，也激活了空间分析的新的生长点。他对空间社会性的思考高度地概括在空间是被生产出来的这一命题中。在他看来，空间所承载的社会关系主要是一种经济关系，这种经济关系在最根本的意义上就是一种生产方式，它“包含着一种关于工业生产、增长、分配和产品的转换的理论”，表现为“一种空间的政治经济学”。[①] 列斐伏尔认为，城市空间是资本主义现代性规划的产物，它本身就内含于资本主义生产方式及其制度之中。资本是城市空间的主导逻辑，城市空间中的要素通过生产商品化的空间来获得交换价值，实现空间剥削和剩余价值的积累。“资本主义中的社会关系，也就是剥削和统治的关系，是通过整个的空间并在整个的空间中，通过工具性的空间并在工具性的空间中得到维持的”[②]，空间也是工具性的，这种工具性集中体现在空间权益和空间关系的资本化上，空间生产成为一种嵌入式、内生性的逻辑，造成了城市日常生活的异化。这种单向度的空间的生产，最终会构造同质化、碎片化、隔离性的中心—边缘地理空间格局，从而使得社会空间的总体性消减为经济空间的单一性，使用价值的多样性退化为交换价值的唯一性。如何拯救被异化的城市空间？对此，列斐伏尔倡导一种突显空间的社会主义关系性质和内涵的社会主义的空间，因为在他看来，如果我们不改变空间本身，那么被异化的生活是无法被改变的。他对此提出的路径是获得进入城市的权利，如果获得了城市权利也就相当于争取到了空间自由。

哈维受列斐伏尔、马克思和恩格斯早期关于城市分析的著作影响比较大，他对空间社会性的考察则更为具体和详尽。资本积累是理解城市空间进程的关键所在，它集中体现在对资本空间运作逻辑的可视化阐释中。在这种资本空间化的运作过程中，各种社会关系得以体现，各种经济利益的生产和分配也日益凸显出来。哈维认为资本积累经历三级循环阶段，在第一阶段，资本用于商品的扩大再生产，当剩余资本溢出第一级循环时，就会流入第二级循环，及空间的修复，通过各种固定资产投资来换取周转时间，依次进入第三

---

① 亨利·勒菲弗：《空间与政治》（第二版），李春译，上海人民出版社 2008 年版，第 132 页。

② 同上书，第 136 页。

级循环：各种基金和研发。其中资本积累所造就的空间关系在第二级循环中表现最为明显，房产开发商、金融、保险、地租所有者等食利阶层构成权益联盟，分享空间剥夺、空间隔离和空间组配所带来的剩余。不同的利益所得者以不同的方式截获通过空间产生的资本价值流，在共同推动空间资产价格上扬的过程中，最终造成了空间纯粹的资本性质，人们建造享有城市的权利也被置换为资本积累的权利。哈维从列斐伏尔那里借用了资本循环的概念，然后对巴尔的摩房地产市场投资和销售动态进行了深入的调查研究，在这个基础上详细阐述了资本是如何实现循环的，尤其资本循环过程中资本家的投资兴趣、利润取向、地产租金的实现等问题如何导致并且加剧了城市社会的不平衡和不平等发展，比如城市中心的衰落与居住密度的郊区化。因此空间在哈维那里，是与资本积累紧密相连的，既具有政治经济的含义，同时也表现出城市空间的社会特性。空间的社会性，也表明空间的人性维度。空间影响着人们的日常生活——包括人们的就业、消费、居住，以及解决劳动力冲突的斗争。

卡斯特尔与列斐伏尔共同生活在巴黎，他对空间及其社会性的理解，在很大程度上受列斐伏尔影响。他对城市空间的理解，在阶级冲突理论[①]的框架下展开。对于空间社会性的阐释，则是通过国家控制城市并作为集体再生产和消费这一逻辑展开的。受阿尔都塞结构主义思想的影响，卡斯特尔认为资本主义社会的城市中，生产与消费之间存在结构性的矛盾，即劳动力的再生产与消费品的供给之间的矛盾，“任何不被系统调节的基本矛盾都会导致政治体系中

---

① 阶级冲突理论，是由经济学家 David Gordon 引入。之所以城市发展会导致诸如中心—边缘、工厂郊区化这样的空间形态，是因为资本家在选择工厂区位时会受到各种条件的影响——经济发展、工人愿望等，劳动力质量对于国家发展而言具有区域性、空间性的重要作用。这一理论在卡斯特尔那里得到进一步发展，他认为，城市居民往往采取冲突的形式来获得他们想要的资源，而这一问题在传统的马克思主义城市分析中是没有涉及的。

的激烈矛盾”①。在这种矛盾中，国家通常通过诸多方面的干预政策，如商品住宅、大众交通、文化教育、医疗服务及公共娱乐等，来实现矛盾的化解。卡斯特尔认为，城市政府或者说所谓的公共权力，在组织城市之中的生产和分配具有极其重要的作用，占据着对其他城市关系的支配地位，福利政策如失业保险、住房补贴等是其重要的措施。而在城市地方政府管理资源的过程中，资产阶级常常居于有利位置，从而导致了政府在整个城市再生产和消费的过程中体现了资产阶级的利益，城市政府实际上成为资本生产和积累的工具，这种工具实际上也是公共权力的私有化，从而造成了城市管理过程中资产阶级与无产阶级的剧烈冲突。这种冲突其实是空间资源分配所产生的矛盾，是劳动力与资本之间的冲突，是福利资本主义产生的一个新形式的冲突。②

索亚依然延续着对空间的社会性理解，他认为人类历史就是在空间、社会和历史三个维度展开的，离开空间性无法理解人的生存境遇，也无法理解城市生活秩序、法律、社会关系的生产与再生产、制度和人类城市生活实践等。对于索亚来说，空间社会性最极致的表现形态就是正义的空间，它主要是通过第三空间这种具有文化主义倾向的方式实现的。在吸收列斐伏尔三元辩证法的基础上，索亚提出了充满可能性、开放性、多元性的第三空间设想，第三空间实际上是一种非对立空间关系前提下的无限可能性，有待实现的复杂空间关系类型。索亚之所以提出这种具有启发意义的空间思考，也主要是源于传统空间社会关系的二元对立特性，传统二元空间不仅简化了通过空间所形成的社会关系，导致隔离、冲突与矛盾，而且遮蔽和掩盖了二元空间关系内在的可能性关系萌芽和生

---

① MANUEL CASTELLS, *The Urban Question: a Marxist Approach*, Cambridge: MIT Press, 1977, p. 270.

② MANUEL CASTELLS, *The City and the Grass Roots*, Berkeley and Los Angeles: University of California Press, 1983.

产，从而阻碍了空间之于都市社会的可能性和创造性，造成都市社会的凝滞和缺乏活力。相较于传统二元对立空间关系，第三空间希望通过这种无限的开放性和有待完成性来消除“中心—边缘”模式，以宽广的姿态容纳空间之中的各种力量，如女权主义、边缘群体等，使其共存发展，从而确保空间社会关系的差异性、多元性和和谐性。

通过梳理批判理论的空间转向，尤其是新马克思主义对空间阐释的大致演进状况，我们可以追寻到空间认知模式转变的逻辑，并且形成对空间的多维、动态、人性、辩证的理解：空间由物质性和精神性转向社会性，实际上是空间研究对当代问题的理论阐释，空间的社会性是空间内涵的本质规定性，它集中体现了空间本身在当代普遍的可操作性特征，而不同于传统物质空间的遵守性特征和精神空间的超越性特征。在马克思主义空间批判的理论范围内，空间的社会性特征则表现出了不同的侧重点，为我们全面理解空间的社会性或社会空间奠定了坚实的基础，为我们形成对城市空间的内涵、本质、特征以及相关问题的洞识提供了丰富的资源。综上，笔者认为，对于空间的理解，有以下几个重要观点：

空间既是物质性的、精神性的，也是社会性的、实践性的。

空间的社会性，即社会空间是空间的重要内涵，它反映着人与空间之间相互影响、相互交融、相互渗透、相互建构的意义关联，也突出反映了社会、空间与人类社会活动、行为紧密相关，并且影响着人类日常生活；人们的社会行为反过来又改变、创造着空间。

城市既是复杂的物理空间形态，也是有机的社会空间形态。城市是理解空间社会性的最真实、最生动的地方，也是理解人类生活方式和人类文明的基本空间单元。

对资本主义城市空间考察与分析得出的一些重要结论，可以为解决中国城市化进程中的矛盾、危机提供富有启发性的方法、视角和洞见。尤其是诸如：从生产方式、生产关系、商品空间、交换价值、使用价值、社会主义空间、资本主义空间及进入城市的权利等关键概念，阐释空间是如何被生产出来的；资本与城市空间之间的深刻关联，以及不同利益集团是如何通过空间来建立不同的权益关系的；空间社会性之中的城市政府如何在资本主义的河流中，通过城市集体性质的生产和消费来维持资本积累；第三空间之于空间社会性可能产生的多元创新意义等重要观点。

二　正义

正义是人类社会永恒的价值追求，它是人类社会最高的文明的代表性成果之一。正义问题是诸多学科关注的基本的、重要的问题，在中国尤其成为政治哲学所关注的对象，这是由我国的社会主义制度及马克思主义意识形态特点所决定的。伴随着中国改革开放和经济飞速发展所导致的城乡空间不平衡、不充分发展，以及引发的诸如权利得不到保障、机会不均等、弱势群体越来越边缘化等非正义的现实问题，人们对公正、自由、平等的渴望推动着学界的理论研究。无论社会发展到怎样的阶段，我们都希望这个社会是正义的，无论在这个社会的哪一个层级，我们同样希望它是正义的。一个正义普遍缺失的社会，必然遭到每个个体的强烈抵制，也必然在历史的舞台上被淘汰。正义在每一个时代有其特定的内涵和主导的价值诉求，在每一个时代的不同领域表现出不同的价值维度。

马克思对于正义的考察是深入到资本主义的政治经济学，通过对资本主义城市空间的批判来实现的。对资本主义城市空间非正义性、虚假性、欺骗性的批判是建立在历史唯物主义基础之上的，同时也蕴含着非常重要的规范维度。尽管马克思少有对正义的系统论述，但他对正义的理解与对权利、异化、剥削、革命等问题的多元化思考紧密相连，是理想性与现实性的辩证统一。理想性指向的是共产主义社会人的自由全面发展，它必然要通过消灭私有制的生产关系所导致的剥削异化、不平等来实现；现实性则反映的是非正义的资本主义生产方式、社会制度，以及受压迫、奴役的人民的窘迫物质生活和精神生活。当今社会对正义的渴求与都市社会的发展密切相关，可以说与都市社会相关的正义在某种程度上主导着这个时代和社会的诸多价值追求。这是因为，都市社会的到来使人们普遍地居住在都市，并且形成了都市化的生活方式。与以往的非都市化社会相比，都市史无前例地与人类社会中的绝大部分人的生活直接相关，都市发展过程中的问题也直接地影响到了每个人的日常生活。当前都市社会问题较多，这源于高速运转的社会所带来的发展之负担。在这些问题之中，最为重要的问题在于都市非正义，或者说都市正义价值的缺失。近现代社会是一个急速增长的社会，效率是人类成就的至高表征。以城市为形态大规模的集中生产和消费模式，在推动社会进步的同时，也导致了公平正义的缺失。无论是都市经济生产，还是各种资源要素的分配，或者是整个都市发展的道德标准和都市人的身份建构方面，都普遍存在着非正义现象。

与都市社会紧密联系的正义诉求，笔者认为在本质上是一种空间正义。无论是城市之间的正义问题，还是城市区域内部的正义问题，常常与空间的生产以及主导的资源分配模式有关。空间主导的社会经济生产和配置中的非正义，可以说是当前都市社会中正义提出的现实语境。正是基于这样的空间非正义的现实境遇，作为基础的前提性条件，才构成了当前都市社会中正义的确切内涵。都市正义缺失的空间特征具体反映在以下几点中：

首先是城市空间生产异化。城市空间生产异化的总体特征，在于空间成为资本实现剩余积累的全新的、根本的方式，以空间生产作为获得抽象交换价值的主要动力。这在根本上造成了空间使用价值之于人的需要和实现之间的矛盾和对立。从而进一步从空间上造成了都市生产正义的缺失。诚然，都市在本质上是人们追求美好生活的地方，城市应该成为人类谋求更大幸福的支撑，然而这种通过空间生产所形成的都市则充满了空间的剥夺、隔离和贫富极化。哈维将这种空间生产描述为“掠夺性的城市实践”①，在他的理解中，空间生产实际上“通过多种暗藏渠道，大规模财富从穷人囊中转移到了富人手中”②。因而这种境况下，正如列斐伏尔所言，“如果未曾生产一个合适的空间，那么‘改变生活方式’、‘改变社会’等都是空话”③。那么，从空间上生产出正义的城市这一问题则尤为必要和关键。

其次是城市空间结构失衡。城市空间结构失衡主要表现在经济、社会、文化等空间的失衡上。经济方面，主要是由于空间生产能力和财富总量的极化，最终形成贫富差距较大的不同隔离区域。在这样的情况下，实际上造成了公共空间与私人空间、公共资源与私人资源之间的空间不平衡分布。比如公园、医院、学校、公益设施等，常常不能为全民公平共享。“城市化过程创造出来的空间结构的物质嵌入性，与社会过程的流动性——如资本积累和社会再生产——处在永久的对立之中。”④ 这种嵌入性最终也造成了人们在文化空间中的高低贵贱之分，最终影响到社会身份的认同和道德的评价。

再次是城市空间认同危机。认同主要指“在他们的地方环境中进行社会化和互动的”⑤ 过程。城市空间认同，是指生活在城市中的人们，通过社会化、互动的实践过程，在改变着自身的环境过程

---

① 戴维·哈维：《叛逆的城市》，叶齐茂、倪晓晖译，商务印书馆 2014 年版，第 55 页。

② 同上书，第 56 页。

③ 包亚明：《现代性与空间生产》，上海教育出版社 2002 年版，第 47 页。

④ 戴维·哈维：《正义、自然和差异地理学》，胡大平译，上海人民出版社 2010 年版，第 480 页。

⑤ 曼纽尔·卡斯特：《认同的力量》，曹荣湘译，社会科学文献出版社 2006 年版，第 64 页。

中，会逐渐建构对于城市的经济、政治、文化等的总体性认知，进而产生对城市本身以及对群体的归属感，城市空间认同过程也是生产与城市空间紧密联系的意义和价值的过程。城市空间认同危机，一方面表现在以经济主义、消费主义及科学主义为核心的价值观念成为城市文化的主导，冲击了基于“地方”为核心的意义的维持和更新，最终造成城市之于人们精神家园的缺失；另一方面，空间隔离及其碎片化，则使得处于不同空间之中的人们的世界观、人生观和价值观差异较大，这种差异且隔离的文化观念常常在城市流动过程中造成冲突，造成城市在精神文化领域的断裂。

因此，从上述阐释可以得出，正义与都市有着密切的关系，空间中蕴含着正义的价值诉求，正义则具有地理学的或是空间的特点。空间，作为组织生产和分配的根本驱动力，应当坚持正义原则。在都市社会中，经济的生产、资源的分配、权益的平衡、道德的评价及身份的建构等关乎都市居民生产生活的重要问题，因而在通过空间这一动力要素和操作方式进行生产和配置的过程中，需要保证每个人能够公平地享受到城市发展带来的成果和福利。都市社会中，各种类型的空间再造、组合以及权益配置常常具有聚集与分散效应，生产能力和资源要素在某一空间的聚集，常常意味着另外一些空间的弱化。这种空间矛盾、对立或是冲突常常有时是全方位的。空间的不均衡也是不平衡的地理发展模式，它往往成为都市正义缺失的根本原因。这种不平衡意味着空间的发展、人口的聚集和功能的发挥常常出现错位，或者说空间的发展与实际的功能服务较之于城市居民的生活水平而言并不能实现统一，权益的地方化也并没有在基于生活需要的基础上实现，而是基于交换价值的需要。那么，这些最终造成人们在都市中无法公平地享受到城市发展所带来的文明成果。而反过来说，这也正是当代都市社会提供正义价值诉求的根源之所在，内涵之所系。

综上，笔者认为关于正义，有以下几个重要观点：

正义既是政治哲学的重要范畴，也是马克思主义城市空间批判的核心范畴。

正义问题因为城市化进程的空间实践中多种现实问题的呈现，已成为城市相关研究中重要的话题，诸如空间正义、城市权利、正义城市如火如荼的理论探讨，是推动城市治理变革的力量。

正义既具有社会性和空间性，也具有本土性和全球性。正义是在社会发展过程中形成的，也在空间意义上被具体地推进与再生产。

空间正义的意义因为社会批判理论中的空间转向凸显出来，它在不同城市发展时期、不同城市文明阶段的表现形式不一样，但与自由、平等、公正、民主、权利有广泛联系，因而成为所有城市社会发展的价值诉求与根本目的。

三　治理

从词源学的角度看，治理这个词并不是 20 世纪才开始出现的一个新词，无论在西方还是东方的文献中早就存在。尽管治理作为一个正式概念被广泛讨论，是起源西方对市场、社会和政府之间关系如何建构的反思，但追根溯源，也不能说唯独西方才是其真正的起源。笔者发现，在历史和思想的变迁过程中，治理一词随着时代的发展和学术交流的频繁而衍生出了某些新的内涵，成为某一学科某一领域研究的重点。在西方，“governance”一词早在 13 世纪晚期就出现，“其含义是管理、控制、统治某个事物或某个实体（包括国家）的行为和方式”。[①] 此后，直到 20 世纪 90 年代，“治理”一词的内涵才开始发生变化，增加了权力结构的多元化、多中心和

① 王绍光：《治理研究：正本清源》，《开放时代》2018 年第 2 期，第 153—176、9 页。

网络化、协商治理等新意蕴，具有分散化和去中心化的倾向。这一变化成为90年代之后政治学、行政学和管理学研究的重点。然而超出三个领域之外，治理的内涵和用法则较少地遵循上述原则。西方治理更多的则是涉及现代化发展之后有关的分散化、去中心化问题。在中国，治理早在《孔子家语·贤君》：“吾欲使官府治理，为之奈何”中就被提到，在《孟子·滕文公上》卷5也有述“君施教以治理之”，《荀子·君道》：“明分职，序事业材技官能，莫不治理，则公道达而私门塞矣，公义明而私事息矣。”概而言之，中国传统文化中的治理，是治理国家，它以治国理政为根本内涵，治理的目的是使国家和社会稳定和谐、升平治世。治理的对象与治理所达到的状态、治理的特征、治理的方式等具有密切的联系，比如中国的治理，其对象是传统的农桑、水利、教化及社会秩序等，以及近现代的“三废”、税收及诸多积极问题，具有处理、整治的一般内涵。[①]

这里所讲的治理一词，有其自身的内涵，并不必然遵循上述某种思想的影响（据一些学者研究，90年代兴起的分散化、去中心化内涵是受西方新自由主义思想影响的结果），而也并不必然置身于这种思潮影响之外（因为，在进一步的研究中发现，这种思潮也有其客观的社会经济变化因素，特别是二战以后城市方面的剧烈变化）。而是在一种中性的位置上，基于社会变化的客观实情，即治理对象的实际变化，并且在借鉴西方有关治理思想和方式的基础之上，立足于中国治理内涵，所进行的一项综合性考察。本书治理思想核心在于如何更好地实现治国理政，更好地处理、整治经济社会发展中的各种问题，实现整个社会的有序发展和公平正义。要达到这一目标，也十分有必要借鉴西方社会治理思想和方式的经验及教

---

① 王绍光：《治理研究：正本清源》，《开放时代》2018年第2期，第153—176、9页。

训。因为相比于西方先发内生的现代化过程，我国的现代化道路是后发外生型的，学习西方在社会发展过程中的治理经验和规避治理缺陷，达到有效治理的目标显得十分迫切。特别是在城市化不断推进的当代都市社会，如何处理都市空间问题、整治都市空间非正义，则成为问题的焦点。因此，在本书中，治理一词的内涵在于，基于当代都市社会的现实而进行的处理问题、整治问题、促进健康发展的思想和策略研究。

对文本中治理内涵的阐释，以下几个方面的理解尤为关键：

首先，在治理的对象方面。本书对治理有效阐释的核心立足于治理对象是如何变化的。治理对象的现实变化，本质性地会影响到治理的目标、主体和方式的变化，因而治理对象在某种程度上可以说是一种自变量，而目标、主体和方式则是治理的因变量。自变量决定因变量，而因变量对自变量具有反作用。在本书看来，因变量常常并不具有独立的阐释性，它的内涵、意义等会根据自变量的变化来进行某种方式的选择和解释，因变量在处理问题中的某种可能的选择并不是唯一的，也就是并不能说某一种治理目标、主体和方式模式就是必然至善的，就必然带来善治的效果。方式和手段的选择都有可能会影响治理的效果，但并不必然代替治理对象所产生的效果。所以我们不能倒因为果，偏离治理研究的主题。对自变量，或者说治理对象的研究，在根本上应该立足于马克思的历史唯物主义理论，立足于马克思对社会历史发展的生产力解释路径。也就是说，治理对象的实质性变化是社会生产方式发展决定的，什么样的生产方式形成了与之相适应的社会现状，产生了哪些文明成果，另一方面又出现了怎样的问题。在此基础上，我们才能更好地为发挥治理保存经验和成果、抛弃糟粕，进而推动社会继续向文明方向发展。特别是，人类由农业社会、经工业社会的过渡，到达都市社会，都市社会本身就是当今生产方式的一种空间形态的表现，在空间的思维视角之下研究城市治理对象的变化则尤为重要。因此，治理目标的制定、主体的确认、方式的选择、治理对象变化这些基本因素需要统一纳入到作为整体性、根本性的治理这一范畴之内。这四种因素的整合常常是一种结构性的存在，彼此影响，相互渗透，共成一体，在这样一个结构性的体系之中实现有机结合，构成一个整体，从而形成有效的治理效果模型和实际的为实现正义的治理之行动力量。

其次，在治理的主体方面。谈到治理的主体，治理主体的多元化似乎成为一种共同的学术话语，在这个话语中强调政府、市场、社会等组织构成共同的治理主体，它们都具有治理的行动力，这常常成为一个无法绕开的问题。笔者大致赞同这种阐释，认为其有相当的合理性。但基于本书自身的研究视角，还应该立足于社会发展的历史唯物主义理论，而不是新自由主义的政府再造理论，对这种多元化的主体模式中所蕴含的自身的认识逻辑进行更为谨慎的历史考察。基于生产方式的发展现状，笔者认为人类正更深入地走进都市社会。都市化或都市社会，并不仅仅是人的移动方式的都市化，而是人的存在方式的都市化，特别是生产方式的都市化。在都市化进程中，整个治理对象变得尤为复杂，人们在城市中的居住方式、学习就业、生活需求、行为模式、文化习俗、社会权益、身份认同等都日趋多元化、细致化、复杂化。特别是弹性生产方式形成以来，西方社会社会结构和组织方式由工业社会向后工业社会转向，加之在思想文化领域的后现代转向，构成了当代西方社会的去中心化多元体系，这是西方经济社会发展阶段的产物。并且，有鉴于西方社会根深蒂固的自由主义文化，我国当代社会发展是否同样经历了此种阶段，是否同样立足于相同的文化基因，这是值得考虑的。社会发展阶段不同，发展层次不同，治理主体的选择也是不同的。本书所谈的治理主体在原则上坚持多元，是立足于未来社会可能发展的整体趋势所做出的判断。并且多元化的主体参与本身就是执政为民、服务为民的本真写照，听到人民的呼唤和需要，对此进行回应和更针对性地进行治理，是我们国家从群众中来到群众中去，走群众路线的一贯主张。同时，要注意到我国政府在整个治理主体体系中的主导性作用，政府具有集中和组织力量办大事，整体规划从而有效推进治理等优势；也要注意到党组织在政府机构不在场的领域所发挥的先锋作用。最后，治理主体的选择需要根据具体的空间状况而主次分明，共同推进，各个地方的经济社会发展水平不同，主要主体的承担责任不同，政治、经济、文化等层次不同，不同主体介入的力度不同等，这些都需要根据治理对象的特征谨慎实施。

再次，在治理的方式方面。西方在治理方式上强调程序性协商和网络式连接，以横向多元实现共同协商治理。这种治理方式主要基于西方城市化后所形成的陌生人社会，以法律法规为基本准绳所进行的治理行动模式。法治社会是社会治理的重要依据，这一点毋庸置疑，但同时也应该考虑到我国进入都市社会这一转型之复杂性。法律法规正在推进社会治理，但乡土化的准则依然存在，城市社会群体的连接方式以户籍、同乡、亲戚、人脉等为纽带的组织是十分普遍的。因而在治理的过程中，我们应该更加关注如何有效运用这种潜在的组织进行沟通和治理，比如如何能在治理前期有效地规避矛盾，达到和解和认同。另外，社会不同群体的势力常常存在着不对等，甚至利用法律的能力也存在差异，这种实质上的不平等仅仅通过程序性的协商往往无法有效解决。这种情况较多地出现在地方利益主导集团下，这种情况下，国家或政府对弱势群体的帮扶作用就显得尤为重要。因此，从治理方式上看，我们总体上仍要坚持协商共治的原则，这一原则的目标是使各个利益相关方在反复的协商中达成共识，从而实现治理行为的产生。同时，我们在治理方式的具体选择过程中，还是要关注治理对象是如何变化的，特别是都市社会不同地方和群体的组织方式和利益交织路径，采取灵活的、多元的、有公平倾向性的方式参与治理。

第二节　空间正义与城市治理

有关空间、正义与治理的理论探讨，为我们进一步讨论理空间正义与城市治理之间的渊源流变奠定了基础。综观我国城镇化进程，空间实践的历史经验告诉我们，未来的城市发展和人民美好城市生活的实现需要正义的、有效的治理提供条件，城市治理不能仅仅限定在经济效率、政治权力的视角，需要引入空间正义的视角与分析框架。空间正义既是人类城市发展的永恒的价值追求，也是基于一系列现实的空间生产与实践而提出的治理目标。我们不仅仅要关注城市空间实践中非正义、不公正的现象本身，更重要的是要透过现象进行根源回溯，去深入挖掘这种非正义的空间生产、空间实践本身的“机制动力和制度源头”①，这恰恰正是城市治理机制需要反思与修正的，即如何运用空间正义理论的解释力与指导力，对城市空间中的各种资源、设施与机会进行合理、公正的调节与分配，化解不同主体间的利益冲突。因此，本节将主要聚焦城市治理的空间正义维度与治理视域下的城市空间正义之间的辩证关系，试图再次明确以空间正义作为重要的价值原则和目标导向来引导与规范城市治理的研究主旨。

一　社会正义的空间化

正义是一个古老的话题，伴随着人类社会发展的始终。在古希

① DIKE, MUSTAFA, “Justice and the Spatial Imagination”, *Environment & Planning A*, Vol. 33, No. 10, 2001, pp. 1785 - 1805.

腊时期，梭伦对雅典城邦的改革强调了给各自以应得的东西，特别是财富的公平正义。在社会历史发展的不同时期，正义的内涵和外延都存在许多差异，但核心的内容都会不同程度地涉及两个因素：权利和利益。在抽象的层面上，社会正义往往要求实现权利的公正和利益的公平。而人类由农业社会经过工业社会最终到达都市社会，社会权益的生产方式和分配方式都发生了巨大的变化。

早在工业社会时期，马克思就批判了社会正义因空间问题而遭到破坏的情况，这种破坏构成了当时城市社会非正义的重要内容。在城乡关系上，城乡对立导致空间权利不均衡，随着资本主义生产方式的发展，农业和工业的分离加速了现代工业城市的兴起。城市在地理范围和社会效应上形成巨大的向心吸引力，将区域以外的人口、资源甚至话语权等竭尽全力地纳入到这个中心空间里，乡村被边缘化，与中心空间越来越遥远，城市代表着人口、资本、资源、需求的集中，中心、聚集、辐射成为城市的特点，分散、没落、偏远、隔绝、萧条成为乡村的标签。城乡分离，不断生产制造出城市人与乡村人的对立，然后这种对立反过来又不断强化着分离和壁垒，形成一个城市高速发展和乡村急速衰败的时代。发展的城市无法给予外来者幸福的生活，而乡村的破败也注定着无法回归。城市与乡村的对立对整个社会的发展产生了多重影响，特别是造成了不同群体之间空间权利的严重不平衡。劳动者用劳动创造了城市这样一种生存空间，却并不能真正享有它们。富人与穷人、暴富与赤贫之间的矛盾冲突、二元对立无所不在。马克思笔下的“宫殿”与“棚舍”就是富人与工人生存空间的具体表现形态。工人、劳动者处于恶劣的住宅环境中，无法获得完整的社会识别，甚至是道德上也不能有任何话语权。

在城市内部，则是区域分异造成的社会权益的严重不平衡发展。在城市内部空间中，因不同空间的物质资源及设施集中与配备差异而导致的空间社会权益的巨大差异，这种差异表征了城市因空间而造成的社会非正义。迅速发展的工业城市把大量乡村人口纳入到城市空间的同时，并没有赋予他们同等的空间权利和财富所得，也没有创造一个理想和谐的社会空间，而是造成了城市住宅空间的严重等级化与隔离。城市作为工业中心和商业中心，资本流通、积累以及利润创造的速度非常快，对工人变本加厉地进行剥削以维持这种速度。资本主义越是发展，大工业城市越是进步，反而越不能提高工人的生存境况，工人在城市中的居住和生活就变得越差。工人们的生产空间与生活空间拥挤，环境肮脏恶劣。城市空间的非正义化体现在二元对立性和差异性的空间景观上，一面是富丽堂皇的住宅小区，另一面是拥挤的贫民窟；一面是资源充裕、设施完备的幸福生活，另一面是环境恶劣、生活不便的"地狱住宅"。贵族居住区与旧城穷人居住区形成鲜明对比。资本对城市空间的作用从其产生之初就势如破竹，而这种强烈的趋势也正是建立在它的纯粹性之上的，纯粹的利益关系、纯粹的剩余价值积累而不需要考虑其他复杂的社会要素。因而，当资本开始空间化之时，空间也必然面临着严重的化约问题。无论是空间中的主体，还是自然资源、生态环境，甚至是空间本身都会被置换为一种简化的空间样态，一种资本作为内在文本的书写模式，最终造成城市社会正义的空间性破坏。

近代都市社会是人类历史上不同于农业社会和工业社会的另一种新的社会空间样态，之所以称为新的社会空间样态，其核心在于其内涵随着社会历史的演进而不断空间化，尤其自近代以来空间成为解读当代社会的密码，空间的生产则成为当今社会新的历史主体。空间不再是牛顿意义上的纯粹的物质空间载体，对空间本身的生产构成了当今都市社会经济生产的基本特征。空间中充满了各种社会关系，社会利益关系也被空间化了。因而，空间本身就意味着财产的归属、权利的大小、身份的等级和道德的高低。"成为一种阐释性和生成性的核心主导因素，参与到当代社会历史的多维建构之中。空间成为一种实质性的中间环节，表现在个体之间主要社会关系的形成，并社会化而生成各种正式、非正式制度等等，都需要借助空间来把握和透彻理解。那么如果缺少这一中介因素，人与人之间的上述主要社会关系（小到情感个体，大到组织制度，以及正式非正式的联系）的当代样式就难以清晰地被理解。"[①] 空间成为一种中介性的、基础性的和背景性的存在。

在马克思主义空间批判理论家的研究视野中，推动社会正义不断空间化的根本原因在于当代都市中空间的生产。空间的生产是资本主义生产方式的当代体现，空间成为剩余资本流入并进行操控的主要领域和根本方式，从而对当代社会进行有力而深入的重构过程。资本的空间化与空间的资本化的双向建构共同推动着当代社会空间分析方式的形成，不能有效地去分析空间，就不能理解当代社会非正义产生的根基，更无法理解这种非正义是以一种怎样的方式和逻辑体现出来的，从而也将实质性无法渗透到社会正义的历史唯物主义之维。同时，社会正义空间化还需要注意的一点就是，空间并不是作为传统历史线性思维中的唯一因、终极因而存在，空间意味着一种共在性、同在性的问题分析视角，那么在人类社会发展的进程中就不能排除"他者"的存在，从而也就意味着"他者"与空间共在，这实际上阐明了社会正义具有横向的多元化特征，社会正义具有某种普遍性特性之外的地方性特色。

人类生活的城市、社会和空间维度是紧密交织在一起的，它们相互构成并且彼此影响。在社会—空间辩证法的解释和分析框架中，社会正义形成的空间性，可以看作是社会正义的空间化。从空间的视角来分析社会正义问题，可以看到空间会卷入到与诸如城乡

---

① 董慧：《公共空间：基于空间正义的一种尝试性思考》，《华中科技大学学报》（社会科学版）2017 年第 31 卷第 4 期，第 12—14 页。

经济发展不平衡、居住差异、居民表达利益诉求渠道不畅、区域性环境污染等这样非正义的事件中，像地域正义、行动正义、环境正义、生态正义这样的概念被人们广泛使用，就表达了对社会正义的空间性以及空间化的理解。全球化、本土化以及各种不同的空间形态和地理规模上，我们都可以看到正义被人们所需要，被政府、被组织、被治理所需要，而空间正义就自然而然能够被策略性、政治性以及社会性地运用。社会正义中同时蕴含着人类生命的本质，不同的人、不同阶层的人对于正义的呼唤，一方面揭示了城市社会发展中经济地位不平等、文化冲突、生态恶化等日趋严重的问题，另一方面也凸显出更好地以正义作为核心价值来治理城市、促进社会和谐发展、动员各种社会力量和空间资源的紧迫性。所以，我们在不同的空间规模、空间区域会看到不同的寻求社会正义的实践，有各种各样“正义法庭的城市”[①]，有城市权利、公共设施和公共空间服务的争取，有区域生态和文化遗产的保护等。

社会正义的空间化也将空间自身内在的差异性进一步凸显出来，而这种差异性对于我们理解空间的非正义以及非正义的城市化具有本质性意义。从全球范围来看，资本主义空间发展的历史进程内在包含着矛盾和不均衡，全球资本主义以特有的方式制造了不平等、不均衡的世界经济体系和城市体系格局，这恰恰也表现出现代化所固有的特性，以及将极化、边缘化、被剥夺、贫困等空间矛盾与对立揭示出来的空间化进程。全球是一个同一化的、互通有无的空间体系，对此不能只是运用简单的二元对立思维，应该超越单一性，看到空间的立体性、差异性与多样性，看到国家与国家的差异，以及地方性、本土性和特殊性。从城市发展维度来看，城市

① G. 波特若：《论城市伟大至尊之因由》，刘晨光译，华东师范大学出版社2006年版，第49页。

"建立在具有差异的财富、特权结构和空间优势中"[①]，经济发展不平衡、社会极化，以及房地产开发、城市和资本扩张导致的城市环境每况愈下、"城市空间的堡垒化"[②]、公共空间的商业化和私有化、房地产创造的社会分层，这些问题自然会引发争取和实现人类权益的策略与行动，可见空间正义并不是一个孤立的范畴，它与人类的空间权益、城市权利、民主政治、自然景观、文化资源相互联结在一起，并且是以一种复杂的形态相互作用着。这也说明了马克思主义视域下城市化本就蕴含非正义的逻辑，城市化进程可以理解为空间结构和过程的基本矛盾，塑造了不平衡的城市生活形态和城市空间形态，而城市中不公正和不正义的现象，进一步促进了各种社会力量的加入，不断改造着城市的建成环境，进而又影响着城市化发展本身。城市治理在面向更好、更公正地安排城市中的社会关系、构建价值原则和准则的过程中需要认真对待"探索正义和社会的建构的空间概念之间相对应的可能性"[③]。

二　城市治理：一种空间视角的分析

以空间视角来分析，城市治理既是社会发展的产生，也体现了空间辩证法的运用，它是对公民、国家、政府等在制度和城市空间框架中如何展开行动并且创造着我们的城市生活的深刻说明。公共制度，城市市民身份、性别，法律等这些对于城市结构具有很重要的影响因素，本身也具有深刻的地理性或空间性。在城市景观上，可以看到特定的符合意识形态标准的社会价值观念和道德评判标准的烙印，加上社会不断重组以及不断产生新的变革因素，使得整个

① 爱德华·W. 苏贾：《寻求空间正义》，高春花、强乃社等译，社会科学文献出版社2016年版，第45页。

② 同上书，第41页。

③ PIRIE G. H.，"On Spatial Justice"，*Environment & Planning A*，Vol. 15，No. 4，1983，pp. 471 – 472.

城市社会发生了很大的变化，对城市治理提出新的挑战。城市治理不仅仅要面对城市经济和财富如何增长，也要面对其他的城市公共设施系统的建设、法律的实施、教育的展开、市政服务的分配供给、环境的可持续性等各种问题，这些活动都会对城市空间、社会地理、物质空间生产与再生产产生直接性的、根本性的影响。具体来说，我们将从现实与理论两个层面，来展开对城市治理空间性的阐释。从城市治理所遭遇到的现实问题来看，许多问题与空间分配、生产和管理的不合理、非正义相关，因此这些问题既具有空间特性，也凸显出城市治理在空间维度的困境。那么对这些问题进行相应的理论分析，包括建立分析框架、探析发生机制、剖析演进逻辑，并且在此基础上与传统城市治理的框架进行比较，才能凸显出从空间维度探究城市治理的独特性，以此来更好地指导走向正义的空间治理。

一方面，从现实层面分析：城市问题的空间向度凸显了城市治理的空间性。人类历史就是由快速城市化推进走向城市社会的历史。伴随着工业化的展开而形成的城市，本质上是资本与空间相结合的产物，资本创造了利润，而空间“一直都是政治性的、战略性的”①，空间成为塑造城市中各种权力关系、利益分配格局、环境资源样态的重要政治性和战略性力量。在这样的背景下，空间就不仅仅意味着地理。空间更多地具有政治意蕴，成为推动城市发展的主导与控制力量。空间既意味着城市发展的现实境遇，也代表着城市未来的趋势，同时也是城市问题与矛盾产生的背景与根源。城市及其不同类型的空间由一种潜在、隐性的背景性的存在转变为一种显性、主导的积极性推动力量。城市治理的空间性意味着随着城市规模、结构和性质上的空间变化而引起的治理主体、治理方式、治理

① 亨利·勒菲弗：《空间与政治》（第二版），李春译，上海人民出版社 2008 年版，第 46 页。

过程以及治理对象的变化。无论是列斐伏尔提出的生产空间，还是福柯提出的空间权力得以存在的条件，抑或德勒兹所讲到的国家生产与再生产空间控制，都表明了空间成为基础性的、主导性的控制力量，形塑着城市生产和生活的重要方面，而且城市治理具有空间向度。笔者将具体从以下三个方面来展现制度性的空间和城市治理的空间维度，并且从空间来探讨城市治理所遭遇问题的实质与根源。

首先，城市空间被资本逻辑侵占、主导与控制。城市既是资本积累中心，也是空间、资本、权力、利益之间对立冲突的集中地，当然也是藏匿危机与风险的地方。城市在很大意义上是由资本的逻辑所创造出来的空间存在形式，而资本的逻辑则表现出唯利润化的单一性、片面性。城市空间的劳动力生产与竞争，紧紧围绕着价值增殖、资本加速周转、利润积累扩大展开，由此形成的空间景观、空间布局实质上代表着政治官僚与权威，并且充满了矛盾与冲突，无法满足城市社会可持续发展的要求。在工业化、城市化初期，城市工业生产在考虑要素投入的成本和利润时，空间往往就已经成为一个重要的影响因素。但我们应该看到，空间因素的影响作用并不是独立起作用，而是与其他要素构成一种具有张力的结构性关联。随着工业化、城市化的深入，空间从辅助性、背景性的影响因素逐渐变为独立性的、关键性的影响因素。特别是当工业聚集促进了城市的发展和新城市的建立后，城市作为资本、劳动力、土地等生产要素特别集中并持续聚集的时候，工业化引导的城市发展就变成了城市空间主导的工业化。空间成为经济生产的首要考虑因素，空间作为核心要素融入到社会最为基础的经济生产方式之中，并重构了这种生产方式。当工业生产无法承担空间和土地的高昂的交换价值的压力时，取而代之的是各种类型服务新公司的兴起，特别是那些对土地要求并不高，而具有较大剩余交换价值的经济活动，比如，金融、保险、基金、房地产等行业。这些经济活动常常聚集在城市人口和要素最为集中的地带，形成具有一定社会分层化和一定程度空间分异化的城市空间序列，并且成为主导城市经济领域活动的中轴。现代城市尤其是房地产通常被金融资本所掌握，虚拟资本占据、统治着空间，在空间投机中实施着对空间的掠夺与剥削，产生了诸如空间边缘区域、房地产泡沫、空间隔离、城市生活空间级变等非正义现象，对城市社会可持续发展造成严重阻碍，并且违背了善治的城市生活与实践逻辑。

其次，对于城市公民而言最基本和最重要的城市空间权利无法得到有效保障。虽然人的生活生产都在城市空间中进行着，但人并没有真正融入到城市中，人与城市空间之间存在着断裂，城市空间只是人生活的工具、手段和策略，在城市空间中人无法实现获取社会资源、实现阶层流动、创造生产价值、追求美好生活的自由。这种城市空间权利也是列斐伏尔所说的“进入都市的权利”，它既不是自然权利，也并非契约权利，而是一种总体性的权利，代表着城市居民社会关系凝结成的团体的权利。这种权利既包括对城市物质资源的平等获取，也包括对文化、政治、社会和生态环境的建造和平等享有。城市空间表征着社会性和政治性，空间不仅规导着经济的发展方向，而且空间本身充满着各种社会关系。生产能力、经济质量或者价格水平高的地域，必然可以获得更多的资源用于空间及其职能的再创造。无论是西方的精英城市、联盟城市、增长机器[①]城市，还是中国的精英城市，都表现出一个重要的特征，就是空间所携带的经济能力或产值能力实际上是一种获得政治权力的方式，特别是近现代以来城市之中“市”的地位和作用远远超乎以往，并成为一种价值理念。空间的社会政治性是城市治理在社会关系层面

① “增长机器”代表着单向度的城市发展实践，以经济快速增长作为目标，通常以出让土地、基础设施来获取城市发展资金增长的形式出现。

具有空间性的直接体现，都市中空间的隔离及不平等不只是西方资本主义城市的真实写照，空间不平等、空间矛盾冲突作为资本城市化的必然产物，引发对城市空间权利的诉求。城市空间权利显然不能成为某些特权或精英阶层的权利，更不能成为对劣势、边缘、贫困阶层的合理化压迫。如何真正协调空间引发的矛盾，使生活在城市空间中每个居民的地位得到确认，让他们拥有平等地进入城市空间、获取相关的空间资源和利益，并且获得平等参与城市治理的权利，这是城市空间权利的题中应有之义。

最后，城市空间表征与建构深深地打上了社会性别的烙印。性别被社会化所构造，而城市既是物质建构的也是社会建构的，因此城市与社会性别具有深刻的关联性。在一定意义上，城市空间规划包含着对性别决定论的认可与强化，导致城市非常强烈地影响着人们对于性别建构的价值观念。城市空间景观充斥着父权制、男性利益的社会文化实践的性别取向，女性处于空间弱势边缘群体。城市的许多活动，如劳动生产、文化实践等都把女性排除在外，因此在被社会、文化和性别所建构起来的城市空间实践中，女性找不到真正属于自己的空间。由此女性无法与男性平等进入到城市治理中，形成多元治理主体中重要的因素。而且由此所形成的社会性别视角下“城市的公共—男性与私人—女性的二元论”①，不断生产和再生产着城市空间的不平等。

另一方面，从理论层面分析：关于城市治理的讨论一直是政治学家和城市社会学家们关注的，社会空间辩证法也自然进入到他们的视野，在他们看来，城市治理与地方政府的权力与作用、社区的权力结构、地方民主政治等有密切的关系。围绕城市权力被谁掌握形成了如多元化、管理主义、工具主义以及结构主义的不同的理论

---

① 保罗·诺克斯、史蒂文·平奇：《城市社会地理学导论》，柴彦威、张景秋译，商务印书馆 2005 年版，第 293 页。

阐释路径，管制主义则是对这些路径的超越。治理则是在管制主义这一理论框架基础之上转变而来的。管制理论反映了现代西方资本主义特定生产方式下对于经济、社会、政治和文化等整合性的制度安排，每种制度都有其相对应的管制方式——作为个人与集体行动的准则来起作用，它对城市空间中各种社会关系的生产与再生产起着重要的导引作用。而治理则是在新福特主义积累制度需求下向一种新型管制方式的部分转变，[①] 新制度的产生反映了一种全球性的经济创造力，它是通过特定范围的经济生产实现的。毋庸置疑，空间在城市治理中扮演着非常重要的角色，影响城市治理的重要因子如全球化、世界经济格局变化、世界城市化、城市规模、城市基础设施等，都具有空间的特性。因此，我们在对城市治理进行理论分析和框架建构的时候，势必要关注各种问题的空间向度，深刻挖掘空间特性与意义，形成对城市空间问题发生机制与形成方式的理论认识。这一方法恰恰也是与传统城市治理研究相比较而言，更凸显空间是被社会建构的意义，更符合空间的政治性与批判性特征的。这就使得我们需要看到城市空间问题与城市治理中的其他问题相比较而言自己所特有的性质和特征。那么，对于这一考量，传统治理理论的分析框架是否涵盖了这些问题，是否能够在分析这些问题的时候成为一种有效的工具等问题，城市治理的逻辑，在很大程度上展现出现代性自身的逻辑与特点，如何在空间批判视角下，准确洞悉经济的发展与城市空间重构、城市人口与文化变迁、城市规划与城市政治变化等这些与城市治理紧密相关的问题，在此基础上建立城市治理的空间分析理论框架，反过来以理论来指导具体的城市治理实践，对城市空间进行有效治理，提升城市治理现代化效能。当然，最根本的出发点是城市空间本来就是人创造出来的，城市空间

---

① 谢富胜、黄蕾：《福特主义、新福特主义和后福特主义——兼论当代发达资本主义国家生产方式的演变》，《教学与研究》2005 年第 8 期，第 36—42 页。

的特性与人的实践紧密相关，而治理的主体是人，因此空间对于城市治理具有重要意义。

城市治理所要致力于解决的问题，仍然是城市社会公正的问题，所以城市治理的价值目标在于努力以各种方式去实现城市社会公正，从空间维度上分析，就是去实现空间正义。正义的概念不仅仅会随着时间与空间的变化而发生变化，而且也会因人而异。[①] 无论是对正义的法律解释，还是功利主义的解释，或是自然权利的解释，都与道德和空间的关系复杂并且紧密地联系在一起。在城市治理的现实中，这些理念从不同方面挑战着利益的协调、治理政策的效能。对于城市治理的空间考量，离不开社会空间辩证法，需要在城市的形态、经济结构、文化体系、城市工作与生活空间中，如何实现劳动力平等地分配与流动，减少被边缘化的群体，消除城市文化霸权主义，减轻环境生态污染等等，而且这些问题并不能够孤立地被解决，它们之间也有着错综复杂的联系，这既是城市空间正义的问题，也是城市治理的正义性问题。

三　城市治理：迈向正义与善治

城市治理是国家治理的重要组成部分，也是中国改革总体目标中需要观照的重要环节。中国现代化进程既有持续性，也具有一定的过渡性，这就决定了城市治理中除了规范化、法治化的基础性与引领性之外，还需要在良法基础之上的善治。而正义理论的城市化和现实化，就是城市善治价值内涵的实现。空间正义视域下的城市治理，是在空间的宏观分析视域以及社会空间辩证法的分析框架中的城市治理，关注的核心问题是如何通过治理来实现公平与正义。城市本身就是治理所运行和实践的空间，它是一个矛盾和冲突聚集

---

① DAVID HARVEY, "Social Justice, Postmodernism and the City", *International Journal of Urban & Regional Research*, Vol. 16, No. 4, 1992, pp. 588 – 601.

地。治理的行为主体是在城市空间中的，我们需要以空间作为治理的切入点，关注正义这一重要的价值诉求，警惕资本的僭越，考量政府的职能以及政府与市场和社会之间的关系，也要关注城市居民的权利，只有“以人民为中心”，才能不断地推动社会利益结构走向合理与公正，以此来推动整个城市治理的不断提升，最终达到城市“善”治。

（一）城市治理应恪守空间正义

城市治理有其力求达到的目标，城市治理的目标在于城市善治，而从空间的意义上讲，城市善治首先就在于能够实现城市空间正义，空间正义与空间资源生产、分配、利用、交换、占有及消费的公正与否有着密切关系。[①]

实现空间正义，最根本的是要实现空间生产正义。空间中的要素、空间之间的组合以及空间本身的建设都能够促进“能量之流、原料之流、劳动力之流与资讯之流等”[②] 的流动，使各种资源要素达到最佳的生产结合，这一点不应该否认。同时空间生产还具有社会价值，在推动经济增长的同时，还要注重消灭空间异化和极化、空间控制和剥夺、空间隔离和排斥、空间精神文化价值的衰落等问题。空间不应该作为资本积累的纯粹工具，在新自由主义和市场化模式的推动下，把空间商品化和资本化，使空间分布按照市场梯级价格的规律排列，越是优质健康的城市空间越能够积累超高的空间财富，越具有较高的交换价值，而越是没有交换价值的城市空间，就越没有使用价值，这严重地颠倒了事实。城市空间主要着眼点在于之于人而言的使用价值，人们创造美好的城市，就是为了得到美好的生存环境，从这种空间环境中获得自我实现的资源和平台。因

---

① 任平：《空间的正义——当代中国可持续城市化的基本走向》，《城市发展研究》2006 年第 5 期，第 1—4 页。

② 包亚明：《现代性与空间生产》，上海教育出版社 2002 年版，第 47 页。

而交换价值可以作为一种辅助性的动力，而不可作为一种支配性的策略。同时，恪守空间正义要培育总体的空间价值观。空间中总存在着人的自由自在的实践活动。因而，空间具有总体的价值特性，空间是包含了社会性、政治性和空间性，并最终表现为适宜人的需求价值的属人生存环境。正是空间的多样化的使用价值满足了人的主体性的成长和自我实现。城市“善”治的重要目标之一就是要通过对城市的空间使用价值的构建，使城市健康发展，以带动城市居民的幸福生存。特别是当前社会，城市空间的生态问题变得尤为突出。城市作为地理环境的物质积累中心，也处于生态环境链上，受其影响，城市空间中的废气、废水、垃圾和有毒物质排放到环境中，不仅会破坏生态环境，而且也危害着自身可持续发展的环境。而导致城市生态环境的污染的根源常常在于市场和资本逻辑，我们看到，很多有毒污染物最终都会转移到低级劣等的生存空间的案例，而这些空间也正是边缘人群和弱势群体的空间，他们空间的生态环境价值急需得到应有的重视。

总的来看，城市治理恪守空间正义对于社会和个人都具有非常重要的意义。从社会方面来看，当前社会正处于都市社会阶段，而都市社会是从农业文明和工业文明发展过来的最新社会文明，都市发展的好坏直接影响着整个社会文明的发展程度。目前我国都市社会中出现的大量空间问题，如城乡问题、住宅问题、教育医疗空间分布问题及各种权利问题等，都直接或间接地与空间正义的缺失有着密切的联系。城市治理就在于为城市社会的健康发展保驾护航，解决城市空间中的非正义问题，促进整个社会文明的进步。特别是我国当前的城镇化建设，更应该在此方面有所深刻认识。从个人方面来看，城市治理对空间正义的诉求实际上标示了城市治理对处于城市空间之中的人的主体性的尊重和保护。“正义”的背后总是有一个什么对于人来说是不正义的问题，人是一种空间性的存在，空间是人作为主体的外化，而以空间为媒介，通过操控空间而来压制异己、压制他者的不正义正是空间正义所拒斥的。因而，城市治理正是要通过空间治理的方式来达到空间的正义，确立生活在城市中人的主体地位和身份尊严。

（二）城市治理应规范资本运作

马克思对资本主义社会犀利深入的剖析揭开了资本主义社会现代性的面纱，实现了对资本主义社会现代性的双重批判，即资本批判和现代形而上学或理性批判。[①] 现代形而上学或理性是资本在思想领域的现代性特征，因此，归根结底，对资本的批判构成了对资本主义根基意义上的彻底批判。资本是现代性的根本特性和基本存在方式，自资本主义生产方式产生以来，资本就贯穿在社会运行的始终和方方面面，推动着社会的现代化进程。然而资本不是一个抽象的纯概念，而是一个基本的事实，是事实则意味着它在社会之中，社会中的事物是不断变化发展的，那么资本在社会中的存在方式和作用方式也会随着现实的不同状况而有所变化。从农业社会到工业社会，再到都市社会，资本也开始不断地城市化，资本逐渐更多地以空间的方式展现出来，空间生产则成为城市社会资本运作主要方式。当现代化以都市的面貌出现，城市化成为现代化的主要表现方式的时候，资本逻辑所主导的空间生产则在根本的意义上不断地推动着社会的发展，资本通过空间生产成为现代社会的动力。

资本作为社会发展的动力在推动现代化不断前进的同时，也造成了严重而根本的社会问题，特别是城市空间问题。对于我国而言，自改革开放以来，面对西方现代化发展的巨大压力和自身发展的强烈诉求，我们建立了中国特色的社会主义市场经济体制，通过市场调动各种生产要素和组织各种有效生产，各种社会资本推动了

① 吴晓明：《论马克思对现代性的双重批判》，《学术月刊》2006 年第 38 卷第 2 期，第 46—52 页。

城市化的快速发展。但是，随着城市空间生产的不断推进，各种资本作为城市发展的动力逐渐产生了各种各样的空间问题，发展的动力变成了问题的源泉。资本对城市进行商品化和市场化运作，以利润为中心，以效率为准绳，造成了城市的片面发展和扭曲发展。资本追逐利润的逻辑使空间生产更多地从属于资本积累，对空间资源过度开发或急功近利的片面开发，不能从全局和长远进行总体规划与假设，忽视城市居民的多样性需要，漠视城市空间的使用价值而专注于交换价值等，空间财富通过资本、财产或强权而非劳动等要素通道分配，“在财富积累和分配的过程中，存在着一系列将社会推向两极分化或至少是不平等的强大力量”①。这种分化的根本力量“我将它表达为 r > g”②，即资本收益率大于经济增长率，劳动要素成为次要的分配要素，进而使空间贫困、分化问题严重。

因此，当时代进入都市社会，空间生产成为新的历史主体的时候，我们该怎样认识资本和对待资本，如何处理资本、城市发展和现代社会三者之间的关系，这些是直接摆在我们面前并且需要智慧地加以解决的问题。放任自流的资本和市场化在解决效率的同时，并不能解决发展中的所有问题，甚至这一方式本身就构成了问题。在对资本的运作中，对资本进入空间生产的目的、方式、领域和效果的考虑中需要慎重权衡，走向正义的城市发展究竟应该遵循什么样的准则？在城市发展的不同阶段，是更需要公平，还是更需要效率？在城市空间生产的一些关键领域，资本该发挥怎样的作用、该发挥多大的作用、资本该坚持怎样的价值原则？如何利用公有资本和社会资本以及它们之间应该保持一个什么样的比例来避免资本的不正义配置等这些问题，我们都应该有一整套相关的理念、目标、

① 托马斯·皮凯蒂：《21 世纪资本论》，巴曙松、陈剑等译，中信出版社 2014 年版，第 28 页。

② 同上书，第 27 页。

介入机制、制度规范，以此来调节规范资本的空间运作和空间生产，把握好城市发展和治理中正义的导引方向。

（三）城市治理应保持政府、市场和社会之间的辩证张力

空间不是单纯的物质空间或精神空间，“社会空间总是社会的产物”①，空间的社会性揭示了空间之中总蕴含着利益主体及其相互关系。空间变动总是意味着空间中各主体的变动及其交互方式和交互机制体制的变化，因此城市空间治理要关注城市空间背后的隐藏的推动力量。这种力量可以是主体，也可以是主体之间作用的方式，它们在较微观的层面构成了现实城市治理的行动框架和体系，成为城市治理中实实在在的行动力量。具体而言，实现善治的城市治理，可以从以下三个方面展开：治理的主体（力量）、治理的方式以及治理的权责。

其一，从城市治理的主体角度讲，在其结构组成要素中有政府、市场和社会三个力量主体，所以其关键词是多元。现代化及市场化使社会利益全体多元化，城市空间的商品化使越来越多的人以持有空间为财富并进行交换，并且空间需求也多样化，每个人对空间的生产和使用都存在不同的价值要求，因而在这样一个利益和需求分化的社会中，要想较好地治理城市空间问题，首先就应该拓宽治理的力量，使利益相关者能够共同协调地去解决问题。但是在现实中，这一转变还需要更大的努力，因为空间控制和空间霸权往往会忽视群众或弱者的空间利益，从而造成空间的不平衡。因此，对于政府而言，既要注重公共空间的开发和使用，尽可能地完善公共空间的服务职能；又要关注与调节市场，防止市场在追求利润的时候过分侵入和挤占城市公共空间，特别是要调节房产和地产市场，防止通过房地产市场进行空间剥削的现象产生。总的来说，善治的

① 包亚明：《现代性与空间生产》，上海教育出版社 2002 年版，第 48 页。

城市治理对政府的功能提出重要的要求，善治是面向人民的治理，需要打造具有全民共享的城市空间而非少数权贵或精英规划和占有的城市空间。在市场方面，要利用市场促进空间资源的有效分配和使用，通过交换和借助价值机制进行调节。但交换价值和价格并不能成为空间资源配置的目的，空间也不能沦为纯粹创造利润的工具，而应该是充满情感和认同的地方，是人们日常生活的地方，应该满足人们生产、生活、娱乐、卫生等多样化的需求。因而要规范市场、借助市场力量对空间进行全面和平衡的开发，并协调空间资源的长短期开发利用，防止因急功近利而造成的空间非正义问题。在社会方面，我国传统城市是由政府行政主导建设的，而改革开放后，城市的发展则更多的是由政府主导、市场推动来完成，城市中的社会——包括城市居民和非营利组织——的力量一直未被充分重视，因而他们的空间权利和利益也有待更进一步地被尊重。所以，城市空间问题的出发点和落脚点往往就是社会问题，城市社会是整个城市稳定的基础。因此，一方面要尊重和实现他们的空间选择与需求，另一方面，要把他们作为城市治理的一股强劲力量，有效调动参与治理的积极性，发挥治理共同体的力量，实现多元、互助、共同治理城市社会中的空间非正义问题。

其二，从城市治理的方式角度讲，城市治理不是一种控制、命令或行政式的方式，而是一条利益相关者多方参与、协调共治从而充分保障城市人民权利的道路。城市空间的非正义问题，从某种意义上看主要是由空间权力和空间利益处理不当、滥用等造成的。所谓处理不当就是没有尊重他们的上述权利及满足他们的上述需要，未平衡好这种权利和需要。因而关键在于，要建立利益相关者都能够参与其中的民主利益表达机制和法律保障机制，只有每个利益相关者都能够表达自己的利益诉求，并在现实中得到凸显，协调各方，保障各方权利，才能够从细微的方面分散、化解这些问题，促进城市治理面貌的整体改善。

其三，从治理权责的角度讲，政府、市场和社会这几大治理主体，都应该划清自己角色定位的边界，有针对性地、高效地处理各自权责范围内相应的空间问题，这里的关键词就是恰当。城市空间治理应该是一种追求多样、全面和平衡的空间建设和使用的治理，每一种力量都应该担负起自己的空间建设和问题处理的使命，把握好自己对空间的权利边界和责任边界，做到各司其事，充分协调。特别要防止的是，政府在推进和规范相应的空间治理的过程中，过分地介入市场，追求市场利润和过多的行政指令、强制社会而忽视自己的本职所在；防止市场以效率和利润为导向的治理道路成了问题本身的根源，过分的市场化和市场失灵导致对公共空间和空间的公共服务职能的侵蚀，并造成上文所说的，某些空间过度开发而某些空间开发不足，或某些空间资源短期内过分利用甚至浪费，而造成无法弥补的长远损失等问题；同时，也应该注重市场的社会责任，防止市场或企业过分追求利润而规避应当承担的社会义务。

（四）城市治理应促进城市权利平衡

城市权利是城市治理的重要构成之一。面对城市化引发的诸如地理景观、城市格局、城市样态、城市生活方式的空间变革，城市权利的平等获取成为关涉人的生存的核心问题，也是城市治理需要实现的基本目标。城市权利，是空间权利的一种表现形式，它意味着对空间剥削、空间压迫、空间不平衡的反抗与抵制，对空间资源、空间利益、空间分配的协调与平衡。在走向都市社会进程中，它极大地影响着人的生存、人与人之间的社会关系、整个都市文明的方向。在理论探讨上，对于城市治理中相关空间问题的讨论通常在空间批判的逻辑中展开。空间批判逻辑展现出不同的空间关系，既包括宏观的，也包括微观的。空间批判的视角与对空间的社会性理解彼此关联，即我们不能将空间只是简单地看作是表达社会抑或是经济、政治文化的载体，而要超越空间的物质性、技术性，达到对其所具有关系性与实践性的理解与把握。空间的关系性，指空间代表着人与人之间的社会关系。空间的实践性指的是，我们可以从空间所遭遇的问题中，深层次地挖掘空间的主体——谁占有空间、空间的创造过程——如何生产出不同的城市空间形态、何以将空间的效用发挥到最大——主体对于空间的利用等。由此，空间本身就是存在于一定的关系中，处在网络的关系中。空间表征着关系、体系、结构、结果，而城市空间所遭遇的一些危机和问题，也只能在上述框架中得到认识和解决。除了对空间上述的理论认识之外，我们仍需要回到城市空间的现实样态上。可以看到，城市纷繁复杂的环境、社会生产、经济特征、城市秩序结构、街区邻里等，都深深嵌入到空间的问题区域中——只有在空间关系、空间生产和空间结构中，以一种整体性的、总体性的、宏观性的空间视野，才能真正把握它们如何在空间中产生、发展，不断被空间所制造和强化。现代化进程造就了城市的不平衡发展，形成城市空间的不平衡关系。这种不平衡既是城市社会关系的不平衡，也是资本与劳动力之间的不平衡、富裕阶层与贫困阶层之间的不平衡。空间贫困就是城市空间不平衡发展的突出表现，它是在与空间财富、空间富余或空间繁荣相对比意义上的贫困。如果说空间财富代表着有很强的空间集聚功能与效应，能够在非常短的时间内投入资本并回收产生高效益，具有丰富的价值，那么空间贫困显然与之相反。之所以会有诸如空间贫困的问题产生，是因为空间本身所具有的“构成性中心”[①] 的本质和属性，即中心的强大集聚力、辐射力、影响力使得资源、资本等都流向了其他空间，导致不平衡的空间关系产生，并且逐步形成了一种发展模式、效应和特征：越是优质的空间，往往吸引力和

① 亨利·勒菲弗：《空间与政治》（第二版），李春译，上海人民出版社2008年版，第17页。

控制力就越强，它能够在非常短的时间内，以非常快的速度把有限的资源聚集至此。这样一种不平衡的发展、倾斜式的发展和单向式的发展，不断地将不平衡空间关系生产出来，并得到固定与强化。

因此，城市现代化应该在其内部发生一场真正脱胎换骨的革命。在这个革命过程中，要摒弃单向的、片面的、线性的发展，这种发展往往以资本、效率和利润作为目标，而且在很大程度上是以牺牲多数人的空间利益作为代价，成就少部分群体的空间特权。而只有做到公平、公正、正义、平衡的发展，才能成功实现脱胎换骨，即需要在多元化的空间行为主体、空间利益冲突之间进行协调，最终能够让主体平等获取其空间权利，实现其空间利益的平衡。这对于城市治理而言至关重要，可以说是城市治理能否实现空间正义、以人民为本这一目标的灵魂。城市空间权利，代表着不同主体在城市空间中生产、创造、使用空间的权利，这些主体是多种多样的，既包括城市人，也包括从农村走出来的城市人。城市空间权利的平衡协调，指的是城市空间环境、资源、权利平等地为民众所享，每个人能够在城市的空间生产、权利分配中自由平等参与，每个人不同的权利能够最大限度地满足。从集体性权利、个体性权利角度来看，城市中的每个人，无论他是属于精英阶层还是弱势阶层，都有权利生产、创造并且占有、使用城市空间。也就是说城市空间生产、分配及使用应该是正义的、公平的，这是属于城市所有人的一种空间生产的权利。空间自身的多元特征，表明一种异质性，也代表着开放、弹性与活力，在广阔的城市化进程中走向空间正义，是一项与城市权利紧密相关的重要议程。城市空间权利的本质与内涵就是正义，正义则是获取权利、享有权利的正当、公正与公平。那些处于弱势、边缘空间的群体，有权利根据自己的诉求选择、占有和使用空间资源，他们的正当、合理、平等的权利不应该受到精英阶层、优势群体的侵占和压制，反倒应该得到政府和全体人民的尊重与关注，在空间权利的享有上应该得到更多的支持。对此，城市治理中应该在多元主体参与机制，以及相应的法律法规政策保障上给予重点关注，要保障所有主体在参与治理的起点、过程等环节的正义与平等，在民主与法治之间寻求张力与平稳。要反对精英阶层、强势群体、少数利益占有者在源头上控制空间资源，在分配上制造的空间差异与霸权。总之，城市权利的平衡是多元城市文明与不同城市主体福祉满足、城市主体的创造性与空间生产正义性、权利的属人性与城市发展商业性之间的平衡与辩证关系，是迈向空间正义的城市治理应该确保的实践任务。

第三节 新时代城市治理的推进

习近平总书记在党的十九大报告中指出，新时代我国社会发展的主要矛盾是人民日益增长的美好生活需要和不平衡不充分发展之间的矛盾。对新时代社会主要矛盾的论断，对我国社会逐渐向都市社会迈进时期的城市治理提出了更高的要求，也就是城市治理应该成为人民新时代实现美好生活的支撑，成为美好生活世界展开的地方。

自新中国成立以来，直至改革开放前后，我国城市治理都是在经济社会极度落后的情况下，开展的城市发展服务于经济社会快速发展的治理目标。在宏观背景上，这是由那个时代的社会主要矛盾——人民日益增长的物质文化需求同落后的社会生产力之间的矛盾决定的，物质匮乏是那个时代的基本特征，物质大发展是那个时代的基本要求，在这样的特征和要求下，城市治理的主要目的依附于经济社会快速发展目标，无论是重工业空间战略及其配套的计划经济、户籍制度，还是商品经济、城市摊大饼式发展和空间重组，都体现了当时的历史重任——物质大生产，城市的多样性与综合性被忽视了，城市经济效率成为城市治理追求的目标，而城市生活并不是城市治理的归属。在这种指导思想下，经过几十年的发展，城市文明成为社会主导文明，影响城市美好生活的诸多问题，比如户籍、公平、住房、家庭、生态环境、公共空间、公共服务、城市文化等都未能有效地得到关注，所有的这些问题都以不影响或者促进物质生成为第一要务。

新时代的社会矛盾已经产生了变化，社会矛盾运动的动力不再是物质大发展的诉求（当然也很重要），而是美好生活的需要同不平衡不充分的发展之间的矛盾，都市社会的发展质量摆在了突出的位置。这一矛盾的转换正是在我国由农村社会向城市社会转型的大背景下产生的，美好生活与城市呈现出一种复杂性的相关关系。2015 年，中央城市工作会议时隔 37 年又重新召开，弥补了只有中央农村工作会议，而没有中央城市工作会议的缺陷，“要坚持把‘三农’工作作为全党工作重中之重，同时要更加重视做好城市工作”[①]。突出了新时代中央政府对城市治理的重视，“尊重城市发展规律。城市发展是一个自然历史过程，有其自身规律”[②]。城市治理不再是附属性的，而是自主性和独立性的。与传统农村相比，城市已经开始是大多数人生活的地方，城市也理应是美好生活的场域，他们的美好生活不仅仅关涉物质生产，更关涉城市空间本身的公平化、日常化，关涉人们需求层次的提升，生活品质的提高，生活环境的改善，城市权利的均衡等问题。因而，新时代城市治理关注的是物质生产丰富基础上的，具有综合性的美好生活的推进，城市是使生活变得更美好的地方。

---

① 《习近平主持召开中央政治局会议　分析研究 2019 年经济工作　研究部署党风廉政建设和反腐败工作》（2019 - 12 - 14），2020 - 05 - 23，http：//www. xinhuanet. com/mrdx/2018 - 12/14/c_ 137674643. htm。

② 中共中央党史和文献研究院编：《十八大以来重要文献选编（下）》，中央文献出版社 2018 年版，第 78 页。

在这种转型的背景下，加上全球化的影响，当前城市社会出现许多新的特征：高度陌生化、高度信息化、高度流动化、高度复合化以及高度非均衡化，从而也会引发不同于传统城市中的新的矛盾。因而新时代的城市治理，首先需要对城市、社会、生活等有一个全新的理解，尤其是对于如何理解城市的作用、城市之于整个社会美好与正义生活的重要性。当然也要进一步反思长期以来发展的局限与弊端，针对城市病积极创新城市治理体制，在城市与生活深度融合的基础之上，推进有序、规范、优化、正义的城市治理：城市应该是开放的，能够容纳每一个人的美好生活；城市应该是生态的，是宜居的城市；城市应该是公共性的，而不是构成性中心的剥夺；城市更应该是人文的，是蕴藏意义、价值和情感的地方。

一　以人民为中心的城市治理

习近平在多次会议和考察中明确提出，城市是人民的城市这一核心思想。早在《国家新型城市化规划（2014—2020）》中，就提出要推动人口市民化进程，使人民与市民合二为一。2015 年 11 月 10 日，中央财经领导小组第十一次会议中谈到城市工作时指出“要推进农民工市民化，加快提高户籍人口城镇化率”[①]，进一步阐明了人民城市这一要点。无论是外来的人口，还是城市中未被市民化的群体，抑或是城市中的原住居民，他们都是人民的一分子，城市转型发展的浪潮中，都需要积极地促成他们分享城市发展成果，要鼓励他们在城市中安居乐业，使城市成为他们追求美好生活的有力依托。这一思想与我国改革开放以来城市化推动的整体社会转型直接相关。当我国主要人口生活在农村时，党和国家把“三农”问

---

① 《习近平主持召开中央财经领导小组第十一次会议》（2015 - 11 - 10），［2020 - 05 - 23］，http：//www. gov. cn/xinwen/2015 - 11/10/content_ 5006868. htm。

题作为工作的重中之重，每年的中央农村工作会议对农民、农村、农业给予了极大的关注（此处并不意味着城市工作不重要，只是相对于整个国情而言）。而随着我国从农村社会向城市社会的转型，人们开始越来越集中至城市，他们建设城市、分享城市，追求更为美好的城市生活时，城市也成为了他们主要居住的生活空间。大部分人在城市中出生成长、接受教育、获得工作、结婚生子、终老归山，正是城市而不是农村与他们的生活融为一体，但是市民化、户籍制度等问题极大地影响了他们在城市中的生活。城市应该是开放的，应该接纳多样化国民生活于其中。城市化的本质也应该凸显市民化，也就是既能为新入住者提供城市性的公共服务，也可以为未享受到城市发展成果的老居民提供相应的服务。城市问题较之于传统认知而言，具有更大的复杂性、综合性、独立性特征，城市社会的美好发展与正义诉求俨然成为社会文明发展的重中之重。城镇化的核心是人口的城镇化，[①] 城市发展具有人民性的内在要求，城市发展惠及的不仅仅是先来后到问题，更是共同富裕问题，是邓小平改革开放之初既已提出的“共同富裕”问题，需要我们不忘初心，砥砺前行，这也是人民城市的共富原则。

“要顺应城市工作新形势、改革发展新要求、人民群众新期待，坚持以人民为中心的发展思想，坚持人民城市为人民。”[②] 在2015年12月20—22日重启的中央城市工作会的精神中，我们可以看到新时代城市治理的形势已经发生了变化，改革发展的要求也不同于以往。正如上文所言，改革开放前后的城市治理是在物质条件极为匮乏，落后的生产与人民日益增长的物质文化需要之间的矛盾十分突出的情况下进行的。在这种发展压力下，城市治理主要为工业化

① 《中央城镇化工作会议在北京举行　习近平李克强作重要讲话》（2013－12－12），2020－05－23，http：//news.12371.cn/2013/12/15/ARTI1387057117696375.shtml。

② 中共中央党史和文献研究院编：《十八大以来重要文献选编（下）》，中央文献出版社2018年版，第78页。

和商品经济的发展服务，城市社会性、多元化发展本身就是一种附属性的，因为经济、物质生产是第一要务，城市空间的规划和建设常常不是以人为中心，而是以生产为中心，人民的生活品质、精神文化需求则居于次要位置，而物质的生产则是主要的。随着我国物质生产的丰富，主要矛盾的变化，人们追求更加美好的生活慢慢成为城市治理的中心要义。城市的人性、生活性而不是物质性、生产性变得更为突出，人们的需要变成了物质发展之上的更为多样化、高品质的需要，新时代是人们希望过得“更方便、更舒心、更美好”的时代，这个时代以人和生活为中心的治理逐渐成为城市治理的核心要义。这种转变也正是对城市过度经济化而造成的“城市病”的一种应对策略。对此，中央明确“坚持以人为本。牢固树立为人民管理城市的理念，强化宗旨意识和服务意识，落实惠民和便民措施，以群众满意为标准，切实解决社会各界最关心、最直接、最现实的问题，努力消除各种‘城市病’”①。资本推动的城市空间的发展，造成了很多问题，而这些问题正是由于粗放的发展模式造成的发展代价，牺牲了城市之于人民生活空间的意义，城市成为推动生产、利润不断积累的工具，这也是人民城市力图要超越的。因此，城市治理的人民性，实质上意味着更多的人在城市中寻求更好的生活，应该尊重他们的理想，保证他们的权利，促成美好生活的实现。

二　实现绿色有机发展的城市治理

改革开放极大地推动了我国的城市化发展，城市化由之前的滞后于社会经济发展水平，转变为超前于社会经济发展水平，城市的规模、数量都得到极大的提升。然而，在后发外生型现代化

---

① 《中共中央　国务院关于深化城市执法体系改革，改进城市管理工作指导意见》，人民出版社2016年版，第3页。

的发展压力下，我们集中精力发展生产力，形成了一种发展错觉，即发展就是经济增长，经济增长就是 GDP 的增长，城市化以摊大饼，粗放式、外延性迅速发展。这种发展模式过度依赖经济增长，以 GDP 论英雄，常常以牺牲生态环境为代价，并且这种代价的严重性没有得到足够的重视，也没有包含在发展应该考虑的自然、经济和社会成本中。城市单向度地发展所造成的生态环境问题，反过来又恶化了自身的发展条件。先发展后治理，或者只发展不治理的传统理念，使得发展、生态与生活之间的矛盾越发突出，不仅发展得不偿失，而且城市生活因其集中性受到生态环境破坏的影响更为严重，人们城市生活质量难以提高和保证。正是基于此，中国共产党第十八次全国代表大会以来，生态文明建设成为“五位一体”建设的重要一维。中央城市工作会议强调要统筹生产、生活、生态三者之间的关系，这是对我国居民生活空间极富前瞻性的考量。改革开放至今，我国的居民生活空间主要是农村和城市两种形态，而且呈现前者向后者的转型，农村社会具有乡土性和田园性，城市社会则具有经济性和文娱性。而在这个转型的过程中，我们迫于发展的压力，在城市建设过程中过分强调了经济性和文娱性，而没有在文明发展前进的过程中继承生态建设这一重要理念，使我们的发展实质上是一种经济的发展，而不是一种生活品质的提升。

中央城市工作会议中提到的“统筹生产、生活、生态三大布局，提高城市发展的宜居性”①，最为集中地阐释了生态城市建设的思想。习近平指出“努力把城市建设成为人与人、人与自然和谐共处的美丽家园”②。从习总书记的谈话中我们可以把握城市建设中所

① 《中央城市工作会议在北京举行　习近平李克强作重要讲话》（2015－12－22），［2020－05－23］，http：//www. gov. cn/xinwen/2015－12/22/content_ 5026592. htm。

② 同上。

蕴含的三层生态含义，即生态城市建设首先是要协调人与自然的关系，“尊重自然、顺应自然、保护自然，改善城市生态环境”[①]，与自然和谐相处的过程，天人合一，人与自然融为一体的过程。城市发展要顺应自然环境承载能力，否则就会破坏人类城市生活的生态前提。其次，绿色、生态、有机是城市自身可持续发展的需要，为此我们要“着力提高城市发展持续性”。中央城市工作会议上强调，要探索城市发展规律，尊重城市发展规律，城市可持续发展不能以牺牲现有的生态环境资源，过度粗放过剩发展，而毁坏今后的发展基础，“要控制城市开发强度……推动形成绿色低碳的生产生活方式和城市建设运营模式”。[②] 最后，建设生态城市，绿色有机发展最终是要建立宜居城市，满足人们居住的美好需求。在城市中，无论是与自然和谐相处，还是促进城市本身的可持续健康发展，最终都是以人为本，建设美丽生态城市，为人们提供清新的空气、洁净的水源、美丽的自然风光，提高城市的宜居性，提升生活品质。因而，生态城市建设逐渐从被忽视的对待到从生产的角度对待，最终转变成更为理性全面地从生活本身的角度对待，这样才能实现城市治理的生态自觉。

三　关注公共性的城市治理

习近平在中央城市工作会议前后的一系列会议、讲话和考察中，不断明确了城市具有公共性这一指导思想，这种公共性是基于对城市内外每一个体生活之重要的原则性确认。在国家有关国土空间、新型城镇化、“一带一路”、京津冀协同发展、长江经济带建设等战略性设计与规划的基础上，习近平进一步指出要“明确我国城

---

① 中共中央党史和文献研究院：《十八大以来重要文献选编（下）》，中央文献出版社 2018 年版，第 78 页。

② 同上书，第 90 页。

市发展空间布局、功能定位”[1]。城市发展不是封闭式、地方性的、吸纳式的自我增长，而要体现区域空间的协调合作服务作用。从大的区域空间来看，城市的产业、资源、要素等既具有聚集性也具有辐射性，城市与区域发展“要坚持城乡统筹、均衡发展、宜居宜业，形成‘一主、五辅、多节点’的城乡空间布局”[2]。提升城市服务乡村的力度，防止出现“有家的地方没有工作，有工作的地方没有家”的无奈局面，提升城市之于农村的公共性作用。同时，也要“强化大中小城市和小城镇产业协作协同，逐步形成横向错位发展、纵向分工协作的发展格局”，[3] 城市之间，城市群之间加强协作交流，实现整体发展水平的提升，惠及不同城市、乡村区域内的人民。

城市公共性的另一个重要方面，就是城市作为一个整体，在城市自身范围之内具有公共性。大量的人口聚集到有限的空间范围之内，如果每个人都践行西方自由主义的理念，推行极端个人利益至上，压缩公共利益和服务空间，必将导致有限空间范围内矛盾的聚集、爆发，使整个城市生活陷入内在的分裂之中。习近平指出：“要抓住城市管理和服务这个重点……让人民群众在城市生活得更方便、更舒心、更美好。”[4] 城市区域内的公共服务直接影响到人民生活的水平和质量。在多个场合，习近平特别强调了土地管理使用、公共空间的营造、公共交通的发展、教育就业、医疗卫生、户籍保障、住房制度、棚改区、老城改造、社区建设等关涉城市生活的核心议题的重要性和解决策略。城市的公共性要求“公共资源不

---

① 中共中央党史和文献研究院编：《十八大以来重要文献选编（下）》，中央文献出版社 2018 年版，第 80 页。

② 《河北雄安新区规划纲要》，人民出版社 2018 年版，第 3 页。

③ 中共中央党史和文献研究院编：《十八大以来重要文献选编（下）》，中央文献出版社 2018 年版，第 81 页。

④ 同上书，第 83 页。

能为少数人垄断享用，更不能搞不正之风，败坏社会风气”①。纯粹市场化策略的城市空间必然造成城市公共性的缺失，因而要加强城市治理中的政府主导作用，夯实城市公共性的社会发展角色。

城市公共性除了强调城市内外的公共服务性外，更强调城市治理的共在性，强调生活是城市的主色调，生活不仅仅是要满足基本物质需要，还有更高层次的文化、精神等超越物质层面的需求，是精细化的和丰富多彩的。习近平参加上海代表团审议时也强调："城市管理应该像绣花一样精细。城市精细化管理，必须适应城市发展。"② 深入到城市的细枝末节，深入到人们的日常生活之中，运用数字信息技术及智能化技术汇集、了解老百姓生活的日常需要和问题。日常生活的需要、意见和建议只有充分的互动沟通，才可能形成城市治理的决策和行动，这就需要提高市民文明素质，“尊重市民对城市发展决策的知情权、参与权、监督权，鼓励企业和市民通过各种方式参与城市建设、管理……真正实现城市共治共管、共建共享”③。城市治理因而不能再是以往的自上而下的整体规划，而是要引进更多的主体，深入到生活基层，听取更多的意见，关心人民在城市建设、管理中的想法和生活需要，城市治理应该起源于城市生活，而不是起源于抽象规划，以此实现城市共治善治。

综上，公共性意味着城市作为现代社会发展的引擎，在宏观上，不能以地方性、狭隘化空间观作为尘世治理认知方式，城市发展起到的是带动作用，带动非城市地区、城市之间的协调综合发展，正所谓统筹“规模、空间与产业”之间的关系。城市不是地方

---

① 《习近平关心西湖会所整治情况》（2015－05－26），［2020－05－23］，http：//www.xinhuanet.com/politics/2015－05/26/c_1115417100.htm。

② 《习近平在两会期间参加上海代表团审议时讲话》（2017－03－05），［2020－05－23］，http：//lianghui.people.com.cn/2017/n1/2017/0305/c410899－29124638.html。

③ 中共中央党史和文献研究院编：《十八大以来重要文献选编（下）》，中央文献出版社2018年版，第91页。

性的聚集中心和剥夺中心，而是具有公共性质的帮扶中心，这种聚集并不意味着城市的独立性和封闭性，而是辐射范围内的服务性。在微观上，意味着要树立城市共治共享的理念和建设原则，抑制削弱城市公共性的影响因素，建设公共的城市，在这两个层次上实现城市的公共性目标。

四　彰显文化灵魂的城市治理

文化既是城市的形象，也是城市的灵魂。习近平在 2015 年中央城市工作会议中指出城市发展“要保护弘扬中华优秀传统文化，延续城市历史文脉……保护好前人留下的文化遗产……要结合自己的历史传承、区域文化、时代要求，打造自己的城市精神，对外树立形象，对内凝聚人心”①。城市文化建设的路径有两个方向，一是树立城市形象，二是要打造城市精神，凝聚人心。自改革开放以来，伴随着国有企业改革、住房制度改革、城市土地使用制度改革等，空间更新与改造就急剧地受到现代主义建筑的影响，现代性推动下的城市建筑外貌呈现出千篇一律的景象，抽离了时空特殊性的空间改造，使附着于城市形象之中的本土文化元素大量丢失，城市建筑变成了符号化的商业所指，城市形象的意指文化空间被阻断。在居高不下的土地收益的推动下，城市历史文化景观常常遭到破坏，公共空间受到来自商业消费文化的严重挤压，城市外观失去了民族文化特色和地方特点，城市居民日常生活看到的、感受到的、体验到的，无不被包含在这种单一的现代性气氛之中。因此，习近平指出，“要细致严谨做好单体建筑设计，追求建筑艺术，强化对建筑体量、高度、立面、色调等要素的规划引导和控制，原则上不建高楼大厦，不能到处是水泥森林和玻璃幕墙。要注重保护弘扬中

① 中共中央党史和文献研究院：《十八大以来重要文献选编（下）》，中央文献出版社 2018 年版，第 88 页。

华优秀传统文化，保留中华文化基因，体现中华传统经典建筑元素，彰显地域文化特色，体现文明包容，打造城市建设的典范”①。通过将城市形象建设与传统优秀文化、地方文化联系起来，建设可视化的文化图景，而非符号化的商业形象。雄安新区整体规划及原则上不建所谓的现代高楼，北京集中整治城市天际线广告牌以及各地城市公共空间传媒图形的转换等，都是从我们的城市形象着眼来推动城市文化建设，把传统文化、地方性特色基因要素融入到城市形象的建设中。习近平指出“抛弃传统、丢掉根本，就等于割断了自己的精神命脉”②。新时代城市治理首先需要从城市形象上续承因城市现代性而中断的民族文化之根，是对改革开放 40 多年来文化之路的再回溯。“历史文化是城市的灵魂，要像爱惜自己的生命一样保护好城市历史文化遗产。”③ 城市历史文化遗产是城市的活化石，是人们集体记忆的鲜活见证。城市文化形象建设需坚持中西合璧，以中为主，处理好东方与西方、功能与文化、历史与现代之间的关系。

文化城市建设的深层次路径，就是要打造城市的文化精神、文化价值。文化精神是一个城市的内在生命力，与城市形象合二为一，共同构成一个活的文化实体。打造文化精神是建设文化城市的内在向度，是向心灵深处求索的个体化超越之路，文化精神是一个城市居民生活的价值根基、意义源泉，影响着人们对生活的主观体验和意义判断，是人们心中的一座城市开启的地方。改革开放以来，由于受到市场经济的影响，西方经济主义和消费主义通过各种媒体形式、文字资料、网络空间等方式，既在公共领域也在私人领

---

① 《河北雄安新区规划纲要》，人民版社 2018 年版，第 6、7 页。

② 中共中央宣传部编：《习近平总书记系列重要讲话读本》，人民出版社、学习出版社 2014 年版，第 100 页。

③ 《习近平在北京考察　就建设首善之区提五点要求》（2014 - 02 - 26），［2020 - 05 - 23］，http：//www. xinhuanet. com/politics/2014 - 02/26/c_ 119519301. htm。

域冲击着我们的日常生活体验，极力占领着我们的心灵和意识，伴随着城市文化功能和形象的淡化，这种冲击就显得更为严重；与此同时，相较于乡土的熟人社会而言，城市人群具有陌生性，文化多元化使得陌生人之间更容易产生较大离心力，城市生活秩序与沟通常常受阻，并且常常容易激起人与人之间的冷漠、冲突和不理解以及个体在城市中的孤独、徘徊和陌生感。在这种西方的文化冲击和自身的生活空间转型的双重压力下，主导文化价值基础上的主体化、生活性、地方感的建立就显得尤为重要，习近平总书记在中央城镇化工作会议上指出“让居民望得见山、看得见水、记得住乡愁”①。城市不只是空洞的物理结构，而是家乡，是意义、价值、情感的归属地，是心灵的港湾。

综上所述，新时代城市治理立足于我国经济社会主要矛盾的变化，城市在服务于我国经济又好又快发展的同时，其角色更重要的是变物质支撑作用为美好生活支撑作用，城市的人民性、生态性、公共性和文化性共同构成了城市美好生活的基础，这也是新时代转型时期城市治理的新要义。这种新要义对当前乃至以后中国及世界城市治理具有积极作用。

首先，新时代城市治理是我国城市未来发展道路的科学选择。具体而言，我国主要矛盾转化为人民日益增长的美好生活需要和不平衡不充分发展之间的矛盾，一方面意味着我国改革开放 40 多年来，取得了非凡的成就，但同时也意味着这种成就取得的方式并不是高质量的，成就的社会分布状态也不是均衡的，即所谓的不平衡不充分发展，影响到人们对美好生活的追求。造成这一影响的相关因素很多，但主要原因是我国已经步入城市社会，城市建设成为现代化建设的重要引擎，并且这一进程还将继续深化。我国由乡村社

---

① 中共中央文献研究室编：《十八大以来重要文献选编（上）》，中央文献出版社 2014 年版，第 603 页。

会，经工业化大发展，最终开始全面步入城市社会，人们生活的社会空间发生了巨大变化。城市社会的最大特点之一在于它的“构成性中心”[①]，城市地域空间对周边具有巨大的向心吸引力，聚集性强。改革开放40多年，“我国经历了世界历史上规模最大、速度最快的城镇化进程，城市发展波澜壮阔”[②]，正是在这种构成性中心的聚集基础上发展起来的。这种聚集起来的城市一方面是现代化建设所取得成就的见证，表明我国在工业化的推动下，整个社会的面貌已经发生了很大的变化，城市社会是现代化生产力发展、物质条件丰富的表现，城市社会而不是乡村社会是我们社会的主要形态；另一方面，城市的聚集效应又造成了地理区域范围内的不平衡，巨大的向心吸引力把城市周边甚至更大范围内的人口、资源、要素等集中到城市有限的空间之中，造成乡村的空心化和生活的落后，这正是上文论述的新时代提出建设公共性、服务型城市的现实映照。因此新时代城市治理要求走高质量创新之路，建设创新城市，正是运用马克思历史唯物主义对当今社会状况的本质把握，城市社会造成的空间不均衡不充分发展是新时代我国的基本国情，我国处于这样的转型时期，并将持续地处于转型之中，新时代城市治理的提出，建设公共城市、创新城市等对人们美好生活的实现具有极大的推动作用。

其次，新时代城市治理超越了西方城市社会发展的局限性，为解决西方城市文明的困境提供了中国方案。纵观西方文明史，从古希腊直至近现代，城市一直在整个西方文明进程中处于主导地位，从古希腊的城邦，到古罗马的帝国城市，再到中世纪的宗教城镇，直至近现代工商业城市，城市作为文明的形态从未退场。在终极的

---

① 亨利·勒菲弗：《空间与政治》（第二版），李春译，上海人民出版社2008年版，第17页。

② 《中央城市工作会议在北京举行　习近平李克强作重要讲话》（2015－12－22），［2020－05－23］，http：//www. gov. cn/xinwen/2015－12/22/content_ 5026592. htm。

意义上，如果说文明是一种生活状态，是每个人生活最为深沉的宏大写照，那么西方城市从未成为人们美好生活的支撑，城市与生活常常处于游离状态，始终有一种内在的紧张关系。新时代城市治理以追求美好生活为基本立足点，正是对西方城市文明发展模式的超越，同时也是对改革开放以来中国城市社会发展的自觉。西方城市文明大致经历了两个发展阶段——城邦发展阶段和都市发展阶段，这两个阶段的城市发展都深刻地影响生活，却并没有为大众建立真正的生活。“城邦”是“城”与“邦”的结合，是以“城”建“邦”，城市即邦国（现代民族国家形成以前的旧体制国家特征），城邦即社会。城邦的首要特性在于其政治性（包括宗教性），在这种背景下，城邦阶段的城市主要涉及小部分人的生活，而这一小部分人又由于城邦的政治性而被阉割，权力贵族通过城墙、军事力量和财富输送的方式来维持着自己的“美好生活”。都市社会中，“都市”则更强调其经济社会性，都市社会的根基起源于市民社会及其商业精神，追溯于中世纪后期自治市的商业初成之际，是布尔乔亚式的城市，都市以工商业建社会，都市是社会的形态。都市的首要特性在于其生产性，在现代、后现代的发展中走向异化，走向了生活的反面。都市发展阶段的生活是异化的生活，人们作为劳动力商品而不是作为主体存在，人们在城市获得的工作和公共服务资源直接地与空间的不平衡生产相连，区域不平衡推动着生活方式的不平等再生产，人们的文化精神常常不是主体性的，而是技术性、消费性、经济性等异化的客体性的存在。生产性、消费性的现代都市使得城市生活不仅在物质环境层面，而且在文化心理层面都逐渐脱离主体、脱离生活本身，经济性城市的财富主体性并没有成长起来。新时代城市治理正是对西方城市文明的超越。

最后，新时代城市治理为未来城市发展和文明进步的人居空间勾画了宏伟蓝图。迄今为止，人类的居住形态主要有农村和城市两种类型，一个国家的生活方式要么是农村的，要么是城市的。农村社会生活有两个重要的特征——田园性和乡土性，青山、绿水、鸟鸣、花香，构成了农村园林般的生活景观。这种生态化的生活空间虽然引人入胜，但主要还是隶属于传统农业时代的生产生活方式，生态环境优越，但物质条件匮乏，同样不足以提高生活质量，这是农村生活十分不足的地方。城市的发展壮大，正是生产力发展壮大的表现，城市提高了生产力，丰富了物质基础，使集约化生产和服务更有效率，但是，生产是以牺牲城市生态环境为前提的，以直接的经济计算而非外部性考察生态环境与城市生活之间的平衡关系。这是城市发展在纠正农村物质短缺的过程中，而丢失、摧毁的生态代价。在现代城市社会发展中，两者经常处于分离的状态，文明在转型的过程中，并没有做到扬弃。另一个就是农村的乡土性，人际关系的温情脉脉、互帮互助、相互提升正是在这样一种居住环境中生成的。城市社会进程把人们从传统共同体之中解放出来的同时，却也丢掉了这种共同体的积极因子。现代化的城市建设基本上摧毁了邻里关系和社区生活，使得人们的凝聚力减弱。

第二章

城市治理的理论分析

城市空间是由地理、人文、社会等不同因素所构成的复杂的综合体，它表现着城市现代化进程的多元特征。如果将城市化看作是整个社会发展的必然趋势，那么城市治理既是与城市化相伴产生的一种结果，同时也是推动城市迈向现代化的关键性动力。城市现代化进程对整个城市治理的结构会产生重要影响，而城市治理的完善与提升，反过来也会影响城市现代化以及城市社会的形成。一个完善且有效力的城市治理体系，应该在充分把握城市发展客观规律的基础之上，科学统筹系统规划，合理、公正地配置城市空间中的社会资源。健全、有效、善治的城市治理，既能够提高城市的经济生产力，也能够很好地协调利益冲突；既能够满足人民对于日常城市生活的基本需求，也能够为人民积极参与城市相关事务、表达诉求提供充分空间；既能够彰显出在制度规则力之下稳定的城市秩序，又能够激发人民在对秩序的尊重和遵循之下持续合作互动的活力，并且保有对自觉融入、参与到城市中的强烈归属感和认同感。综上，笔者认为，空间生产、空间权利、空间认同与空间活力是把握和建构城市治理的四个重要因素（Production，Right，Identity，Vitality）。结合社会空间辩证法，对这四个因素与城市治理之间关系进行深入探讨，是进一步明确城市治理的理论内涵和实践品质的重要前提。

第一节　空间生产与城市治理

当代城市社会，我们看到以资本积累为内在逻辑的空间生产主导了普遍的城市化发展过程，城市空间不仅仅是容纳生产的载体，更是资本主义生产方式的当代呈现形式。这种生产形式具有内在的不平衡性特征，它造成了城市在经济、社会、文化、生态等多个方面的非平衡发展，影响着城市治理的进行。在当代空间生产的背景下，要实现城市治理的有效开展，必须承认空间差异，追求多元化的城市。那么就生产而言，则需要促使以交换价值为目的的空间生产转变为以使用价值为目的的空间生产，更加注重城市空间的属人性，实现城市发展与人的多元化需求之间的统一。

一　空间生产理论

以人类社会的生产发展为线索，“可以将历史划分为三个时代：农业时代、工业时代和都市时代”[①]。随着人类步入城市社会进程的不断深入，我们发现城市社会的形成本质上是由于急速扩张的城市空间，正吸引着越来越多的人聚集在城市空间中从事生产活动，因而在客观上形成了以城市为中心的生产方式。城市空间的创造、复制、重组以及无限扩张等活动成为其基本的实现形式，这种实现形式的内在动力则是资本的空间动力学。

资本主义生产方式的终极目的是资本增殖，尽管不同时期的资本增殖方式具有不同特征，但殊途同归，其目的都是维系资本主义的生产方式及与之相适应的社会形态。进入城市化和现代化时期，资本则以空间生产为方式进行增殖，换言之，空间生产是资本主义

① 亨利·勒菲弗：《空间与政治》，李春译，上海人民出版社2008年版，第65页。

在当代实现其生产方式的特殊形式。“现代经济的规划倾向于成为空间的规划”[①]，城市经济的发展已经与城市空间的规划相互交织、融合，城市空间被整个纳入资本主义的生产方式之中。城市空间不再是自然物理意义上的生产要素容器，而成为空间生产的社会性产物。“空间作为一个整体，进入了现代资本主义的生产模式：它被利用来生产剩余价值。”[②] 在现代资本主义背景下，城市空间被整个纳入资本主义生产体系，作为创造剩余价值的生产要素在资本主义生产链中运行着。空间生产是人类进入城市社会新阶段的关键动因，空间生产已经成为现代性的新视野，资本的逻辑始终贯穿其中。城市空间动力学是资本在当代城市空间的实践，以及资本的空间侵占和空间控制。它展现了资本持续进行的空间生产，城市空间经济的创造与保持，生产关系的空间转变，不同地区阶级斗争和冲突，以及资本控制下的人造自然环境的持续建立和转换。城市空间动力涉及诸多内容，包括城市化、城市空间布局、城市景观、空间结构变迁、住宅区隔、社会关系、生活方式等，其深层根源存在于资本主义的生产方式之中。从这个视角来看，城市化的过程体现为资本逻辑的展开与演绎过程，是以资本原则进行空间生产与空间重组的过程。在此过程中，城市化的空间及其经济被有目的地生产、创造出来，为资本增殖服务。

这种生产方式具体而言从以下三方面展开。其一，空间生产将构成空间的要素，如开发的土地、道路系统、购物中心等都调动起来参与到利润生产中。“城市及其各种设施（港口、火车站等）乃是资本的一部分。”[③] 各种建成环境构成了资本的一部分。并且，为了增加资本积累，生态环境也被纳入资本主义的生产体系之中，由

① 包亚明：《现代性与空间生产》，上海教育出版社2002年版，第47页。

② 同上书，第49页。

③ 同上。

此导致的资本对生态环境的经济价值化约使空间无法实现人们对健康居住环境的诉求。“土地、地底、空中、甚至光线，都纳入生产力与产物之中。”[①] 城市和生态环境构成了整体的有机生态系统，体现了人们对健康人居环境的追求，但资本逻辑的空间生产却分解、割裂、化约了这一有机系统，破坏了城市生态环境的统一性和多样性。其二，空间生产为了加速资本流通、扩大资本积累，对城市空间进行重构与安排。城市空间按照资本积累的原则，通过交通和通信对不同空间进行组合、配置，以减少资本的流通成本、加速资本的流通和交换、缩短资本的周转周期，从而获取最大化的剩余价值。它们被当作资本参与到资本主义的生产体系之中，实现以经济价值为目的的空间生产。其三，为了巩固自身的经济基础，城市还要求进行劳动力和生产关系的社会再生产。占有特定空间场所的不同阶级行为者，通常会为了维护自身的空间地位设计各种生产规则。资本家生产关系所制定的生产规则便是如此，其目的是为了维持其对空间的侵占、控制和扩张，以此获取资本积累的持续动力。

从政治经济学角度来看，这种空间生产的资本积累方式总体上表现为资本积累的三级循环模式。资本的第一级循环在常规的扩大再生产遇到危机时，就转向资本的第二级循环，也就是主要对建成环境的投资。在第一级循环中，资本家的主要目标是占有特定空间、降低生产成本。生产过剩引发的经济危机使资本进入了第二级循环，并固定在城市这一个被精心建构的环境中。在第三级资本循环中，资本家们的投资以知识要素和劳动力的再生产为主，这一级资本循环中资本家投资行为的转变往往是社会斗争的结果。为了维护其自身利益，资本家们往往会借助政府干预的契机，扩大对第三级资本循环的资金投入。资本便是按照这三个层级资本循环的逻

① 包亚明：《现代性与空间生产》，上海教育出版社2002年版，第49页。

辑，有目的、有意识地进行着城市空间的生产与建构。

从总体上看，资本逻辑导致整个空间变得抽象化、机械化与同质化，正如亨利·勒菲弗所说，“资本主义和新资本主义产生了一个抽象的空间”①。人们丰富多样的生活被单一化、空洞化。在资本主导的逻辑中，时间被掩盖，空间变为了扁平化的一维存在，似乎只有通过量化、通约以及交换的资本积累才具有存在的合理性。人们的多元差异的空间权利也因为对交换毫无价值而被抛弃。异化为生产要素的空间，与资本一起，为当代的资本主义演绎着生命赞歌，但是这种在空间生产中占主导地位的资本逻辑却并未实现人们对空间的美好向往。面对空间生产下主体性价值的萎缩、需要的漠视和理想的陨落，我们应当重新思考城市治理中空间生产与城市发展及人类理想之间的辩证关系，扬弃异化，实现城市善治。

二　空间生产与城市的不平衡发展

自工业化以来，“工业革命使得都市化的浪潮几乎触及到世界的各个角落，都市化以一种爆炸性现象呈现了出来”②。以空间生产为内在动力的全球城市化出现了诸多的问题，这些问题则将一种具有普遍性与总体性的不平衡的空间格局非常生动地揭示出来。这种不平衡的空间格局表现在以下几个方面：城市经济空间的不平衡、城市社会空间的不平衡、城市文化空间的不平衡以及城市生态空间的不平衡。

城市经济空间的不平衡。经济空间的不平衡主要表现在空间财富和生产能力的极化上。城市空间具有中心性特征，这种中心性与吸聚力相关，也就是中心地区对非中心地区具有极大的吸纳作用，

---

① 包亚明：《现代性与空间生产》，上海教育出版社2002年版，第49页。

② 同上书，第1页。

能够使各种资源形成聚集效应，同时也会造成空间的财富和生产能力的极度不均衡。这种经济空间的不平衡体现为城乡之间以及城市内部空间发展的失衡。首先，“都市空间最核心的本质或属性：构成性中心”[①]，通过特定的生产模式及其相应的社会政治组织模式，空间资源在地理空间中产生聚集，使地理空间分裂为中心与边缘。发生于城市内部的构成性中心生产是典型的空间资源聚集，它导致了城市空间内部区域的两极分化，形成了中心旋涡，即越靠近中心的位置，空间资源集聚越多越明显，空间发展也就越优质，空间中人的权益的获取和实现也就越彻底。但是，被割裂的边缘地区，却被抽掉了生产要素，丧失了生产能力，变得贫困且积重难返，相应的空间权利也难以得到实现和保障。最典型的案例，便是城市的高档社区和低端社区，高档社区占据着有利的空间区位，享有优质空间资源，且具有可观的经济发展价值，但低端社区恰恰相反。随着城市化进程的不断深入，这种空间差距呈现持续扩大的趋势，高档城市空间拥有着越来越强的向心力，在空间资源的聚集中积累并呈现了丰富的财富价值，与之相反，低端空间的服务水平、财富能力、人员素质等则越来越走向衰退。两者对经济资源的不均衡支配形成了空间上的结构性失衡。这种空间不平衡，既体现为由空间生产中心性造成的物质利益占有差距，还体现为由不平衡的再生产导致的分配差距，以及由此造成的不同人群的空间使用权无法得到保障的问题。除了城市内部空间区域的不平衡发展之外，空间极化的另一个结果就是城乡之间的不平衡发展，城市的发展与城市的腹地——郊区和农村——之间的关系密切相关。“快速城市化背景下乡村空间转型面临着城乡二元结构下城乡差距扩大、乡村工业化引致分散城市化、村庄空废化趋向、村庄建设分散无序、日益严重的

① 亨利·勒菲弗：《空间与政治》，李春译，上海人民出版社 2008 年版，第 17 页。

资源环境压力等结构和空间问题。”[①] 在城市空间不断优化发展的同时，乡村空间却发展缓慢甚至呈现恶化态势，城乡之间形成了二元对立结构，而这种对立结构又反过来成为城乡协同发展的屏障。在乡村地区，农业经济衰退，但相应的城镇经济却因为缺乏空间资源而变得分散、脆弱、难以发展，薄弱的经济基础使乡村空间难以有效发展，乡村居民居住条件落后，缺乏健康的生态环境空间和基础娱乐空间。此外，城乡居民的空间权利也呈现两极分化态势，乡村居民的空间权利远远落后，这种分化从某种意义上来说，体现了城乡居民在物质财富上的差异。但是，城乡居民本应该拥有公正的生存条件，获取平等的空间权利和空间资源，而不应该以一个地方的落后为代价来成就另一个地区的发展，这不是积极意义上的全面发展。

城市社会空间的不平衡。这一维度的不平衡主要体现在不均衡分布的公共空间、公共资源及服务与私人空间、私人化服务上，进而造成了不同空间及其内部关系的再生产。受市场配置资源的影响，空间资源的分布呈现了区域极化的趋势，优质的教育、生态和医疗服务等资源都聚集于同一区域，匹配着同一地价，从而导致了优质空间资源及服务成为不平衡分布的区域存在。“城市化过程创造出来的空间结构的物质嵌入性，与社会过程的流动性——如资本积累和社会再生产——处在永久的对立之中。”[②] 人们也丧失了通过进入不同空间改变自身生存状况的可能。近现代以来，随着主要以血缘为轴心的传统社会序列识别系统渐趋式微，在城市社会以空间及其生产为重心的社会关系重组过程中，空间日益碎片化的趋势下，公共空间不断隐退（严格来说消费场所不具有真正公共空间的

---

① 陈晓华等：《快速城市化背景下我国乡村的空间转型》，《南京师大学报》（自然科学版）2008 年第 1 期，第 125—129 页。

② 戴维·哈维：《正义、自然和差异地理学》，胡大平译，上海人民出版社 2010 年版，第 48 页。

意义），私人空间却渐趋膨胀，从而导致建基于空间政治经济学之上的权益、身份、行为和话语的空间化重新生成与整合，并出现了严重的社会空间不平衡。从本质上来说，社会空间的不平衡是社会不同参与力量在介入空间生产及其运作过程中，生产力的空间化而导致的生产关系的区域化和圈子化的空间分布特征。区域之间、圈子之间的社会交往、利益流通和话语建构等日益形成深层次的巨大鸿沟，人们之间共同交流的具有生活世界意义的公共空间却渐趋消失。表面上极具流动的现代性在内部空间却产生了巨大的分裂和固化。城市矛盾则以较为隐蔽的方式在内部不断滋生积累，并趋向激化。缺乏公共空间使得群体交流渐趋困难，易于对看不见的人残暴而不人道，[①] 群体情感也因而变得冷漠甚至是对峙。在当代，则是公共空间越来越遭受到私人空间与商业空间的挤压，其社会功能也慢慢弱化。作为一种非殖民化的、根植于日常生活以及人们交流互动的公共空间，要么被私有化，要么被商业化。而当代大型“公共空间”整体上笼罩在消费主义文化的气氛之中，[②] 缺乏批判性和交流性，内含于其中的各群体很难进行实质性交流，而是被商业化地运作，慢慢地在享受消费与娱乐中成为非批判的、单向度的人。可以说，公共空间在走向瓦解，而公共空间与私人空间之对立的二元空间的急速发展，所造成的影响是深远的，以至于绝大部分深远影响都指向这一分裂并加速之。“从某种程度上说，断裂、表面、语境及其他许多东西制造了鸿沟，使得空间成为对抗性活动开展的地方。”[③] 以空间碎片化所形成私有财产关系为起点，权利和利益不断以区域化和圈子化的方式聚集，并不断地生成自我维系机制，形成

---

① 刘易斯·芒福德：《城市发展史》，宋俊岭、倪文彦译，中国建筑工业出版社2004年版，第306页。

② 尤尔根·哈贝马斯：《公共领域的结构转型》，曹卫东译，学林出版社1999年版，第187—189页。

③ 爱德华·W. 索亚：《第三空间》，陆扬等译，上海教育出版社2005年版，第105页。

一种权益的“围城”。在此基础上所构成的整个体系，又不断地与话语、身份和行为的社会序列识别机制相互建构，从而完成社会主体的建构，在社会关系中形成迥异的交流方式、身份标签和行为能力，并且不断地扩大和固化这种空间隔离与圈子化的空间存在状态。

城市文化空间的不平衡。经济空间对文化空间的消解、挤占与利用是文化空间失衡的主要表现，正如马克思所断言：“一切等级的和固定的东西都烟消云散了，一切神圣的东西都被亵渎了。”① 在当代交换经济的逻辑下，城市的历史精神与文化风韵正日渐消失，城市的历史建筑与独具特色的人居景观逐渐被同质化、经济化、实用化的西方建筑所取代，而充满文化底蕴和价值厚度的建筑空间越来越少。保护城市的历史文脉对于一个城市文明的延续尤为重要，不仅对城市自身的发展，而且对城市中人的生活的提升和文化精神的认同与凝聚都具有积极的影响作用。然而城市文化治理过程中，针对如何延续城市历史文脉，保存城市历史记忆和城市文化灵魂，却呈现出两种错误的发展路向。一条是正如上文分析的，过于注重城市空间经济的短期收益，当地方的历史和文化等一些要素不能促进空间价格提升的时候，常常就会让位于资本积累的需要，比如一些历史建筑、文化保护区域在城市更新和现代化的过程中会被强行移除，出让其自身的土地或空间，将其转换为经济性、商业性地价。另一条路向则是，城市在发展过程中，越走向后工业时代，各种文化类要素越是影响到经济收益，历史文脉常常会面临资本化的危险，文脉要素过度打上资本的烙印，以商品化的形式活跃和繁荣起来。如果就市场适度介入历史文脉治理而言，可以借助资本的力量促进历史文脉在形式上的繁荣进而推动在实质上的进步。然而，

---

① 《马克思恩格斯文集》第2卷，人民出版社2009年版，第34—35页。

要警惕资本化的危险，历史文脉越是在形式上繁荣，越有可能在实质上失去生命力。文化产业化的发展，需要从长远文化繁荣继而经济繁荣的角度来考虑，充分将城市可持续发展纳入考量，而不能只是在消耗文化资源，如果只是消耗，那么与工业时代消耗资源在本质上是一致的。

城市生态空间的不平衡。生态空间失衡，既体现为生态空间的经济化及其带来的恶化，还体现为不同空间承担生态环境风险的两极分化。“自然，作为空间，和空间一道，被分成了碎片，被分割了，同时以碎片的形式买卖，并被整体地占有。”[①] 整体性的城市生态系统被割裂，生态环境被经济化为生产要素。真正的自然生态环境已经在市场逻辑的运作下不复存在，城市与生态环境的有机统一被割裂，裂变的城市生态系统最终危害着作为生态链上的主体——人的生存。这种生态空间的断裂和肢解，使得在有限的城市空间中所造成的生态问题常常超出自然自身的净化能力（或净化能力不足）。我们知道，城市中自然生态系统的范围和能力有限，而高密度的和高强度的破坏则在工业化的推动下持续进行着，这种破坏造成了对高密度生存环境的严重影响，生态破坏单位面积上会危害到更多人的健康和生存状况，具有破坏的放大效果。也正是城市这种适宜的空间组织形式极大地促进了工业的集约化生产和服务，同时也极大地受到工业生产生态破坏的影响。不同城市空间中的生态环境风险也呈现极化趋势，优质的城市空间往往较少遭受生态环境破坏带来的风险，而越是低端的城市空间却承担更多的生态环境风险（包括各种污染及有毒物质），贫乏的空间生态资源使其难以获取优质健康的生态环境，更无法保障其中人的生态环境权利。这种不平衡聚集的生态环境风险正如哈维所判断的那样：“在低收入地区建

① 亨利·勒菲弗：《空间与政治》，李春译，上海人民出版社2008年版，第38页。

立有毒设施并不会对财产价值产生多大影响，所以任何有毒设施'最优的'最低成本的选址，策略都指向穷人所住的地方。"[①] 这告诉我们，城市空间中的生态环境风险往往不平等地由低端空间所承受，而高端空间却以关键性的吸引力聚集着优质、丰富的环境财富，环境风险下移、环境财富上移，造成了城市生态空间两极分化的不平衡现状。

三 承认空间差异，追求多元化城市

空间具有差异性，是多元的。空间不仅具有交换价值，更重要的是具有使用价值，空间不仅是经济的要素，而且是集社会性、政治性、文化性、生态性于一体的多样性空间。在这种统一体中，空间是人的自由自在的实践活动创造的结果，并最终表现为主体需求的多样化与空间价值多元化的统一。

自启蒙运动以来，理性就被看作是人类的核心能力，随着当代工具理性的大发展，催生的科学乐观主义和技术进步浪潮，使这种认识根深蒂固。理性知识是对世界的间接认识和理解，它源于智识能力的逻辑推理和逻辑自洽，而不是建立在血肉之躯对世界的感知和体验上的。理性知识对空间的深度介入主导了当代空间的实践——空间生产。空间生产以现代科学化的理性知识为基础，进行非经验的、一般化的、抽象性的、逻辑化的空间运作，处理客观化和同质化的物质机械空间。现代城市空间的功能划分与匹配、用地模式与规划、服务设施分布、多维结构、区位关系与价格机制等都与这种理性化的空间生产密切相关。理性化的空间生产以资本为中心，使得城市空间受交换价值支配。

以交换价值为生产逻辑的空间创造，使城市空间总体上呈现出

---

① 戴维·哈维：《正义、自然和差异地理学》，胡大平译，上海人民出版社2010年版，第424页。

单一性、均质化和抽象性的特点。空间生产为了实现空间本身的商品化、加速生产要素的空间周转以及促进后现代弹性生产的展开，对空间进行均质化和功能性的处理。这实际上是一种化约过程，即把具有多元价值的差异空间化约为单一交换价值的空间，空间成为同质性的抽象空间，从而取消了空间的价值多维性和差异性（包括文化价值、经济价值在内的各种使用价值）。所以，空间不应该作为资本积累的工具，城市空间要着眼于属人的使用价值，美好城市空间的创造，体现了人们对美好生存环境的追求。人们对空间有不同的需求，不同的城市也有着差异化的内涵。作为人们实现自我价值的平台，在这种空间环境中，交换价值不应成为主导性的支配价值，属人的使用价值才是应有的价值取向。城市“善”治的重要目标之一是构建城市空间使用价值——经济价值、社会价值、人文价值、生态价值，创造符合主体性需求的对象化空间，使城市空间获得多样化的发展，以带动城市居民的幸福生存。为此，笔者认为：

首先，在经济空间层面：要治理空间财富和生产能力的不平衡，最根本的是要克服资本的“中心—边缘”积累模式，根据各个城市经济结构和类型的不同，合理引导资本对空间的介入，进行多元化的城市经济发展战略。在资本运作及其进入城市空间的过程中，需要慎重考察资本进入的目的、方式，确定资本准入的领域，并对其产生的结果进行预测和评估。此外，在加强对资本的治理和引导时，尤其要突出对资本的空间化（房地产、地租等）、信用制度、虚拟资本的治理。在城市空间生产的核心领域，尤其要注意考察资本发挥作用的机制和程度，把关资本运用的价值原则，衡量社会资本、共有资本等资本的运用权重等。对此，应建立完整的目标、理念、介入机制、评估机制、制度规范等资本治理体系，以规约、把关资本在空间生产中的运作。比如，可以把资本引导到城市空间产业发展所需要的方面和领域，通过发挥其积极作用实现对经济空间的掌控，利用资本作用于空间生产、扩张、重组的机制促进生产力的协调，提升城市空间的经济竞争力和创造发展力。但同时，我们也要注意防止资本逻辑对人的价值逻辑的僭越，推动城市空间经济合乎价值的发展，满足人们对城市发展的多样化要求，从而实现城市经济发展中生产性与文明性的统一。

其次，在社会空间层面：要注重调节公共空间与私人空间、公共资源及服务与私有化服务之间的不平衡，实现不同社会空间的协调发展。为此我们可以从以下两方面展开：一方面，要对公共空间、半公共空间等进行有效治理。公共空间、半公共空间具有共享性、集约化的服务特点，能够从总体上提升居民的生活品质和城市的发展质量。公共空间如城市中的水岸、公园、广场、绿地及公共服务设施，在城市的发展中常常占据重要位置，要最大限度地发挥这种公共空间的社会效率，防止以土地开发或商业开发为连带项目将其变相地私有化。半公共空间主要以街道空间为代表，街道既可能被商业化和私有化，也可能被公共化，这就需要对其进行合理的治理，充分利用街道在非商业化条件下的公共生活功能，促进社会互动与融合。另一方面，要对封闭空间进行有效治理，特别是以居住为中心的封闭社区的治理。封闭空间不仅仅在于其居住形式的封闭性，更在于其社会服务资源的封闭性。居住的空间位置往往不在于其本身的空间独立性，而是与周边的社会服务紧密相连的，居住空间是社会服务聚拢的重要中心——如当前的学区房，各种生活便利房等，都具有此种性质。居住空间或社区的封闭化不仅造成社会群体直接交流的障碍，而且造成与空间捆绑的社会服务的封闭化，这些功能服务根据质量等级与不同的社区相连，构成了等级化的社会隔离。因此，要有效治理社会服务的区域性集中和封闭化问题，根据人口的空间分布和需求的结构层次，合理布局服务资源的空间格局，推动职能服务的大众化，使人口密度、需求结构和服务类型有机统一。

再次，在文化空间层面：在空间更新、创造的过程中，不仅要对城市空间的历史文脉进行有效保护，而且要推动城市景观的人文规划。从历史文脉保护来看，人们的城市生活不仅有物质需要，更有文化和精神需要、价值和情感需要，这些需要的满足也是信仰的传承与精神的塑造。城市历史文脉则是一个地方文化生命力的重要体现，是一个城市的底蕴、风骨、性格、精神和身份的集中表达。如果一座城市没有历史和文脉，生活在其中的人们则常常感觉如同没有身份的游荡者，不知自己从何而来，又将去向何处。历史文脉延伸了一个城市的表达尺度和存在向度，拓宽和丰富了城市的内涵，提升了城市生活的质量。而且，随着人类社会从工业社会向后工业社会的转变，文化因素越来越成为点亮经济活跃度的重要因素。文化城市是当代城市综合竞争力的关键要素，能够提升城市的文化经济和综合实力。因此，无论是从城市文化精神的角度，还是从文化经济竞争力的角度，都应该加强对资本和市场力量的监督，规导资本和市场在处理历史文脉中的纯经济化方式，保护好城市历史文脉。从城市景观的人文规划来看，城市空间生产、更新使城市内部空间建筑和空间格局不断重建和重组，原来的传统街区、旧有的娱乐空间以及既存的历史景观等，大多在现代化的空间实践中，通过各种科学的量化指标和规划设计，被改造成具有低辨识度和高流动性的均质物理空间。在这种背景下，城市要以人的尺度、而非资本的尺度来规划景观，更新城市的生存空间，把人的价值和生命的尊严放置在符号规划的中心环节。也要关注人类自身的体验、感知和生存境况，关注文化价值的空间表达。习近平总书记指出，在城市规划的过程中，“要细致严谨做好单体建筑设计，追求建筑艺术，强化对建筑体量、高度、立面、色调等要素的规划引导和控制……体现中华传统经典建筑元素，彰显地域文化特色，体现文明包容，打造城市建设的典范”[①]。城市景观承载的符号所延伸的世界应该是人的世界，而不是资本和商品的世界。因此，坚持城市景观规划的人文性，能够使城市生活超越于有限的物质空间，达到自由、道德和审美的境界，并且将人性的底蕴激活，达到生命的高度。

最后，在生态空间层面：要加强生态的整体性和有机性治理，促进生态正义的实现。生态系统的整体性及其净化能力是生态系统有机性的重要体现。城市作为大体量的经济活动和人居活动的聚集地，是生态系统链条上生态压力最为沉重的一环。当前城市生态系统的脆弱令人担忧。习近平指出：“努力把城市建设成为人与人、人与自然和谐共处的美丽家园。”[②] 构建绿色城市，促进生态空间的平衡协调发展，建设美丽家园，是增强城市生态空间韧度的重要目标。从城市内部来看，最重要的是要优化城市生态空间开发，加强城市生态空间自身的治理，使城市社会经济发展能力与生态环境承载能力和谐一致，避免两者之间的不平衡发展。如加强对城市水生态系统的治理——水岸经济、污水排放、水体循环、水体物种等，以及绿地、空气、土壤等的治理。从城市外部宏观生态环境来看，城市整体空间发展要与自然生态和谐一致，与自然生态环境有机共生。“尊重自然、顺应自然、保护自然，改善城市生态环境。”[③] 需要反思城市自身的空间规模、结构与生态系统的关系，城市发展要顺应自然生态的承载能力，促进城市自身可持续发展，着力提高城市发展持续性，实现城市发展与整个生态空间的辩证统一。同时，无论是城市内部空间，还是外部空间的生态治理，都应该坚持生态空间正义，城市空间的生态风险与空间利益应该协调，空间利益享有者应当承担由此产生的风险和责任，实现权责一

---

① 《河北雄安新区规划纲要读本》，人民出版社 2018 年版，第 7 页。

② 中共中央党史和文献研究院编：《十八大以来重要文献选编（下）》，中央文献出版社 2018 年版，第 88 页。

③ 同上书，第 78 页。

致，防止空间利益的区域化集中和生态风险的空间转移，造成生态非正义。

第二节　空间权利与城市治理

城市社会的到来使人们与城市之间的关系越来越密切，可是，城市在推动人类飞速发展的同时，却并没有慎重地关注和有效地保护人们的空间权利。空间权利总是与空间利益密切关联的，人们难以生产或进入某些空间，难以获得空间权利和分享空间利益。空间权利的获得受到政治的、经济的、文化的、社会的等规章制度、潜在原则的制约，这种制约广泛地体现在居住、教育、医疗、收入、文娱等领域，因而空间的使用价值往往只能被特定的人群以特定的方式享有。空间权利在一定程度上被侵蚀剥夺，成为当今城市治理中必须认真对待的问题。如果不能有效地保护城市空间权利，就不能从权利层面推动城市治理的实际展开，也不能有效地保障城市治理的既得成果，从而造成城市难以治理。因而，空间权利成为城市治理的内在变量。

一　空间权利理论

在最基本的意义上，空间权利指的是城市居民生存的基本需要的权利，代表了城市居民对民生的诉求、对良好城市空间秩序的渴望、对经济效用的追求，因此，空间权利的保障、协调与捍卫，是城市治理的题中应有之义。我们首先从现实和理论的双重层面考察当代城市空间的权利性，以及权利的空间性变化；然后从总体上审视空间权利的本质内涵，在对空间权利理论与城市治理相互交融关系的综合把握基础之上，进一步深化城市治理的理论分析。

笔者认为，空间权利是人们根据自己的需要进入、生产、管理以及使用城市空间的权利，它是一种在多样性权利整合基础之上的总体性的权利，是空间占有、空间意识和空间效用的现实化表达。从理论上分析，从享有空间权利的主体方面看，空间权利主体具有多元性，包括不同的地域、群体、阶层的人们。主体不仅仅可以包括城市之中的居民，而且还可以包括城市之外的居民，他们有资格选择自己喜欢的城市，进入城市的权利体系、福利体系以及文化体系，按理想的样子创造生活；同时权利主体还包括那些边缘性和受压制的群体，以及那些在异化生活的“囚笼”里的利益既得者。享有空间权利，表现在成为城市空间的主体这一过程以及所享有权利这一结果，享有权利表达着主体的价值，这种权利“不是一项自然的权利，当然，也不是一项契约性的权利。它指的是城市居民的权利，还有那些在交通、信息和交易的网络与流通中出现而结成（在社会关系的基础上）的团体的权利”[①]。城市权利在本质上就是属于人的一种权利，是城市社会到来——城市成为社会的展现形式和存在状态——所本原地赋予人类生活的一种权利。这种权利既是微观意义上的个体性的权利，也是宏观意义上的集体性的权利。从空间权利的内容方面看，空间权利在本质上是一种空间生产和使用的权利，它同样具有微观和宏观两个层面。微观上，空间权利标识着具体的空间使用价值和空间利益，比如居住、出行、医疗、教育、公共空间等，这些空间使用价值和空间利益与人们的日常生活密切相关，几乎构成了人们生活的主要内容。宏观上，整个城市空间该怎么发展，则是空间权利必须关注的。当前城市空间过度地受到资本逻辑的支配，空间溢价成为改造城市的主导原则，空间生产走向了异化。因此，这里的空间权利意味着要对资本进行管控，生产出符合人的生存的、以使用价值为目标的城市空间。而从空间权利的

① 亨利·勒菲弗：《空间与政治》，李春译，上海人民出版社 2008 年版，第 16 页。

特性方面看，空间权利与空间正义之间有着内在的必然联系。“这个更为广泛的城市化进程视野与寻找空间正义的斗争紧密相连，而空间正义斗争就是关于城市权利的斗争。”[①] 对城市空间权利的诉求也意味着对空间正义的诉求，每个人都能够获得空间权利，实现空间利益，从而也就在内容上实现了空间正义，实现了政治权利和社会权利的统一。并且，空间权利是集体性与个体性的统一。就集体性而言，空间权利即意味着群体对整个城市空间的治理，以形成有效的力量抵制城市空间的生产，这种改造力量只有通过有组织的集体行动才能实现，否则涣散的个体力量常常会在整体而庞大的城市系统中被淹没。就个体性而言，空间权利关涉每个人的城市生活的需要和满足，是主体多样性和空间使用价值多样性的统一。

空间的权利性与权利的空间性，可以帮助我们更好地理解空间权利的内涵。一方面，空间具有深刻和强烈的权利性。空间具有社会属性，在社会空间辩证法框架之下，以资本积累为目的的空间规划表现出强烈的政治性和权利性。“以历史性的或者自然性的因素为出发点，人们对空间进行了政治性的加工、塑造。空间是政治性的、意识形态性的。”[②] 对空间的规划、生产、使用充满着政治的策略性，造成了空间的非正义，使得空间的权利诉求日渐凸显出来。马克思、恩格斯在《资本论》、《英国工人阶级状况》等经典文献中，深刻地揭示了空间生存和发展的权利问题。“这种屈从把一部分人变成受局限的城市动物，把另一部分人变成受局限的乡村动物，并且每天都重新产生二者之间的利益对立。”[③] 城乡之间的对立，在本质上是经济利益的深层次分化与对立，是权利剥夺的空间

① EDWARD W. SOJA, *Seeking Spatial Justice*, Minneapolis: University of Minnesota Press, 2010, p. 6.

② 亨利·勒菲弗:《空间与政治》，李春译，上海人民出版社 2008 年版，第 46 页。

③ 《马克思恩格斯选集》第 2 卷，人民出版社 1957 年版，第 104 页。

再造方式。面对城市空间的非均衡发展，公共权力的调节作用常常却是不在场的。土地被食利者控制盘剥，住宅价格被哄抬，食利者竭力剥削而无所不用其极，将工人从一个空间赶向另一个空间，“结果工人从市中心被排挤到市郊；工人住房以及一般小住宅都变得稀少和昂贵”[①]。工人的生活空间质量越来越差，工人们的实际生存状况非常糟糕。但政府对此却没有实施任何政策措施来规制和改善。因此人们对空间需求的公正权利根本得不到保障，甚至可以说普遍缺乏空间的权利意识。

当代社会中人们对空间的权利诉求越发强烈。当代空间变革推动着城市社会生存空间格局的形成，空间是人们主要的生存空间，但空间越来越变成了资本和生产的要素，体现着资本的逻辑而非人的权利。资本、空间、政治的合流使资本积累的剩余价值成为唯一目标，空间之于主体需求的使用价值并未得到关注和保护。在这一进程中，空间利益被不合理的政治规训疏导分流，权利体系所规范的利益分享与风险承担呈现出不合理的聚集趋势。空间极化与不均衡发展，使空间资源的获得在不同的人群之间呈现出不同的难易程度，边缘和底层人群所处的空间束缚着他们通过社会系统转移空间获得空间利益的能力和资格。这种政治、经济、文化的社会系统进一步与空间紧密地结合在一起，使社会资源呈现出一种非均质的空间分布状态，身体、空间、权利及身份认同相互构建，形成了一种复杂而鲜明的利益区分机制。这种利益区分机制表面上看是合理的和显而易见的，表达着某种自然而然的生成过程，但却是内在地借助上述要素之间的重构而导致的一种非正义空间生存状态。这种非正义的生存状态进一步异化为以资本的增殖为目的的抽象规划和空间生产，空间之于资本的交换价值而非之于主体的使用价值构成了

① 《马克思恩格斯全集》第一卷，人民出版社1974年版，第239页。

权利异化的内在力量，城市空间中的生活变得更为艰难，而权利的诉求亦越发强烈。

另一方面，权利具有一定的空间性。权利只有立足于历史唯物主义的视角才能被深刻地揭示出来，“权利永远不能超出社会的经济结构以及由经济结构所制约的社会的文化发展”①。权利可能会存在一种政治的表达或道德的表达，但无论是政治的或道德的表达，都无法取代对权利的实际内容的分析，都无法取代权利的社会经济利益的根本实质。对一种权利的确认，或者对某一对象的所有，并不是在表达空洞的宣言，而是在实质地评判利益的归属。只有将权利放入社会发展的经济结构中来考察，才是科学合理的。当今都市社会的到来，在最为深刻的层面意味着生活与城市、生产与空间这一特殊的社会呈现物内在相关，生活的面貌、人生的轨迹以及未来的规划等，都深刻地受到城市空间利益的安排。教育、职业、医疗、文娱等实际生活所需要的资源和服务，总是与人们所处的空间与区位紧密地联系在一起，权利的实现意味着空间利益和区位便利性的真正获得。

根据学界对权利的研究，“权利”的内涵在法理学意义上有权利、特权、权力及豁免等意思。② 霍菲尔德和我国学者夏勇都将“特权”与“自由”或“自由权”联系起来，认为权利的要义之一就是“自由”。③ 这里所标识的权利的重要内涵之一的自由权，也即“有权自己决定自己的事情”④。主体有自我行动和决断的权利，决定自己做什么和不做什么，这是权利的主动性。当代城市社会，高集中、高密度的人类经济生产和社会生活在相对狭小的空间中进行，单位空间人类活动密度的提高，直接将空间要素这一变量的

① 《马克思恩格斯全集》第19卷，人民出版社1974年版，第22页。

② 霍菲尔德：《基本法律概念》，张书友译，中国法制出版社2009年版，第28页。

③ 同上书，第47页。

④ 夏勇：《权利哲学的基本问题》，《法学研究》2004年第3期，第3—26页。

权重推到了关键位置，成为诸多资源配合和社会生产的基础性影响因素。权利所包含的利益的生成机制和分配机制内在地与空间的发展状况构成一体，权利的获得实际上变成对空间的支配。同时，沃尔德伦讲道，“参与权”实际上具有解决分歧的功能。[①] 当对一件事情在处理上存在分歧时，群众性的参与机制就可以为每个分歧者提供相互议价的渠道，在磋商中达成共识，推动事件的有效解决。那么，在涉及群体利益的空间创造、管理和使用的过程中，个体就有权参与其中，表达观点，捍卫自己的空间利益。特别是当资本作为整体力量规导城市空间构建时，参与权就可以汇集个体的力量，形成对抗资本的集体力量，真正起到制约资本的作用。

综上所述，权利不只是政治学研究的专利，对权利、空间权利和城市权利的讨论，越来越成为城市治理关注的问题。尤其是在城市治理作为当前城市研究中的主流话语体系和城市发展重要议题的今天，权利的重要性越来越凸显。城市空间与人的相互影响越来越频繁，城市中人口流动、资本扩张、竞争冲突越来越快速和强烈。针对城市这一复杂巨系统如何更好地做出规制、规划与决策，特别是有限空间资源的分配与维护，是城市治理需要面对的问题。城市空间不平衡发展所造成的人们平等地获取交通、就业、居住等的权利得不到保障，这些如此复杂的问题，更要科学、高效的治理来推动解决。赋予人民权利，恰恰正是城市治理的治理性的生动体现，“城市范围内所有层级政府、公民个人、志愿性组织、社会组织”[②]这些利益相关者共同参与治理，获取参与权利，将对城市治理决策能力和水平起到提升作用。

---

① 杰里米·沃尔德伦：《法律与分歧》，王柱国译，法律出版社 2009 年版，第 305 页。

② 曹海军：《国外城市治理理论研究》，天津出版社 2017 年版，第 13 页。

二　城市空间中生存权与话语权的需求

对城市的总体评价，尤其在与乡村的美好、稳定、生态相对照之下，大多是负面、贬义或是充满敌意的，而且西方文化传统中也一直存在着反城市的情绪。伴随着工业资本主义的历史进程，占统治地位的利益计算、对个人利益的追求甚嚣尘上，城市中生存的、消费的、生态的风险与异化越来越凸显。当代城市社会的人越来越成为原子化、碎片化、孤立化的个体，人的自由与价值意义被肢解，人与城市空间以及与整个世界的意义受到质疑。城市空间的重组与变革，将城市发展中的不平衡以及城乡结构的不平衡，以更为激烈的方式凸显出来。人们平等的利益表达方式和渠道受到阻碍，话语权往往掌握在拥有优质资源的群体手中，代表着民众生存意愿、切身利益、民主权利的生存空间逐渐受到破坏。笔者认为，城市空间权利在总体上主要包括两个方面，一方面是城市空间中的生存权需求，另一方面是城市空间中的话语权需求，对空间生存权与话语权的诉求，从某些层面表现出城市空间权利遭到一定程度的破坏，需要重新建构。

城市空间中生存权，是每一个人在城市现实生活中最基本的权利。它有两个维度，基本的底线维度指向人的生存需求，最高的终极价值维度则指向人的自由。城市在深度和广度上的迅速发展，使整个人类的生活与城市空间发生了密切的关系，城市既可以看作是包括人口、经济、地理的扩张所形成的空间形态，也可以看作是包括人们行为、意识、习惯、方式重构的结果。随着现代城市化的迅猛推进，城市将人类的绝大部分纳入到自己的生存空间之中，城市之中的生活在某种程度上代表着人们的全部生活，包括人们的出生、成长、教育、职业、家庭、生活等。因而，城市在构建一种新的生活方式、构建主体现实的存在方式的同时，城市及其空间环境也密切地影响着人们在空间中生存及其权利的实现。生存的权利是依据主体创造生活、努力实践的权利，以此来创造、满足自己的空间需要，从而发展自己、实现自己。

城市空间与人类主体是相互建构的，当人类创造空间，使空间在人们的生活实践中获得自身的规定性的时候，空间也在人类的实践互动中反映并满足了人们之于生存环境的功能性需要和价值需要。两者在相互调节、相互构建，成就自己的同时，也满足对方发展的需求。美国社会学家帕克认为，城市及其环境是人类生活理想的典型呈现形式，是生活的外化和再造。[①] 空间、功能与生活三者融为一体，一定的空间承担着一定的功能，发挥着一定的作用，而生活的现实化呈现则需要依靠这些功能的发挥。功能的层级、品质、便利性及可进入性等，都实际地影响着人们生活的每一个环节的展开质量，最终在整体上构建了人们的生活轨迹和生活水准。因此，生存的权利不是抽象的、空洞的和纯政治法律性的，而是有实质内容的，代表着人们在城市之中多大程度地参与创造一个空间、使用管理和调整一个空间的权利资格和资源能力。

然而，当代城市空间的诸多问题，阻碍了城市中生存权利的实现。一方面，空间自身在整体上呈现出异化的状态。资本的逻辑而非人文的逻辑成为城市空间构建的内在原则，将人的主体性降格为资本这一异化物的能动性。"资本主义与新资本主义生产了一个抽象空间。"[②] 这个抽象空间以交换价值为目标，构成空间溢价的创造机制和组合机制，将整个城市转变为一种商业空间、政治空间，以实现权力与商业结盟下的资本积累的需要。空间的差异被排除、被同质化了，而这种差异性正是与主体的需求本质统一的，这种统一

① PARK ROBERT, *On Social Control and Collective Behavior*, Chicago: The University of Chicago Press, 1967, p. 3.

② 包亚明：《现代性与空间生产》，上海教育出版社 2002 年版，第 49 页。

是通过空间的多样化的使用价值来实现的。使用价值以人在空间的发展和实现为准则，满足人之成长的对象化需要，主体不同，发展目标不同，需求也不尽相同，进而空间创造的使用价值也不同。然而这种多样化的使用价值却在资本空间积累的现代生存机制中，被无情地取消了。整个城市在资本所追求的交换价值的主导下快速地复制开来，没有差异，没有陌生，也没有惊喜，生活波澜不惊，生活退化为资本的生存，人的生存权利异化为资本增殖的权利。

另一方面，空间本身所具有的操控关系，以及不公正的生存资源争夺破坏了大部分人的生存权。空间操控以人为的方式在空间之间制造政治的、经济的、制度的、身份的、文化的障碍，阻碍人们的空间正常流动，从而造成空间的非正义，使人们无法平等地进入、分配、享有空间资源和福利，进一步打破了空间平衡，破坏了人们的生存权利。“城市化过程创造出来的空间结构的物质嵌入性，与社会过程的流动性——如资本积累和社会再生产——处在永久的对立之中。”[①] 城市化过程中的物质结构与社会政治制度的整合，最终造成了空间利益享有的分化，这种整合或表现为剥削，或表现为隔离。空间剥夺主要是通过对时空关系的不平等构建，来达到对财富的非正义占有；空间隔离则通过对物理的外壳和制度的内嵌，将身体的进入设置为一种违规行为，阻止身体在空间的自由流动，特别是具有负资产特征的身体。虽然手段是多样的，但结果却是相同的。最终使一部分人所生存的空间资源匮乏、生产能力不足，不仅空间自身发展转变困难，而且人们的空间流动也受到制约。

城市空间中的话语权，是主体表达、言说的权利，它代表着主体表达自身利益诉求的资格以及这种资格的现实化。也就是说主体可以将城市社会的经济、社会、身份、认同等各方面的价值和权益

---

① 戴维·哈维：《正义、自然和差异地理学》，上海人民出版社2010年版，第480页。

充分、自由、平等地言说和表达出来，而且可以参与到实际的相关事务中。城市空间关涉着人们的生存，但是现实的生存条件却不断地受到破坏，生存权无法保障，这急切地需要人们在政治上维护和凸显自己的话语权，表达自身的利益诉求，形塑城市治理的政治行动结构和能力。当前城市空间中的话语权常常受到压制，普通大众不能使自己的声音被听见，在城市治理的权力结构体系中被排挤、遮蔽。我们可以从以下两个方面具体地探讨，如何能够让不同的利益主体可以平等地将自身的多元需求表达出来，这实际上就是讨论如何来保障城市居民的话语权——一种均衡的话语权，最重要的是确保他们的政治参与性能够在治理中被尊重和实现。

首先，在主体参与方面：要使更多的人能够表达自身的利益诉求，不能使话语权成为少数人的特权。现代性的城市空间实践，将空间规划、设计和创造看作是理性化、科学化和中立性的，运用空间经济学、统计学、物理学等自然科学知识对空间的功能、容量、关系等进行顶层设计和科学规划，以这种方式对空间进行设计和构建被认为是最有效和最合理的。在这种空间实践价值观和方法论的指导下，实际上参与空间规划和创建的往往只是少数人，也只有专门的设计师、规划师才具备专门的知识来推动科学化的空间实践。而这些技术专家一旦与特定的利益集团和食利阶层联合起来，按照某种特定的目的以实现私人化的盈利的时候，空间实践就会进一步异化为私人利益增长和维系的工具。虽然空间规划和构建需要专门的技术人才提供某些合理的规划设计，但从最为根本的意义上来讲，空间实践是大众实践，现代空间实践必然需要考虑多元化的主体参与。城市不是一堵墙、一条马路、一个超市这些单纯的物理性存在，而是关涉到千万人的生活、千万个主体的需求的人文性空间，在这样的空间里，不是一个人的生活和世界，而是千万人的未来和梦想。那么，多样化、差异性的主体需求必然要获得相应的空间使用功能的支撑，而空间实用价值的形成则需要多元主体实际地参与其中，把自己的诉求对象化为空间的使用价值。无论是专业的规划师、设计师，还是开发商、建筑商，都必然要以此为基础，以大众的参与和诉求的实现为基础，让更多的人能够参与到城市空间治理的政策建议和具体规划之中，表达他们的利益和诉求。

其次，在参与内容方面：城市空间治理具有多维性和复杂性，这内在地包含了人们对城市治理进行多方参与的需求，也就是要根据不同的领域和层次提出不同的治理目标、价值原则和实践策略。无论是对于城市扩建和改造过程中的土地买卖和赔付问题，还是公共空间的选址问题，公共服务的分布问题，抑或是特殊负资产的排斥问题，风险的转移问题等，都需要利益相关方进入其中，针对具体问题实施参与权。同时，要保障城市空间治理中的话语权，需要法律规范提供机制和保障，这需要我们构建有效的参与机制和法律规章制度。有效的参与机制实际上需要在空间治理过程中确保民主，让人们敢于表达自己的需求，有渠道表达自己的需求，而不是在源头上遮盖多数人的声音，最后以表面的合理化掩盖内在的矛盾，造成话语上的优势和霸权。而有效的制度规范则要注重法治建设，多元利益的协调和权利平衡要在良好的法律制度的框架下进行并得到保障。在协调的过程中，遵循法治化的处理原则，而不是以空间强权或霸权饰以美好的价值言辞和话语体系实施少数人利益的不公平分配。

三 保护空间权利，构建服务型城市

当代城市具有“构成性中心”的特点，无论是从城市内部，还是城市整体与其他区域的关系而言，这种构成性中心的特点逐渐使得城市中心在整个地理和社会空间上成为剥夺的中心而不是服务的

中心。城市作为人类文明的结晶，是人类生产力和生活水平最高文明的代表，假如不仅不能惠及大众，反而要以其他区域的发展为代价的话，这其实是与城市人类文明的逻辑内涵相违背的。而由此所造成的空间的剥夺、两极化、隔离等诸多权利不平衡的情况出现，不仅会阻碍城市之于每一个个体权利的实现，也会消解每一个个体生活的需要及个体的实践根基。因此，城市治理要实现保护空间权利，建设服务性城市。最为重要的就是要在城市成为人类文明的最高体现的背景下，转变城市的剥夺性中心角色，破除“中心—边缘”的空间发展模式，提升其在整个区域中的服务性辐射能力，以较高的文明水平带动较低的文明水平，实现其功能和性质的转变。

具体来看，城市“中心—边缘”的剥夺性而非服务性治理模式有其历史原因与现实背景。西方资本主义产生于市民社会，市民社会是布尔乔亚的商业资本社会，因而是资本主义社会产生了政治权力，资产阶级构建了政府和政治。资本在先，权力在后，权力服务于资本。即使在当代英美国家，城市增长机器理论也是典型的城市权力服从资本的结果。地方政府与联邦政府之间具有相对独立性，联邦政府并不必然负责地方政府的转移支付。所以，城市地方政府常常为了获取自身的财税收入而与资本力量结合，联合商人群体对个体所有制的城市土地进行剥夺性购买，并进行地产开发与建造以适宜于当代经济城市的需要。城市居民的空间权利变成了资本空间积累的权利，城市作为文明中心的服务性功能则变成了资本的积累性的构成性中心，而且其辐射范围越广，压制和剥夺的能力就越强。这种剥夺首先表现在世界范围内的城市结构体系之中。城市作为地区连接世界的窗口，常常处于一种不均衡的甚至在某种层面上对立的关系之中。沃勒斯坦认为，全球秩序就是一个“中心—边缘”的不平衡模型，西方发达国家处于世界的中心，发展中国家则处于边缘地带，中心区域获得了世界范围内的最好的资源，并持续不断地从发展中地区汲取养分，维持自己的剥夺性中心地位。这种“中心—边缘”的空间关系模式，在当代城市社会的现实样态就是作为物质形态实体的城市不平衡结构体系，城市结构体系中的“中心—边缘”关系实际上表征着区域上的附庸关系，城市是生产力、财力和物力的聚集中心，是地区发展的结晶。空间（特别是城市空间）之间的关系在现代交通和信息技术的重组过程中，形成网络化的关联关系，城市空间则处于网络关系的结点，大部分的信息和资源都在这个结点实现聚集和分散。这是一种流动空间，处于网络技术边缘或者不在网络体系之中的城市或地方，则越来越得不到生存发展的机会，最终会衰败下去。而西方发达国家的城市则在网络结构中处于主导地位，无论是在经济产业、政治话语、技术专利、高科技产品、人口迁移、教育甚至娱乐制品的观念输出上都处于优势一方。这使得城市越是发展，越呈现出不文明的一面，城市发展得越快，其破坏其他群体空间权利的能力就越强。因此，破除“中心—边缘”的剥夺性城市发展策略，实现城市的中心性服务能力，是保障空间权利的首要任务。

要实现这一转变，关键性的路径就是要凸显公共权力的城市治理功能，也就是要努力以公共权力来保障各个群体的空间权利，防止私有权利借助资本的空间生产对公共权力的侵入，进而压制城市居民的空间权利。由于这种非服务性的空间关系具有一种深刻的结构性特点，因而单纯依靠某种个体的力量是无法有效治理这种发展模式的，那么就需要充分凸显公共权力的服务性治理能力。西方自近代就是一个经济社会，到城市社会，城市逐渐演变成为生产单位。城市变成生产单位以后，构成了一个整体的系统性功能，环环相扣，个体常常会淹没在整个城市之中，感到无能为力。城市资本积累具有结构性特点，而个人力量又难以反抗，所以正如一些西方理论家所认为的城市权利是一种集体权利，而集体权利在哪里却并不明确。虽然说西方社会组织或压力集团是市场之外的一种可能的治理力量，但西方由传统共同体步入当代社会以后，个体化继而渐渐凸显成为社会的主要特征，会削弱个体之间的联合与合作。特别是去工业化和空间隔离之后，个体的联盟就更为困难，西方政府也无法成为集体权利的代表，因为它本身就是资本政治形象的代言人。在这种情况下，城市治理过程中，市场资本就成为一种强有力的行动力量，形塑着城市空间和生产生活。市场资本所具有的天生的私人性，会导致城市生活之于普遍城市居民的压制性。因为城市空间生产及关系的再生产具有总体性和结构性特征，所以空间权利的实现和城市服务性角色的转变必然需要依靠集体的力量，也就是会以一种团体的力量来节制空间的生产，扩展传统基本权利的内涵，以此来推动城市空间权利才是有可能实现的。城市发展要想将绝大多数人的福祉纳入其考量范围，那么从城市治理的层面看，需要避免城市权利在宏大说辞的掩饰下转化为私人性的权力工具，服务于私人群体和既得利益者。那么要转变这种局面，最为关键的则是能够凸显治理过程中的公共权力的重要性。因为公共权力，在本质上具有服务性，以公共权力来规导城市空间构建，可以实现区域内外的服务性功能。也就是说，能够使权力的公共化真正落到实处，在实施的过程中则表现为城市权力来源的公共性、权力使用过程的公共性和权力实际功能的公共性。那么我们需要在公共权力主导下去规范资本运作，来规制国家权力为主，市场和资本为辅的城市社会发展过程。公共权力之于资本运作具有优先性，公共权力对城市土地经济开发、空间设计建筑、空间管理等都要有相应的节制，规导其服务性角色。政府作为一种公共力量，主导城市治理则成为重要的一个环节。以政府公共权力主导城市发展进程，规范资本的空间运作，规导城市在区域治理中的服务性职能，以人民大众的福祉为根本目标和落脚点，保护人们的空间权利，实现人们的城市美好生活。

第三节　空间认同与城市治理

城市的空间、认同与治理无论是在理论上还是在实践上都有着非常紧密的逻辑联系。城市的形成与嬗变，既是物质空间整合发展的过程，也是精神、心理、文化空间形成的过程。在城市化进程中，既有城市空间中有机繁复的物质结构秩序，也有由经济社会秩序的变化所造成的生活秩序。正是这些秩序，改变和影响着人们的意识与行动方式，塑造着人们对于所生活于其中的城市空间的认同。城市治理是在多元性、异质性、瞬变性以及碎片化的现代城市中，实现和谐有机的社会秩序进而使之成为城市中每个人生活情感、意义体验、生命价值来源的重要途径，因此讨论空间认同与城市治理的关系，对于帮助个人、社会组织和制度之间达成协商，迈向平等、持续、安全、团结和有着居民共同的地方感的城市社会，具有重要的理论意义和实践价值。

一　空间认同理论

学界对认同问题广泛的关注大约是从 20 世纪 70 年代开始，哲学、政治学、文化学、民族学、宗教学等领域都将其看做是为重要议题，并且形成各自不同领域多维度多视角的定义。无论是主体自身认同即主体同化、吸收其他人或事以构建自身人格的过程，或是“人们在社会政治生活中产生的情感和意识上的归属感”①、“为对民族国家、政治制度、政治体制、政治过程、政治权威和政治意识

① 马振清：《中国公民政治社会化问题研究》，黑龙江人民出版社 2001 年版，第 110—111 页。

形态等方面的同意、支持和服从，本质上是人们对政治体系的信任、信念和信仰，是政治统治的正当性基础”[①] 的政治认同，还是“人们在一定的历史发展阶段形成的有共同语言、共同地域、共同经济生活以及表现于共同的民族文化特点上的共同心理素质的稳定的共同体”[②]，都说明了认同的内涵包括过程与事实或结果两个方面。作为过程的认同，是主体接受客体的“渐进机制”[③]，是心理上、情感上和意识上的认可、接受、确认，它代表一种可建构、可控制的现实过程；作为事实或结果的认同，则是主体接受客体的现实结果，表现为已形成的归属感、一致性或者某种共同体。从本质上来说，认同归根到底是对自我的认同，是主体的主观感觉形式，即主体在现实中自我确认“我是谁”的过程及所得出的结果。自我认同的起点是主体自身，而后围绕各种差异轴如性别、年龄、职业、阶级、种族、国家等而展开，最终回归主体本身的知、情、意，形成认同感。衡量认同程度的抽象表达是认同感，当这种感觉的对象是更广泛的客体时，认同感更多地表现为归属感与归宿感。

空间认同是主体对所处空间的认识、确证与同意，代表着主体对空间的统一、协调与高度的确定。对空间认同的关注与研究，受到两种合力共同的推动。一方面是人文地理学研究对人自身的情感体验的关注，如段义孚等人的“地方感”、“地方依恋”概念的提出，其涉及地理学、环境心理学、社会学等多种学科；另一方面是列斐伏尔《空间的生产》将“空间”问题纳入人文社会科学研究

---

① 陈道银：《政治认同建设与构建社会主义和谐社会》，《天府新论》2006 年第 5 期，第 1—5 页。

② 栗志刚：《民族认同论》，博士学位论文，华中科技大学，2011 年。

③ 刘新庚、刘峥：《社会主义核心价值观认同的动力要素与过程机制探索》，《中南大学学报》（社会科学版）2012 年第 18 卷第 3 期，第 1—4 页。

领域，[①] 提高了“空间”问题在人文社科中的关注度。随着20世纪下半叶资本主义的不断发展，城市化进程的不断加速，空间认同逐渐成为关注的热点。

空间认同是标志着主体与空间之间关系的范畴，具有复杂性、多维度的特征。空间认同，首先代表的是主体形成的对空间的整体认识，即获得空间的形态、地理位置、政治、经济、文化等各方面的情况的描述。其次，代表着主体对所处空间认知的进一步确证，会形成两种不同的确证结果，一是正向意义上的即表达出空间的真实形态符合先前的认知，二是负向意义上的即认知不符合先前的认知，因而需要重新确立对空间的新认知。最后，则是确证完成后，主体的主观认识与空间的客观形态形成统一，代表着主体对空间的同意和认可，这就是空间认同。因此，空间认同是一个过程，即主体在空间中自我确证和建构的过程，空间既是主体价值和意义的重要来源，同时也形塑了主体行动的意义。另外，从个体层面来看，空间认同首先回答的是作为主体的个人在哪里，这个主体的身份是什么；从社会层面来看，它既代表着群体对于所在环境和空间的感觉和信念，比如对于生活空间、消费空间、工作空间、居住空间等的确证，同时也代表着特定群体在特定空间中具有标识性的特征。

从城市空间来说，现代城市的规划和构建，实质上是空间的生产和再生产过程。资本和权力相结合，把工业资本的循环转化到各种各样的人造环境要素混合而成的人文物质景观中，它包括工厂、铁路等生产性人造环境和住房、商店等消费性人造环境，[②] 因此可以从城市设计规划的角度来增进城市认同。城市空间认同也可以看作是生活在城市中的人们情感上的表达，这种情感是他们在城市成

① 吴细玲：《对城市空间认同的思考——以厦门城市空间为例》，《特区经济》2017年第5期，第43—47页。

② 同上。

员共同体中产生的“自己人”的心理感受。[①] 从政治与权力构建的角度来看，城市空间认同则与空间正义有非常紧密的联系，城市居民政治参与度高，代表着强烈的“主人翁”意识，这种认同感对于空间正义可以起到促进作用。

“空间的概念与精神的、文化的、社会的、历史的空间联系在一起”[②]，是一个复杂的混合体，所以空间认同也是包含有多个维度认同的集合体，并且呈现出更为复杂化和多样化的状态。但有一点是共同的，那就是空间认同仍是以主体为中心的情感表达与心理认知，它以空间的价值认同为核心，以人的主体性地位为重要指向。综上，我们认为空间认同具有如下特征：

首先，空间认同是包含多个维度认同的复杂的集合体。正如列斐伏尔所说，空间“容纳了各种被生产出来的事物，并包括这些事物之间的相互联系”[③]，空间在由资本、权利和意识形态所生产的同时又生产着自身，因此对空间的认同，不仅表现为对空间内部经济、政治、文化的认同，还表现为对空间内部集体的认同及在空间中对主体身份的认同。[④] 以主体的社会参与为标准，空间认同则可以划分为对空间的经济认同、政治认同和文化认同；以客体的范围大小为标准，空间认同则可以划分为空间中个体的身份认同、组织认同和社会认同；以主体的认同层次为标准，空间认同可以划分为对空间的情感认同、心理认同和行为认同。[⑤] 空间认同的各个维度

① 郭文：《空间认同：城市空间研究转向中的知识前沿、趋势与启发》，《地理科学》2019年第39卷第4期，第587—595页。

② 张一兵主编：《社会批判理论纪事》第1辑，中央编译出版社2006年版，第176页。

③ 刘怀玉：《〈空间的生产〉若干问题研究》，《哲学动态》2014年第11期，第18—28页。

④ 郭文：《空间认同：城市空间研究转向中的知识前沿、趋势与启发》，《地理科学》2019年第39卷第4期，第587—595页。

⑤ 朱竑、钱俊希、吕旭萍：《城市空间变迁背景下的地方感知与身份认同研究——以广州小洲村为例》，《地理科学》2012年第32卷第1期，第18—24页。

是相互交叉，互有重叠的，每个维度下的空间认同又可进行更深层次的划分，这也正是空间认同的复杂性和多维性的体现。

其次，空间认同的核心是主体对空间的价值认同。空间是政治、经济、文化和意识形态混杂的统一体，是资本逻辑和权利逻辑共同作用的产物，同时又“相当于一整套制度的和意识形态的上层建筑”[①]。贯穿其中的价值特征，是空间中政治、经济、文化和意识形态的最根本的特征，而对空间所表现出的价值特征的认同，是空间认同中最本质的认同，并决定了空间认同的其他形式。空间认同是发生在主体和空间之间关系意义，并在这种关系中确立自身的身份感。从本质上看，人们对空间中主体身份的确认，即是在寻求自身的价值。因此，价值认同是空间认同的核心所在。在全球化进程和城市化发展中，价值冲突所带来的认同危机已经成为社会空间发展的重大问题，重塑空间的价值认同将有助于主体对自身身份的确认，加强主体对空间的认同，增强主体自身对空间的归宿感。价值认同的结果即是形成共同的价值观念，当某一价值观念为空间中的主体所共享时，空间认同则表现出稳定的状态。

二 流动空间中主体的城市身份认同

今天的城市化具有了与以往不同的崭新内容和广阔视野，其最为突出的特征就是出现了一种被称为“流动空间”[②] 的新的空间形式。在全球化、信息化发展的过程中，网络社会的出现，使得空间的形式、结构与特点发生了巨大改变。信息、网络成为理解空间的关键词。整个社会的特点，以及空间的实践，表现出流动的动态特

---

① 刘怀玉：《〈空间的生产〉若干问题研究》，《哲学动态》2014 年第 11 期，第 18—28 页。

② 流动空间的概念由曼纽尔·卡斯特提出。曼纽尔·卡斯特在考察了网络组织的全球化发展和应用过程后，提出了流动空间的概念，在《网络社会的崛起》一书中指出，在信息技术与社会之间的相互作用之下，地方的性质、意义与功能都发生了巨大的变革。其描述的是基于网络信息技术而形成的新的空间形态，相较于地方空间来说具有流动的动态特征，故称这样的空间为流动空间。

征。尤其是“对地方之间互动性的强调，打碎了行为的空间模式，成为流动的交换网络，促进了新型空间即流动空间的兴起”[①] 流动空间是基于网络信息技术作用于传统空间形式之上而形成的动态的空间形态。“这一概念不是指某一个特别的地点，而是指利用电子技术把不同空间组织到一种形式之内的能力，它同时包括‘集中化’和‘去集中化’的过程”[②]，强调了流动空间的巨大作用及其对现实空间重塑的能力。在流动空间的塑造能力和作用过程中，传统空间与流动空间相融合，形成以网络组织为基础的全球性流动空间。

流动空间的形成是多方力量综合促成的结果，其以全球化进程为社会背景，以网络技术的应用和网络空间的形成为现实基础，以城市化的空间扩张为现实依托和表现形式。全球化的发展进程促进了流动空间的形成，是流动空间形成的社会背景。全球化的空间生产和组织形式打破了原有空间的稳定性状态，将地方空间不断地纳入全球化的发展过程中，在这一过程中，城市和乡村地区都经历了空间重组的过程，而这一过程正是空间由稳定的静态向流动的动态转变的过程。这一过程更显著地体现在城市空间的流动性上，如在全球化的作用下，世界城市的形成是最突出的特征，而世界城市、国际化大都市往往是人流、物流、资金流、信息流和技术流运动量最大、运动速度最快的空间，也正是卡斯特所描述的流动空间。在全球化的发展背景下，传统空间不断被重塑，流动空间不断被建构，而形成的流动空间也在一定程度上促进全球化进程的发展，二者互相促进，互相塑造。

流动空间具有强烈的不稳定性。“电子交换的回路组成，它包

① 曼纽尔·卡斯特：《网络社会的崛起》，夏铸九等译，社会科学文献出版社 2003 年版，第 490—491 页。

② 卡斯特斯：《流动的空间与全球转型》，《读书》2005 年第 10 期，第 76—86 页。

括各种微电子技术设计、电子通讯、计算机处理、广播系统以及信息的高速传输"[①]，是流动空间的第一层次，而这些正是构成流动空间的物质现实基础，是流动空间的技术支撑和建构力量。而网络空间覆盖下的城市，则是流动空间的"节点"与核心，这些节点和核心，构成了流动空间的第二个层次。城市化进程所带来的空间重塑，加剧了流动空间的动态性、不稳定性。城市化作为一个动态的发展过程，本身就表现出了流动的特征。城市化的过程就是各种资源流动的过程，其包含人口的流动、物质材料的流动、资金的流动等，这就在物质层面形成了流动的状态。而在网络空间的作用下，城市的流动性更加显著，原先小范围的流动伴随着网络的普及而变为更广范围和更深程度上的流动。城市的流动空间不断挤压原本的地方空间，与地方空间相互作用，重塑着城市的政治、经济、文化等形态。作为流动空间的现实依托，城市已经成为了流动空间的物质载体，而城市化在塑造城市空间的过程中，加速了流动空间的形成。

流动空间在"集中化"与"去集中化"内在张力中，重塑着地方空间。作为一种"利用电子技术把不同空间组织到一种形式之内的能力"[②]，其与地方空间之间形成了一种潜在的张力，这种张力表现在流动空间对地方空间尤其是城市空间的"集中化"与"去集中化"过程中。城市空间的"集中化"过程就是对城市的空间整合、资源整合的过程，它也是城市化的实质，"城市化的实质是要素集聚，要素集聚的关键则是要素的自由流动"[③]。基于网络技术应用的流动空间，为要素的自由流动提供了可能，吸引城市发展在空间上的集聚，如全球范围内世界城市的形成，宏观上城市群、都

---

① 陆扬：《解析卡斯特尔的网络空间》，《文史哲》2009 年第 4 期，第 144—150 页。

② 卡斯特斯：《流动的空间与全球转型》，《读书》2005 年第 10 期，第 76—86 页。

③ 卓勇良：《论空间集中化的城市化战略》，《小城镇建设》2001 年第 10 期，第 14—15 页。

市圈的形成，以及微观上城市内部 CBD 的形成、工业区的集聚等。而流动空间主导下的资源集中主要是指网络信息的集中，如网红景点、网红店铺现象的形成，正是网络信息集中带动现实中人和其他资源的集中。与“集中化”过程相对应，流动空间对地方空间的重塑还表现在“去集中化”的过程中。伴随着全球流动空间的形成，城市“去集中化”现象广泛发生。一方面，由于网络技术的普及和发展，部分企业将客服系统等独立的部门设立在二、三线城市，以便降低生产成本，降低人力资源费用；又如某些淘宝村、电商村的兴起也体现出大城市资源的“去集中化”过程。另一方面，流动空间所带来的“去集中化”过程还表现在对城市空间政治功能的消解，网络的普及将空间中的个体纳入流动空间，网络为个体提供了自由发声的平台，舆论多元化的表达在一定程度上消解了原本集中的权力体系，城市空间展现出了“去集中化”的特征。

所以流动空间所引发的双重效应表现在：一方面，流动空间为地方空间提供了开放、灵活、富有弹性的网络式的扁平化结构，打破了原有等级结构，模糊了地方空间的界限，使流动空间中的人获得了解放的自由感。而与此相对，另一方面，流动空间中的不确定性、网络空间的虚拟性，都与地方空间的现实性之间形成了巨大的反差，人们在现实角色和虚拟角色相转换的过程中会有一种怅然若失的无助感，而这种感觉正是由于流动空间对地方空间挤压而形成的“失地感”①。此外，在流动空间中，交流与冲突所带来的巨大信息量也是人们感到无助的来源。

流动空间的变动性、不稳定性、不确定性，以及它对地方空间的重塑、挤压，对城市居民带来的心理变化——如城市居民的主体意识淡化，城市归属感和认同感降低，表明城市空间主体存在着身

① 陈彬洁：《“失地感”：当代文化冲突中的空间》，硕士学位论文，南京大学，2017 年。

份认同危机，这是城市治理应当考虑的维度。认同问题的本质即为确认“我是谁”的身份认同，故空间认同即可视为主体在空间中的身份认同，即在追问“我是谁”的基础上进行“我在哪儿”的深层追问。在流动空间中，认同问题集中表现为城市居民主体的身份认同问题。当下学界对身份认同问题的研究多关注于进城务工人员及其家属和后代的城市空间认同问题，其相对于城市本地居住人口属于外来人员，这一人群身份感薄弱，身份认同易产生危机，故强调了“制度排斥、社会歧视、相对剥夺感和社区融合等因素对外来人口社会融入的影响”[①]。而如今伴随着流动空间的形成，及其对城市空间的作用，身份认同危机已不仅仅是城市外来人口的身份认同问题，更多地表现为城市全部居住人口的身份认同问题。

流动空间中主体的城市身份认同，主要包括两大方面，即物质—现实空间的身份认同和流动—虚拟空间的身份认同。物质—现实空间的认同，是城市空间中主体对自身经济身份、政治身份及对所处集体的组织身份的认同。在城市中，有无房产等固定的居所、有无收入稳定的工作或经济来源都决定了主体的经济身份认同；城市居民有无权利参与社会活动、各方面的权利有无很好的保障等就决定了主体的政治身份认同；城市居民有无经常熟悉的生活社区和固定娱乐活动的场所、有无以社区为基本单元的组织建设等决定了主体的组织身份认同。这些认同都是以现实中主体的实践活动为中心而展开的各个维度，共同构成了主体身份认同的物质—现实空间认同。而在流动—虚拟空间中，主体的身份认同是以物质空间身份特征为基础的虚拟身份的认同。因为流动空间是以网络信息技术为基础所建构的空间，现实中的主体在流动空间中表现为虚拟空间的“节点”，所以，城市居民成为一个个包含着数据信息的个体，成为

---

① 崔岩：《流动人口心理层面的社会融入和身份认同问题研究》，《社会学研究》2012 年第 27 卷第 5 期，第 141—160、244 页。

虚拟的主体——人的身份相应地呈现虚拟的特征，现实中的阶级观念、等级地位、政治权力等都被忽略，而重新在网络上塑造，形成虚拟的身份。

在流动空间下，城市居民的身份认同，则主要体现于物质空间的身份认同和对流动空间的身份认同。网络身份的建构与现实身份的脱节，往往会使人们产生对自身身份的困惑，二者之间的差别正是现实空间与流动空间的张力所在。一方面，虚拟身份可以使人摆脱现实身份的束缚，可以在网络空间自由建构身份和形象特征，以获得在现实中无法满足的身份条件特征；另一方面，虚拟身份具有不确定性和欺骗性的特征，人们一旦脱离网络，回归现实便迷失自我，产生孤独感和被剥夺感。伴随着流动空间中资本运转的加快，对地方的侵占和挤压逐渐加强，主体也不断陷入到城市身份认同危机。我们认为，城市身份认同危机主要表现在以下五个方面：

第一，城市内部阶层空间重组，导致主体的城市归属感降低。在流动空间重塑城市空间的过程中，网络信息技术的广泛应用，城市交通的不断发展，方便了城市居民之间的互动交流，但同时也打破了城市之间与城市内部的时空间隔，城市空间的分区不断被弱化，城市居民会产生一种身处这个城市但却不属于这一城市的陌生感，从而弱化了城市居民的地方性观念，降低了城市居民对所居住城市的归属感。流动空间将网络技术广泛应用并叠加到现实空间中，每个人既拥有着现实身份，同时在流动空间中也拥有着虚拟身份。流动空间下人们的阶层划分打破了空间的限制而演变为一种“趣缘部落”，即拥有相同志趣的人形成的网络群体。在这样的空间中，人们的话语体系以兴趣爱好为主导，对现实空间的依赖逐步降低。现实的阶层空间不断被弱化，虚拟身份不断被强化，二者之间的差别造成对现实中认同感、归属感降低。

第二，政治参与空间的极化，导致主体在现实中缺乏参政议政的行为认同。流动空间打破了地方空间中权力机构的单一化、集权化模式，人人均可以依赖一台设备连入网络成为发言人和评论家，对某些政治事件均可以肆无忌惮地发表自己的看法，面对非正义事件时，毅然化身在网络中充满正义感的“键盘侠”。然而回归现实，大多数人群的政治参与度极低，对现实中城市空间的建设和发展问题漠不关心。政治参与度仍是城市居民对城市身份认同的重要衡量标准，但随着流动空间对地方空间的挤压，网络中参政议政的火热现象却并不能很好地表现在现实中，从而造成城市居民政治参与空间的极化，对现实中政治身份的认同感不断降低。

第三，社会关系的网络化，导致主体对社区关系邻里关系的组织认同感减弱。流动空间中，城市居民演变成为一个个网络节点，仅通过网络终端设备便可发布信息和获取信息，真正实现足不出户，尽知天下事。但流动空间中人们交流的密集程度远远高于现实中人们的密集程度。人们花费在网络上的时间越来越多，而在现实中与人交流的时间越来越少，其与现实生活空间的交集范围也越来越小，社区关系和邻里关系不断弱化，现实中的组织认同感不断降低。

第四，多元化价值的存在及冲突，导致主体对城市价值认同产生动摇。价值认同是空间认同的核心内容，而人们的价值认同是在其生活的现实空间中被建构而形成的，其决定因素往往来自所生活的家庭、学校、组织和社会，大多有着相似成长环境的人往往会形成相似的价值观念，也就是人们平时所俗称的“民风”和社会风气。城市文化对城市居民价值观念的形成具有很强的决定作用，使之形成带有不同地域特色的价值观念。而在流动空间的网络环境下，价值观念呈现的是一种多元的方式，这必然带来价值观念的差异性，甚至形成冲突，这种冲突则会消解主体在现实中形成的已有的价值观念，甚至对现实城市空间中的价值认同产生怀疑。

第五，网络文化大行其道，导致城市历史逐渐被遗忘，城市居民对城市文化的认同感降低。在流动空间中，城市文化作为具有地域性特色的文化形式被网络文化不断消解，人们沉迷于无限的网络空间而生活在极为有限的现实空间中，减少了与现实空间的交流，而无法切身去感受其所生活的城市的文化底蕴和历史记忆。最能代表城市历史的一些博物馆、文化馆虽然也开设了网络平台，开通了网上浏览的功能，使得珍贵的历史文物可以以视频、图片和声音的形式被记录下来并在网络上供大家浏览，但真切的现实体验和情感共鸣是冰冷的图片所无法代替的。长此以往，城市居民的生活空间在网络空间的压缩下，文化活动空间也随之被压缩，对城市的文化认同也不断降低。

综上所述，因为流动空间中人流、物流、资金流、信息流的数量巨大、速度极快，以及对于主体的身份无法产生认同，所以很难形成城市共同体。伴随着全球化、信息化、城市化的发展进程，城市的空间规模不断扩大，城市与其他地区之间的交往更加密切，人员流动频繁，“人群的流动性、匿名性使得人与人之间的交往呈现临时性、短暂性特征”①，不断解构着城市居民的共同体意识。这一解构过程不仅作用于城市中的流动人口，在网络快速发展的今天，其不断作用于所有城市居民，弱化了城市居民的地方感和认同感，使城市居民沦为城市发展过程中的“他者”。城市共同体表征着城市人民共同体、城市主体共同体、社区共同体，城市共同体的核心要求就是协商、合作的治理，因而城市治理应该关注城市共同体的构建，帮助城市居民形成“主人翁”意识，强化城市居民的“主体”地位，使其能够有坚实的对城市主体的身份认同，从而积极地

① 潘泽泉、刘丽娟：《空间生产与重构：城市现代性与中国城市转型发展》，《学术研究》2019 年第 2 期，第 46—53、177 页。

参与到城市最广泛的治理实践中，更好地为城市建设和发展做出贡献。

三 强化空间认同，塑造归属感城市

今天我们讨论城市治理的背景是全球化、信息化的复杂交织、快速流动，城市治理面临一个巨大的挑战就是空间非正义，而空间非正义一方面指向空间秩序并没有得到公正的维护，另一方面也表明因为诸如城乡非均衡发展、自然生态空间遭遇破坏、空间冲突与矛盾突显这些空间失序导致人们无法形成对自身价值和意义的确定性，以及被剥夺感、无根感。当然还有这样一个严峻的现实，即在全球化、信息化、城市化过程中，流动空间挤压地方空间，城市空间的居民身份认同被不断消解和弱化。因此，强化空间认同，从经济、政治、文化和价值几个维度，增强城市居民对所处空间的归宿感、归属感及认同感，是走向空间正义的城市治理这一重要论题中的应有和必然之义。

首先，从经济维度考量，需要回归现实生活，强化主体的身份认同。城市空间是由现实的居民个体所组成的，每一个体都带有鲜明的身份特征，正是这样差异性个体生活在共同的城市空间，构成了城市空间的主体。城市身份认同则指向城市市民对于自己市民身份的划归和接纳程度，这种身份认同是空间认同的首要内容，是对“我是谁?”“我在哪里?”这类问题的第一回答。流动空间下人口流动快速并且极具变化性，使得城市居民对自我身份的接纳程度不断降低，而虚拟空间身份的建构与现实空间中身份特征的差距正是导致其接纳程度下降的原因，因此要强化城市居民的身份认同，需要回归现实生活，保障城市居民的生存权和发展权。

保障城市居民的生存权，给予其基本的生产生活的空间。物质资料的生产是人类社会生产的基础和前提，“人们为了能够‘创造历史’，必须能够生活。但是为了生活，首先就需要吃喝住穿以及其他一些东西。因此第一个历史活动就是生产满足这些需要的资料，即生产物质生活本身”[①]。“城市生活质量取决于人们的居住质量，居住权是城市权利的基本”[②]，故城市发展要为城市居民留出足够空间进行生产和生活，保障城市居民的居住权，同时为弱势群体和流动群体也留出生存的空间，避免其流离失所，无家可归，强化城市居住功能，保障城市居民基本的生存权利。

在保障生存空间的基础上，保障城市居民发展权，为城市居民提供发展空间。马克思指出共产主义社会是“以每个人全面而自由的发展为基本原则的社会形式”[③]，追求人自由而全面发展是社会发展和城市建设的方向与原则。为此，保障城市居民的发展权，为城市居民各方面的社会生活和活动留出充足的发展空间，是城市治理的重要内容之一。城市治理应不断改善和提升城市居民的人居环境，优化城市空间结构和整体布局，强化城市功能分区，为城市居民生活质量的提高和社会活动的丰富提供充足的发展空间。与此同时，还应完善社会保障制度和福利制度，健全城市公共服务设施，提升城市公共服务水平。

其次，从政治维度考量，需要扩大政治参与，强化主体的政治认同。在满足了基本的生存和发展需求后，人们开始寻求参与政治活动，即在其所生存和发展空间内增加政治和权利话语。正如福柯所说，“现代社会就是一个空间化的社会，空间中隐匿着各种权力，权力借助城市空间的布局来自我识别和发挥作用”[④]。可见，城市空

---

① 《马克思恩格斯选集》第1卷，人民出版社2012年版，第158页。

② 潘泽泉、刘丽娟：《空间生产与重构：城市现代性与中国城市转型发展》，《学术研究》2019年第2期，第46—53、177页。

③ 吴向东：《论马克思人的全面发展理论》，《马克思主义研究》2005年第1期，第29—37页。

④ 董慧、李家丽：《城市、空间与生态：福柯空间批判的启示与意义》，《世界哲学》2018年第5期，第29—37页。

间隐藏着多个权力主体，是多元利益相互作用的产物。流动空间中以虚拟身份参与政治事件讨论的声音，远远高于现实中以真实身份参政议政的人，这在一定程度上弱化了城市居民市民身份和主体地位。为此，要扩大城市居民的政治参与，强化城市居民的政治身份认同。

提升城市居民的政治参与度，调动其参政议政的积极性。伴随着网络信息技术的普及，人们乐于在网络上发表言论和观点，但在现实中却往往沉默寡言，虚拟身份在为人们带上正义面具的同时，也遮蔽了人们关爱现实生活的双眼，消解了人们对现实的城市空间的认同感和归属感。正因如此，鼓励城市居民参政议政，强化政治认同是城市建设和发展的必然要求。一方面要以居民工作的公司和单位为依托，强化对其所处片区的政治事件的关注度和参与度；另一方面对于那些没有固定居所的流动人口，可以通过社区政治活动如政策宣讲、社区会议、社区服务活动等形式来加强组织认同，尤其是在重大政治事件如地方、基层选举的时候，可以通过完整的参与形式和政治仪式感，加强城市居民对所处社区空间的联系，搭建双方互相了解的平台，在此基础上加强主体政治身份的认同。

弱化城市权力主体的差异性，强调平等的政治参与。在城市空间的权力逻辑下，不同的权力主体掌握着异质性的城市资源，而在城市建设和发展的过程中，要弱化城市权力主体之间的差异性，营造平等公正的政治参与。应“基于平等原则，充分考虑各异质性人群在公共政策决策、政策执行、公共服务供给、城市规划、社区治理、监管及规制等众多领域都能有公共参与的机会，而不是将参与权仅仅局限于某些人群和某些领域”[①]。创新政治参与的形式与方法，把握人们政治参与网络化、匿名化的特征，建立在当下城市空

① 潘泽泉、刘丽娟：《空间生产与重构：城市现代性与中国城市转型发展》，《学术研究》2019 年第 2 期，第 46—53、177 页。

间范围内的民情民意互动平台，尤其是在城市规划与建设的重大公共事务上，更应广开言路，借助新媒体和网络的形式，征集民意民情，充分利用流动空间扁平化的特征，弱化城市权力主体的差异性，积极构建城市空间平等的政治参与。

再次，从文化维度考量，需要凸显城市文化特色，强化主体的历史认同。文化是一个城市区别于其他的城市的身份特征，是一个城市综合实力的核心体现。党的十九大报告指出“文化自信是一个国家、一个民族发展中更基本、更深沉、更持久的力量”①，强调了文化的重要地位。在城市发展和建设中，文化也承担着维系城市居民情感、血脉和历史记忆的重要作用。故在文化建设的维度上，加强城市居民对城市空间的认同感，需要“为其发展出文化交流的结构，让都会区域的居民仍然感到他们是共同生活在一个既定的空间中”②。为此，要丰富并创新城市文化活动的形式，保护城市历史记忆，凸显城市文化特色，强化城市居民对城市空间的文化认同。

城市建筑和城市空间的设计与规划要体现出城市地域特色。流动空间的扁平化特征和城市化规模的不断扩大，导致了城市“千城一面”的现象。而要打破城市空间之间的互相复刻，则应在城市建筑和空间设计中体现城市地域特色。建筑是文化的载体，是城市的形象名片，要加强对城市地标性建筑的设计与规划，在兼顾现代性设计的同时强调与历史性的融合，必要时可以通过市民网络投票的方式使城市居民参与到城市建筑与规划的过程中，加强城市居民与城市空间之间的显性联系，增强城市空间认同感。

丰富城市文化活动，创新文化活动形式，提升城市居民文化活

---

① 习近平：《决胜全面建成小康社会 夺取新时代中国特色社会主义伟大胜利——在中国共产党第十九次全国代表大会上的报告》，人民出版社2017年版，第23页。

② 卡斯特斯：《流动的空间与全球转型》，《读书》2005年第10期，第76—86页。

动的参与度。文化活动是城市居民了解城市文化，切身感受城市文化的重要途径，城市居民通过参与文化活动，可以增强自身的主体性地位，增强城市文化认同。但是网络的方便快捷将人们的娱乐休闲活动局限在网络空间，线上的活跃度与线下的冷清形成了强烈的对比。为此要创新文化活动的形式，通过线上宣传加上线下互动的方式，调动城市居民的文化活动积极性。组织兴趣爱好类文化活动，将线上的“趣缘部落”建立在线下，提升城市文化活力；或组织街道、社区、生活小区的文化活动，为城市居民提供展示自我才艺的舞台，加强街坊邻里之间的联系，增强对生活空间的文化认同。

保护地区特有的民俗文化形式，将传统与现代相结合，留存城市空间历史记忆。城市空间的认同还包含对城市历史和共同记忆的认同。传统民俗和特色文化形式是城市居民所拥有的共同文化记忆，可以通过举办固定节日的民俗展演活动、博物馆参观展览活动、非物质文化遗产学习活动等，唤起人们的城市记忆，增强对城市空间的认同感。在博物馆、展览馆等城市文化窗口地区举办文化活动时要创新形式，将传统文化与现代技术相结合，融入3D灯光、AR全息投影等新媒体新技术，最大限度地吸引城市居民关注并参与活动，通过切实体验和身心感受，增进对城市文化的了解与认识，深化空间认同。

最后，从价值维度考量，需要塑造城市空间价值观，强化主体的价值认同。空间认同的核心是对城市空间价值观念的认同。价值观是“人们观世界、虑人生、辨善恶、别曲直、识美丑，并以之为向心凝聚、一体认同、创新创造的依据和向导”①。“城市‘善’治的重要目标之一就是要通过对城市的空间使用价值的构建，使城市

① 沈壮海：《论文化自信》，湖北人民出版社2019年版，第92页。

健康发展，以带动城市居民的幸福生活。”[1] 为此，实现城市空间的价值认同是城市治理的核心之义，是增进城市居民空间认同感的必然要求。为此，要在践行社会主义核心价值观的基础上推进城市精神的建设，增进价值认同，重视流动空间的价值观念建设。

塑造城市精神，引导城市居民价值认同。城市精神是一个城市整体面貌的反映，是凸显城市文化的重要理念，是引领城市居民奋发向上建设城市空间的精神动力。城市精神在形式上是一句口号，一个标语，而要将其内化于心，深入到每个城市居民的心中从而转化为外在的行动。城市精神的选择首先要与社会主义核心价值观相符合，把握时代发展和城市空间建设的主旋律。一方面，对城市精神的内涵要有清晰明确、主导性的解说与诠释。要结合城市的文化特色，反映出城市的历史底蕴。另一方面，城市精神要走进多元化的社会大众群体，要以丰富多样的展现形态、言说方式为大众所接受。

在流动空间的多元价值中坚定价值自信。伴随着全球化、信息化和城市化进程的发展，文化的交流、交融、交锋无处不在，文化多样性背后的本质是价值多元性。处在流动空间中的人们在面对价值冲突时要坚定价值自信，坚定自身对所处城市空间的价值认同。一方面，要引导城市居民确立空间价值观，从理论推广和实践践行两个方面来深化对城市空间价值观念的理解和认同，将城市精神、城市发展理念、城市核心价值观“辨清”“讲透”。另一方面还要加强流动空间价值观念的建构和塑造。卡斯特斯认为“城市 CBD、高速公路、机场、电子传播空间、特设的旅馆等”[2] 都属于流动空间，这是城市的公共区域，也是人口流动的区域，加强这些空间的

---

① 董慧、陈兵：《加强城市空间治理实现 城市“善治”》，《党政视野》2016 年第 5 期，第 29 页。

② 卡斯特斯：《流动的空间与全球转型》，《读书》2005 年第 10 期，第 76—86 页。

价值引领和观念宣传尤为重要，有助于深化城市居民对城市空间价值观念的认同，树立价值自信。

第四节　空间活力与城市治理

城市是有生命的，活力则是城市有机体生命力的本质体现。美国著名城市理论家凯文·林奇将活力引入到城市性能的评价之中，提出了评价城市形态的七个性能指标，即“活力、感受、适宜、可及性、管理、效率、公平”[①]。活力作为评价城市形态的首要指标，对城市形态的发展和规划具有重要的导向作用，因而理应成为城市治理的重要内涵之一。本节将具体论述空间活力与城市治理的关系，积极思考如何营造与提升城市空间活力，力图打造有活力的城市之治。

一　空间活力理论

在城市相关问题的探讨中，空间已成为重要的研究视角。笔者认为，在社会空间辩证法以及历史唯物主义视域下，空间活力是城市空间生机勃勃、昂扬饱满的精神状态，是城市空间安定有序的和谐状态，以及积极进取、创新创造的实践状态。空间活力包括空间主体活力和客体活力两大部分：主体活力是人作为城市主体，通过感性实践所展现出来的生命力、意识力、创新力，客体活力则是城市空间对主体实践活动的适应力，在更新和创生中孕生出的竞争力、前瞻力。人作为城市空间中的主体，所具备的对生命机能的维持与发展能力，以及城市空间作为客体对人类活动的承载力、容纳力和支持力，这也是空间活力所指向的内容。主体活力因素与客体

① 凯文·林奇：《城市形态》，林庆怡等译，华夏出版社 2001 年版，第 84—85 页。

活力因素相互作用、协调、交织，生成了多样化的空间活力，使城市有机体保持着昂扬饱满的生命状态、朝气蓬勃的精神状态和创新进取的实践状态。

空间活力具体内涵，笔者认为表现在以下几个方面如下：其一，主体的生命力与意识力是最基本的空间活力。生命力指人维持与发展其生命机能的能力，意识力指人自我发现、自我觉醒的能力。主体的生命活力所维持的生命存在和生命状态是人进行实践活动，实现自我创生、自我更新、自我发展的基石，是城市空间产生的前提和一切空间活动的前提。主体的意识力，具有极大的能动性，能够指导人的实践活动、推动人的实践创新。主体的生命力与意识力，是主体在空间中维持生命机能、产生实践活动的基础，也是空间产生的前提。其二，创新力是空间活力的灵魂。创新力是人在实践活动中对实践方式的创造性发展，既是对已知的超越、未知的探索，也是对自身认知与实践极限的挑战。尽管创新力所体现的主要是城市主体的实践创新能力，但空间所提供的创新环境与创新动力也是其重要的内涵外延。可以说，创新力是主体、客体交互作用最为显著的活力因素。创新力所体现的主体对已知的超越、对未知的好奇和对自身极限的挑战是城市空间充满无限活力的灵魂，是城市创新力提升的主体性动力。其三，适应力、竞争力与前瞻力是空间活力的保障。适应力指城市空间作为承载人的实践活动、容纳人的社会交往的物质载体，所具有的适应人的实践变化的能力。竞争力指空间在特定的环境中，所展现的具备竞争优势的综合实力。前瞻力指空间在长期的发展规划中，所具有的立足当下、长远谋划的能力，是对当下的超越和对未来的展望。城市空间对人及其实践发展的适应力，以及在自身的更新和创生中所产生的竞争力与前瞻力，既是城市主体在城市空间进行实践活动的重要载体和实践结果，也是促进主体活力持续迸发的重要客体因素，是空间活力的现实性保障。其四，自由与正义是空间活力的最高境界。空间活力的主体是客观存在着、感性实践着的人，人的最终目标在于实现自由全面发展，空间活力的最高目标也正是要保障其中人的自由全面发展。人的自由目标与空间的自由境界所追求的都是有序、有尺度的自由，是遵循规律而又充满活力的自由。正义体现为空间发展中包含的属人的价值原则和平等与善的道德伦理，是空间协调活力与有序的重要价值导向，也是空间活力持续迸发的最高价值追求。

空间活力在政治、经济、文化、生态和社会不同领域的内涵与表征不同，相应地对城市治理提出具体要求。城市空间是自然属性和社会属性的统一，物质属性和精神属性的统一，具有综合性与多维性，包含政治、经济、文化、生态、社会等多个维度。相应而言，空间活力也具有不同的内涵与特点：其一，从经济领域来看，空间活力就是空间经济活力，它体现为空间中人类生产活动和经济活动的繁荣状态，是空间竞争力的物质基础。空间经济活力同样生成于城市主体与城市空间的交织作用中：一方面，人类的经济生产活动为空间创造坚实的物质基础，激发着空间的经济活力；另一方面，城市空间对资源的公平分配、区域的合理规划促进着人类生产活动的发展。其二，从政治领域来看，空间活力就是空间政治活力，它体现的是空间中主体权利获得的平等性与实现状态。城市主体对城市政治权利的平等获得，是参与城市治理的重要依据和动力，而城市主体参与城市治理的程度、广度、深度决定了城市空间政治状态，是空间诸多活力要素发挥作用的重要保障。其三，从文化领域来看，空间活力就是空间文化活力，它既包括主体通过文化生活提升精神文明的实践，也包括城市本身的历史与文化、情感与记忆、思想与价值，体现了城市精神文明的发达性、历史文化的厚重性、多元文化的互动性。空间文化活力的激发不仅是促进城市精神文明发展的需要，还是发挥文化的反作用，促进城市经济繁荣、创新力提升、政治公正的重要内容。其四，从生态领域来看，空间活力是空间生态活力，它体现为城市生态的可持续性状态。空间生态活力体现了空间自然属性和社会属性的统一，体现为人在空间中对生态环境的开发使用的可持续性，以及城市生态环境自身的承载力和恢复力。空间生态活力的激发，不仅是宜居性建设的重要内容，还是人本性城市治理价值的重要体现。其五，从社会领域来看，空间活力是空间社会活力，它体现为空间内秩序的稳定性、和谐性，公共设施的合理性、完善性，公共空间的人文性、服务性，私人空间的隐私性、安全性等。空间社会活力体现了空间活力对有序性、稳定性、和谐性、服务性、安全性的追求，是城市主体实现自由全面发展的社会环境保障。

城市空间中的主体人及其实践活动是空间活力的前提与基础。在城市空间中，人的生存活动、实践活动和交往活动孕生出生命力、意识力与创新力，构成了空间活力的主体活力因素。空间不仅是客观存在的现实场所，还是人的精神栖居之地。空间在承载人的实践活动、吸引人的聚集时，形成的特性、功能、结构等承载能力，即适应力、竞争力和前瞻力，构成了空间活力的客体活力因素。城市空间作为物质载体，在承载、容纳着主体及其活动的过程中生发着客体活力，城市主体及其活动在激活个体的实践能量时又不断激发着空间的客体活力，两个过程相互交织、作用，共同生成了空间活力。空间主体活力因素与空间客体活力因素是辩证统一的关系。主体为空间创生、空间为主体提供场所，两者相互依存、相互作用，在空间活力的生成中辩证统一、缺一不可。若缺少主体活力因素，空间只是与其他实体相同的普通存在，而不是具有生命能量的活力空间，若缺少了城市空间孕生的客体活力因素，空间活力则缺少了现实的实现场所，人的主体活力因素缺少了客观的载体，无法进行生存活动、实践活动和交往活动。可以说，人及其活动构成了空间的存在及其活力生成的基础，而城市空间则是人产生活力的现实场所。人的主体活力因素和城市空间的客体活力因素相互协调、相互作用、相互交织，生成了多样化、综合性的空间活力。（参见图2—1）

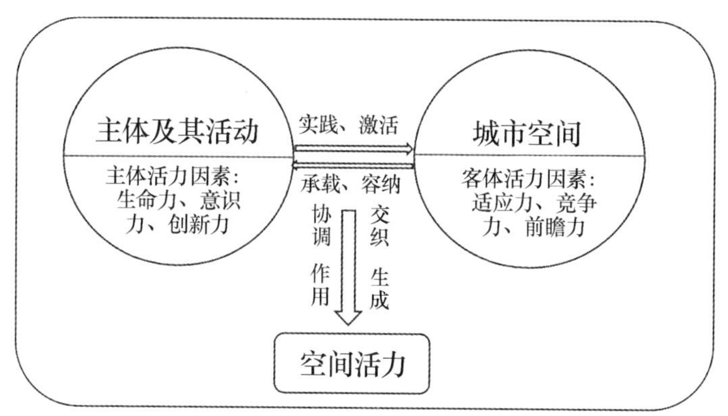

图2—1　空间活力生成机制图（自绘）

富有活力的空间，所展现出来的是城市发展的理想状态和未来蓝图，空间活力是创新城市治理的重要视角，城市治理应该以空间活力为价值引导、实践诉求及目标导向。笔者认为：

空间活力与城市治理具有价值内蕴的一致性。两者在价值导向上具有相同的方向性。人作为空间活力的主体，同样也是城市治理的主体，空间活力所体现人本性的价值原则，为城市治理提供了重要的价值导向。空间活力把现实的人作为一切的出发点，内含着以人为本的价值意蕴。在城市的问题解决、规划治理上，坚持人的主体性地位，尊重人的个性自由与全面发展，观照人的发展与空间发展的内在一致性。此外，空间活力中内含的正义价值追求以及公平与善的伦理理念，是克服现代化背景下城市中出现的等级化、商品化、资本化问题的重要价值导向。空间活力内含的人本性价值原则、正义性价值追求、公平与善的价值理念，对城市治理具有重要的价值导向作用。

空间活力与城市治理具有实践诉求的一致性。空间活力孕生于人的实践活动之中和空间的自我更新与创生之中，是综合的、多样的活力。空间活力作为人的实践活动的产物，体现为主体在实践活动中展现出的创新力，以及空间为适应主体实践发展在更新和创生中孕生的适应力与前瞻力。城市治理的目标是为了保障人的实践、打造促进人的实践的发展空间环境，而且城市治理本身也是一种实践。空间活力所体现的人对已知的超越、未知的探索，对自身认知实践极限的挑战的创新力，对城市治理中的实践创新发展具有重要的导向作用。

空间活力与城市治理具有目标归宿的一致性。空间活力体现了理想的城市发展状态，它不仅是城市治理的内容，也是城市治理的目标之一。空间活力把其中人的自由全面发展作为最高目标、把空间的自由与正义作为最高境界，体现了人对于美好生活的追求以及空间自身完善发展的目标指向，展现了一幅美好城市空间的蓝图。尽管空间活力的最高目标和最高境界具有一定的理想性，但在人的实践过程和空间的自我创生过程中，对这种目标与境界的追求过程本身就是城市发展和治理的目标实现过程。空间活力对城市的问题解决和综合治理具有境界引领、目标导向的作用。

二 城市空间在机械性中的活力突围

在现代性背景下，城市空间逐渐被资本逻辑所统治，城市空间的活力被抑制，出现了机械性的空间症结。机械性与灵动性、多样性、变动性相对立，代表着孤立、静止和片面的状态。在城市空间语境下，我们从两个方面来理解机械性。一方面，它指涉作为主体的人，由于资本城市化的蔓延与统治，逐渐丧失生命活力、自我意识力与实践创新力，继而成为僵化、片面、单向度的存在，突出体现为城市主体劳动的单一性、生活方式与交往方式的资本化和商品化；另一方面，作为客体的城市空间，在发展治理中由于资本逻辑的主导丧失了空间本身所应该具有的适应力、竞争力与前瞻力，沦为僵化、静止的空间，变得同质化、单一化、片断化、隔离化、功能化和唯视觉化。城市空间的机械性，不仅仅造成城市主体生存与发展的困境，也对城市文明演进造成巨大威胁。因此，城市治理需要实现城市空间从机械性向灵动性的转变，激活主体的生命力、意识力与创新力，激发空间的适应力、竞争力与前瞻力，释放多样化的空间活力。为此，我们需要关注城市空间主体及城市空间本身两个方面，思考如何突破机械性，从而彰显活力。

一方面，城市空间主体的机械性及其活力突围。城市空间主体的机械性，是城市空间活力丧失的主要原因。主体及其活动是空间活力产生的主体性因素，但因为大规模超速的城市化中资本所起的主导作用，使得生产方式越来越机械化，人们的生活方式也受到资本城市化的冲击，人的不平等的空间地位越来越凸显，最后人的活力和创新力也会渐渐丧失，也就是城市空间主体的创新能力和创新动力会日益被消解掉。主要表现在以下几个方面：

首先，现代化城市中，人的劳动实践活动因为资本控制与主导的城市空间生产而变得机械化和单一化。劳动成为人在城市中谋生立足的基础，也成为城市人的生活方式和存在方式。劳动创造了城市资本和经济财富，资本为了获利则会最大限度占有、剥削劳动，在这个意义上劳动实践是单一的。马克思对此早有论述，“异化劳动把自主活动、自由活动贬低为手段，也就把人的类生活变成维持人的肉体生存的手段”①。今日情境与竞争资本主义和垄断资本主义早已不可同日而语，劳动实践也具有了新的形式和更丰富的内涵，

① 《马克思恩格斯文集》第1卷，人民出版社2009年版，第163页。

但劳动仍旧从属于资本增殖这一逻辑实质并没有发生改变，因而人的劳动实践仍然继续被异化、机械化、单一化。这样的劳动实践使人从最终目的变为劳动工具，掩盖了人区别于动物的实践特殊性。快速的城市生产节奏不仅仅使人感性的身体处于紧张状态，而且在很大程度上将人丰富立体的精神追求削平。人其实无暇思考自身的意识存在，无法在劳动中获得自我发展。而且由于大强度的生产活动对主体生命机能的过度消耗，导致主体没有多余的精力全面认识自我和认识世界，也无法超越已知和探索未知，当然也没有培育创新能力的空间。

其次，人们的城市生活也日益变得机械化和单一化。资本的扩张带来了城市创造性发展，也造就了全新的城市生活方式。在今天的现代化城市中，我们看到资本短期的、剧烈的、加速的扩张，其影响已渗透到人们的日常生活之中，人们的生活方式、交往方式被资本所主导和侵占。日常生活作为人的“日常的、真实地发生的方式”①，已经成为城市空间资本生产控制与剥削城市主体的新方式、新领域。通过城市主体日常生活的微观实践，去创造看似丰富多样实则单调无意义的城市生活活动。在这种资本逻辑主导下的日常生活中，主体日常生活异化，并且沦为资本的附属，成为资本牟利的工具和方式。日常生活的商品化、资本化、景观化的人，逐渐被繁华的现象和假象所迷惑，进而会丧失自我发现、自我觉醒、自我创造的能力。城市人的生活变得越来越单调，甚至毫无意义，城市主体也会丧失对已知的超越、未知事物的好奇的求知力和创新力。

再次，城市空间的机械性也表现在，消费主义使得城市空间越来越商品化。这也是城市空间生产对城市主体进行剥削的一种新方式。城市发展的空间资本逻辑之下，对消费主义、物质主义的鼓

---

① 亨利·列斐伏尔：《日常生活批判：日常生活社会学基础》第2卷，叶齐茂、倪晓辉译，社会科学文献出版社2018年版，第266页。

吹，控制着城市主体的消费行为、消费理念。城市空间的商品化、符号化，也是对主体的剥削，它将人对商品的功能需求转变为欲望需求。在城市日益演变成为列斐伏尔所说的“官僚制的消费社会”[①] 的过程中，城市主体也逐渐被物化、商品化，迷失在资本主义创造的商品世界中。在此背景下，城市主体的生命活力和创新力被消费主义所掩盖，空间的适应力、竞争力和前瞻力也被削弱，城市成为充斥着商品符号的“商场”，城市主体和空间被抽象化，抑制着空间活力的生成。

最后，城市空间的不平衡发展，最终会抑制城市主体活力的释放。阶级差异与空间失衡带来的资源分配不均，使城市主体无法获得平等的生存发展环境，造成了空间内部的冲突与隔离，影响了空间的和谐有序发展。在不平等的空间环境下，城市主体无法自我创生、自我发展，城市主体的生命活力由于生存发展资料的巨大差异受到抑制，创新力由于失去平等和谐的社会环境逐渐丧失。因而，日益扩大的阶级差异和不平衡的空间发展，也是人丧失活力与创新力的重要原因。

另一方面，城市空间本身的机械性及其活力突围。城市空间作为承载人的生存及实践活动、容纳人的交往活动的物质载体，是主体活力产生的客体环境。城市空间在适应人的实践发展、自我更新与创生中孕生出的适应力、竞争力与前瞻力构成了空间活力的客体活力因素。在现代化城市发展背景下，城市空间出现了僵化、静止、迟滞的机械性问题，具体表现为空间的同质化、单一化，片断化、隔离化，功能化、唯视觉化。城市空间的机械化不仅抑制了主体活力因素的生成，破坏了城市主体的创新环境，还抑制了客体空间活力因素的生成，使城市逐渐失去创新能力和创新动力。具体表

---

① 亨利·列斐伏尔：《日常生活批判：日常生活社会学基础》第 2 卷，叶齐茂、倪晓辉译，社会科学文献出版社 2018 年版，第 292 页。

现如下：

第一，城市空间的同质化与单一化是城市空间机械性的直观表征。当前城市空间发展出现了趋同化倾向，城市建筑的风格、样貌千篇一律，空间中的文化发展、生活方式日渐趋同，这种同质化的空间发展使主体无法享有多样化的体验空间、多元性的交往空间。此外，同质化的空间，也使得人无法拥有可依赖的个性生存环境，会日渐减弱人对空间的归属感，从而逐渐丧失个性与活力。同质化的直接后果则是空间模式与空间功能的单一化。在趋同化的空间发展中，空间的自我更新和自我创生被定量化为一个僵化的过程，空间中的地方感、历史感被削弱，空间发展模式变得单一。此外，趋同化的发展模式还会削弱空间的创新力，限制空间功能的复合性发展，使得空间的功能也会走向单一和同质，从而抑制空间活力，阻碍了城市创新力的提升。

第二，城市空间的片断化与隔离化加深了城市空间的机械化趋势。片断化主要体现在两个方面：一方面，在现代化背景下，许多城市空间在规划设计中，往往过度塑造单独的个体，突出标志性建筑，表达个体利益，使空间中标志性建筑泛滥却又各自为政，空间显得杂乱无章；另一方面，不平衡的空间发展造成了空间的碎片化发展，使空间缺乏整合，产生片断化问题，使公共空间无法得到充分发挥、公共利益无法得到平等保障。空间的片断化又产生了空间的隔离。一方面，不平衡的空间发展和片断化的空间规划使城市公共空间遭受挤压，私人空间占据主导地位，人类的交往与公共活动减少，人也产生孤独感与隔离感；另一方面，不平衡的空间发展加剧了空间的等级化问题，使人产生了等级上的隔离感，影响了人在平等发展、交往与实践中的活力生产。空间的片断与隔离，使空间及其主体变得孤立、静止，造成了主体归属感和安全感的缺失，不能为主体实践及其创新发展提供良好的环境。

第三，城市空间的功能化与唯视觉化强化了城市空间机械性的特质。空间功能化的趋势会弱化空间的人性化价值。现代化城市进程背景下，许多的城市空间规划，往往将空间机械地割裂为若干个功能区，空间一方面成为功能的载体为城市人提供各方面的便利，但另一方面却忽略了主体社会生活的复杂性，只看到空间的功能性而并没有真正关注主体的多元需求，导致空间出现了唯功能化、价值弱化的问题，从而抑制了主体的多元活力生成。唯视觉化是当今城市空间机械化的另一个突出表现。唯视觉化问题根源于空间设计对空间美化的过度追求，以及对主体生活与感受的忽视，导致许多空间成为美化却不人性化的人造环境。与功能化相同，空间的唯视觉化同样也是空间价值的取向问题，其根源在于缺乏人本性的空间价值取向。这两种空间特点，使得城市空间机械化特征越来越凸显，并且因为将人在空间中的主体作用排除在外，所以无法为人和城市提供真正有益的活力生成环境，在促进人与城市的创新发展方面也缺乏动力。

三 激发空间活力，打造创新力城市

空间活力是城市治理的重要目标，这一目标可以促进并引领着城市治理的发展。空间活力代表着城市的饱满状态，是城市有机体灵动、活跃的关键。我们在上面的讨论中，对当代城市发展中城市空间机械化的问题、表现及原因进行了分析。城市空间机械化对空间活力的对抗与削弱，使作为主体的人片面地存在着、作为客体的空间迟滞地发展着。当代城市治理必须要面对的重要问题，即若要消解机械化、重构灵动的城市空间，恢复饱满的空间活力，关键在于城市创新力的提升。创新力是空间活力的灵魂，是城市充满活力的关键。城市创新力的强弱不仅取决于城市主体的创新能力，还受城市空间的时代适应力、经济竞争力、规划前瞻力等构成的创新环

境与创新动力的影响。此外，城市的创新力是政治、经济、文化、科技等多方面创新力的综合，科技创新力是其他创新力的基础，是城市创新力的核心和引擎，是城市发展的重要驱动力。激活空间活力，提升城市的科技创新力，是打造创新力城市的关键。

创新力是空间活力的灵魂，是城市充满活力的关键。尽管城市的创新力以作为空间主体的人的实践创新力为基础，但作为客体的空间所提供的创新环境与创新动力也是其重要的外延。创新力的产生是主客体相互作用的结果，既体现为人作为主体的创新能力，还体现为空间作为客体所提供的创新环境与创新动力，是主体活力因素与客体活力因素的整合。主体的生命活力与实践创造力，空间的适应力、竞争力、前瞻力都以创新力为基础和动力。在实践层面上，创新力既是人发展生产手段、更新实践方式的重要能力，也是城市实现科技跃升、经济发展、社会进步的重要能力。创新力是能动的、个性的、发展的，是人的生命活力与实践创造力的重要体现，也是空间为适应人的创新实践在自我更新与创生中所形成的创新环境与创新动力。城市中主体的生存状态、文明的发展状态、经济的发达状态，在很大程度上都取决于创新力的高低。

城市创新力是政治、经济、文化、科技等多方面创新力的综合。在以智慧城市建设为代表的现代化城市发展进程中，城市空间活力的激发，城市创新力的发展，关键在于科技创新力的提升。科技作为第一生产力，是生产实践创新发展的引擎，以科技为驱动的科技创新力是城市创新力的核心。科技创新力是城市经济增长的原动力，这种原动力作用体现为城市对科技创新积极性的充分发挥、创新资本的高效配置，以及对创新构想的科技创新力是实转化。科技创新力是城市空间适应力、经济竞争力、战略前瞻力的基础，是城市活力持续迸发的核心动力，当前富有经济竞争力的城市无一不拥有发达的科技创新力。城市创新力是城市创新主体、城市创新实践、城市创新资本和城市创新环境等诸多要素相互作用的结果，因此，发展与提升城市创新力需要诸多要素共同推动。

科技创新力作为城市创新力的核心，不仅在城市的发展中扮演着重要角色，在城市治理中也发挥着突出作用。在现代化城市治理中，科技创新力已经成为评价城市治理能力的重要指标。科技创新力在城市治理中体现为专业的城市治理主体、先进的城市治理手段和主体性的城市治理理念。当前智慧城市的发展便是城市科技创新力应用于城市治理中的重要体现，智慧城市强调城市治理的智慧化，例如以物联网、云计算等新一代信息技术为代表的信息技术应用，还强调以人为本和可持续创新的治理理念。从科技创新力在智慧城市的应用上来看，科技创新力不仅提升了城市治理的现代化、科技化、智慧化水平，还促进了对城市治理理念的主体性转变。一方面，城市治理技术的提升以主体的生产生活便利性为导向，提高城市的服务化程度；另一方面，在科技创新力的推动下，智慧城市的发展推动了以大数据为支撑的城市交通、政务服务、公共安全等基础设施的建设，不断满足城市主体的多元需求。

打造创新力城市，关键要构建以创新力为核心的空间活力机制。为此，我们需要在以下几个方面努力：

首先，以主体创新力为基础，培育高水平的创新主体。主体的创新力，指人作为主体的能动性发挥与实践提升的能力，体现了人对已知的超越、未知的挑战、对其自身意识与能力的致极性追求，是提升城市创新力的基础。主体创新能力生成于主体的个性张扬与实践创造，在城市创新力、科技创新力中表现为主体的创新能力，即主体的受教育程度、专业知识，以及创新动力，即主体对未知的好奇、实践探索。在现代化的城市生产中，具备创新力的主体主要是拥有较高的专业知识水平的创新行为组织，例如政府、科研机构、大学等。这些创新行为组织是城市发挥科技创新积极性、高效配置城市创新资本、将创新构想转变为现实产物的基础，其水平的高低，决定了城市创新能力的强弱。因此，以主体创新力为基础提升城市的创新力，则应注重提升对城市主体的创新教育，积极培养、吸引创新人才，培育具备较高专业水平的人才创新队伍。

其次，以政治、文化、经济为补充，多维打造城市创新环境。城市创新力的提高除了需要以具有创新能力的主体为基础，还需要从政治、经济、文化等多维度出发，打造适宜、良好的创新环境。清明、公正的政治环境，是城市创新力充分发挥的重要保障。公平、公正的创新政策与创新机制，能够保障城市创新力有序提升；先进的创新机构，能够为城市创新提供完善的科技服务；合理的政治规划，能够发挥城市创新力的最大效能。活跃、繁荣的经济环境，是城市创新力充分发挥的现实基础。经济的繁荣程度与发达程度决定了城市创新资本的多寡，决定了经济对创新的支持程度。厚重的城市文化、开放的城市文明，是城市创新力的重要补充。文化具有能动性，对城市的经济、政治和社会的发展都具有反作用，对城市创新能力的提升也具有反作用。厚重的城市文化与开放的城市文明不仅为城市主体创新实践提供了良好的文化环境，还为城市创新提供了文化动力。因此，以政治、经济、文化等方面发展的多维补充，打造良好、适宜的城市创新环境，在城市创新力的提升中发挥着重要作用。

再次，以科技创新力为驱动，提升城市创新竞争力。进入科技变革加速的新时代，科技创新力已成为当前城市发展和竞争力提升的重要驱动力。智慧城市的发展进程，也是城市科技创新力提升的过程。新的科技成果在城市治理中的应用，城市的交通通达力、网络覆盖力、应急联动力、数据挖掘力等能力，已成为城市科技创新力的重要评价指标。科技创新力在城市发展中发挥着促进生产力极大提升的优势，促进城市的生产力改革，快速提升城市空间的经济活力和城市的经济效益，从而增强城市的经济竞争力。此外，在科技快速更新的背景下，城市的科技创新力已经成为提升城市经济竞争力、战略前瞻力的重要驱动力。科技创新力带来的城市智慧化发展，使城市能够更好地掌握历史、当下的发展现状，以大量精确的城市数据为支撑，更好地预测未来、规划前景，使城市在激烈的竞争中抢占发展先机。因此，在创新力城市的打造中，要坚持以科技创新力为驱动力，提升城市的创新竞争力和战略前瞻力。

最后，以正义价值为导向，促进城市创新的可持续性。正义的价值导向，体现为对人的价值的观照，对空间平等与善的发展，是空间活力持续迸发、空间创新力持续提升的关键。在打造创新力城市的过程中，要坚持人本性的价值原则，尤其是科技快速更新、科技成果快速转化的过程中，要注重避免工具理性，坚持以人为本的价值理性原则。在城市创新发展和城市治理中，对人的主体性地位的确认，对人的生命的关怀，能够促进人的活力的保持和人的创新力充分发挥。平等与善，是空间内部有序发展需要坚持的伦理维度。以平等与善为内涵的空间正义，是空间内部保持活力与秩序的张力、臻于动态平衡的重要价值导向。在提升城市创新力的过程中，体现为城市对主体平等自由发展的追求，以及对公平、正义的创新环境的追求等。坚持人本性的价值原则和平等与善的空间正义，有利于促进城市创新力提升的可持续性，以及城市治理的可持续性。

第三章

城市治理的运行机制

城市治理是国家治理的一部分，它与国家治理之间具有相似性，它们都有一致的治理主体、治理理念、治理目标。但是城市社会又有其治理的独特性，因为城市首先是一个空间，是人们生活的具体地点；其次它也具有地方性、本土性传统的特色，城市的社会秩序、社会规范都有着与地方传统文化、风俗紧密结合的特点。社会主体的多元参与、社会组织的协同治理、社会规范的平衡制约以及由此形成的社会秩序的良性互动，成为城市治理运行机制中的重要因素。它们各自功能的发挥及实践的完成，才能让城市这个有机体可以正常、健康与持续地运行。多元主体是城市治理的主体因素，社会组织是城市治理的助力因素，社会规范是城市治理的保障因素，社会秩序则是城市治理的目的因素。本章将尝试对这四个因素展开分析，以期帮助我们理解城市是如何在主体、组织、规范和秩序的协调、融合中达到治理现代化和城市空间公平正义的目标。最后，尝试结合新时代中国城市发展的特征，考察信息化时代的城市发展的数字化城市、智能城市和智慧城市等阶段的内容和特征，这些考察正是我们理解基于空间正义的城市治理的重要基础。有关城市治理运行机制的理论分析，将帮助我们更好地探讨城市在空间正义的视域中出现了什么问题，并根据空间正义的理念，思考如何让城市治理更加有效，让城市权利如何更平等地为城市人民所享有，来平衡、协调不同主体力量以及具有活力的社会秩序。

第一节　社会主体的多元参与

城市治理中最重要的、最具活力与主动性的是多元化的社会主体。社会主体是在城市空间和社会关系中从事生产和日常生活实践活动的人或群体，他们处于主动地位，表现出多元和多极的特征。城市中社会主体的多元参与有两方面内涵：一方面指的是城市中社会主体的多层次、多样化；另一方面指的是城市中社会主体参与城市治理的方式的多样化。具体来看，社会主体本身就包含着城市居民、社会组织和政府三个层次的主要实践主体；主体参与治理的方式从现实空间到网络空间也在不断开辟多样化的途径。

一　社会主体的理论内涵

社会主体，在马克思历史唯物主义视域下可阐释为处在一定社会关系中从事认识活动和实践活动的人，社会性是其本质特征。若将社会主体置于城市视域下，那么社会主体可以看作是城市治理中主体的一种具体表现形式，指的是城市现代化进程中产生的具有主观性、能动性和实践性的人与群体，具体说来是处于城市社会关系之中的参与城市实践、促进城市发展、主导城市变革的人。社会主体是城市空间中各种复杂的人类社会关系的产物，包括个体、不同的阶级、不同的集团、组织、政府等多样性的主体。城市中的社会主体是城市发展、社会关系、社会意识等实践活动中的核心因素，城市社会主体在创造与改变着城市空间的同时，也受它们所创造出来的空间的制约与影响，可以说，如果没有社会主体，城市空间也将不能存在。本质上说，城市社会主体之间的关系构成了当前城市空间以及社会关系的现状。社会主体间的不同的关系，则构成了不同的社会制度和社会矛盾。我们可以借由马克思、恩格斯对资本主义社会制度的内容分析，看到社会主体在人类社会发展中的重要意义，进而在此基础上理解社会主体在城市治理中的使命与价值。

马克思在阐述历史唯物主义观点时指出，要从实践性和社会性两方面去理解人，[①] 而作为城市主体的人，其在进行物质资料生产的过程中必然形成一定的城市社会关系，因而社会主体具有自觉能动的实践性特征和交往协作的社会性特征。一方面，自觉能动的实践性为社会主体提供源源不断的动力，以促使自身在城市空间内持续生存和不断发展；另一方面，交往协作的社会性引导社会主体从个体走向群体，从个人走向组织，进而呈现出不同的主体形态，形成城市社会中的关系网络。因此，我们可以看到，在马克思的主体理论中，社会主体起着基础性的、核心的作用，只有借助于社会主体，主体的其他形式才可能产生并发挥其作用。“在他看来，不应该像黑格尔那样，把头脑中思维活动的结果理解为主体，而应该把头脑之外的实在，即社会理解为主体。”[②] 也就是说，社会主体是指参与社会活动在社会关系中存在的认识主体、实践主体或价值主体，它既包括个人，也包括社会。关于个体与社会的关系，马克思指出：“社会不是由个人构成的，而是表示这些个人彼此发生那些联系和关系的总和”。[③] 社会并不是每个个体的简单汇总和相加，社会是个体之间的关系的总体性、整体性的融合。我们应该明确的是，个体和社会并不处在对立面，而应该坚持“个体是社会存在物”的认识，由此总结出：人的本质“在其现实性上，它是一切社会关系的总和。”[④] 因而在马克思的主体理论中，社会主体的内涵从

---

① 《马克思恩格斯文集》第1卷，人民出版社2009年版，第499—502页。

② 俞吾金：《马克思的社会主体论探要》，《复旦学报》（社会科学版）2005年第5期，第2—6页。

③ 《马克思恩格斯全集》第46卷，人民出版社1979年版，第220页。

④ 《马克思恩格斯文集》第1卷，人民出版社2009年版，第501页。

根本上体现了唯物史观中的主体——人民。

人民是历史的推动者、创造者。在中国的语境中，我们经常使用人民这个概念，并将其当作社会治理或国家治理的主体，将国家治理的权力赋予人民。我们所熟悉的社会发展、城市建设以人民为中心，依靠人民、为了人民、人民共建共享。但是人民不是一个简单的概念，“人民概念蕴含着丰富的意义和多重的维度：作为现实的个人的人民；作为群体的人民；作为人类整体的人民”[①]。就城市治理理论而言，一般我们都将城市治理主体划分为个体、社会组织和政府。因此可以说，个体的人民可以看作治理的城市主体，群体的人民就是城市治理中的社会组织和政府，而作为整体的人民则是治理的最高理念，是我们一直追求的治理目标，同时也是城市治理主体的精神支持。这也可以从马克思的唯物史观中找到依据，“从前的一切唯物主义（包括费尔巴哈的唯物主义）的主要缺点是：对对象、现实、感性，只是从客体的或者直观的形式去理解，而不是把它们当做感性的人的活动，当做实践去理解，不是从主体方面去理解”[②]。因此，马克思的唯物主义是感性的人的实践活动，是实践唯物主义，是主体在实践中才能够认识到的对象、城市和社会。唯物史观中的个体强调的是现实的个体，是感性的个体，也是实践的个体。不管是社会组织还是政府，都是由个体所组成的集体。个体之所以重要就是因为个体是具体的、可实践的个体，是社会主体中最根本的主体。唯物史观视域下的城市，其本质是人的创造物，社会也是人的创造物，因此，人始终是城市社会的核心，人的解放、社会关系的解放都应该是人回归到人自身的时刻。当人能够全面占有其自身本质的时候，才是人实现一切感觉和特性解放的时候。换

① 李家丽：《论新时代人民当家作主的制度保障机理》，《云南行政学院学报》2018 年第 20 卷第 1 期，第 83—88 页。

② 《马克思恩格斯文集》第 1 卷，人民出版社 2009 年版，第 499 页。

句话说，只有让人的眼睛成为人的眼睛，鼻子成为人的鼻子，人的感官都能成为人自身的本性一样，人才能全面解放自身的感觉，回归到人自身。但是，人回归自身的过程是一个艰难的过程。面对现实的问题，个人的力量十分微弱，个体只有通过共同的权力、或共同的权利、或共同的社会关系、或共同的职业等不同的纽带联系组成不同的社会组织，以此来发出个体的声音和诉求，并且在不同的社会关系实践中去实现落实。

随着社会分工越来越专业化和精细化，人们便会根据不同的分工、不同的利益去组成不同的团体。在城市空间中，社会组织具有狭义和广义之分。狭义的社会组织是为了实现特定的目标而有意识地组合起来的社会群体；广义的社会组织则是指人们从事共同活动的所有群体形式。社会组织是社会治理中重要的角色之一，特别是在政府与个体之间具有沟通阻碍的时候，社会组织可以起到协调个体利益表达和政府制度规范两者关系的作用。社会组织有自发组织起来的社会组织，也有经过政府引导形成的组织。自发聚集而形成的社会组织一般是由那些具有特定的、相同的利益、需求和价值观等的社会成员聚集在一起组成的组织，他们通过组织表达自身的权利和需求，比如慈善活动机构、支教组织、环境保护组织、动物保护组织等；经过政府批准建立的社会组织，则是社会主要的公共事业团体，比如学校、医院、企业、军队等。

社会组织是由个体的人所构成的，因而没有个体的社会组织就是形式主义。社会组织虽然具有独立性，但是它并不是独立于个体而存在。社会组织的独立性表现在它能够按照组织内成员的意志去独立自主地表达诉求，而不受外界条件的束缚影响。个体与社会组织都是社会整体的组成部分，我们不应该将个人与社会的关系看作是对立的，因为个体也是社会存在者，城市社会是由个体组成的关系空间，因此个体与城市社会之间是辩证的、相互影响的关系。正如马克思所强调的“应当避免重新把‘社会’当做抽象的东西同个体对立起来。个体是社会存在物……人的个体生活和类生活不是各不相同的，尽管个体生活的存在方式是——必然是——类生活的较为特殊的或者较为普遍的方式，而类生活是较为特殊的或者较为普遍的个体生活”[①]。个体的生活是在社会环境中的类生活的特殊方式，类生活是个体社会生活的普遍性形式。因此，个体与社会、类之间具有内在的关系，不能将它们对立起来。人首先是一个特殊的个体，人的特殊性让人成为具体的、现实的存在，但同时人也是一种类存在，类是观念性存在，表达着个体存在的价值论。“这就启示我们，在马克思那里，社会并不是个人的机械的集合体，而是个人之间的联系和关系的总和，是一个有机的整体。正是在这个整体中，个人的社会规定性才会显示出来。”[②] 人组成社会的时候，并不是指现实聚集，而是指不同的个体因相同的意志而联系成为一个整体。因此，从这个意义上来说城市中的社会组织可以看作是由多个个体意志所组合而成的意志共同体。

城市中的社会主体除了我们上面谈到的个体、社会组织之外，还有一个重要的组成部分就是政府。政府作为社会主体是人类发展的必然。在罗尔斯、卢梭的政治哲学思想中，就有关于人类政府出现的必然性的论述。自然权利理论、人性假设逻辑和有限理性理念，共同构成了政治哲学的人学基础。[③] 国家、政府是人类历史的产物，因为个体能力具有一定程度的有限性，使得人们无法对抗自然灾害、动物袭击，以及身边人的偷袭，为此就需要组织起一个集体来对抗这些对生命和财产产生威胁的外在因素。政府在人类历史

---

① 《马克思恩格斯文集》第1卷，人民出版社2009年版，第188页。

② 俞吾金：《马克思的社会主体论探要》，《复旦学报》（社会科学版）2005年第5期，第2—6页。

③ 李武装：《重新发现政府：政治哲学的人学考察》，《吉首大学学报》（社会科学版）2015年第36卷第5期，第10—15页。

中的出场，就是为了保障个人自然权利和财产安全。因此，个体与政府之间具有某种契约性，人们通过契约来支持政府的成立与运作。不管个体是出于自愿，还是被动地将自我的部分意志交出给集体，总之，国家、政府是代表着人类意志的联合体，并且维护着统治阶级的利益。在人性假设逻辑中，存在两种对立的观点，即人性的根本是善或是恶。当人性为善作为前提时，国家和政府的成立是出于善的最大化的目的；而当以人性为恶作为前提时，人与人之间会形成对立的、竞争的、战斗的局面，那么政府的建立当然可以为个体提供庇护。不管是基于自然权利还是基于人性善恶的理论，政府都成为人类发展必然的历史选择。但是，这种必然性并不代表着绝对性，政府在一定程度上具有的有限性，政府的有限性在某种意义上是由人的有限的理性决定的。政府的有限性和适度性是指政府不应该过多干预社会，政府和社会应该各司其职，承认政府的有限性，才有可能最大地发挥社会组织的效用和市场的作用。

我们之所以将政府和社会组织区别开来谈，是因为政府和社会组织具有不同的定位、使命和权力，不能将两者混淆。一个具体的社会组织，有明确的目标，它代表的是某一部分群体的利益和意志，所以它具有的是特殊性和局部性利益的特征。同时社会组织的行为不具有强制力，只具有倡导性和号召力。在现实中，我国的社会组织经常面临着一个最大的考验即它的合法性的问题，也就是说社会组织必须获得法律和人民的认可。“政府”是一个合成词，起源于唐宋时期的“政事堂”和宋朝的“二府”两名。在现代国家中，政府是指国家进行统治和社会管理的机关，是国家表示意志、发布命令和处理事务的机关，实际上可以看作是国家代理组织和官吏的总称。政府是统治阶级权力和利益的最高代表，它具有法律的强制力和高度的组织性，政府意志是不同阶层意志相协调的结果。在中国，政府可以分为中央政府和地方政府，中央政府是指国务院，地方政府是指省、市、县、乡设立的各级政府。不同级别的政府组成了我国的政府体系，对我国社会的方方面面都制定了法律法规，是统治阶级利益的维护者和代表。我国是无产阶级专政的社会主义国家，因此，我国的政府维护的利益是无产阶级的利益，是人民的利益。

总体而言，社会治理中的行动者就是一个由政府、非政府组织和其他社会自治力量构成的行动者系统。[①] 与这种行动者系统以及高度复杂性和风险的、不确定性时代相适应的社会治理模式，应当是一种行动者相互合作、共同行动的治理模式。只有多元社会治理主体在合作的意愿下共同开展社会治理活动，才能解决现已出现的政府单一式管理、个体治理参与度低以及社会组织合法性缺乏等各类社会问题，才能在社会治理方面取得优异的成绩，推进我国治国理政的现代化进程。

二 城市治理中社会主体的多元参与

理解与把握城市治理中社会主体如何实现多元参与，需要从主体的参与方式、参与原则、参与目的等方面来分析。不同的主体有不同的参与方式和参与目的，同时他们也需要遵守多样化的社会主体共同认可的参与原则。只有这样，才能在城市治理的过程中实现社会主体的多元化参与，并达到城市治理现代化的目的。城市人参与城市治理的方式是积极参与对话，实现自身话语权和潜在的城市权利；不同群体利益为主的社会组织参与城市治理的方式是互动合作和公开、规范地表达诉求，在实现群体性成员权利的同时提升城市治理能力的有效性；政府应该强调的是从管理型政府转变为服务型政府，政府办公要秉持开放和透明的原则，最终在不同主体的有

---

① 张康之：《论主体多元化条件下的社会治理》，《中国人民大学学报》2014 年第28 卷第2 期，第2—13 页。

机互动中促进城市治理制度的现代化和城市权利的实现。

首先，从参与方式来讲，由于不同的社会主体具有不同的诉求和条件，因此他们参与城市治理的方式也应该具有各自的针对性。但是参与方式并不是唯一性的、绝对性的，因为城市人、社会组织和政府之间具有交叉性，每一社会主体的参与方式只能是依据如何更符合其利益的最大化的方式来选择。城市人参与城市治理的方式可以通过积极地与政府之间的对话来实现。对话表达的是城市人的诉求，对话首先表达的是话语权，话语权是每个公民所具有的基本权利，拥有话语权意味着有机会去表达自己的诉求和意见。目前，城市人话语权的表达从传统空间转向了网络空间。在网络空间中由于虚拟的身份信息，言论环境在网络空间中更加自由与宽松，这会模糊个人空间和公共空间的界限。很多网民都没有自觉地意识到，“网络空间与现实社会一样，既要提倡自由，也要遵守秩序。自由是秩序的目的，秩序是自由的保障”[①]。网络空间与现实空间具有同构性，其来源于实践主体的一致性，网络空间中的主体同时也是现实社会中的个体。而网络由于客观上产生历史较短和主观上个人信息的隐匿性和虚拟性，缺乏有效管理。因此，网络空间需要像现实世界一样用法律的强力来规范，网络主体在遵守法律规范的条件下才能有网络舆论的自由。[②] 城市人作为城市治理最基本的主体元素，他们有不同的具体的参与目标，因为各自生活背景、文化认知等不同，所以个体之间、个体与政府之间的有效对话就显得尤为重要，因而个体参与城市治理首先应当遵循对话原则。

其次，社会组织参与城市治理的方式更侧重于互助合作。不同的社会组织代表着不同群体或阶层的利益，因此要取得城市治理的

---

① 《坚持构建中美新型大国关系正确方向　促进亚太地区和世界和平稳定发展》，《人民日报》2015 年 9 月 23 日第 1 版。

② 董慧、李家丽：《新时代网络治理的路径选择：网络空间命运共同体》，《学习与实践》2017 年第 12 期，第 37—44 页。

整体性进步，要获得本群体的利益，需要在合作中实现共赢。合作既代表着对秩序的认同，也代表着对自己行为的一种自我约束，这恰恰也是治理的本质要求。马克思认为，社会的本质是生产关系，而社会主体的本质是生产关系主体。[①] 所谓“社会”也就是一切社会联系和关系的总和。不同社会组织的互助合作，不仅有利于实现社会组织本身寻求的权利，也有利于城市治理在政府治理功能之外实现社会治理的有效补充，社会组织的良好运作有利于提升城市治理能力的现代化。社会治理要依靠社会组织的协调，社会不同于国家，也不同于作为政治实体的城市，社会组织发挥着更加基础性的社会管理与社会服务的作用，能够为政府的宏观治理提供基本性的保障。

我国在加强社会组织的管理方面做出了积极的努力。2016 年，为了加强对社会组织的管理，健全社会组织使其健康有序地发展，我国国务院办公厅印发了《关于改革社会组织管理制度　促进社会组织健康有序发展的意见》，《意见》中指出社会组织发展要坚持党的领导、坚持改革创新、坚持放管并重的原则，社会组织要解决群众信任度低、国家认可度低、运作不规范等自身发展的问题，才能更好地起到社会组织应该承担的责任。中国社会组织的出路，一方面，在于政府和社会公众应当积极调整对社会组织的角色定位；另一方面，社会组织应当努力提高自身的行动力，以适应政府和公众对于社会组织的角色期待。[②] 社会是一个由各种各样的相互联系的位置或地位所组成的网络，其中每个个体、组织都在这个系统中扮演各自的角色。社会组织的角色定位和合法性问题必须通过社会组织自身的完善去解决，只有实现统一登记、合法运作才能起到协

---

① 俞吾金：《马克思的社会主体论探要》，《复旦学报》（社会科学版）2005 年第 5 期，第 2—6 页。

② 文军：《中国社会组织发展的角色困境及其出路》，《江苏行政学院学报》2012 年第 1 期，第 57—61、67 页。

调配合、各司其职的角色定位，才能获得个体和政府对社会组织的认可。

最后，政府作为传统治理的主要主体具有十分重要的地位。政府的治理主要聚集于宏观的、顶层的治理制度的设计，而政府参与城市治理的方式则是服务型的。现代治理理念普遍认为，政府应该转变传统的管理思路，应该转型为新型的、服务型的政府。我国政府由中国共产党领导，以人民为中心，不断地打造全面、透明、高效的政府办公系统，体现了一切以人民为中心、为了实现人们对美好生活的向往而做的努力。政府、社会组织、社会成员的广泛参与，努力提高社会协同度和公众参与度，调动一切积极因素参与城市治理，才能有利于城市的稳定、有序与和谐发展。所有的理论都要经过实践的检验，城市治理不只是一种理论上的探索，还需要在具体实践中将理论与城市不同的社会环境相结合起来，努力为城市治理的不同主体发挥不同的作用提供弹性制度和政策空间，最终构建出一个公平正义的城市社会。

处理好政府与社会的关系也是城市社会治理的重要前提条件。一方面，它们之间不同的关系会产生不同的治理途径和治理效果。我们的社会治理理念应该从大政府、小社会的治理理念转向小政府、大社会的社会治理理念。政府与社会组织的关系是治理的关键，政府过强则会干预社会组织的能动性和积极性。只有当政府处在一个小政府的状态即处于一种适度的、有限的治理状态时，社会组织才能发挥最大的功能。另一方面，社会组织要在党的领导下运行，我们必须把党的领导贯彻落实到依法治国全过程和各方面，“党的领导是人民当家作主和依法治国的根本保证”①，在社会组织中建立党组织，将党全心全意为人民服务的宗旨通过社会组织更好

① 习近平：《决胜全面建成小康社会　夺取新时代中国特色社会主义伟大胜利——在中国共产党第十九次全国代表大会上的报告》，人民出版社2017年版，第36页。

地实现出来。

城市的发展进程与人的生存、发展和社会化进程相一致，正如《马丘比丘宪章》所言，人与人之间相互作用与交往是城市存在的基本根据，因而作为城市主体的政府、集体、个人和公众均处于相互联系的网络中，并对城市治理过程发挥作用，其主要方式是：社会主体通过实践进行物质生产活动、社会交往活动和科学探索活动，参与城市经济建设、政治决策、文化娱乐活动、生态环保活动和其他社会活动等方方面面。在这一过程中，政府、集体、个人和公众之间存在利益交叠，同时又具有一定张力，而要实现城市发展的共同目标，就需要构建社会主体的“多元互动”关系，涂尔干将其视为社会分工基础上从“机械团结”向“有机团结”的转变。[①]“多元”要求社会主体按照社会分工，做好本职工作，而“互动”则要求社会主体就城市发展的共同问题展开互动，通过有效的沟通和对话，生成主体间协同治理过程，在实现多方共赢的基础上，激发城市发展活力，为社会主体的生存和发展营造更加美好的城市空间。

第二节　社会组织的协同自治

上文我们主要探讨了城市人、社会组织和政府三种不同的社会主体，以及它们各自参与城市治理的方式、原则和目的。一方面，不同的主体因定位不同、功能不同，因此需要找到符合自身的参与方式、原则和目的。但另一方面它们还是具有共同的治理目标，即城市社会的良善发展和可持续性发展。其中，社会组织因为治理理念的提出而进一步受到重视，它在城市人和政府之间搭建起沟通的

① 埃米尔·涂尔干：《社会分工论》，渠东译，生活·读书·新知三联书店 2000 年版，第 89—92 页。

桥梁，更为不同的群体特别是边缘性群体所应属的利益而发声。相对政府而言，社会组织更具有多样性、开放性、具体性；相对于城市人而言，社会组织更具有公共性、组织性、影响力。因此，需要对社会组织本身进行进一步研究。

一 社会组织的理论内涵

社会组织作为城市治理主体的重要组成部分直接参与到城市治理体系与治理能力的各方面建设中，塑造城市空间形态，促进城市健康发展。目前学界已经达成共识，认为社会组织有广义和狭义两层面内涵：在广义范围来讲，社会组织是指一切以人民共同目标为组织目标的共同参与、共同行动的社会团体；狭义的社会组织是指独立于政府、集团、企业等之外的非营利性组织，即萨拉蒙、德鲁克等人所界定的“非政府组织”“第三部门”等。本书所讨论的对象是狭义层面的社会组织，即我们可以将社会组织视作处于城市人与政府之间的有机部分，它在城市社会治理中与政府、人民一样是重要的主体要素。

就一般意义而言，社会组织具有特定的组织目标、一定数量的固定成员、制度化的组织模式和普遍化的行为规范，从而使组织在聚合成员的基础上从事社会生产和生活实践，在满足组织成员需求的同时也生产出一定的社会产品。可以说，社会组织具有对内整合与协调、对外输出与服务的重要功能。而社会组织要良好运行，需要建立起自身的规范性和秩序性，一方面，社会组织对内有严密的管理体制，形成稳定的结构，社会成员必须严格遵守组织制度，如泰勒、法约尔、韦伯、梅奥等社会学家分别对企业组织和行政组织如何管理的问题进行了研究，并提出“科学管理理论”、“组织管理论”和“行为管理理论”等；另一方面，社会组织对外表现为统一的社会行为，在内部力量积聚的基础上对外界产生影响，并与社会其他主体发生联系。帕森斯将社会视为一个系统，社会组织是其中的子系统，并在社会中发挥作用。[①] 城市同样是一个综合各方的社会系统，社会组织在其中的作用，就表现在以生产活动、生活活动和社会活动为依托，通过参与城市建设与城市治理过程，直接或间接地促进城市形态的变化与发展。

处在城市中的社会组织有诸多类型，相应的分类也多种多样，根据当前社会组织参与城市建设的过程及所承担的角色，可将其分为政府组织、营利性企业组织、非营利性组织三类。政府组织履行的是社会管理职能，如同黑格尔提出"国家高于市民社会"的重要观点，即国家的建立是为了解决市民社会中所产生的无法消解的社会问题。[②] 还有凯恩斯指出在市场失灵的情况下需要政府提供公共服务，以满足社会需要。[③] 促进城市发展。营利性组织则是以追求经济利润为目标的企业组织，其作为城市社会的经济主体，为城市的经济发展和建设提供资本动力，是城市治理中最为活跃的社会团体。关于非营利性组织（NPO），韦斯布罗德和亨利·汉斯曼分别认为社会中"政府失灵"和营利性组织"合约失灵"的可能性仍然存在，[④] 非营利性组织或称非政府组织（NGO）和第三部门可以在弥补上述问题的过程中满足社会成员需求，促进社会发展。但萨拉曼指出非营利性组织同样存在"志愿失灵"。可见，任何社会组织都不是万能的，都存在一定局限性。为此，需要多元主体共同治理的方式来减少单一化主体治理的缺陷，从而形成城市社会治理的共建共治共享格局。

社会组织具有多样性、实践性、公共性、组织性、合法性的特

---

① 郑杭生：《社会学概论新修》，中国人民大学出版社 2009 年版，第 25—26 页。

② 黑格尔：《法哲学原理》，范扬、张企泰译，商务印书馆 1961 年版，第 199—200 页。

③ 吴易风：《市场经济与政府干预——评西方经济学新古典学派和新凯恩斯学派的论战》，《中国社会科学》1993 年第 2 期，第 3—22 页。

④ 田凯：《西方非营利组织理论述评》，《中国行政管理》2003 年第 6 期，第 59—64 页。

征。社会组织的多样性是指由于每一个社会组织的成立都代表着一定的群体权利，不同的群体之间有不同诉求、不同目标，因此社会组织本身便也具有多样性和差异性，有组织规模、组织目标、组织方式等方面的差异性，因此，社会组织存在多样性和差异性。“通过大力培育和发展社会组织，使之成为人们自我服务、自我教育、自我管理的自治形式，形成人们利益诉求的新的组织表达通道，培养公民意识的社会空间。”[①] 人们根据自己的不同需求成立了不同的社会组织团体，有政治性团体、利益性团体、行业性团体、地域性团体等，以团体的形式去维护和争取自身的利益，以便获得城市发展的最优条件。

社会组织不是静态的理论组织而是一个以实践性为目标的社会团体。社会组织的实践性是指建立社会组织的初衷就是为了以社会组织的集体方式去保护内部成员的需求和权利，“依据社区社会组织的分类，社区社会组织主要满足社区居民的三种需要，即维权的需要、志愿服务的需要、娱乐活动的需要”[②]。社会组织不能仅仅是一个名称，还必须具有实践性和可操作性。社会组织只有在实践中才能检验是否具有人民赋予它的作用和能力，特别是在与政府和城市人之间进行意见对话的时候，社会组织作为中间的环节，需要积极发挥协商作用，让政府和城市人之间在不同的认识和地位中达到平衡和和谐。社会组织既要依据国家的政策和制度，增加政策的解释力，同时又要表达城市人的真实需求，将城市人和政府间的沟通贯穿起来，实现良好的社会主体间的沟通和与谐关系。

社会组织必须具有公共性和开放性，才能形成一个不断整合、动态更新的组织，这意味着社会组织可以允许利益相关的成员持续

---

① 叶林:《“陌生人”城市社会背景下的枢纽型组织发展》,《中国行政管理》2013 年第 11 期，第 84—88 页。

② 李雪萍、曹朝龙:《社区社会组织与社区公共空间的生产》,《城市问题》2013 年第 6 期，第 85—89 页。

地加入其中或者脱离组织，同时，也意味着个体可以自觉自主地根据需求参与不同的社会组织。人民与社会组织之间具有相互选择的开放性权利。特别是城市中的边缘性人群，他们需要一个社会组织来代表自身利益去参与城市治理。城市权利总是集中在那些拥有资本的人手中，他们占据了城市中心，将贫困人口排斥到城市边缘，因此导致城市居民被划分为中心人口与边缘群体。中心人口因为拥有资本，自然拥有了权力；而边缘群体在很大程度上连平等的生存权都无法获取，当生存权都无法满足时更谈不上参与城市治理的权利了。城市权利是一种整体性的权利，“是一种按照我们的期望改变和改造城市的权利……城市权利是一种集体的权利，而非个人的权利”[①]。这种整体性的权利是一种必须进入城市的权利，同时它也有待实现的特征，正因为缺乏城市权利所以我们才寻求城市权利。[②]因此，关注边缘弱势群体的社会组织是城市治理中不可缺少的内容。

社会组织具有协调性。社会组织扮演着个体和政府之间的桥梁角色。政府作为顶层设计的机构，对国家和社会的发展做出政策性和制度性的引导，无法对个体的具体生活和需求逐一地进行全面、具体的掌握。因此，政府与个体之间具有一定的沟通障碍，个体无法将自身的需求直接表达给政府，个体话语权的力量非常微弱。而社会组织的出现正好弥补个体话语权被限制的缺陷，社会组织可以通过集体的力量来表达个体的诉求。每个社会组织都具有具体的、共识的目标和发展任务，社会组织在社会治理中的地位需要政府和人民的认同，政府对社会组织的认可就在于社会组织的成立需要合法性和合理性，并且社会组织的建立与运作都要在法律的规范下才

① 戴维·哈维：《叛逆的城市》，叶齐茂、倪晓晖译，商务印书馆 2014 年版，第 4 页。

② 亨利·列斐伏尔：《空间与政治》（第 2 版），李春译，上海人民出版社 2015 年版，第 30 页。

能实现。

但是也需要看到，目前我国社会组织大多数缺乏合法性。新时代的社会组织必须具备合法性。社会组织不是无序地、盲目地、随意地组织起来的。社会组织要获得城市人和政府的承认就必须具有合法性和合理性。一个合法有效的社会组织需要个体的自主参与、政府的政策认可、法律制度的保障等条件制约。简单来讲，符合人民群众发展权利的、以人民利益为目的的社会组织具有合理性，符合政府法律法规程序的正式社会组织具有合法性。只有那些既具有合理性又具有合法性的社会组织才能既能受到群众的信任，也能得到政府的认可，从而在基层社区治理的体系中获得一席之地。我国十分重视“发挥社会组织作用，实现政府治理和社会调节、居民自治良性互动”①，在城市治理的社区层面实现共建、共治、共享的治理格局。

社会组织的实践性、公共性、协调性和合法性，都是在实践过程中体现出来的重要特征。社会组织不是架空的权力形式，而是为了一个明确的目标要去努力实现的活动组织者，它拥有一定的社会治理权力，是国家治理体系现代化的一部分。如果我国的社会组织能够在实际活动中充分地体现出其本身的特性，那么社会组织在城市社会治理中就能充分发挥自主治理的能动性，社会组织的构架模式和治理理念将从被动的政府管理转变为各组织间的协同自治。

二　社会治理模式的转变：从政府管理到协同自治

党的十九大报告中指出，要根据我国实际国情“构建政府为主导、企业为主体、社会组织和公众共同参与的环境治理体系”②。

① 习近平：《决胜全面建成小康社会　夺取新时代中国特色社会主义伟大胜利——在中国共产党第十九次全国代表大会上的报告》，人民出版社2017年版，第49页。

② 同上书，第51页。

这种治理模式不仅适用于环境治理，也适用于省级治理、城市治理、基层治理等不同层次和方面的治理。在现实不断变化时，治理理念也应该更新。政府管理的模式在特定的历史阶段具有实践价值，但也存在着一定的理论局限。以政府为单一治理主体的治理模式已经不符合新时代的发展现状。我国国家治理发展的经验正好展示了从政府管理到协同治理的过程。政府管理有助于国家、城市集中资本、资源和劳动力共同来进行经济建设和基础设施的建设，当国家和城市的经济发展趋于稳定，物质基础达到一定程度，人民需求转向精神、文化等多方面的时候，只通过政府单方面来管理和引导是不够的，会容易引起权力的集中化和城市发展的同质化。社会组织参与城市治理，特别是在基层治理中能够起到一定的作用。

但是，治理理念的转变不是一朝一夕的事情，是动态的、具有阶段性的。当前我国对社会组织的重要性及其发展模式等内容的认识还存在一定的不足之处。首先，对社会组织的丰富功能认识不足，在治国理政的过程中并没有把社会组织定位在城市社会的整体发展规划之中，社会组织没有得到应有的重视。其次，社会组织的结构不完善、不合理，目前社会组织虽然数量较多，但大多数发展规模不足，管理方式也不够专业，因此导致了社会组织、个人和政府之间无法有效对话和沟通。最后，关于社会组织运行与实践的制度体制并不完善，一方面社会组织内部的规章制度对外并不具有权威性和普遍性，另一方面政府制定的社会组织成立与运作的法律法规体系不够完善。只有正确认识和科学分析出目前社会组织存在的问题，才能更好地将社会组织的发展模式从政府管理转变到社会主体之间的协同自治，这些认识正是社会组织新时代进行模式转变的理论前提。

在治国理政的实践中要形成多元共治的主体治理模式，那么在这一实践过程中社会组织将和政府机构、人民群众等一起成为社会共治的核心主体：首先，国家的公共空间和公共发展领域已经伴随着市场经济发展而造成个人主义快速发展，而真正的社会范畴并未在国家转型过程中成长起来，因此社会领域在国家的未来发展中还有很广阔的发挥空间；其次，由于社会组织的社会性、人民性和相对独立性，使得社会组织可以摆脱政府体制的制度优势；再次，相对于与政府体制独立的市场力量而言，社会组织并不是完全独立地与体制分离、对抗，它们与国家本身的机构、制度有着内在的、不可分割的互动关系。社会组织既相对独立于国家体制之外，又与政府机构相互关联，因此它具有一定的伸缩弹性。这种功能保障了社会组织既能有效地吸收来自诸多社会的公共资源，也促进了社会组织与国家机构的良性互动，成为政府指导下运行的社会治理主体之一。毫无疑问，社会组织在新时代的国家治理、城市治理体系中已经成为重要的有机部分。社会组织如果能够发挥自身的有效条件将其融入城市治理之中，就会成为政府主导功能的有效补充。特别是以公益性为目的的社会组织，因其服务于特殊的弱势群体，致力于那些政府有限治理体系之外的社会边缘群体的需求，因此社会组织在治理中具有不可或缺的作用和地位。社会组织能够通过汇聚多方的社会力量和广泛的人民的意见，进一步影响政府的决策和制度指向，并且能够在制度实践的过程中监督政策的有效实施和政府权力的限度。

按照社会组织的角色理论来分析，当前中国社会组织的发展遭遇到了一个现实的矛盾：政府和人民对社会组织的高期待和社会组织自身发展不足之间的巨大矛盾。[①] 从目前来看，社会组织的功能实践和人民对社会组织的角色期待之间具有一定的差距，

---

① 文军：《中国社会组织发展的角色困境及其出路》，《江苏行政学院学报》2012 年第 1 期，第 57—61、67 页。

社会组织由于实践效用的有限性，面临着比较大的人民信任危机；同时，社会组织的运作和目标市场化和资本化特征明显。协同、多元共治是新时代治国理政的重要方法，是治理理念的内在根本要求。社会多元共治是以法治为基础的，以协商和自治为方式的社会治理模式。要实现多元治理主体的有效作用，可以构建多元共治的决策系统数据平台，通过借助互联网技术实现主体实名进入、实时交流、协商对话等需求，从而促进社会治理效能和治理能力的提升。

实现多元主体共同治理应当注意三方面的内容：首先，多元主体的治理实践由法律制度进行规范，必须以法治为社会治理的核心要义；其次，要全面提升各级政府、不同社会组织、人民群体之间的治理能力，不能顾此失彼；最后，多元共治的模式既是相互联系也是相互独立的模式，要协调不同主体之间的力量，还需要划分清楚主体职能和权力的范围，将政府过度集中的权力适度向社会组织和市场释放。为多元主体共同治理创造更多的空间。[①] 中国新时代的社会组织的发展方向是由中国共产党来领导的。党的领导是我国发展方向的正确保障，要充分发挥党组织在社会组织中的政治核心作用，着力强化党组织的政治功能。2016 年国务院办公厅发布《关于改革社会组织管理制度　促进社会组织健康有序发展的意见》，其中指出政府要积极促进社会组织的改革和管理工作，推动社会组织健康有序地发展，把社会组织的发展效果纳入政府治理工作考评的体系之中。我国社会组织发展的近期目标是，到 2020 年一种“结构合理、功能完善、竞争有序、诚信自律、充满活力的社会组织发展格局基本形成”[②]。目前看来，城市社会组织要实现国家

---

① 王名、蔡志鸿、王春婷：《社会共治：多元主体共同治理的实践探索与制度创新》，《中国行政管理》2014 年第 12 期，第 16—19 页。

② 《中共中央办公厅　国务院办公厅〈关于改革社会组织管理制度促进社会组织健康有序发展的意见〉》，《中国社会组织》2016 年第 17 期，第 9—13 页。

计划的发展格局，就必须走一条不断自我完善的道路：一方面政府应该建立健全社会组织申请的严格审核制度，来避免社会组织因成立的随意性以及数量过于庞大而对社会起到反作用，对社会组织的制度化管理在于优化社会组织的结构和地位；另一方面，社会组织要加强对内部成员和事务的管理，积极履行社会组织在治理体系中的角色定位，承担起相应的社会责任，满足人民与政府对它的角色期待。

第三节　社会规范的平衡制约

社会规范是城市社会的软性条件，城市社会不仅需要城市经济水平的发展，还需要社会规范的建构。社会规范对城市社会中不同的因素、主体之间的关系起到了平衡制约的作用。社会规范不仅包括法律制度，还包括个体的道德，社会规范是主体内在和外在规范的统一，是硬性规范和德性规范的统一。特别在城市化快速发展的今天，社会规范显得十分必要，它是致力于美好、正义目标的城市治理的根本性基础。

一　社会规范的理论内涵

“规范”一词，包含有准则、标准、模范、模型、典型等意义。其英文释义为“norm”，从词源学考察，其来自拉丁文“norma”，本义指木匠使用的规和尺，后来运用至社会学领域，指对社会中人的行为约束。在汉语体系中，“规范”一词最初是指作为测量仪器的标准，后来在人类实践的过程中引申为具有社会意义的法、法度。从词义上考察，“规范”兼有动词、名词和形容词三重内涵，而社会规范则取其名词含义，指社会主体在特定社会中遵守的行为模式。在中国，社会规范即传统文化中的“礼”，意为限制和规定个人或群体的行为，从孔子的“不学礼，无以立”[①] 中可窥得规范的重要性。

社会规范形成于社会主体生产和交往的实践行为中，是社会主体之间为了实现社会目标而达成共识并自愿遵守的一系列约定和规则，正如凯尔曼所指明的，一种社会规范的形成要经历强制服从阶段、行为同化阶段、思想内化阶段。[②] 因此，就一定意义而言，社会规范是共同体组织内部彼此认同的规定和遵从的行为模式，其类似于库恩所提出的“范式”，是科学共同体成员认同的理论前提、研究方式和价值判断等。[③] 在西方社会学理论中，涂尔干认为，给违反社会规范者带来损失、代价和痛苦的是压制性社会规范，相反只以恢复社会秩序为目的、不一定对违反者造成伤害的是恢复性规范。[④] 因此，在社会规范中主要包含了两类内容：一种是外在显性的法律制度，一种是内在隐性的道德规范。两种规范之间具有明显界限且存在一定张力，法律规范未加规定的内容需要道德规范的约束，即“法不禁止即自由”，仍不可避免社会问题的发生，只有二者互相补充，才能维持社会正常运转，避免社会秩序混乱。

社会规范在不同文化背景下会产生不同的内容和形式，因而在现实社会中，社会规范是具体的、特殊的，这种文化背景大到国家层面的制度、法律和道德规范，小至社会组织的规定和组织文化。简言之，不同的文化背景形成不同的社会规范。在国家之间，跨文化背景下社会规范的异质性更加显著，如美国心理学家 J. French & R. Zajonc（1957）、Bulan（1965）、S. Lindsley & Braithwaite（1993）

---

① 朱熹：《四书章句集注·论语·季氏篇第十六》，中华书局 1933 年版，第 174 页。

② KELMAN，“The Small Group Research”，*Annual Review of Psycholoy*，No. 41，1990，pp. 585 – 634.

③ 托马斯·库恩：《科学革命的结构》，金吾伦、胡新和译，北京大学出版社 2003 年版，第 40—47 页。

④ 埃米尔·涂尔干：《社会分工论》，渠东译，生活·读书·新知三联书店 2000 年版，第 32 页。

等人通过调查研究发现不同文化之间与文化之内存在规范差异；[①]而在社会组织内部，著名的霍桑实验也证明了企业中非正式组织的存在，并以它独特的感情、规范和倾向，左右其他成员的行为。[②]

人的本质是社会性，人要争夺有限的生存资源就会发生战争和冲突，为了调和社会冲突，就要求形成一定的社会规范约束人们的行为和欲望。人民向往自由，但社会中的自由是规范意义下的自由。规范与自由并不是对立关系，自由是规范内的自由，规范是自由精神的规范。社会规范是经过人类实践后对经验的总结成果，它既具有地域特殊性，也具有规范的普遍性。社会规范的地域特殊性是因为社会规范都与当地的历史传统、风俗习惯以及语言系统紧密相关，只有经过漫长的人类历史才能形成较为统一和稳定的社会规范。社会规范的普遍性植根于人的类本质，社会规范属于伦理规范的部分内容，伦理规范是对每个人行为的规范，对人类而言是具有普遍性的，社会规范中伦理精神的表达都具有普遍性的特征。社会规范的内容因人类的实践和地域的广阔具有十分丰富的内容，它是一整套的规范体系，并不是一个准则或标准。同时，随着人类历史的发展，这套规范体系不可能是静止的、教条式的，相反，它伴随着社会实践在不断地修正，表现出一种动态性。

整个20世纪是社会急剧转型的时期。随着资本主义生产方式的传播，人们的生活方式、社交方式、生产关系都发生了变化。城市社会成为一个陌生人的社会，传统社会中以血缘和风俗为主要规范的社会关系，在城市社会中被利益关系、资本关系所取代。在社会转型的时候，旧的社会秩序和社会规范被打破，新的社会规范片面化地被建构起来，还未真正地适应新的城市社会关系。社会需要

---

① 郑晓明、方俐洛、凌文辁：《社会规范研究综述》，《心理学动态》1997年第4期，第17—22页。

② 周三多：《管理学》，高等教育出版社2010年版，第19页。

规范的原因在于人的自私欲望和人与人之间的不平等关系。社会规范具有自身的合法性和合理性，“一个规范之所以具有可行性……是因为这个规范所指示、所要求的行为模式是合乎规律的。……作为规范合理性的另一个构成要素的可接受性……规范只有符合公共意志也就是全体或多数人的目的的情况下，才会被广泛认同、广泛接受”[①]。我国是法治的国家，因此法治是治国理政中的重要规范内容，构建以法治为核心的社会规范是建设中国特色社会主义道路的基础任务。

社会规范常是以多种不同的表现形式存在着，风俗、法律、制度、道德是其中一些最常见、最基本的并且在人类的社会生活中作用与影响最突出的几种形式。它们具有明确的目的性，是人的自觉的意识与意志的产物。根据前面对社会主体的讨论，我们将社会规范针对性地大致划分为三种：政府对应着“国家法”；社会组织对应着“团体法”；个体则与“民间法”相适应。国家法是团体法和民间法的最高准则，它具有普遍性和强制性；团体法是国家法和民间法的中间桥梁；民间法则是社会共同体中历史形成的风俗习惯等。[②] 其中，国家法是一种行政性规范、团体法是契约性规范、民间法是道德性规范。[③] 第一种分类是按照规范的主体来划分的，第二种分类是按照规范的内容来划分的。如果从社会规范起源与形成的社会机制方面看，风俗、法律、制度、道德等社会规范形式又可被区分为两种基本的类型：自发形成的社会规范（风俗）与

---

① 徐梦秋、张爱华：《规范的合理性及其判定的程序与标准》，《哲学动态》2009 年第 9 期，第 33—37 页。

② 郭星华、石任昊：《社会规范：多元、冲突与互动》，《中州学刊》2014 年第 3 期，第 62—69 页。

③ 童星、罗军：《社会规范的三种形式及其相互关系》，《江海学刊》2001 年第 3 期，第 50—55 页。

自觉形成的社会规范（法律、道德、制度），[①] 只有主体自觉形成的规范，才能从内心中被认可并外化于行动之中。社会规范从自发到自觉再到自由，这也是人类主体性不断成长的过程。

城市社会是一个共同体，其成员不仅由法律和制度来约束，更需要被某种“我们”的归属感联系在一起。城市既是一个利益共同体，也是一个政治的、文化的共同体，更是一个命运共同体。城市社会具有自身的共同体伦理规范，“共同体伦理拥有所有个体，每个个体也拥有共同体伦理”[②]，城市伦理是每一个城市人的伦理反映，城市人的伦理诉求抽象为共同体伦理，可以说共同体伦理既是个体的也是城市的伦理。在伦理中，最基础的关系是善恶关系，但是善与恶并不是完全的对立关系。在人的善中包含着某种恶的想法，在正义目的中也有非正义的行为，伦理具有超越善恶二元论对立的价值和意义。城市伦理规范并不只是理论层面的思辨探讨，它在社会空间中也具有强烈的现实关怀和实践效果。

二　社会规范的实践作用

从哲学或伦理层面来看，城市发展困境的本质是道德危机。可以说，道德危机和伦理困境是阻碍城市进一步发展的重要原因。道德和规范作为城市社会中的软实力条件，其实践作用通过社会主体的行为结果来展示。社会主体应遵守所在社会领域内的社会规范，根据社会规范来参与城市治理和城市建设，以此凸显出社会规范对个体德性的完善作用、对城市资源的整合作用以及对城市文明的促进作用。因而，社会规范的实践作用具体体现在以下几个方面：

第一，社会规范有利于完善个体德性。社会规范的实践具有完

① 林剑：《社会规范领域中的义务与责任》，《学术月刊》2010 年第 42 卷第 10 期，第 14—20 页。

② 埃德加·莫兰：《伦理》，于硕译，学林出版社 2017 年版，第 219 页。

善个体德性的作用。个体因为社会生产对身体和精神的消耗导致自身不断地自我堕落，对社会和他人表现出一种漠不关心的态度，现代社会就在个体的陌生化中变为一个陌生人社会。陌生人社会不利于无产阶级的联合，也不利于人的自由而全面的发展和人类的解放。从根本上来讲，城市危机中最严重的是个体的道德危机。人的属性包括个体、社会和种属，个体是现实的、实践的人，这是社会和人类种属的根本。从主体哲学开始，人类就为实现个体自由而全面的目标而努力，自由作为实践哲学的核心，也是个体德性的最终追求，只有人的德性趋于完善的状态，个体才是一个自由的主体。当然自由并不是没有约束规则的形式自由、消极自由，而应该是在道德和规范中实现的积极自由，正如麦金泰尔所说，"任何充分的德性伦理都需要'一种法则伦理'作为其副本"①，德性与法则是相互保障的，强调个体的德性并不意味着否定法律的价值。不管是法则伦理还是德性伦理，在个体实现的过程中，它们都服务于人的解放这一目的，"任何解放都是使人的世界即各种关系回归于人自身"②。人的全部关系在城市空间构建的过程中被资本、物质符号不断地异化、错位，只有这些关系在社会秩序的规范中回归到与人相关的本来状态，才能实现人的解放和自由。当个体成为真正的我时，就像马克思所说的一个新世界将会产生，而"在那里，每个人的自由发展是一切人的自由发展的条件"③。个体自由是实现人类的总体性解放的前提基础，要实现个体自由的发展离不开社会规范。社会规范引导城市人更好地建设社会，发展社会经济，让社会风气更加清明，并且可以着力维护公平、正义的理念。在规范的约束下，每个人处在一个秩序井然的城市中，个体的德性和能力才能得

① 麦金泰尔：《谁之正义？何种合理性？》，万俊人等译，当代中国出版社 1996 年版，前言第 1—2 页。

② 《马克思恩格斯文集》第 1 卷，人民出版社 2009 年版，第 46 页。

③ 《马克思恩格斯文集》第 2 卷，人民出版社 2009 年版，第 53 页。

到全面的提升和自我完善。

第二，社会规范有利于整合城市资源。城市是一个活的有机体，充足的养料和资源才能使城市实现有机更新与活力发展。城市资源既包括自然生态环境资源，同时也包括资本、技术、文化、历史、风俗等资源。而且非自然的资源在城市发展过程中凸显出更加重要的地位，比自然资源更加复杂和多元。“城市就像生命科学一样也是一种有序复杂性问题”[①]，城市诸多资源与要素之间如果没有规范来制衡，那么城市发展就会出现片面性，比如出现城市资本化或者城市物化现象，而这样的城市具有现代性的风险特征。当然城市风险并不是一种因素作用而产生的直接结果，而是表现为各种复杂因素综合导致的结果，“城市社会及其遭遇的风险，是一种整体性风险、总体性风险，涉及城市社会运行、发展的所有环节与要素”[②]。城市社会的风险是资源失衡、资源再生产不公正所产生的结果，正因为有社会规范的力量和作用，城市资源和城市组成的诸多因素才能在多元中有序整合，达到促进城市发展、激发城市活力、走向城市正义的目的。

城市作为综合性存在，需要一种整体的社会价值观来规范。我国提出的社会主义核心价值观是一种“一元主导多元并存”形态的社会价值观。任何国家或社会的价值观都不会是绝对的、唯一的，一元主导多元并存是指社会中同时并存有多种价值观，但依旧有一种价值观念在整个社会发展中处于主导地位，受到国家力量维护并得到绝大多数民众的认同和支持。我国是社会主义国家，因此，社会主义核心价值观是我国的主流价值观。社会主义核心价值观中涉及对国家、社会、个人的价值总体要求，其中城市发展最重要的是

① 简·雅各布斯：《美国大城市的死与生》，金衡山译，译林出版社 2006 年版，第 397 页。

② 陈忠：《城市社会的生命自觉与风险治理——一种城市哲学与文明批评史的视角》，《武汉大学学报》（哲学社会科学版）2018 年第 71 卷第 2 期，第 48—56 页。

平等与公正，平等与公正又都指向城市正义。城市社会的正义诉求涉及多维度的正义内容，对此哈维谈论过，他认为正义是一个家族，不同方面的正义具有家族相似性，“社会正义并不是在意义上而是在意义的家族上具有普遍的共识，那种家族只能通过它们深嵌于其中的某一特殊语言游戏才能理解”[①]。所以社会正义和空间正义并不矛盾，它们是具有家族相似性的正义群。资本导致城市资源的无底线浪费，造成城市空间的权利的分配不均，空间生产和再生产的快速变化，导致城市空间无论是私人空间还是公共空间都被阶级化。“从本质上讲，规范资本空间化逻辑，对抗资本主义的空间生产过程是实现空间正义的根本途径。”[②] 现代城市将空间当作生产的产品，空间的利用率越高，空间资本权力越大，空间资本化会不利于城市命运共同体的形成。现代城市之所以不能成为真实的共同体，正义缺失是一个非常重要的原因，因为城市的社会产品总是掌握在一部分人手中，而不像马克思畅想的那样，“这个联合体的总产品是一个社会产品。这个产品的一部分用做生产资料……另一部分则作为生活资料由联合体成员消费”[③]，现代城市的困境正在于社会生产中产品在资本的引导下全部投入市场，忽略了边缘及贫困人口的生存和生活，没有将一部分资源用来满足人民的基本需求。所以，我们需要用社会规范来约束城市资源的资本化和权力化趋势。

第三，社会规范能够有利于促进城市文明发展。全球化时代整个世界、城市都处在流动中，流动不仅仅指的是技术的互通、资金的流动，更是文化意义上的交流、互动。一种“世界城市”或

① 戴维·哈维：《正义、自然和差异地理学》，胡大平译，上海人民出版社 2015 年版，第 381 页。

② 任政：《空间正义论》，上海社会科学院出版社 2017 年版，第 99 页。

③ 《马克思恩格斯文集》第 5 卷，人民出版社 2009 年版，第 96 页。

“全球城市”正在不断形成，“全球城市并非一个地方而是一个过程”。[①] 城市在全球化的过程中正在进行着深刻的变革。城市文明和城市文化正在经历多样文明的冲击，地方性文明正在被解构地方性文明是和那些永恒的、同质化的价值相对的，它代表着民族的、异质的、差异的、辩证的、动态的文明价值。而一种全球化普适性价值正在侵蚀着地方性城市文明。全球文明的趋势正在从工业文明向生态文明转变，这种转变也正是现代城市文明应该做出的转变。城市经济结构与城乡关系发生变化的时候，城市其他的因素也随之发生了变化，新的经济结构与生产关系构建起新的城市文化，城市主体想要获得城市社会的认同感，就必须接受新的城市文化的塑造，“对城市发展而言，新的文化认同的形成则意味着对社会心理基础的消解和对社会秩序的社会心理建构”[②]。由社会规范所建构起来的社会秩序也影响着城市文化的新动态。

城市规范中的城市文明、城市文化、城市精神都是城市内涵的抽象性表达。道德伦理在人类发展进程中具有根本性的存在意义。心中的道德律令是社会规范能够成立的根本原因，对崇高性价值的追求是人类发展及城市文明永恒的主题。城市是人类生存的重要空间和场域，应该体现人类根本的目的性和价值性，将人类的伦理精神通过空间实践来实现。在新时代的城市文化中，我们应该坚持自由、公平、正义的发展理念，正义不仅仅是公平或平等的观念，而是一系列社会实践中构成的信仰、话语体系和制度规范。[③] 我们要在正义的理论基础上按照新的方式来组织城市社会生产和空间生产，把那些陈旧的、异化的城市文化和机制都更新换代以适应全球

---

① 曼纽尔·卡斯特、王志弘：《流动空间中社会意义的重建》，《国外城市规划》2006 年第 21 卷第 5 期，第 101—103 页。

② 陈忠：《空间与城市哲学研究》，上海社会科学院出版社 2017 年版，第 188 页。

③ 戴维·哈维：《正义、自然和差异地理学》，胡大平译，上海人民出版社 2015 年版，第 380 页。

城市的发展。城市社会在“人类命运共同体”这样的理念中，所应该秉持的是一种“拟自然生态”的秩序，[①] 这种秩序坚持绿色、人文、生态、正义等原则，而由此生成的城市文化的本质也必然是包容、开放、平等、求同存异的文化精神。社会规范主要侧重于行为的标准和要求，社会秩序则是社会各方面发展过程中形成的稳定的关系，社会秩序的目标是和谐有序、社会规范的目标是行为的合乎规范。

文化规范在涵养主体行为的过程中，可以增加社会认同、整合主体力量、维护社会秩序。文化规范对社会秩序的影响表现在，其按照社会内部公认的价值原则建构起社会行动的规范系统，对社会成员的行为活动进行一定程度的限制。文化规范的主要表现形式有风俗、道德、法律、价值观念。韦伯指出，“习俗和习惯可以引发出主观的信念，发展出共同体形成的力量，相信彼此吸引或排斥的团体之间存在着同种性或异种性”[②]。在城市发展进程中，城市主体根据自身实践行为和认知习惯形成价值原则，进而成为共同遵守的文化规范。一方面，在城市内部，不同社会组织的文化规范具有异质性，而另一方面，城市社会本身的文化规范具有一定的普遍性。文化规范的特殊性维持城市发展的活力，而普遍性增加城市主体的社会认同，维持社会秩序稳定。

伴随着新自由主义和市场经济的盛行，个体主义和道德相对主义所导致的问题越来越多，因此在全球化时代呼吁共同价值或重视普遍价值的趋势越来越明显。城市作为一个共同体，它包含着城市主体共同的价值或期望，它既是价值的共同体，也是情感的共同体，更是文明共同体。因此，社会主义核心价值观理应成为城市共

① 张曙光：《历史哲学视阈中的城市：文明、权力与自由》，《社会科学战线》2017 年第 7 期，第 1—17 页。

② 马克斯·韦伯：《经济行动与社会团体》，康乐、简惠美译，广西师范大学出版社 2004 年版，第 299—300 页。

同体中价值核心的引导与方向。社会主义核心价值观及其道德规范是马克思主义道德思想与我国道德现实相结合的时代创新产物。我国城市建设只有在社会主义道德规范的作用下，才能实现整体性、全面性的进步。不管是个体的德性还是社会的规范，它们都是道德价值的载体，二者只是道德现象。“善”作为人类伦理追求的最高价值是道德的根本，德性和规范不过是道德价值的表达和实现方式。城市善治是城市治理的最高价值、目标、方向与期许。

第四节　社会秩序的良性互动

城市是社会活动的舞台，也是一个多因素复杂交织的社会系统，要获得可持续性的发展，需要具备良好的社会秩序。“社会秩序的出现和文明一样久远，它先于城市而出现”[①]。秩序空间性最生动与现实的表现就是城市的出现，城市本身也彰显出社会秩序的内涵：稳定、有序、团结、规矩。我们将社会秩序看作是城市空间有机体的纽带，它为城市的经济增长、市政规划、交流互动提供规制性、限定性、聚合性的作用。社会秩序也是一个复合的系统：有内在秩序、外在秩序的区分；有刚性秩序、柔性秩序的区分；有直观外显秩序、道德伦理秩序的区分。但基本上都可以归为两类，即有序的秩序和无序的秩序。有序的、良好的社会秩序有利于城市和谐的社会关系、稳定的社会环境以及积极向上的价值观；相反，无序的、混乱的社会秩序对城市发展带来消极影响，会让整个城市陷入发展的困境，会阻碍城市走向正义公平，也无法实现城市让人的生活更美好的发展目标。

---

① 西尔维亚·瑟拉普、杜恺：《作为社会秩序概念的城市》，《都市文化研究》2005 年第 00 期，第 19—28 页。

一　社会秩序的理论内涵

秩序，按照《辞海》的解释，“秩，常也；秩序，常度也，指人或事物所在的位置，含有整齐守规则之意”。在中国传统以及城市发展中，与自然及社会进程应该遵守的程序、规则相一致的社会秩序是非常重要的，它是社会稳定、可持续发展的重要前提条件。与社会秩序相对立的则是社会失序或社会无序，如何建构良好的社会秩序，避免城市快速发展所导致社会的失序、失稳，是实现正义城市、保障城市善治的重要内涵。

社会秩序是表现人类社会结构与形态、城市空间生产生活动态、和谐、稳定、有序的哲学范畴，同时也代表着社会稳定的机制和状态。如果社会没有秩序，或是处在失序、乱序中，那么说明整个社会结构、社会关系、人与人之间的联系以及整个城市更新就失去了重要的基础和稳定的保障。因此，社会秩序既是一个重要的理论问题，也是普通民众所关心的具有现实意义的话题。作为理论探讨，在西方社会学领域尤其是社会哲学理论中的谈论比较广泛，比如迪尔凯姆、帕森斯、吉登斯、李普塞特、韦伯、库恩等学者都对社会秩序何以可能做出了自己的解释，他们把社会秩序看作是“社会凝聚的方式、社会关系的意向内容、规范行为调适社会的体系”[①]、社会价值体系的规范表征、社会团结的结构化机制、个人自由的内涵体现。

社会秩序与社会规范、克制与控制有着非常紧密的联系，规范本身具有秩序的功能，秩序则代表着规范的实践以及通过规范使整个社会稳态化。一方面，不同的经济制度、文化传统和社会环境会构建出不同的社会秩序，另一方面被构建出来的符合社会发展现状

---

① 董慧：《秩序与活力：城市文化空间的意义构建》，《苏州大学学报》（哲学社会科学版）2011 年第 32 卷第 4 期，第 39—46 页。

的秩序又会规范社会的进程。现代性创造性破坏的特质，使社会秩序岌岌可危，这是世界上所有国家、城市发展所不得不面对的巨大挑战。社会秩序可以看作是上层建筑的一部分，著名学者福山曾指出一般社会规范和社会秩序是相互对应的，并且认为社会秩序有四种起源：自发组织的秩序、政治的秩序、宗教的秩序和自然的秩序。[①] 按照他的理解，自发组织的秩序是由于人的感情或理性自发形成统一的社会共识和风俗习惯，政治的秩序则是指国家制定的法律法规等国家意志，而宗教的秩序是通过宗教信仰和宗教意识对个体和社会的行为进行约束，自然的秩序则是指自然规律对人类社会规范的影响。福山对社会秩序的四种来源的分析，说明了社会秩序有其自身形成与演变的客观规律，也有影响社会秩序的外在因素，同时将社会秩序的来源展现了出来。他对当代资本主义社会中科学技术革命和经济长足发展所带来的个人主义文化流行，以及道德与信任危机进行了分析，认为这些是社会分裂的生动景观，由此社会秩序面临倒塌与崩溃危机。这些观点对于我们建构社会秩序以及相应的城市社会治理具有一定的借鉴意义，但是，他对社会秩序的分析是在资本主义制度框架之内的，并且他始终是站在西方文明中心论的立场之上，而且认为社会秩序重建的根源在于人与人之间的信任以及维系这种关系的所谓的社会资本。因此最终还是滑向唯心主义，无法真正为社会秩序的建构提供具有真实性和实践性的思路。

社会秩序之所以必要与重要，是源于社会整合的需要和社会发展的规律要求。社会秩序存在的可能性和必要性，我们都可以在社会主体之中找到说明，主体趋利避害的本性是共同体能够建立起来的根本条件。共同体作为个体的联合体，就需要人们出让一部分自由意志和权力，使得共同体能够在共同意志的凝聚中运行。霍布斯

① 弗朗西斯·福山：《大分裂——人类本性与社会秩序的重建》，刘榜离等译，中国社会科学出版社 2002 年版。

和卢梭都曾论述过国家和共同体的产生原因：霍布斯认为那些天生爱好自由和统治他人的人类，之所以选择聚集在国家之中，使自己的欲望和行为受到束缚，是因为人类的目的或企图是预想通过国家集体的方式来保全自己并因此而得到更为满意的生活。“一大群人相互订立信约，每人都对它的行为授权，以便使它能按其认为有利于大家的和平与共同防卫的方式运用全体的力量和手段的一个人格。”[①] 卢梭则认为社会秩序绝不是出自于自然本性，而是建立在人与人之间的契约之上，“我们每个人都以其自身及其全部的力量共同置于公意的最高指导之下，并且我们在共同体中接纳每一个成员作为全体之不可分割的一部分”[②]。虽然霍布斯和卢梭在具体的论述中的出发点和论证过程不同，但逻辑分析的最后结果都导向了共同的发展结果，即国家、政府的建立。国家的成立和社会的形成主要是基于个体生命安全和生产利益的需求，国家作为一个人的集合体，增强了面对危害和风险的能力，有利于保护个体的生命和财产的安全，也有利于人类自身的长远性发展。一个国家只有内部安稳、井然有序才能对抗外来的压力和敌人，因此，良好的社会秩序是国家、城市强大的必然条件。我们既要强调良好的社会秩序的功能和作用，也要注意到混乱的社会秩序对社会发展的不良后果。

笔者认为，社会秩序是基于社会现实的反映，社会现实是感性的人、政治、宗教、经济、自然的综合体，因此，任何阶段、任何地域的社会秩序都不是某一因素的单独产物，而是多种因素综合在一起的复杂性结果。从社会运行的角度而言，社会秩序则在本质上意味着社会运行的状态。这种状态既包括社会处于良性运行或中性运行的状态，也包括相对应的社会处于恶性运行状态。在这样的理论视角下，社会秩序的变迁便可以被描述为由治到乱、由乱到治的

① 霍布斯：《利维坦》，黎思复、黎廷弼译，商务印书馆1997年版，第141页。

② 卢梭：《社会契约论》，何兆武译，商务印书馆2003年版，第20页。

动态过程。[①] 社会秩序总是伴随着社会现实的发展而改变着，它与社会现实之间是一种辩证关系。

综上所述，中国的社会秩序是多种秩序相结合起来的综合统一体。首先，社会秩序是与自然秩序相对应的，它反映的是社会结构、社会关系等凝聚、有序的状态和机制；其次，从不同社会领域来看，社会秩序是经济秩序、政治秩序、文化秩序（包括宗教信仰）的结合；从社会空间视角来看，社会秩序有全球秩序、城市秩序的区分；从秩序本身内在结构和外在影响来看，社会秩序是自发性秩序与内生性秩序的结合。政治秩序和自发性秩序在我国社会秩序的构成中占据比较主导的地位。政治的规范是社会稳定必不可少的外在条件，而制度和法律就是政治规范的必然产物。为了我国社会的稳定，我国制定了一系列的、比较完整的法律体系，从纵向来看，包括各级政府、各级部门运作的工作规范，从横向来看，则包括了国家政治、经济、文化、生态等方面建设的内容。源自人的自发性的秩序，是社会和谐的内在要求，这个秩序主要从社会主体本身出发，强调社会秩序井然有序的决定因素在于社会主体的自我认知和内在道德规范的确立。我们可以将人的自然本性和人的理性看作是社会秩序的基础，但这两方面并不是区分开的，而是在主体的实践中统一起来成为社会秩序的现实基础。因此，我国的社会秩序既具有自发的主动性色彩，又在一定程度上打上政治约束性的烙印。另外，我国是一个统一的多民族国家，在少数民族地区，人们有自己的宗教信仰，因此那里的宗教秩序起着非常重要的作用。目前，我国有56个民族，5个少数民族自治区、30个自治州，在民族之间需要建立起民族平等、民族团结和民族繁荣的理念，以实现少数民族地区社会秩序的和谐、稳定。“深化民族团结进步教育，

① 郭星华、刘朔：《社会秩序的恢复与重建》，《国家行政学院学报》2017年第5期，第59—64、145—146页。

铸牢中华民族共同体意识，加强各民族交往交流交融”[1]，我国制定了民族区域自治制度，在少数民族聚居的地方实行区域自治。少数民族自治有利于民族宗教的稳定，也有利于少数民族经济社会的发展。

要实现社会的动态有序，既需要各种秩序的有序平衡，政治秩序、经济秩序、自然秩序等之间有相互交融也有相互制约，并且要依据现实社会发展的需求及问题进行不断的协调。2013 年，我国提出了 24 字的社会主义核心价值观：“富强、民主、文明、和谐，自由、平等、公正、法治，爱国、敬业、诚信、友善。”社会主义核心价值观既包括国家层面的价值目标、社会层面的价值取向和公民层面的价值准则三个层次的内容，同时“是当代中国精神的集中体现，凝结着全体人民共同的价值追求”。[2] 它代表着我国人民的共同期盼和行为准则，也体现出社会秩序的价值诉求与核心要义，需要我们通过制度保障、道德提升和教育引导积极地将核心价值观落实在日常的生活中，落实在国家和社会的方方面面。社会主义核心价值观的日常生活实践化，也是社会秩序内在精神外在现实化的过程，它能够将一种积极向上、尊老爱幼、诚信爱国的行为风气实现在我国的社会之中，将我国的社会秩序构建为一种良好的、符合社会发展规律的秩序。

二　城市秩序的有机建构与良性互动

城市秩序的动态更新与建构是实践发展的必然要求。随着现代城市的不断更新，传统的以农村为根基的乡土社会形态已经被由资本、劳动力和权力的集中所建构起来的现代化的城市所取代。与传

---

① 习近平：《决胜全面建成小康社会　夺取新时代中国特色社会主义伟大胜利——在中国共产党第十九次全国代表大会上的报告》，人民出版社 2017 年版，第 40 页。

② 同上书，第 42 页。

统社会形态相比较，现代城市的空间特点，表现于城乡关系已经转变为以城市为中心，社会关系的纽带则从血缘伦理关系转变为以资本和利益为中心，“整个空间变成了生产关系再生产的场所”[①]。城市正在形成一种“陌生人社会”，陌生人社会的特征是社会关系的快速流动性与简单化，本质上就是以资本多少来决定社会关系的建构。资本将道德伦理和传统权威不断分化，统一的价值观正在瓦解，城市有机体的社会秩序面临着混乱的危机。

城市社会既是个人的集合体、各种社会设施的聚合体，也是经济、政治、文化、伦理等因素综合作用形成的活的有机整体。城市中自然的、社会的各种因素相互作用，其力量逐渐将整个社会推至一个具有特别稳定、有序的状态，形成可持续的城市文明。城市秩序作为城市文明的一面镜子，是一种由多因素组合而成的有机的、可变的、具有空间性的秩序体系，“城市社会具有秩序共性，是一种以具体的城市机制整合多种资源与要素的结构共同体”[②]。笔者认为，城市社会秩序的建构，包括经济秩序、文化秩序、道德秩序、制度秩序等有机建构与良性互动，这意味着不同的秩序既需要保证自己对应领域功能的边界，又需要不同秩序之间、各种秩序的不同层次之间的交织互动与协调统一，保持一种辩证张力，具体进行如下分析。

首先，城市经济秩序的建构。城市经济秩序是一个城市经济的稳定及协调状态，它是城市秩序中最基础的秩序。经济稳定是一个城市稳定和长久发展的重要因素，是文化和精神建设的物质基础。经济结构改革的根本目的是提高供给质量以满足人民的需要，使我国的供给能力更好满足人民对美好生活的需要，提高供给结构对需

---

① 亨利·列斐伏尔：《空间与政治》（第2版），李春译，上海人民出版社2015年版，第30页。

② 陈忠：《城市社会：文明多样性与命运共同体》，《中国社会科学》2017年第1期，第46—62、205页。

求结构的适应性。从空间视角来看，城乡关系及其结构调整会影响我国城市经济发展的现状与未来。我国一直十分重视乡村振兴，同时也十分关注不同发展程度的城市经济发展是否合理有效，特别是能够关注到不同城市之间、城乡之间经济发展具有不平衡性，这种不平衡性也是空间非正义的重要表现。同时经济发展与生态发展总是紧密联系在一起。良好稳定的经济发展会促使资本的增加，在更高的意义上表现为生态的健全发展，“既要金山银山，也要绿水青山”，那么我们需要把握健康的经济秩序建构的价值核心和原则，一方面需要稳定实现城市财富的增长，需要相应经济制度的保障与完善；另一方面，要把握经济秩序的核心价值内涵，仍然是“以人民为中心”，也就是不能将城市单纯地当作经济实体，而要看到城市是人的城市，城市是建立在经济与文化、生态、主体之间不同关系基础之上的空间有机体。

其次，城市文化秩序的建构。城市文化秩序是一个城市文化和精神的和谐、美好状态，它是城市秩序中最具精神性、价值性的秩序。因此城市文化秩序的建构，核心在于能够让一座城市将其最具人文性和城市特色的文化与精神展现出来。城市文化是一座城市的灵魂，特别是在空间资本化过程所导致的“千城一面”的现状下，城市如何突破这种同一性和标准化，需要在城市文化及其秩序的建设上下功夫。我国提倡的文化自信，不仅仅是国家的文化自信，还应该包括每个城市的独特的文化以及城市文化的自信。不同城市由于各自不同的发展历史和传统文化底蕴，会形成各具特色的城市文化和城市精神。这种城市文化既是传统与现代的结合，也是历史与现实的统一，以及地方和个体的融合。城市文化秩序的建构与生成，是营造城市主体归属感和认同感的重要途径。城市文化秩序则反映了城市社会秩序的内在的灵魂。在文化全球化时代下，各个不同国家的城市文化受到网络信息和消费主义的剧烈冲击，城市文化面临着被肢解、碎片化的危机，这是一种城市文化秩序的断裂。我们既需要建构适应新时代的城市文化，也需要建立相应的城市文化伦理，“城市文化伦理建设，就是要把城市文化伦理价值注入到市民的行为中去，形成一定的行为习惯和精神气质”①。城市文化十分丰富，包括了城市的生活环境、生产方式和风俗习惯等，城市文化的核心内容则体现为城市精神。城市精神的本质是城市中人的精神面貌，城市精神体现着城市人的伦理性，也体现着城市空间的人文价值，城市人的伦理价值观正是城市精神的日常化和具体化。城市文化和城市精神都具有地域性和历史性，也同时具有价值性和人文性的共同特征。城市文化的建设既需要个体的积极实践，也需要制度的保障，如建构城市文化相关的法律体系和保障机制。文化既要传承，又要创新，“推动中华优秀传统文化创造性转化、创新性发展，继承革命文化，发展社会主义先进文化，不忘本来、吸收外来、面向未来，更好构筑中国精神、中国价值、中国力量，为人民提供精神指引”②。城市文化和城市精神的基础是中国传统文化，将中国传统文化创造性地与城市发展历史结合在一起，创造性地形成新时代的城市文化和城市精神，为城镇化建设提供意识层面的指引。

再次，城市制度秩序的建构。秩序与社会制度密不可分，制度构成社会秩序存续的框架和环境，一定的制度决定着一定的社会秩序。没有制度，社会秩序也就无从谈起。当前中国社会失序现象背后的根源是社会制度的“缺位”或“越位”。我国发展的历史实践证明，制度是人民当家做主地位和权利的根本保障。制度保障权利的机理中包括了制度自身的优越特性、实施功能和创新机制。城市制度的科学性、实践性和体系性始终贯穿于国家发展、社会治理和

① 段钢：《从城市文化伦理到城市精神》，《解放日报》2017 年 5 月 23 日第 9 版。

② 习近平：《决胜全面建成小康社会　夺取新时代中国特色社会主义伟大胜利——在中国共产党第十九次全国代表大会上的报告》，人民出版社 2017 年版，第 23 页。

个体存在三个层面之中。随着城市化进程的加快，现实情况已经发生了很大的变化，因此制度必须进行创新才能不断适应现实的改革。“人民的全面发展不仅需要政治地位的确立……必须不断进行制度创新，健全中国特色社会主义制度体系。”[①] 在城市制度建构层面，我们要注意到制度的总体性，只有进行体系性和整体性的制度研究，才能将我国制度的优越性和人民性充分展示出来。[②]

最后，城市社会秩序的现代转型，需要依靠经济秩序、文化秩序、制度秩序协调一致、共同地创新与重构。所有社会秩序的合理性和普遍的接受性，都必须以“公平正义为基石”，在“制度、信任、共识”这三重维度上达到一致。[③] 公平正义是重构城市社会秩序的内在逻辑与价值导引，也是重建社会秩序的正当性之源，更是重建社会秩序的根本保障。制度是政府通过法律对社会秩序的强力保障，我国坚持依法治国，就要将依法治国的精神落实在生活的方方面面。信任是社会制度得以良性运行的基础和纽带，信任反映人与人之间的关系，它是城市社会各种关系得以协调的基础。人与人之间的关系不能靠金钱维系，社会关系的建立与稳固必须要以信任为基础，信任也表现着个体诚信的存在、企业诚信的经营和社会和谐的发展。社会秩序中也蕴含着一种社会共识，它凝结着一个社会的共同理想，反映了特定社会绝大多数人的价值追求，这种共识是维持社会制度良性运转的黏合剂和精神支柱。综上所述，只有不同方面的秩序能够有机互动和综合作用，城市秩序才能具有良好的运行机制和积极作用。

和谐且具生机的城市秩序是城市化顺利推进的重要内在因素。

---

① 李家丽：《论新时代人民当家作主的制度保障机理》，《云南行政学院学报》2018 年第 20 卷第 1 期，第 83—88 页。

② 《习近平谈治国理政》，外文出版社 2014 年版，第 154 页。

③ 鲍宗豪、赵晓红：《现代性视域下的中国社会秩序重建》，《社会科学》2014 年第 5 期，第 84—92 页。

城市化一方面表现为城市扩展占领乡村空间的空间生产，另一方面则是乡村人口集中涌入城市，在城市寻求生活的空间。当城市空间不断扩张、城市人口不断增多时，必然会给城市社会带来不可避免的矛盾和问题，比如有限的城市空间和生活资源与快速扩大的居民人口之间的矛盾，人们对美好生活的向往和城市空间非正义现状之间的矛盾等。当这些矛盾在日常生活中存在时，城市秩序就会受到扰乱破坏，或者说城市面临失序、无序的危机。城市秩序的价值核心是城市正义，城市秩序的失序状态就是城市空间非正义的状态。既然现代城市空间因资本生产、权力集中和生态破坏处在非正义的状态中，那么恢复城市秩序，就是要将城市发展成一个和谐的、良善的空间，在这个空间中不同主体在不同的位置各司其职，城市的各项构成因素都能发挥各自最大的优势，共同将城市这个有机体的发展推向最好的状态。城市发展的伦理化，其主要内容是城市正义的实现。城市正义则包括城市空间正义、城市社会正义、城市环境正义、城市经济正义等不同方面。从空间的维度来切入与理解城市，那么最主要的就是城市空间正义的实现。城市空间正义的实现需要我们正视城市空间的诸多问题，比如通过政府的合理引导、相关制度的保障、科学的发展观念等来促进城市空间正义的实现。反过来看，城市空间正义倘若实现，必定会促进城市秩序的井然有序。

城市正义并不只是城市内部的秩序和谐，还包括城市与周围环境关系的和谐，特别是城市与周围乡村空间平衡与协调的关系。城乡关系一直是空间研究的主要关注点，马克思曾在讨论资本发展的时候讨论过城乡分离、城乡对立的模式，工业城市和资本相互助力，城市是资本积累的场所和商品，资本是城市成立和发展壮大的主要动力。城市吸收了资本、劳动力、资源，乡村便更加荒凉和贫困。中国城市化的发展吸收了国外城市化的经验和教训，我国没有盲目地将乡村的资源全部集中到某个城市之中只为建设某个城市，相反，我国的城乡关系是相互帮助的关系。我国提出的新型城镇化，就是城市空间和乡村空间逐步达到共同富裕的过程。2018 年 3 月 5 日，在第十三届全国人民代表大会第一次会议上，李克强总理做了《政府工作报告》。报告指出了我国政府过去五年的工作成绩。五年来，我国城镇化率从 52.6% 提高到 58.5%，8000 多万农业转移人口成为城镇居民。[①] 这是一个体现城乡区域均衡发展的战略过程。不管是党的十九大重点提出建立健全城乡融合发展体制机制和政策体系，加快推进农业农村现代化的乡村振兴战略，还是推进逐步缩小城乡区域发展差距的区域协调发展战略，都是对城乡关系的战略谋划顶层设计。我国新型城镇化的核心在人，不只是城镇化率提高了，而且是城乡居民的生活变得更好了。我们加快城乡建设一体化的发展，要更好地将城市居民和乡村居民的生活之间的差距进行缩小，让乡村居民也享受到便捷的服务、丰富的文化活动、平等参与城市治理的机会和话语权等，这一切的实现都是为了实践以人民为中心的发展原则。“城市，让生活更美好”不仅是我们现代城市建设的口号，也是新时代城市建设实践的伦理指向。面对现实，21 世纪的互联网、大数据技术、人工智慧为城市的发展带来了新的契机和机会，智慧城市应运而生。

第五节　智慧城市的助力推进

前面我们所讨论的社会主体、社会秩序、社会组织和社会规范，可以说都是城市社会治理推进建构进程中的主要内容、必然要素和机制要求。它们对于城市治理理论以及走向正义的当代城市治

---

① 李克强：《政府工作报告：2018 年 3 月 5 日在第十三届全国人民代表大会第一次会议上》，人民出版社 2018 年版，第 2 页。

理体系的构建与实践而言，具有根本性和重要性意义。此外有一个非常重要的现象，需要引起我们的注意，即当前城市化正在进行着一场变革，这场变革既是具有历史性意义的信息技术革命，也是在信息革命影响下所导致的城市空间结构性的转变，还包括由此引发的城市生活方式、生活经验的转变。互联网的普及、大数据技术的发展、时空观念与体验、人类生存方式的境遇与改变，这些给如何进行城市治理，使城市能够更公平、正义地给人们提供各种经济、文化、技术、环境方面的功能性、社会性与价值性的服务提出挑战，也为城市治理提供了新的思路和途径。在信息化时代，智慧城市已成为我国国家战略设计关于城市发展方向的重要理念，[①] 我们需要思考面向"智慧城市"这样一种新的城市模式及其相应的治理。

一　网络空间与智慧城市

21 世纪最大的特征就是互联网的全球普及。网络的流行完全改变了传统的时空体验。诸如"时空压缩"、"时空分延"的时空体验，将以往地理空间带给我们的空间距离和空间与地点的固定全部打破。在网络空间中人们体验的是空间的流动性、空间的虚拟性和空间的多重性，新的时空体验与我们对空间的传统认识最大区别就是，空间已突破了基于地理空间的某个地方的认知。也就是说，空间早已扩大了自身的范围，空间的内涵发生了改变，并且进一步影响着我们的社会关系，甚至带来了社会结构的改变以及社会意义的改变。"流动空间的出现其实表现了以地点为基础的社会和文化，跟那些继续主宰社会却不受其自身控制的权力

① 《中华人民共和国国民经济和社会发展第十二个五年规划纲要（2011—2015 年）》，简称"十二五"规划，规划中明确提出"推动数字城市建设，提高信息化和精细化管理服务水平"。

与生产组织之间的脱落。”[①] 卡斯特提出的“流动空间”，是对信息时代来临的诊断，对空间特征是流动性的洞察与识别。流动本质上是信息的流动、信息的共享和信息的变化。“信息技术可能（也可以）被利用来追求不同的社会性与功能性目标，因为它们提供的基本上就是灵活性。”[②] 信息时代的城市，或者可以理解为城市的信息化，其本质就是将城市产生的信息通过互联网技术汇总形成可供城市利用和发展的大数据，这种流动的数据，改变了传统城市治理的内涵和模式，形成一种需要我们认真考量的流动的治理和治理的流动性。城市大数据能够为城市治理提供更多科学的、可分析的、有预测的方法和现象。信息化以及流动空间，使得全球城市经济格局发生了巨大改变、社会“组织、管理和生产的流程更新”[③] 和“劳动关系、雇佣结构的广泛变革”[④]。

信息的利用、信息的制造与信息的处理，是决定城市未来生产力、竞争力和创新力的重要因素，与“流动空间”相对应和平行的是灵活、动态的城市治理。建立在智能技术基础之上，但又超越技术层面地能够将城市公民共同利益诉求、可持续发展未来愿景、人类共同福祉纳入思考之中的智慧城市，是城市治理要考虑的新方案，而智慧城市本身的发展也将会助力城市治理的开放性、协同性与发展性。对于中国来说，我们已经意识到了，真正的城市文明不仅仅是在技术上能够引领发展、展现智慧，还需要对城市历史、当下发展与未来趋势的智慧理解与预判，能够在城市人口、经济生产、组织管理、生态环境、生活质量上突破技术思维与技术至上的

① 曼纽尔·卡斯特、王志弘：《流动空间中社会意义的重建》，《国外城市规划》2006 年第 21 卷第 5 期，第 101—103 页。

② 同上。

③ HARRISON BENNETT, *Lean and Mean: The Changing Landscape of Corporate Power in the Age of Flexibility*, New York: Basic Books, 1994.

④ CHRISTOPHER FREEMAN, LUC SOETE, *Mass Unemployment or Work for All?*, London: Pinter, 1994.

局限性，为人的自由与解放、城市的自由与正义提供新的思路。因此，“随着互联网特别是移动互联网发展，社会治理模式正在从单向管理转向双向互动，从线下转向线上线下融合，从单纯的政府监管向更加注重社会协同治理转变。我们要深刻认识互联网在国家管理和社会治理中的作用，以推行电子政务、建设新型智慧城市等为抓手，以数据集中和共享为途径，建设全国一体化的国家大数据中心，推进技术融合、业务融合、数据融合，实现跨层级、跨地域、跨系统、跨部门、跨业务的协同管理和服务”①。社会治理模式的转变相应要求城市及其治理模式的转变。互联网、大数据和智能的现代化共同促成了城市的信息化趋势。离开了数字城市、智能城市、智慧城市等，我们无法真正理解和最大限度地利用好城市的信息化。

城市信息化是在一定历史阶段以信息化为特征的城市发展过程。信息化的技术支撑城市社会的发展中心从物质经济发展转变为信息、知识为中心的发展。这是人类城市发展史的一个阶段，也是城市文明所具有的新时代特征。“城市信息化的本质是对物质城市及其经济社会特征作统一的数字化重现和认识，用电子化的手段来分析处理和管理城市。”② 21 世纪的城市信息化表现为数字城市和智慧城市两种形式。数字城市是城市信息化的初级阶段，主要在于城市对信息、数据的收集的实现，可以说这个时候的城市还处在数据汇总的阶段，数据与城市治理尚未良好地融合在一起。到了 2008 年，美国 IBM 公司提出了智慧城市的理念，这是城市信息化向前迈出质的飞跃的进步标志。智慧城市具有人文精神，更加关注城市中人的感受、生命意义、存在意义、城市正义以及城市可持续性的

① 《加快推进网络信息技术自主创新　朝着建设网络强国目标不懈努力》，《人民日报》2016 年 10 月 10 日第 1 版。

② 张元好、曾珍香：《城市信息化文献综述——从信息港、数字城市到智慧城市》，《情报科学》2015 年第 33 卷第 6 期，第 131—137 页。

发展。有人这样定义智慧城市：智慧城市是指运用新数字技术进行协同与整合，将现代信息通信技术与城市传统基础设施有机结合起来的城市。[①] 智慧城市为城市治理提供了统一的指挥协调的“智慧神经中枢”，可最大限度地利用和优化有限的资源，实现以人为本的城市可持续发展，这正是信息化时代城市治理的目标所在。

与智慧城市相对应的一个概念是智能城市，我国于 2012 年正式提出这一概念。中国工程院的《中国智能城市建设与推进战略研究》报告中，有对中国智慧城市的建设和未来非常详细的规划和设计。项目报告中提出智能城市（iCity）的定义，即“科学运筹城市三元空间，巧妙汇聚城市市民、企业和政府智慧，深化调度城市综合资源，优化发展城市经济、建设和管理，持续提高城市发展与市民生活水平，更好地服务市民当前与未来”[②]。信息技术的发展是智能的重要支撑，智能城市的重要基础在今天主要表现为人工智能，智能城市突破了传统产业和生活的二元关系，关注到公共服务在内的三元空间的关系，主要面向城市建设、城市公共服务和城市基础设施建设的智能化。三元空间的彼此协调，是为了超越之前提出的数字城市、网络空间和智慧城市的发展理念。笔者认为，智能城市（intelligent cities）和智慧城市（Smart Cities）之间既有紧密的联系，同时具有一定的差异性：智能城市更多地侧重于城市设施的智能性，这是为了适应我国城市信息化发展的现实状况；智慧城市则是智能城市发展的更高阶段，智能相对侧重于技术的智能化，智慧更侧重于城市与人的互动、感知的关系。智慧是在智能化基础之上的智慧，智能则内在包含着智慧的方向。如果把智慧看作是一个城

---

① 迈克尔·巴蒂、赵怡婷、龙瀛：《未来的智慧城市》，《国际城市规划》2014 年第 29 卷第 6 期，第 12—30 页。

② 潘云鹤：《中国的智慧城市和城市大数据》，《中国信息化周报》2014 年 9 月 15 日第 5 版。

市的价值观、世界观，那么智能则是城市的技术保障和技术支撑。前面我们提到的数字城市，也可以看作是城市信息化过程中的一个状态，数字城市是将城市及其城市的发展都通过大数据来进行分析，用数字来展示城市发展的各项内容，城市数字化的过程就是数字城市的形成过程。

我们更倾向于用智慧城市而不是智能城市，这是因为，首先，从技术层面来讲，智慧城市代表的是信息技术在城市发展中的应用成为主要的城市治理方法，信息技术和互联网将城市分散的各种元素收集在一起，能够通过数据分析找到城市问题之所在，以此来具有针对性地解决城市问题。当然这个技术层面也是智能城市所具有的特点。而超越技术层面的人文层面、意义价值层面的特点，则是智慧城市所蕴含的重要内涵与意义。智慧城市虽然是以客观的信息技术、互联网技术为方法来实现城市的智慧治理，但智慧城市所包含的智慧不仅仅是技术的智慧，而更是对每个人的感受和个体的需求的智慧关注和智慧满足，所以相比较智能城市而言，智慧城市更能体现出一种城市的人文精神和正义精神。当然不论是智能城市还是智慧城市，它们其实表达的都是城市化发展到一个新型的信息化阶段，每个国家都将希望寄托在新兴的信息技术革命之上，想以此助力城市治理的变革，表达了在信息化、网络化的时代，网络、数据和城市结合的理论构想与实践成果。我们也应该看到，城市信息化反映了人类文明历史的进步，但这也只是城市发展历史性、阶段性的过程，随着人类实践的进步，也许会有新的城市形态出现，那么相应地也会有城市治理模式的再次变革。

二　智慧城市与城市治理

智慧城市，从技术上讲，其理念是“把传感器装备到城市生活中的各种物体中形成物联网，并通过超级计算机和云计算实现物联网的整合，从而实现数字城市与城市系统整合”①。从马克思主义哲学来看，这符合马克思主义辩证唯物主义所坚持的世界是统一的整体，它是由普遍联系着的各种事物交织在一起的网络，并且处在变化和过程之中的观点。智慧城市的主要特征是数据、互联网和人工智能的结合应用，通过先进的智能技术来实现万事万物的联通与互联。尽管目前我国智慧城市的建设仍处在探索阶段，但智慧城市的建设趋势其实在某种程度上体现出城市发展模式的创新转变，相应地需要提出适应此种转变的新城市治理模式。目前我国的城市治理因认识的限制而表现出各种困境，比如治理理念的狭隘、治理方式的单一、治理技术的滞后等。我们必须正确面对信息化和人工智能等技术带来的时代改变，城市治理也需要顺应并积极进行现代化和信息化的改革。城市治理要借助大数据和人工智能的技术手段，提高城市治理的效率和能力，完善城市治理体系，而这一目标可以通过智慧城市理念的具体贯彻与实施来实现，而智慧城市本身也是城市治理升级以实现治理能力现代化的重要内涵与助推器。

智慧城市的建设和城市治理是相互影响、相互交融统一的过程。智慧城市的“智慧”不是一个抽象玄奥的概念，而是指信息的智慧、技术的智慧、人的智慧和治理的智慧，代表着城市治理以人为本的价值观。“智”主要指技术维度的智能化，包括城市治理的智能感知、智能计算、智能预测、智能决策与智能服务。“智”指向城市运行的巨大动力和活力，技术智能化是城市现代化治理的重要工具与条件，也代表着城市发展的文明程度。它要求我们在技术上不断精进，尽可能全面利用好大数据、云计算等资源，最大限度地打造城市信息化及其应用，提供便利美好的智能生活。而“慧”

---

① 李德仁、邵振峰、杨小敏：《从数字城市到智慧城市的理论与实践》，《地理空间信息》2011 年第 9 卷第 6 期，第 1—5、7 页。

则是与人相关，代表着以人为本的价值维度。它在某种程度上引导着技术智能的发展方向，使其发展不至于偏离人们对城市美好的感受以及人们对公平正义、生态有机的人居环境目标的追求。那么智慧城市建设与城市治理的关系如何呢？思考智慧城市建设中如何使城市更加智慧、智慧到什么程度、智慧城市运作机制和制度保障、智慧建设面临哪些机遇与挑战等这些问题，实际上也就是思考信息时代如何实现城市治理现代化的建构问题。智慧城市的建设需要城市治理制度的保障，城市治理也需要人工智能、信息网络、云平台的整体构架等技术的支撑。党的十九大明确提出了发展数字中国、智慧社会、网络强国的战略目标，这是我国政府对新时代发展状态的准确把握，也是解决新时代社会矛盾的必然选择。互联网技术已经成为全球化的技术，中国必须在互联网的发展中积极占据主动地位，加大自主研发的能力和成果转化能力，而网络技术以及大数据带动的最重要的实践就是智慧城市的建立。

中国经过 40 多年改革开放的大发展，城市化进程在逐年加快，城市现代化水平不断提高，城市治理能力也有了长足的进步。但是，我们仍然不能忽视城市发展过程中存在的问题。越来越多的城市为了提高城市排名，不断盲目地扩建城市空间，尤其在城市建筑更新上，并没有经过科学的规划而推行，很多大城市常年处在不断重建的施工状态中，特别是城市的道路、城市的住房、老旧历史文化街区等城市主要建筑物的重修与改造。所以越来越多的大型城市正在经历“城市病”集中爆发的困境，如交通拥堵、住房紧张、医疗资源短缺、食品不安全、公共空间不足等，这些都严重影响了人民的幸福感。因此，满足人民对美好城市生活向往的追求，提升人民对美好城市的感受度，是提高城市治理能力所包含的积极内涵，也是迫在眉睫的一项系统工程和事业。党的十九大也特别强调要“推动互联网、大数据、人工智慧和实体经济深度融合”[1]。这实际上为信息时代的城市治理指明了道路，也就是需要抓住信息智能技术这个新机遇，因为信息化已经在新发展中表现出它强大的力量。我们已经敏锐地认识到信息时代、网络时代是一个具有无限创造潜能的崭新时代，与智能相关的产业、领域的发展，将成为破解当前城市所面临的一系列难以克服的瓶颈问题的重要突破口。城市治理需要积极把握时代机遇，应用好最先进的智能技术，提高治理的专业化、精准化、持久化，使城市治理变得更加具有人性化特征，促进城市向智慧形态转变。

智慧城市理念是城市治理体系现代化水平和能力的体现，也代表着城市化发展的必然趋势。智慧城市是一种新的空间形态的城市，智慧城市的全方位建设主要强调一种不同治理主体多元协调和整个城市治理的效率。其中，智慧技术和智能设施是城市治理的重要技术支撑和物质动力；智慧制度是城市治理中制度体系的创新和完善要求；提升人民美好生活的质量则是城市治理最重要的目标。智慧人民则是智慧城市的主体，人民是智慧城市建设的中心，智慧人民指通过城市治理的智慧技术来提升人民生产和生活的智慧性。智慧技术是城市治理的前提和基础性的条件，我们在技术维度取得了令人瞩目的成就，大数据、人工智能、互联网的突飞猛进，让城市治理的效果和途径以及效率更加多样与丰富。大数据正在从道德、文化、制度、产业和生活的方方面面重构着现实的城市社会。因此，智慧城市的提出与城市治理现代化进程具有同步的关系。在智慧技术的支撑下，城市治理将更加智慧化、精准化、个性化、效率化、低成本化。智慧制度是城市治理的保障，制度应该随着城市治理的现状而不断地进行创新，制度创新则是制度保持活力和生命力的重要途径，智慧制度要求制度的全面性、时效性、适应性，是

---

① 习近平：《决胜全面建成小康社会　夺取新时代中国特色社会主义伟大胜利——在中国共产党第十九次全国代表大会上的报告》，人民出版社 2017 年版，第 30 页。

对传统教条式制度的创新发展。智慧主体是智慧城市治理中最具有能动性的因素，智慧主体与传统的主体最大的不同之处在于智慧主体能够通过互联网、通过大数据来界定自身的环境，并且智慧主体能够通过本身的实践影响到城市大数据的变化，达到与城市发展具有外在一致性、内在契合性的状态。比如在城市中建立起市民资料库、互动的通信系统、社区多媒体中心等，都是以基层组织和地方政府的政治意志为基础促进民众参与的强有力工具，努力将智慧主体、社会组织和城市政府融为一个城市命运共同体。

智慧城市相应地需要智慧治理。这也是今天城市化发展以及城市治理所面临的重要挑战，而应对这一挑战，不仅需要技术层面的突破，更需要思考由技术引发的政治问题和伦理问题，比如信息安全、个人的隐私直接涉及隐私权和生命、财产安全。大数据时代，我们对自己了解更多更透彻的同时，别人对我们信息的获取与掌握也愈加容易。人民身份信息和生命财产安全在信息时代存在着巨大的风险，如果不积极地在技术层面、制度层面、伦理层面去思考如何立法、如何规范、如何保障、如何教育引导大数据安全的话，那么它不仅仅会对人的隐私安全造成威胁，也会对社会以及整个国家的安全带来严重损害。在信息共享时代，国家信息安全和主权安全处于至高无上的地位。我们必须时刻居安思危，"坚持总体国家安全观"①。信息安全已经成为一个国际性的问题，国际网络空间治理需要各成员国齐心协力、风险共担、安全共享。同时，国际层面的共建共享并不是国家主权界限的模糊，共享是在各自主权边界清晰划定基础之上的共享。

智慧城市的治理，一方面有技术层面的保障，另一方面也需要制度层面的保障。从技术层面来看，互联网技术和大数据的发展与

① 习近平：《决胜全面建成小康社会　夺取新时代中国特色社会主义伟大胜利——在中国共产党第十九次全国代表大会上的报告》，人民出版社2017年版，第24页。

支撑，使得我国一直在努力“突出关键共性技术、前沿引领技术、现代工程技术、颠覆性技术创新，为建设……数字中国、智慧社会提供有力支撑”[①]，并且取得了突出的成绩；从制度层面来看，则需要用依法治网、依法治国的理念来规范技术的使用和权限。我们要避免智慧城市治理的片面化，进而沦为纯粹的治理技术的应用和高度集中的权力中心。技术只能作为城市发展和进步所需要借助的工具与手段，城市发展的根本目的则是人民美好、正义的城市生活。唯技术论、技术至上主义、技术中心主义、技术合理性以及城市资本化、生活商品化对城市社会生活的渗透，都会激发我们对城市现代化进行反思。对于技术中心主义的批判，已经构成了现代性批判一个非常重要的组成部分。批判现代性、反思全球化，不是一刀切地去否定技术和新趋势，而是在尊重技术、现代性带给我们生活改变的事实上，有意向性地反思技术和现代性思潮带来的那些消极的方面。“人是目的”“以人为本”“以人民为中心”，无不彰显着我国发展的核心理念。新时代我国城乡一体化发展的目标是平衡人民群众的生活条件和发展资源，提升城乡全体人民的幸福感、安全感和获得感。人民的需求是多方面的，不仅有经济、财富方面的需求，还有对公平、正义的追求，有对文化艺术的追求。建设智慧城市，需要在系统的、有机的思维下抓住技术、人这两个重要的因素。技术是智慧城市的重要基础和支撑，没有技术智慧城市无法真正落地，技术为智慧城市赋能。但是只有技术远远不够，城市若要有智慧，还要学会像人一样思考，要让城市彰显出活的生命有机体的特质，因而以人为本，以人民的生产生活需求为本、可持续发展以及公平正义则是智慧城市的重要价值理念。既要将技术与城市进步紧密地结合起来，又要将政府、城市和市民很好地结合起来，让

① 习近平：《决胜全面建成小康社会　夺取新时代中国特色社会主义伟大胜利——在中国共产党第十九次全国代表大会上的报告》，人民出版社 2017 年版，第 31 页。

城市不仅仅带给人们生活的智能与便利，更要带给人们温度与可触摸感。智慧城市建设，最终是要实现城市治理的“善治”目标，现代智能化、科学化的技术要不断实现创新化，以带动城市治理的现代化升级，智慧城市的价值维度与内涵也要不断实现整合化，以满足与兑现以人民为中心的价值承诺。

三 我国智慧城市治理的实践

2017 年，国务院发布的《新一代人工智能发展规则》引起国际社会高度关注。人工智能时代是互联网、大数据和机器智慧的三重叠加。我国对人工智能的发展十分重视，国家出台了规章制度，在高校开设了人工智能的专业，而社会也相应建立了发展人工智能技术的公司。与人工智能时代相对应的治理模式是“需要政府、市场和公民社会等多元主体携手合作、共同参与，从而构建多层次、多样性的 AI 治理模式”[①]。因此我们可以将 AI 时代的治理模式，看作是治理理念的最新实践指向。那么 AI 治理模式在城市治理中的实践，就是要将城市发展的各项内容都通过大数据的形式进行收集、处理和分析。大数据的“大”主要是指数据覆盖的全面性和多样性，然后根据数据显示出的样态，进行针对性的问题解决，有效地推进城市规划、建设、管理、运营等生命周期的智能化和智慧化。数字化为智能化提供基础资料的支撑，智能化则为智慧城市提供功能性方面的支持，只有以人为中心的智慧化才能真正彰显现代城市治理的本质性目的。由于人工智能技术的专业性，大多数人是无法直接接触人工智能的核心技术的，但是我们应该让所有人民都共享到人工智能在政治、经济、教育、医疗等方面带来的便捷化生活。人工智能和移动互联网已经深入人们的生活，智能手机的普及

① 庞金友：《AI 治理：人工智能时代的秩序困境与治理原则》，《人民论坛·学术前沿》2018 年第 10 期，第 6—17 页。

和通信技术的覆盖让每个人都能随时进入智能生活的体验。人工智能应该立足人民实际需求促进社会建设成果的共享。

智慧城市中要有一个运作核心即城市“智慧大脑”。城市有机体与人类相类似，是活的生命体，人拥有充满智慧和思维的大脑，同样，智慧城市也应该拥有一个智慧的城市大脑。智慧大脑是指“综合运用大数据、云计算、人工智慧等新一代信息技术，对整个城市多源多维信息进行动态实时分析，实现资源共享并达到可以自动调配公共资源”[①]。通过智慧大脑协调城市各个系统和各因素之间的关系，使城市处在一个和谐、有序的发展状态。我国各大城市正在积极地建设智能城市。智能城市的建设首先是城市对现代创新技术的重视与发展，各大城市积极地建设创新技术产业中心和工业园区，大力引进技术人才与资金支持。2012 年 4 月，武汉入选“中国智慧城市”试点城市，为武汉发展提供了新的方向和政策支持。之后各大城市相继提出了智慧城市发展战略。武汉成立了武汉智慧城市研究院（2012 年），杭州成立了中国（杭州）数字城市（智慧城市）研究院（2014 年），北京市召开了多次智慧城市发展的研讨大会，比如：多次召开的中国智慧城市大会、中国国际智慧城市博览会等，为促进各地智慧城市建设的经验交流提供了重要的契机。

中国·光谷（东湖新技术开发区）的成立与建设，让武汉成为了中国智慧城市建设的典型代表。武汉在 2009 年就开始在市政府的领导下，借助本地高校创新人才力量，联合多家技术公司、科研单位建立了 RFID 创新技术联盟、“物联网研究院”等一批高科技、高水平、国际一流的技术创新平台。武汉之所以能够立足信息化时代的发展前端，是由于武汉自身处于中部交通的中心枢纽地区、高校人才众多、经济发展潜力大、革命文化深厚等原因。武汉东湖高

---

① 党安荣、甄茂成、王丹、梁军：《中国新型智慧城市发展进程与趋势》，《科技导报》2018 年第 36 卷第 18 期，第 16—29 页。

新区是信息化时代的成果代表，又被称作“中国·光谷”。2001 年被原国家计委、科技部批准为国家光电子产业基地，主要进行光电产业的研发和技术产品孵化。习近平总书记曾两次考察光谷，表达了科技创新对于国家强大的重要性，2013 年 7 月 21 日，习近平详细观看了武汉市的光纤通信、3D 打印、生物质能源等创新成果展示。2018 年 4 月 26 日，习近平先后来到位于东湖高新区的烽火科技集团和武汉新芯集成电路制造有限公司，考察企业创新发展情况，再次强调了“要注重创新驱动发展，紧紧扭住创新这个牛鼻子，强化创新体系和创新能力建设”①。我国的五大发展理念中创新理念居于第一位。创新是时代变革的要求，如果国家不能掌握技术创新的能力，拥有自主创新人才，国家的未来命运就会受制于其他国家。城市发展也是一样，我们必须主动接受适应新的历史条件和复杂关系，才能更好地建设国家中心城市、推动武汉城市群发展。在日新月异的信息时代，国家更需要创新意识，不仅要做到技术的创新，还要做到理念的创新、方法的创新、制度的创新。理念创新和实践创新的结合才能实现城市发展的全面革新和进步，将人工智能技术、大数据资源和城市发展融合为一体，达到技术的智能化、治理的智慧化，实现现代城市的智慧治理。

① 《习近平：坚持新发展理念　打好“三大攻坚战”　奋力谱写新时代湖北发展新篇章》，人民日报，2018 年 4 月 29 日 1 版。

第四章

当代城市治理的地区实践及启示

——以国内、国外的几个大城市的治理为例

伴随着人类文明进程，城市逐渐脱颖而出成为人类文明的重要载体，成为人们生产、生活、交往的中心。尽管每一个国家的制度和文化都具有自己的特点，现代化进程有快有慢，但对城市文明的繁荣、城市秩序的稳定、城市生活的正义的追求与憧憬是人们共同的愿景。本章将从城市化进程视角出发，聚焦国内、国外有代表性的城市治理地区实践，尝试客观呈现以空间正义为重要目标的城市治理区域实践现状。国内城市将以上海、北京与广州为例，国外城市将以美国、英国、德国和日本为例，通过对这些城市的演变规律、发展战略、治理经验的梳理和提炼，探讨由城市化、工业化、信息化、全球化和国际化所推动的城市治理的实践进程，尝试为我国基于正义、人发展需求的城市治理现代化实践提供理论支撑和启示。

第一节　中国城市治理地区实践

中国城市发展创造了世界人类文明发展史上的奇迹，中国城市的现代化突出表现在新型城镇化建设的人类文明实践上。城市居民

的居住条件、生活配套、通勤设施、公共空间、社会保障等不断提升与改善，不断增强着城市居民的满意度，增强着他们对城市的认同感与归属感。可以说，这些成就直接与城市治理现代化的理念与实践措施紧密相关，而且城市治理如何能在全面推进过程中，进一步彰显内在的“善”，“正义”和“美好”的内涵也将直接决定着中国现代化的未来。本节将聚焦上海、北京、广州这几个城市的治理实践、模式与策略，努力将有中国特色的城市治理善治的地区形态、实践特点呈现出来，反思进一步推进城市治理现代化，实现城市空间正义的重要启示及价值。

一　上海：超大城市、精细化的治理

从一个重要的国企工业基地和工商业城市，迈向正在崛起的具有国际影响力的全球城市，从“宁要浦西一张床，不要浦东一间房”到浦东新区贡献上海全市1/3的GDP，上海的城市面貌日益更新。2019年上海获得全球智慧城市中国赛区城市精细化治理奖，[①]代表着上海经验在国际上被认可。这既是对习近平总书记考察上海时所寄予的厚望——城市精细化治理的积极落实，也表明上海正在探索出具有上海特色的城市治理之道，创造着超大城市治理的中国奇迹与中国经验。

（一）人民性：城市治理的价值原点与目标归宿

上海的城市治理，伴随着改革开放的历史不断发展，经历了从管控式管理到有机系统式治理的转变历程，成为超大城市治理实践的成功典型，走在全国和世界的前列。究其原因，是因为上海围绕“人”这个核心，用“绣花针”为市民绣出更功能化、美观化、人

① 上海大数据应用创新工程项目“大数据与城市精细化管理（静安）”项目（以下简称：上海静安“151项目”）获得在西班牙巴塞罗那举办的2019年全球智慧城市大会中国赛区“城市精细化治理奖”。此项目由上海联数物联网有限公司及上海数据交易中心牵头建设。静安区治理成为全球的样板和标杆。

性化、美观化、细节化的城市生活环境，给市民更多红利和美好感受。无论是在人口管理、公共服务、街道和社区体制，还是顶层设计、政府建设、市民参与、安全保障、风险化解，抑或是基层社区治理、垃圾分类、居住空间规划建设、城市交通运行布局、公共空间资源配置、生态环境整治等方面，都可以看到城市治理以人民为中心、为人民服务、对人民负责的价值目标，始终将人民性作为城市治理的价值原点、目标和归宿，关注人民的需求和利益、权利和福祉。

上海市委、市政府积极响应党的十八届三中全会精神，深入调研，结合上海城市发展特点、相对优势，探索适应时代变化和上海特色的城市治理之道，相继推出 2014 年 1 号课题和 2015 年 1 号课题，并将其列为市委每年的重点跟进和监督任务。在 2017 年则推出第一个社会治理的五年计划，对如何创新社会治理体制、破解治理难题进行了全面系统的部署。深刻把握住面向人民的城市治理，及针对性、开拓性和可操作性的动态特征，认识到加强基层社区建设事关上海未来发展的关键性作用，将城市治理目标聚焦于社会的最基本空间细胞“基层”——包括街道、社区、乡镇、居村，倾听市民呼声，关切和积极回应市民反映的突出问题，化解市民与市民之间、市民与政府、市民与社区组织等之间的冲突与矛盾，形成稳定有序的城市氛围。社区是人民日常生活的空间，立足于最基本的空间推进治理，就是站在人民群众的立场上，切实为人民着想。同时充分发挥党建的治理服务优势和引领功能，形成党建—城建的有机互动，动员不同的社会力量参与到城市治理的创新中，形成政府—社会—市场—居民之间的良性互动。在基层建设和治理方面，上海采取了许多有益措施，实现了一系列创新，稳定了城市社会治理的根基，充分实践了服务民生的初心诉求，回答了城市治理体制创新究竟可以为人民带来什么好处这个重要问题，走在一条良性、上升的发展轨道上。

作为改革开放最前沿地区和城市发展的先头兵，面对由单位制解体以及计划经济向市场经济的转型，城市人口不断扩张，城市人口分布不平衡，居住空间分异、生态环境恶化等问题，尤其是由城市向超大城市的转变，将城市作为一个复杂巨系统深刻揭示出来，上海在城市治理中也面临更大的挑战。对于这些问题不能停留在困惑和迷茫中，而是需要治理理念、治理模式、治理方法、治理手段的创新，只有改变过去那种政府管控包干的传统管理模式，才能更好应对现代性带给城市治理的危机与难题。比如上海持续推进的“五违四必”，就是一项惠及人民、以人民对美好生态环境为需求导向的区域生态环境治理。这项整体性、系统性的综合治理工程于2015 年 6 月正式拉开序幕。上海市以及各地区相继成立专门的管理领导小组，并且与相关职能部门和单位建立起不同的统筹协商、沟通督办的机制。在推进治理的过程中，市委领导及相关部门深入调研并且倾听市民需求。在调研中发现大量农用地被非法占用、违法建筑的营造以及有毒有害物质违法排放、土地生态环境遭到破坏的现象，周边居民抱怨连连，他们的生存健康受到严重威胁。针对这样的行为，市政府坚决按照“零容忍”的要求，明确治理的价值目标是还人民一个健康美好的生态环境，及时拆除危害公共安全的违法建筑，整治排污企业和极度脏乱差的现象。闵行许浦村曾经被称为黑暗城中村，环境与安全问题尤为突出，也是首批整治名单上必须“补短板”的村子。整个村子村民约 2000 人，因为其地理优势吸引了外来人口近 3. 5 万，有 600 多个违规摊点，近 300 家非法企业。整个村子恶臭难闻，河道全是漂浮垃圾，两侧则是密密麻麻的违法建筑。环境综合整治开始之后，治理工作有序展开，村领导带头参与治理，主动拆违，带领人民共同啃下这个历史遗留下来的硬骨头。在整治河道的同时，为村民统一修建院墙和绿地花园，铺设生活污水地下网管系统，为他们安置生活垃圾处理系统。并且在拆违的土地空间上进行生态修复，比如建造绿色廊道和健身绿道，在村子中央建公园，为老百姓提供休闲娱乐空间，让他们感受到生活的安全和生态的美好。

（二）智能化：城市治理的重要助推力量和主要手段

大数据、人工智能时代，信息技术的发展使得智能化成为创新城市治理的最重要的手段和载体。当前城市治理最大的理论热点和实践热点，就是智慧城市。上海早在 2010 年就提出面向未来的智慧城市发展战略，开启了全面智慧城市建设规划的序幕。经过近 10 年的发展，上海在城市基础设施、城市交通运营、城市安防与城管、城市社区物业服务水平的落地实施上取得了突出成效，在亿欧智库发布的《2019 年中国智慧城市发展研究报告》中位列第一。建设智慧城市，是城市信息化发展的崭新阶段，也是现代城市治理创新最本质的体现。数字、信息、物联网、云计算、大数据等与智能化紧密相关，智慧城市就是将这些资源数字化、智能化，并且广泛应用于城市各行各业，通过数据分析、整合、预测，实现对城市居民生活、工作、教育等领域的智能化覆盖和响应，从而最低成本、最低消耗地提高城市运行效率，促进城市经济发展和可持续的社会进步。

智能化是促进和实现城市治理体系和治理能力现代化的重要助推力量，为智慧城市的建设以及城市治理现代化提供了基础性、技术性的支撑。智能化既表现在城市的数字化建设上，海量数据为城市管理者制定针对性的政策提供了资源，政府信息公开为公众的信任、对政府数据的利用进而激发其参与治理的热情奠定了基础；也表现在城市交通、公共安全、医疗卫生等丰富的应用场景中大数据不断地被拓展，形成整合性的、自动性的、主动性的智能化数据，开发出智能化的解决方案。上海在改革开放和经济发展中，成为最活跃、最创新的城市有机体，城市交通——车流量、道路建设发生巨变，城市规模急速扩大，人口激增，当这些只有在城市现代化发展进程中才会产生的问题——越来越多的汽车侵占城市空间，越来越多的群租等所隐藏的危险和导致的各种矛盾和不安全出现时，如何在符合城市发展的客观规律，又符合人民的根本利益之间保持辩证张力的前提下，努力找到一条创新性的现代城市治理方式来解决这些问题？如何实施具有实效性的且人性化的道路交通规划来保障市民的出行安全，如何提高居民社区的自动化程度，为出租房管理、老年人服务、社区安防等方面提供灵活化、智能化的治理？上海在制度、机制、法治等方面进行了积极探索，以开放包容的心态迎接挑战，在城市治理的智能化，在安防、交通和社区这三大与民生福祉紧密关联的领域，善于运用互联网技术和信息化这些硬核科技手段，取得了突出的成效，形成了具有上海特色的智能化的城市交通治理、城市社区治理模式，为城市居民出行和居住等基本空间行为的便利与安全提供了保障，造福了市民。

比如，交通拥堵和停车难问题几乎是所有大城市不得不面对的顽疾，也是城市病的重要表现。停车问题反映出的并不仅仅是一个简单的交通基础和交通技术的问题，背后还隐藏着一系列深层次的复杂问题和难题，包括城市空间利用、供给、配置和管理，交通容量、流量的管理，各种权利边界的划定，还涉及城市经济提升以及城市生态可持续性等一些问题。解决这一问题，需要总体性视野的城市综合治理。上海全力打造停车智能化系统，这项解决“停车难”的重大民生问题的智能化方案已在2020年完工。包括自动泊车、预订车位、引导驾驶、即时车位信息、实时停车地图、移动支付停车费用、车位错时共享利用等。一方面用技术手段实现停车管理的智能化，努力尝试提升城市治理能力现代化的智能化创新；另一方面，也是在构架一个综合性的智慧交通治理体系——在政府与企业、社会与个人之间实现平衡。上海停车管理信息化建设就是基于“一个中心，四大平台”的智能化的系统建设，这项治理工程依托大数据和人工智能，将交通信号灯管理、行人过街提示、公交信号优先、多功能复合电子警察、公共停车信息平台、综合交通 APP 等进行深度优化，将大数据、物联网、人工智能等深度融入交通管理、交通工程，对城市交通状况进行全面感知，利用数据进行综合分析、研判预测，生成智能化的决策方案，实现交通设备和信号配时的智能化，做到交通路况、交通事件、交通组织的实时感知、处理和应对。智能化交通治理成为治理拥堵、维持道路通行秩序和市民畅快从容通行的一个有力手段。2019 年高德城市交通数据分析显示上海已从“全国十大拥堵城市”名单中退出。这既表明了上海的智能技术的创新能力，也表明了上海的城市现代化治理水平。智慧公安助力、赋能城市治理现代化，道路安全、社区安全系数显著提高，公众安全感满意度不断攀升。《经济学人》杂志 2018 年举办的全球最安全城市评选中上海位居榜首，首届进博会中安保的忠实守护与安全保障，就是一流智能化的城市安全治理的生动实践。

（三）精细化：城市治理的主要内涵和突出特色

习近平总书记提出“城市管理应该像绣花一样精细”，为上海城市治理的发展指明了基本方向——精细化。精细化的城市治理，治理核心和主体以及服务的对象都是人。作为治理主体，应该用精准的治理方式、手段、工具，精确地解决与人的需求紧密相关的城市设施、生产、生活、环境、风险管控等不同领域的问题，体现治理效果的功能性、层次性和细致性，使人们获得满意舒心、精巧精致的生活品质。精细化的城市治理，其价值内涵是以居民需求为基本出发点，治理是为居民服务的，既要彰显公平正义，同时又要灵活弹性；目标定位则是要把整个城市及人的生命力、创造力激活，提高城市的包容性和城市发展效率。精细治理意味着由粗放、粗糙、粗线条、大而化之的治理转向效率、准确、精准的治理，治理政策、制度和机制，需要梳理细致和细化，治理措施、技术、目标、效果要理性规划、精益求精。上海也正是依照上述治理内涵的逻辑要求，在千头万绪的城市问题及其治理中探索出一条独具特色的精细化治理之路。

越是超大城市，其治理越需要细致考量。伴随着《贯彻落实〈中共上海市委、上海市人民政府关于加强本市城市管理精细化工作的实施意见〉三年行动计划》在2018年初的正式发布，精细化作为上海城市治理的重要内涵和突出特色被确认下来。这份行动计划涉及13项重点治理任务和42项具体实施内容，涉及综合性生态环境、河道水质、生活垃圾、街区街道、住宅房屋、村庄改造、交通组织、地下空间利用、网格化、法治化、城市综合管理体系建构及其治理，并且有明确的具体治理目标。此项计划紧紧围绕着“人”及其需求这个核心展开，“三全四化”同步并举共同发力。目的是要把一些细节问题规划好、解决好，把城市建设好、管理好，从而轻松化解超大城市引发的诸如公共安全危机、环境污染、道路拥堵、乱搭乱建的城市矛盾与困境。上海各区围绕这一目标，进行治理规划的探索与实践，逐渐形成自己精细化治理创新的经验。比如“路长制”的方案，就是针对不同路段各自分割、孤立管理而建立的一个立体管治体系，就是紧扣精细化管理要求，建立起来的不同路段之间有机联系的精准监管机制。这个举措是将街道具体细分为若干条主干道，每条主干道都是配置立体式——一级、二级和三级路长，层层落实责任，强化监管力度，可以有效解决以前没有人管或是交叉叠加管的问题，切实地把城市管理覆盖到街头巷尾，综合性地解决环境美化、市容秩序、绿化卫生等问题，提升城市的整体形象和精神气质。而且可以积极调动广大群众的积极性，让他们真正成为治理的主体。上海松江区佘山镇在探索和实践“路长制”的过程中，取得了非常好的成效，镇容镇貌有序和谐。静安区的“路长制”，建立在信息化的“微网格”基础之上，成效突出，走出了一条城市网格管理精细化改革的特色实践路径。

二　北京：京津冀协同、疏解非首都功能的治理

北京同样也具有超大的城市规模，而且因为北京是首都，有其他城市无法比拟的深厚的文化底蕴、丰厚的资源、优厚的待遇，所以成为吸引人才的重要区域。快速的城市发展和大量人口的进入，引发了超越北京城市资源、环境、服务、人口容量的诸如交通、空气等问题的大城市病。这种城市病，从城市本身发展的表面逻辑来看，是因为北京作为“中心”的各种功能及影响效应，吸引了更多的人口，导致人口增长过快与资源有限之间的矛盾，加上人口分布不平衡，区域发展不均衡束缚了城市进一步发展。这实际上给城市治理提出巨大挑战，即如何提升作为首都北京的城市治理水平和治理能力，科学理性地规划，保障城市发展应有的规模和功能，使之与生态环境、资源服务的容量相适配，并且保持合理的发展速度和发展节奏，改善与服务民生。城市战略定位决定城市治理的走向，习近平总书记提出的京津冀协同发展的战略，为北京城市治理的中心、重心和核心给出了发展方向和实现目标。在这一战略的指导下，北京城市治理走过了关键性的5年，不断迈向人们满意的和谐宜居之都。

（一）京津冀协同发展：城市治理的总体规划

京津冀协同发展是一项高瞻远瞩的国家重大发展战略，也是北京超大城市治理的总体规划、总体方向和总体思路。2014年2月26日，习近平总书记站在治国理政的高度，对北京的建设和发展进行了谋篇布局，提出京津冀协同发展的战略，也称“一号工程”，对于北京建构实现经济结构调整、空间资源优化、创新科技生产

力、完善区域平衡发展的创新性的城市治理体系具有重要的指导意义。首都如何建设、如何发展不仅仅直接与北京市民的生活紧密相连，更是以习近平同志为核心的党中央聚焦的时代重大问题。北京的城市规划伴随着新中国的成立之后的发展，历经了曲折复杂的阶段，从最初城市性质、城市建设标准的确立，到后来城市目标、功能的不断拓展与经济、政治、教育、文化等多元并举发展，以及城市基础设施、城市建设体制的完善，总体来说取得了辉煌的成就，形成了具有首都特色的城市布局和基本构架，形成了颇具核心竞争力的城市发展经验。改革开放 40 多年是北京城市建设日新月异、硕果累累的 40 多年，房地产、基础设施建设、经济保持稳定增长，大都市高速便捷的交通运输、通信网络日趋完备。同时城市日益集聚、膨胀扩张也影响和破坏着城市作为一个生命体的有机、秩序、稳定的生理机能，不断地挑战着城市资源容量和生态红线。在这样一个关键的发展阶段，立足于北京城市发展的现实境遇和京津冀区域发展的现实需要，提出协同发展的科学的创新性路径，这既是对中国特色社会主义城市发展进入新时代，如何打造创新性城市群以带动国家创新发展的探索实践；同时也是对京津冀城市群如何形成创新性的共同体，进而在全球化时代大都市治理中不断实现治理理念和模式创新的探索实践。

京津冀协同发展，是在五大发展理念引领下的战略规划，体现了城市治理的战略思维和创新思维。这个城市治理的总体规划放眼全局——京津冀三地的统一发展、经济一体化的趋势，并且抓住重点——着力解决区域发展不平衡，形成以北京为中心形成具有竞争力的城市群；既符合城市发展的一般规律，又适应北京作为首都这个大都市的特殊发展诉求，反映了城市治理理念的创新。城市的发展并不是孤立的，而且未来的竞争也由单个城市之间的竞争拓展到多个城市、城市群以及由此形成的经济圈之间的竞争，是更大空间范围的竞争。从世界范围其他大都市治理模式和经验来看，城市群的形成已成为一个国家竞争力的标志性的空间样态，几大公认的世界城市群[①]无一不在国际城市和经济体系中占据着重要地位。除了它们在地域上的优势之外，还有一个非常重要的原因，就是经过长期的建设已经形成了互通共享、互补协调的基础设施、网络通信、人才资本、产业结构体系和机制，这些力量整合成城市治理的有效合力，能够为城市繁荣可持续的发展提供动力支撑。

北京的城市治理，无疑可以从世界城市群的空间演化、治理变迁中吸取有益经验。京津冀三大地区，人口加起来总共1.1亿，面积为218000平方公里。整体来看，其历史文脉、地理特征以及人与人之间的交往具有一体性、相似性和紧密性，每个地区实质上又处在不同发展阶段，具有各自的矛盾和问题，这些矛盾和问题彼此影响和叠加。每个地区的发展也面临历史性机遇和关键性转折，北京的首都优势使其将周边地区的优秀资源要素吸纳，加上进一步加剧与深化着的“北京吃不下、天津吃不饱、河北吃不着”的区域不均衡现象，如何破除传统区域发展“一亩三分地”守旧思维，跳出在自己的城市区域范围解决自家城市发展困境的封闭圈子，需要智慧、视野和格局。正如习近平总书记说的，要“着力调整优化城市布局和空间结构，促进城市分工协作，提高城市群一体化水平，提高综合承载能力和内涵发展水平”[②]。在步入新时代、实现中华民族伟大复兴的关键时期，面对科学技术迅猛变革以及经济格局的复杂多变，推进京津冀协同发展，就是要协调、协同，充分发挥各自的城市优势，对城市空间格局进行优化，对城市区域进行协调统筹，

---

① 目前国际公认的城市群：纽约城市群、东京城市群、伦敦城市群、巴黎城市群、芝加哥城市群和以上海为中心的长三角洲城市群。

② 《习近平在京主持召开座谈会　专题听取京津冀协同发展工作汇报》（2014－02－27），[2020－05－26]，http：//finance. people. com. cn/n/2014/0331/c383173－24784272. html。

在“人流、物流、信息流”[①] 方面打破行政壁垒和体制障碍，促进彼此更加深刻的合作，以此提高城市群的竞争力。

京津冀协同发展的核心是疏解北京非首都功能，这是习近平总书记对北京城市治理和规划提出的重要遵循，是北京城市治理的核心要义，是城市规划的牛鼻子。在《北京城市总体规划（2016—2035 年）》中，“疏解非首都功能”出现了 21 次，可见这个问题的重要性。北京在长期发展中，承载了超出自身核心功能的众多功能，导致诸多大城市病。城市如同人类生命有机体，当吸入众多资源要素而没有得到消化，功能过多集聚而没有扩散与辐射的话，就会堵塞生病。所以，疏解就是要在明确定位首都核心功能即作为政治、文化、科技创新、国际交往中心的基础之上，将其他不属于首都的功能向外部疏导、疏散，以减轻北京城市功能的承载力，缓解城市发展压力，让北京变得更轻盈强壮，从而有充足的空间和力量去加强和提升其核心功能。这项系统性的治理工程，经京津冀三个地区共同进行了 5 年的高质量推进，在有序疏解北京非首都功能方面取得了新的突破和成效：北京城市副中心建设、交通一体化、生态环境保护、产业升级转移稳步推进。

（二）减量发展与铁腕治霾：城市治理的鲜明特征

北京是全国提“减量”发展的第一个城市，因而在如何减量、在哪些方面减量、减量到什么程度等这些问题上，实际上是在摸着石头过河。这也恰恰给北京自主探索一条具有特色的城市治理之道提供了空间和机制。减量发展与疏解非首都功能在某种程度上具有内涵、实质和目标上的一致性，疏解是将多余的、附加的、不属于首都中心和核心的功能转移、扩散、去除，这也可以看作是做减法，减去城市所承载的过多的、臃肿的、超重超负的功能。疏解非

---

① 《习近平在京津冀协同发展座谈会上的讲话》（2019 - 01 - 18），［2020 - 05 - 26］，http：//www. xinhuanet. com/politics/2019 - 01/18/c_ 1124011707. htm。

首都功能，是以减量发展为目标，在“量”上去做减法——就是减去附加的多余的功能，以获得“质”的提高。而减量发展则是以疏解整治为主要手段和方法。无论是减量还是疏解非首都功能，都是以当前发展所遇到的困境和危机为问题导向，尝试建构一种新的治理模式和发展模式，是新时代的重要理论，在提升城市治理能力和水平以及城市发展效能的几年的实践中被证明是正确的。

北京的减量发展，重在减量，构建减量发展的体制机制，这是推进经济可持续发展的重要环节和全面深化改革的重要举措。北京将减量落实到社会发展的各个领域，相应地建立减量发展规划引导机制、政策落实机制、激励机制等。列出减量发展具体实施领域和任务清单，保证减量高质量地推行。从主要领域来看，减量是在人口规模、城乡用地、工业用地、城乡接合部上的减量，更是源头减量，减量提质增绿。[①] 为此，北京重新编制城市总体规划，重新规划新城和村庄，在项目、机制、政策等方面具体提出计划和实施阶段，推行责任规划师制度来保证城市更新的顺利推进。在严守用地规模底线、生态红线的基础上，通过有序的分层化与差异性的减量策略，[②] 2018 年首次实现城乡建设用地减量 34 平方公里，几个重要区域的城乡建设用地都有减量，人口减少 16.5 万，建设面积减少 1200 万平方米。[③] 土地空间资源是有限的，需要科学配置，统筹规划，实行城市区域总量控制，促进城乡建设用地存量的最有效最集约利用，在城乡建设用地与居住用地之间保持适度的平衡，提升经济活力和空间发展动力。

---

① 参见《北京城市总体规划（2016 年—2035 年）》（2017 - 09 - 29），［2020 - 05 - 26］，http：//www. beijing. gov. cn/gongkai/guihua/wngh/cqgh/201907/t20190701_ 100008. html。

② 北京不同地区减量的策略不一样，如朝阳区、大兴区、通州区、房山区的减量策略都不同，故称为分层化差异性的减量策略。

③ 北京：转型发展风鹏正举壮丽 70 年奋斗新时代、推动高质量发展调研行，人民日报，2019 年 4 月 8 日 1 版。

减量发展使得北京生态环境有了实质性的提升。伴随着加速度的城市化进程，环境污染和生态恶化越来越严重。尤其是现代城市中大量汽车尾气的排放，工业废气的排放，建筑工地、道路施工的扬尘等，打破了人与生态之间的平衡和谐关系，给城市中人们的生活和健康带来极大危害。因此积极进行城市大气污染治理，保护生态环境的可持续，成为城市治理的重要组成部分。北京雾霾严重，尤其在供暖时期环境状况更为严峻，加上技术预测预警的精确性还有待提高，以及强有力的企业监管机制、法规保障机制尚未真正建立和落实，使得大气污染治理方面面临着特殊的困难，人民对美丽蓝天的诉求越来越紧迫。针对种种困难，北京坚决贯彻以人民为中心的思想，致力于提升人民的蓝天幸福感，紧紧围绕习近平总书记对如何治理北京大气污染指明的方向，[①] 采取多种有力措施来治理首都的空气病。根据不同发展阶段的目标任务制订科学的计划和方案，为治理提供基础性和方向性的法规条款依据，[②] 并且根据城市发展变化和群众需求，对条款进行修改和完善。2016 年北京实行了“三大治理战役”来落实国家“大气十条”，这三大战役是农村散煤治理、高排放车治理和城乡接合部治理。2018 年的“秋冬攻坚方案”三年计划，对于如何改善空气质量提出 29 项具体举措，连续三年全面强力落实，各区政府、生态环保部门、公安交管部门、城市管理部门、住建水务部门等群策群力，共同推进大气污染防治治理。

---

① 参考“加大大气污染治理力度，应对雾霾污染、改善空气质量的首要任务是控制 PM2.5，要从压减燃煤、严格控车、调整产业、强化管理、联防联控、依法治理等方面采取重大举措”。《习近平在北京考察　就建设首善之区提五点要求》(2014 - 02 - 26)，[2020 - 05 - 26]，http：//www. xinhuanet. com/politics/2014 - 02/26/c_ 119519301. htm。

② 如《北京市 2013—2017 年清洁空气行动计划》《北京市贯彻落实〈京津冀大气污染防治强化措施（2016—2017 年）〉实施方案》《〈京津冀及周边地区 2017—2018 年秋冬季大气污染综合治理攻坚行动方案〉北京市细化落实方案》《北京市打赢蓝天保卫战三年行动计划》《北京市大气污染防治条例》《建筑类涂料与胶粘剂挥发性有机化合物含量限值标准》。

经过社会各界力量包括普通市民、环保人士等积极参与、共同治理的努力，无论是数据显示还是市民感受，都表明了空气质量有非常明显的改善。2019 年 3 月 9 日联合国发布的《北京二十年大气污染治理历程与展望》评估报告中指出，北京作为中国的首都，1998—2017 年这 20 年经济飞速发展的过程也是寻求美好空气质量的过程，因为有明确的目标，全面的计划，科学的方法，全民的参与，在大气污染全面综合治理上打赢了难度非常高的攻坚战，形成了对于其他国家大气污染治理具有可借鉴价值和宝贵经验的北京特色。

（三）行政资源下沉与群众自治：城市治理的驱动力量

城市基层社区治理是国家治理的重要组成部分，从空间维度上来看，它是国家治理的微观基础，从时间维度上看，它是伴随着单位制的解体而后出现的一种更具有灵活性的治理机制。我国新型城镇化建设，以及提高国家治理体系和治理能力现代化的目标的提出，尤其对北京的城市基层社区治理提出巨大挑战，城市基层社区治理面临一系列矛盾与冲突：基层政府资源有限与不断增加的工作责任之间的矛盾，传统"街居制"统筹能力不足与居民服务意识与诉求日益增加之间的矛盾，基层治理的地方性、具体性与区域治理、国家治理的统一性、方向性之间的矛盾等。为了解决这些问题，北京在创新城市基层治理体系、提升基层治理能力方面下大气力花真功夫，着力实现基层社区治理的规范化。①

北京"回天困局"的解困及其破解，是城市治理中行政资源下沉、城市居民共建共治共享这一重要驱动力量带来巨大成效的生动

---

① 北京市基层社会治理规范化建设推进大会暨 2018 年社会建设工作会召开，会议对全市社会治理做出具体 7 个重点方面的指示，并将印发实施《北京市基层社会治理规范化建设三年行动计划（2018—2020 年）》，来启动社会治理行动以及城市副中心和回龙观地区的行动计划。《北京市全面启动基层社会治理规范化建设》，《北京日报》2018 年 1 月 21 日，[2020 - 05 - 26]，http：//www. gov. cn/xinwen/2018 - 01/21/content_ 5259037. htm。

案例。回龙观和天通苑，既是被称为“睡城”“堵城”的最具代表性的超大社区，也是治理所遭遇的问题最突出最严重的地区：公共服务水平极其落后，基础设施存在严重短板，交通拥堵状况突出，优秀教育医疗资源匮乏，职住结构失衡。北京市将其作为重点治理突破地区，打响了城市基层社区治理的攻坚战。在深入调研的基础之上，出台《优化提升回龙观天通苑地区公共服务和基础设施三年行动计划（2018—2020）》。以创新改革的方法，针对上述困扰人民群众的日常生活与民生问题，逐一进行破解，创造了北京城市基层社区治理的新样本。其中最具突破性的手段是有效的行政资源下沉。行政资源下沉涉及几个重要问题，即为什么要下沉？如何下沉？市政府行政机关和管理部门，聚焦于制约回天地区城市发展的关键性问题，把相应的职能与权力包括人员编制、资金财务、资源管理等下沉，下放到基层，赋能赋权给基层政府，包括街道、社区。这样可以简化行政审批程序，将基层治理的资源更有效地集中，为基层划清清晰明确的权责边界。基层的各个部门之间形成有效合力，共同发现问题，形成真正面对问题、解决民生痛点的治理。把治理着力点放在基层，把行政资源放在基层，这样基层政府就可以对群众的关切与诉求及时回应跟进。行政资源下沉，是对传统管理体制弊病的破除。“吹哨报道”“社区之家”“一刻钟社区服务圈”等机制和示范点的建立和扩大，就是围绕着人民的需求来调配资源，彰显了城市基层社区治理的人民性，也体现了城市基层社区治理的创新性和突出的进步性。

积极实践“共建共治共享”，发挥群众自治的独特力量，实现多元力量参与的和谐并且具有活力的社区共治。一个成熟高效的现代城市基层社区治理体系，必定包含多元的治理主体：政府（代表公共利益）、企业（代表市场和经济）和社会公众（群众市民、非政府组织、社团和社区组织等）。北京许多城区，不断完善和健全群众参与机制，比如成立“居民问政议事协商会”“居民议事厅”“社区议事厅”等，这些新机制旨在调动社区治理委员会、居委会、物业公司、业主委员会和居民，在充分听取意见的基础之上，对重大公共事务诸如绿化环境、垃圾整治、公共空间安全、社区政治文化活动等群众关心的民生问题进行协商，有事大家商量，有事居民提建议，推动决策的民主化进程。北京东城区在参与式协商社区自治方面积极创新，推动协商自治体系的规范化、制度化和程序化。目前东城区已建成168个社区议事厅，在“五民工作法”和协商自治导引手册的指导下，不断统筹街道办事处、社区居委会、社区各利益方的力量，健全和完善社会公众参与机制，提高社区自治水平，成为全国和北京市的社区治理创新的佼佼者。另外，为街道治理提供法律保障的《北京市街道办事处条例》于2020年1月1日起正式实施，这是将北京近些年来在资源下沉、赋权办街道办事处等方面积累的治理实践和经验以条例的方式制度化、法制化的形式固定下来。《条例》中明确规定街道办事处的责任清单，其中包括组织各类社会力量和社会组织参与治理，促进居民依法自治，为法治的基层治理和法治城市、法治文明提供常态化的保障。

（四）疏解整治与破立并举：城市治理的主要手段

疏解整治与破立并举体现了马克思主义唯物辩证法的核心要求与方法论意义。它既是北京城市治理中重要的手段与措施，也是针对北京首都大城市的城市病所采取的具有针对性的治理方法。从某种意义上说，城市治理的核心与本质，是要建立和谐并且具有活力、动态平衡的城市社会秩序，从保障秩序和有序这个方面来说，是需要对市民、企业、组织或团体的行动进行规范和控制，那么需要有人性化的、弹性的、灵活的治理手段；创新城市治理体系，是实现城市美好与善治的重要途径，而城市治理体系如何创新，则与城市治理的具体手段与措施直接相关，只有合理的、合法的、科学的、创新的治理手段，才能把城市各职能部门动员组织起来，把城市各资源整合协同起来，保证城市治理体系正常高效运行。城市美好与善治的目标实现，离不开城市治理的手段。城市治理手段既是治理价值与理念的体现，也是治理实践与工具的选择。

“疏解整治促提升”，是北京城市治理的重要思路与手段，它包括三个方面的重要内容：疏解、整治与提升。每个方面都有非常具体的目标，比如，疏解是疏解北京的非首都功能，诸如市场和物流中心、低端市场、一般制造业企业、公共服务资源这些都需要有序地疏解；整治是整顿、整理、清理、治理，将差的、脏的、乱的、风险性的因素有序化、整齐化、安全化，就城市发展中的整治而言，针对的是违法、违规、违建的行为，包括建筑工程、街道路面、棚户区、胡同、直管公房的整治；提升则是在疏解整治基础之上要达到的目标状态，它既是城市生产力的提高，也是城市生活水平的改善和城市生态环境的提升，从空间维度上说，提升也是空间利用率的提高，以及人们城市空间认同感、空间归属感、空间幸福感的增强。“疏整促”有序展开，并且在阶段性成果取得的基础上进一步深入推进。在这项党建引领的全局性、导向性的“疏解整治促提升”行动中，实现了工作方法的创新，如建立防止反弹的长效机制、完善监督考核机制，高质量地推进共治法治。一系列数据表明，这一重要的治理手段是有效的，交出了令市民们满意的成绩单：累计共退出一般制造业企业 3047 家；疏解提升计划内市场 630 个，疏解关停物流中心 122 个，拆除违法建设腾退土地 4000 公顷以上，[①] 整治“散乱污”企业 6251 家，温榆河森林湿地公园建设带

---

① 《2020 北京两会报告解读：巩固疏解整治 推动合理布局》（2020 - 01 - 12），[2020 - 05 - 26]，https://mbd.baidu.com/newspage/data/landingsuper?context=%7B%22nid%22%3A%22news_8914585049405599156%22%7D&n_type=1&p_from=4。

动拆除180万平方米，腾退土地超50%将还绿增绿。[①] 疏解腾退空间的再利用与管控，是一个非常复杂的系统工程，北京用了近2年的时间来疏解腾退土地，并且充分主动进行空间布局，将腾退空间进行台账式管理，并且积极地将腾退空间利用在文化、科技、教育、城市公共安全设施等方面，[②] 不断走在城市质量提高、城市效能增强、城市生活品质提升的城市可持续发展道路上。

破立并举，既是治理思维的创新，也是治理手段的实践。破与立，是一对矛盾，它们既对立又统一。先立后破，说的是先要树立目标和规划，再来具体实施与行动；先破后立，则是先要整治，在整治的基础上促进提升；“以立促破、破立并举”，目的是为了更好地深化疏解整治，如果说疏解整治是破，那么提升则是立。违法建设的拆除是破，那么拆后的空间统筹则是立；开墙打洞的整治是破，那么街道胡同的修复则是立；生态污染的整治是破，优化环境的提升则是立。北京城市治理，在三年行动计划中取得了非常好的成效，公共服务设施、公共服务体系、土地集约利用、产业空间布局与规模等越来越均衡和完善，人民也越来越满意。

三 广州：以人为本，提升老城市新活力的治理

作为广东省省会和国家中心城市，广州毫无疑问也是一个超大城市：面积7434平方千米，常住人口1490.44万，城镇人口1287.44万，城镇化率86.38%。[③] 同时，广州也是一座具有国际影响力的老城市。老城市，从时间维度上说，是指广州历史悠久，建城历史长

---

① 《疏解功能、结构优化，这一年北京都做了什么，一张图就看明白了》（2018-06-27），[2020-05-26]，https://baijiahao.baidu.com/s?id=1604377175215710045&wfr=spider&for=pc。

② 《北京市发改委：16区疏解腾退空间将全部摸底登记》（2018-05-31），[2020-05-26]，http://house.people.com.cn/nl/2018/0531/c164220-30026447.html。

③ 《广州市2018年国民经济和社会发展统计公报》（2019-04-06），[2020-05-26]，http://www.tjcn.org/tjgb/19gd/35890.html。

达2000多年，这是历史文化的优势；从空间维度上说，鳞次栉比，空间生态与品质有待提升。老城市如何进行新治理，来激发活力，这是广州近几年城市治理实践的主旨与原则。2017年第四届“世界城市日”的主场活动在广州举行，这既是广州城市让人民生活更加美好的印证，更是广州城市治理创新的经验和实践表达。作为一个多元、包容的城市，广州近几年的城市治理实践进行了很多创新，发生了巨大变化，形成了自己独特的经验。我们将其本质概括为“以人为本”，致力于“提升老城市新活力”。以人为本，表现在城市治理从市民的需要出发，从市民最不满意的地方开始治理；新活力，则表现在城市治理的具体实践，城市创新发展，力图提升经济竞争力、科技创新力、文化持久力、生态恢复力以及行政组织力，打造繁盛且温情、温暖的世界一线城市。

（一）全面推进高质量发展，发挥区域发展的核心引擎作用

完善与提高城市治理现代化能力和水平，创造市民满意的高品质的城市生活，离不开经济的高质量发展。经济高质量发展，是改革走向纵深和拓展的重要条件，也是一流城市建设的重要条件。广州认真贯彻落实中央经济会议精神，促进区域协调发展，推动粤港澳大湾区成为引领高质量发展的重要动力源，坚定不移地走高质量发展道路。

粤港澳大湾区，是我国最开放和最具活力的区域之一，具备强劲的区域竞争力，也具备成长为世界级城市群的潜力和高质量发展典范的资格。《粤港澳大湾区发展规划纲要》将广州作为引领区域发展的核心引擎之一，这个核心引擎在区域经济一体化进程中也扮演着重要角色。在最新的《广州市国土空间总体规划（2018—2035年）》中，也强调广州的区域发展核心引擎作用。那么，这个政策定位与战略谋划，对于广州城市治理来说，既是大机遇也是大挑战。广州在全面改革创新的进程中，形成了较强的经济实力，《2018年度

广东功能区域综合竞争力报告》显示，广州经济总量占全省1/4，第三产业对经济增长贡献率达79.3%，2017年入围2万亿元城市，在全省21个城市的竞争力评估中排在第2位，竞争力指数长期位于全省前列。[①] 毋庸置疑，其具有“将发挥其在科技型制造业领域和进出口商贸方面的优势，带动周边地区协同发展”[②] 的实力，形成对周边区域的引领和辐射作用。

高质量发展，既需要是体现增量的发展，更需要体现质量改善、提升的发展。因此在广州城市治理实践中，经济增长、国土空间规划、产业结构布局调整与优化、民生服务的改善与提高、政府管理创新等方面表现出新活力。广东省委、省政府积极转变治理思路，破除阻碍城市可持续发展的困扰和难题，构建“一核一带一区”的协调发展格局，解决了城市治理现代化必须解决的区域发展不平衡问题。协调发展，也是差异化与均等化辩证发展，在各个区域的功能定位，交通基础设施，产业园区和项目，政策制定上要强化优势，凸显差异；在基本的民生领域，公共服务上则推进均等化。尤其是在产业结构优化方面，目前服务业对广州经济增长贡献最大，制造业能量与后劲不足，那么需要进一步深化改革，将其丰富的创新资源激活，利用好生产服务业，把创新与产业紧密结合起来，融合产业的优势互补，做好做强制造业。同时各部门各行政区积极投入湾区建设，出台相关创新政策，为实施功能区引领区域发展提供制度保障。重点打造合作区域，并且在城市基础设施、科技、城市功能等方面实现创新与互连互通：如强化广佛极点带动，高质量推进广清一体化，打造广佛肇清云韶经济圈，深化穗港澳的科技合作，推动广深港澳科技创新走廊建设，推动佛山转型升级

---

① 《“一核一带一区”区域新格局：21个地市竞争力榜单的背后》（2019-02-13），[2020-05-26]，http://news.southcn.com/nfzz/content/2019-02/13/content_185117800.htm。

② 《中共中央　国务院印发〈粤港澳大湾区发展规划纲要〉》（2019-02-18），[2020-05-26]，新华网（http://www.xinhuanet.com/politics/2019-02/18/c_1124131474.htm）。

等。并且积极布局与实施新兴产业，发挥区域优势，探索区域创新驱动的新模式，构建区域创新发展的新格局，从而提升经济竞争力，扩大经济规模，进一步提升湾区经济活力。2019 年上半年广州全市实现地区生产总值 11755.54 亿元，比 2018 年同期提升 0.9%，增长达到 7.1%；2015—2017 年，近三年的经济总量、经济产值复合增速均处在前列；城市固定资产投资、房地产开发投资的总量排名中，广州则稳居第一。[1]

（二）积极推进数字政府建设，实现数字时代的创新驱动

落实与推进数字政府建设，是对党的十九大建设网络强国和数字中国精神的积极贯彻，也是对党的十九届四中全会“推进数字政府建设”的深度实践。大数据时代，利用互联网、人工智能、云计算等信息技术，以行政方式的创新、政务流程的优化、政务资源的整合、数据资源的共享、个人信息的安全为目标，不断提高政府治理能力，包括政府的管理能力，行政能力，决策能力，制度能力和服务能力，才能更好地履行政府职责，以更好的政务水平来便民利民。在腾讯发布的《数字中国指数报告 2019》中，广州数字政务分指数、数字生活指数位列全国城市榜单榜首，2018 年全国数字产业指数排名前 30 城市中，广州榜上有名（广东有 5 个城市进入），同时广州也进入全国云量城市前 30 名，数字产业、数字文化分指数、数字教育、数字生活服务、数字金融等都在领跑全国。这就是信息时代、数字时代广州运用技术改变生活的成功的生动案例。

广东于 2017 年开始着手“数字政府”改革，而广州则是改革的前沿阵地。本着让“数据多跑路，让百姓少跑腿”的原则，着力打造高标准的“数字政府”，提升“数字政府服务力”，建构创新化、服务化、协同化、信息化的数字政务体系，实现城市治理的智

---

① 《粤港澳大湾区城市经济半年报：深广领跑 新经济表现抢眼》（2019-07-31），[2020-05-26]，http://finance.sina.com.cn/roll/2019-07-31/doc-ihytcitm5812010.shtml。

能化创新，形成了城市治理的实践特色和经验。广州在牢牢抓住数据这个国家的战略性基础资源，实现精细化的数字治理上，处于全国领先地位，主要得益于以下几个关键性切入点：首先以管理决策机制的强化为突破口，成立数字政府改革建设专家委员会，组建数字广东公司；其次，构建基础数据库，打造核心数据库，并且建设了统一数据共享资源库，提高政务信息资源共享程度、速度、宽度；同时，积极建立“数字广州基础应用平台”和标准化、一体化的“互联网+”的政务服务平台，尤其是基于第三方平台的移动政务服务，优化老百姓的体验，让老百姓享受到指尖高效办事的便利。广州在支付宝上提供的“互联网+政务服务”超过126项，位列全国第一。数字政府改革以建设优化营商环境的提升与改善为重要目标，从2018年5月“粤省事”民生服务小程序[①]上线，到2019年8月“粤商通”涉企移动政务服务平台正式上线，实现了大数据服务、政务服务下沉到基层，真正为基层减负，不断用数据创新、数据管理和数据决策来助力政府治理变革，实现政务数字化、智慧化、信息化的治理转型。

（三）启动微空间改造与治理，实现历史文化的传承

城市环境、城市景观是观察一个城市是否具有活力，判别城市治理水平高低的重要窗口。“亚洲都市景观奖”，是亚洲地区人文景观营造领域、亚洲城市建设的最高奖项，由联合国人居署牵头于2010年创设。在中国赛区包括：城市有机更新、城市公共空间、城乡环境治理、城市文化复兴以及美丽乡村营造这5个方面的单项奖。获此殊荣的城市，在空间的规划与营造、景观环境的美化与改善、人居环境的提升与和谐、城市文化的传承与创新上，必定是能

① 以“粤省事”为代表的全省级数字政务体系建设，有效支持了广东数字政务的高水平发展。目前，“粤省事”小程序已获得千万级的实名注册用户，大约每12个广东人就有一个在使用“粤省事”。

够展现出其他城市无法比拟的独特经验与特色。广州市越秀区新河浦历史文化街区的复兴工程，获得“2019 亚洲都市景观奖”，这是广州城市治理在微空间改造与治理上的成效。

百年广州看东山，东山承载着广州近代以来的历史与文化。作为广州历史最悠久的老城区，东山有非常深厚和独特的文化资源。但随着城市化进程步伐的加快，也出现了环境脏乱差、社区人与人之间关系陌生化加剧的问题。如何既能够保存城市文化遗产和文化记忆，又能够盘活、激活特色文化资源？如何在进行城市建设发展的同时，同时兼顾历史文化遗产的保护？如何提升空间品质和居民生活的幸福感、温暖感与温情感？这是摆在街区建设与治理面前的难题。新河浦区的建设与治理，延续着广州城市更新的“微改造”模式，严格按照计划、规划与政策实行：在改造目标上强调街区的整体规划与历史文脉的保护，“活态保护，多规合一”的城市复兴与有机更新，打造老城市新活力的优质生活空间和创新发展空间；在改造主体上，强调居民共治共建共享，成立街区互助会，打破传统治理模式，从要居民做什么就做什么转向同居民协商，听居民建议，实现政府与居民共同治理；在改造方式上，强调保存历史元素和传统的建筑形式、空间结构、细节及动线，修缮提升，修旧如旧，并且相应地植入文化艺术，培育创新的文化产业。传统的城市建设和城市更新思路，一般而言是简单的空间开发和拓展，大拆大建，商业化色彩浓烈，不断开辟新的土地来搞建设，注重量的增长。而广州的微空间改造，则是一条守正创新的空间治理之道，从量的增长转向质的提升，转向城市的可持续发展和内涵发展。这样一种微空间治理实践，能够激发并且整合传统与现代、自然与人文、市场与组织的力量，实现老旧历史街区社区的劣势转化，在生态环境改造、民生服务、优化商业布局、社区综合治理以及东山品牌打造这几个紧密关联相互影响的方面，创造了一个可持续性、艺术性、安全性、和谐性的独特的空间格局和体系，形成了更好的、更让人们感到幸福的市民的城市、温情的城市。

（四）智库媒体参与城市治理，探索媒体协同治理新路径

传统媒体向智库型媒体的转型，就是适应新时代信息化大融合的趋势实现自身的创造性转型，积极参与城市社会治理的新实践，也是贯彻响应国家大战略的新举措。媒体积极投身智库研究、智库传播与智库服务，有自身的优势和竞争力：对中央精神、地方政府的政策中心和原则把握及时、到位，能够走进基层、倾听基层、了解基层，有针对性地了解相关领域的问题、难题。当然还有深谙专业的记者编辑，丰富多样的传播手段、传播渠道、传播方式以及媒体本身所具有的资源整合、聚集能力一起所打造出来的很强的传播力，所有这些因素为媒体的智库化转型提供了必要的坚实基础。通过大数据助力国家治理体系和治理能力现代化，正是智库型媒体在如何最透彻地理解大数据，最大限度地运用大数据基础之上，将其转换成具有政策价值、产业价值、市场价值、文化价值的生产力的智慧探索。

南方都市报在媒体的智库化转型方面做出了自己的特色，很好地实现了功能与智力平台的构筑，为治国理政提供了媒体特有的智力支持，创立了中国城市之治的广州经验、媒体协同治理经验。从2014年起到2019年，南方都市报连续6年在城市治理创新文化论坛上发布《广州城市治理榜》，依据第三方媒体视角，通过包括数字政府服务力榜、最具发展潜力功能区榜、湾区政策创新榜、民企满意度榜、公共服务“好差评”等在内的12个子榜单，对广州的城市治理能力进行观察、评估及发布，从经济发展、改革创新、社会治理等不同维度综合展现城市的治理水平。2019年在数据测评、问卷调查、公众投票等方式之上，增加了“南都观察团走访”环节，进一步深入了解各个基层职能部门在具体的城市治理中所做的

工作和发挥的效用。这个榜单也因为是国内第一份由媒体在科学的测评指标之上，对城市治理进行系统的测评，而成为南方日报智库转型的闪亮成果。在2019年角逐全国330个申请项目，在全国22个入围作品中，以唯一一个来自媒体机构案例的身份获得首届中国城市治理创新优胜奖。治理榜连续发布了6年，这6年也是广州城市治理水平日益提升，日益现代化的6年。在这个过程中，媒体发挥了非常重要监督、评价、引导的作用，不断践行着"城市共建者"的身份。通过"推出个性化、对象化、订制化的内容产品，提供高品质、专业化、特色型的智慧服务"①。广州城市治理榜，聚焦关于人民生存和发展的重要问题，坚持以人民为中心，站在民众立场，为城市公共服务的提升、经济产业功能区潜力的激活、湾区高质量发展的政策创新等出谋划策，用公众的好评差评带动相关政府部门的管理及决策改进，带动民众更加主动地参与治理。这是数字时代，媒体借助科学技术，用自己的力量参与进步，推动进步，实现协同的城市治理，促进政府与民众良性互动的治理意识和治理责任的表现。

第二节　国外城市治理地区实践

本节之所以选取美国、英国、德国、日本这几个国家，梳理并呈现城市治理的地区实践，是因为：美国毫无疑问是当今全球经济和城市化水平最高的国家，美国大城市独特、灵活的发展及其对经济的贡献使其站在领跑的起点上；英国是最先开启工业革命的国家，而真正意义上的城市化始于工业革命时代；德国作为欧洲实力

① 刘红兵：《媒体智库与智慧媒体——南方报业传媒集团打造传媒智库、推进智慧转型的实践与思考》（2019－04－09），［2020－05－26］，http：//media. people. com. cn/n1/2019/0409/c426142－31019924. html。

强国，城市化步伐与其他发达欧美国家相比要开启得晚，但城市发展速度快，德国城市发展诠释了高度城市化的崭新内涵；日本国土资源有限、人口密集，在世界城市化和城市体系格局中扮演着重要角色。“当今世界唯一不变的就是变革”（撒切尔语），城市化以来，这些国家城市发展都面临着不同的困难与挑战，可以说都经历过城市的“治理危机”。但它们都根据自己的特点及时做出变革与调整。总结它们在城市治理变革中的经验与教训，对于我国城市发展和城市治理具有借鉴性意义。

一　美国：多元性、市场化、法制化的城市治理

美国是世界上少数快速而广泛地完成城市化的国家之一，美国的城市治理虽然起步较晚但发展迅速。1920 年，美国的城市人口超过总人口的 50%，美国基本实现了城市化。伴随着城市化的推进，空气污染、住房拥挤、交通拥堵等城市病随之产生。因此，城市空间的规划、城市经济结构的调整以及城市居民的生存发展权益保障等，成为美国城市发展亟待解决的问题，正是在对这些城市问题的解决过程中，美国探索出丰富的城市治理经验。尽管美国城市化发展历程中所进行的城市治理实践有其特殊性，但其治理主体的多元性特征、城市治理过程中的市场化模式，以及城市治理的法制化等经验仍具有一定的借鉴价值。

（一）多元性：城市治理主体的特征

美国城市治理保留了美国社会和文化的多元化特征。这既归因于美国作为移民国家，在民族、地域及文化等方面表现出来的多样性，还归因于其民主制的传统。美国城市治理主体包含联邦政府、各州市政府和城市公民，其多元性特征突出体现在联邦政府与州政府、公民与政府这两对关系之中。前者是美国城市治理中联邦政府总体性调控及地区异质化发展的重要保障，后者是美国民主政治传

统在城市治理中的重要体现。可以说，两对关系交叉叠合成了立体、多元的美国城市治理主体构架。

地域广阔、文化各异的各州使美国形成了多元化的突出特征。美国的主体国土共包含50个州，各州政府与白宫的关系直接决定着美国城市治理中州政府与联邦政府的决策。美国的自由文化传统与地域的差异性，使美国选择了充分发挥州政府与各市自身积极性的发展道路。在美国城市治理中，联邦政府通常不干预各州的规划管理，各州对各市的管理也通常比较宽松，城市的发展选择权限在其自身。此外，美国城市治理的规划编制过程中遵循“自下而上”的原则，注重民主化决策和公众参与过程，注重发挥州政府与各市自身的地方积极性，保护区域发展的特殊性，坚持异质化的城市治理规划，保持普遍性规划与特殊性实施的张力，形成了联邦政府与州政府的多元治理格局。这种多元化治理模式使得美国各州、各市异质化更加凸显，并体现在城市治理的多个方面，甚至各市的市政体制和议会选举制度都各不相同。

但这种差异性的自治模式，也使得美国大都市区的城市治理产生了明显的碎片化。20世纪70年代，美国修建了4.3万英里的州际高速路、快速路以及大量的环路，超级大都市区与都市带随之出现，使大都市圈如雨后春笋出现在整个美国大陆。大都市区的蔓延使美国大都市区治理面临着诸多困境，最为突出的是碎片化地区治理与大都市区的整体性治理的矛盾，表现为两大问题：其一，如何处理好城市兼并之后的统协管理，使新城区既能保持其自身优势，又能享受大都市区兼并带来的新的发展机遇以及都市服务，获得更自由但更有秩序的新管理模式。其二，兼并之后的地区自治与统一管理的关系处理及权责划分，避免“你管我也管”的过度管理以及“你不管我也不管”的管理漏洞。因而，形成权责划分细、覆盖范围广的新治理体系和跨域治理机制，是美国解决大都市区治理的关键问题。

对公民主体地位的确认，是美国城市治理民主性的重要体现。公民在治理中的主体性参与，既是对美国民主政治传统的继承，也是公民意识发展的现实基础。早在 1920 年，美国的城市人口就已超过总人口的一半，城市人口成为美国公民运动的主体，公民权利的诉求转变为城市权利的诉求。由于城市化发展带来的诸多不平等现象，以及公民权利诉求的场域转变，对城市权利的诉求已经成为当代美国城市运动的主要原因。20 世纪 90 年代爆发的新城市主义运动，既是美国城市边缘人群对城市蔓延式发展导致的非正义的不满，也是他们争取城市权利斗争的现实表现。

美国的民族传统，以及在追求城市权利的斗争过程中得以发展的公民意识，是公民力量在城市治理中主体性、参与性以及动力性的表现。城市治理中政府及规划组织对公民参与的重视，则是公民主体地位确立的另一个重要因素。美国在城市治理中，对公民参与的重要性往往给予非常充分的肯定。公民的参与通常以工会、社区管理委员会[①]和公众听证会为主要途径。美国的工会作为民众维护权益、提出个人诉求、发表个人观点、行使个人权利的重要社会组织，“在美国的政治中发挥着强大的作用，影响到公共住宅、医疗和民权的目标”[②]，在城市治理中也未曾缺席，发挥着重要作用。普通民众通过工会表达其对城市治理过程中涉及切身利益的一些诉求以及对城市治理的建议，并以此作为实现公民权利、争取城市权利的重要手段。社区管理委员会则与工会发挥了类似的作用，但相对于工会而言，社区管理委员会直接参与度更强、更突出，公民通过社区管理委员会，可以直接参与到社区规划和城市建设中。这种社

① 社区管理委员会是美国城市基层自治的机构与组织，职能是管理和服务社区，还负责搜集民众关于城市规划与治理建议，并上报给市政府，是普通民众参与城市治理的途径之一。

② 彼得·纽曼、安迪·索恩利：《世界城市规划：全球化与城市政治》，叶齐茂、倪晓辉译，中国建筑工业出版社 2016 年版，第 102 页。

区参与，让工人跨越阶级、与公民—商界联盟共同参与城市事务，既可以促进城市的综合治理，也代表着一种获得平等城市权利的正义性。另外，公众听证会也是民众了解、参与城市治理的另一条重要途径，民众通过听证会与规划方商议、辩论，以表达自身的利益诉求，这在很大程度上起到了监督城市治理的作用。

（二）市场化：城市治理的独特模式

美国的城市治理也打上了自由主义市场经济的烙印，并体现在土地交易、空间规划、城市产业转型、宜居城市建设、智慧城市建设等城市治理过程的方方面面，这构成了美国独特的市场化城市治理体系。

自由市场经济是美国经济的突出特征。这种经济发展理念源于美国人在长期的开疆扩土和人口流动过程中形成的自由主义价值观。在自由市场经济的制度背景下，美国城市的土地以私有制为主，土地交易按市场规律运作。土地私有制确定了个人对土地的私人占有，保护了个人对利益与效率的追求，充分发挥了市场高效调节的能动性，促进了城市土地的合理规划。以纽约市为例，市场经济背景下的土地私有制使纽约市在进行土地开发时，以高效性和功能性为导向。城市用地被细分为独立式或并立式住宅用地、联立式住宅用地、商务公寓用地、商业用地、停车设施用地、工业用地、交通运输及公用事业用地、休憩娱乐用地、公共设施和机构用地等。土地分类的细化，使纽约市在进行城市规划时，能够对各功能区明确定位、清晰划分。尽管土地私有制保障了土地的自由平等交易，但由于资本的逐利本性，导致纽约市的土地交易价格逐年上涨，给希望定居纽约的人带来了更大的经济负担。据美国房产经纪公司道格拉斯·埃利曼（Douglas Elliman）的数据显示，2017 年第三季度，纽约曼哈顿的房屋中位价创下 28 年来历史新高，价格同比增长 9.3%，皇后区的房屋中位价同比上涨 10.2%，布鲁克林的房屋中位价同比增长 7.5%。可以说，市场化背景下的土地私有制，既发挥了市场高效配置资源的优势，促进城市规划的合理性，但也激发了资本的逐利性，增加了美国社会的不平等因素，扩大了美国各阶级的差距。

城市产业的发展、集聚及快速转型，也得益于美国的市场化城市治理。一方面，市场经济使美国各大都市区依据其地域特殊性打造了各自的特色产业，例如纽约的金融业、新媒体产业，芝加哥的旅游业，洛杉矶的音乐电影产业，旧金山的高新技术产业，休斯敦的宇航产业，底特律的汽车制造业等，市场的调控使得各地区根据自身特殊的条件优势，产生了空间集聚，打造了都市区的特殊产业空间形态。另外，市场对经济变化的敏感性促进了城市产业的快速转型。比如，二战后，科技革命引发的产业升级，导致传统制造业为主的城市经济由盛转衰。厂房空置、大量人员失业，周期性资本主义经济危机的爆发无疑使城市发展雪上加霜。为了应对危机，美国诸多城市不得不进行大规模产业结构的调整与转型。例如在 1975 年财政危机之后，纽约市便精准地研判了社会变化，进行了经济结构的调整，从以制造业为主向以服务业为主转变，因此服务业开始崛起并迅速发展，大量劳动力也从第一产业和第二产业迁移到第三产业，“截止到 2001 年，服务业就业人数是同期制造业就业人数的 6.37 倍”[①]。美国城市经济的及时转型是美国城市治理的一大亮点，一个产业衰落了，另一个产业随之兴起。敏锐的市场嗅觉和不断优化的产业结构调整，为美国城市化注入了持久动力。

智慧城市的建设，是美国城市治理的重要内容，也是城市治理现代化的重要手段。美国在智慧城市建设方面取得的发展，在很大程度上也得益于美国的市场化治理模式。为了提高科技研发效率和

---

① 段霞：《世界城市发展战略研究——以北京为例》，中国经济出版社 2013 年版，第 41 页。

应用效率，美国采用高校科研院所、企业、政府共同探索的模式，把以企业为主体的市场探索作为智慧城市发展的核心力量，将市场的资源优势、企业的制造优势与高校科研院所的研发优势相结合，构建企业与高校科研院所的联动创新机制。因此，依靠拥有世界上最多高科技企业的优势，美国以企业为主体力量进行智慧城市建设，充分发挥市场经济的资源配置优势，利用企业在市场中对科技变化的敏感性，推动美国智慧城市技术的快速更新，促进市场经济的转型与发展。另一方面，智慧城市技术已成为美国城市治理的重要手段。近年来，美国将智慧城市技术应用于具体的城市治理领域，尤其是基础设施的更新，提高了其城市治理的现代化水平。2009 年初，美国前总统奥巴马推出的《绿色经济复兴计划》，便将城市的智能电网建设和智能交通系统建设作为关键性举措。其中关于新能源的开发方案，以美国高科技企业的技术支持为基础，以市场条件下各产业的升级为契机，充分发挥市场资源配置的高效性、嗅觉的敏锐性等优势。因此，美国的市场化治理模式不仅在智慧城市的建设中发挥了基础性作用，在智慧城市技术作为治理手段的治理实践中也发挥了重要作用。

美国市场化的城市治理模式还延伸到了宜居城市的建设中。市场化物业服务的发展与宜居城市的建设相结合，形成了美国城市绿化与宜居双赢的治理模式。在进行宜居城市建设时，美国将城市绿地系统的建设与居住环境的美化相结合，促进了城市居民住房的美化，催生了公园物业产业①，提升了城市绿化服务的专业性和社会性，维护了周边地产的绿化和生态。以曼哈顿公园物业为例，其围绕面积最大的中央公园进行服务，居民购买周边地产费用的 32%，用以维护中央公园的绿化和生态，如今，中央公园周边的公寓已成

① 公园物业主要指以公园为中心进行物业服务的服务产业，即通过收取公园周边业主的服务费用，对业主所拥有的公园绿地进行维护和服务。

为纽约市目前最贵的住宅。可以说，市场化治理模式下，宜居城市的建设与市场化服务业的结合已成为美国城市治理的一大特色。

（三）法制化：城市治理的规范保障

尽管市场化的治理模式具有高效性、敏锐性等优势，但由于资本主义经济危机的周期性爆发，政府的干预就显得十分重要，1929—1933 年经济危机后美国政府实施的“罗斯福新政”便是最好的例证。由于自由主义市场经济下资本主导与运作的放任，导致了 1929—1933 年的经济危机，美国经济因而陷入困境一蹶不振。为了摆脱困境，罗斯福上台之后便开始实施“新政”，这是资本主义国家进行经济干预和管理的先河。“新政”对战后美国经济的恢复产生了重要影响，它的影响也渗透到了城市治理领域。在罗斯福新政的影响下，美国各市政府开始对城市治理进行干预，但并未采取直接干预的方式，而是扮演着“守夜人”[①] 的角色，通过制定法律法规参与城市治理，弥补市场化城市治理的不足，因而形成了美国依法治市的突出特点。

依法治市作为美国城市治理的突出特色，体现在城市治理立法、执法的各个环节。为了弥补市场化城市治理模式的不足，保障城市治理有据可循、有序推进，美国政府在城市治理结构、治理程序、治理细节等方面都制定了法律法规，建立了较为系统的城市治理法律法规体系。在城市治理结构上，美国联邦政府及各级州市政府都制定了相关法律法规，确定了普通民众、社区和社会力量参与城市治理的形式和内容，例如 1974 年联邦政府颁发的《住房与社区开发法》，便明确指出，城市在制订开发计划时，需要有公众参与，可通过公私合作的方式进行。除此之外，对于城市的治理程

① 亚当·斯密在《国富论》中，提出“政府的角色应该是守夜人”的观点，以说明政府在经济中的职能应该是以下三点，即保护社会公正、维护私人财产、建设公共设施。他认为，经济发展应该由自由市场进行宏观调控，政府只充当维护社会公正的守夜人的角色即可。

序、城市资源的开发利用、城市利益相关者的权利与义务划分等，美国政府都制定了详细的法律条文，例如《住宅法》《城市规划授权法案》等。

依法治市还体现在严格的执法行动上。在美国城市治理中，美国政府比较注重执法行动的合法性、合规性，注重权责划分的明确性。在城市治理中，美国各市政府的执法，往往需要接受市议会、公众等的监督。例如，各市政府在进行城市规划时，会在其所属州的《州规划法规》框架下，制定具体的市规划法案，“通过的规划将作为地方性法规，由城市的行政机构和司法机构保障执行，不得非法变更”①。在城市规划的实施中，市政府会严格按照规划法规实施行动，并接受市议会、社区管理委员会、公众等多方面的监督。因此，美国的城市治理在法律的制定、执行等方面十分严格，并且已经形成了较为成熟的城市法治系统。依法治市这一理念在美国的城市治理中发挥了重要的规范作用，成为美国城市治理公正、高效的重要保障。

尽管美国的城市治理经验十分丰富，对我国的城市建设也可以提供一定的借鉴和指导，但美国的城市治理也存在“穷人与富人之间、少数族群与白人中产阶级之间、城市与城市之间、城市内部之间”② 的社会隔离问题以及都市碎片化问题，城市治理的完善与发展仍任重道远。同时，由于不同国家道路的多元性、不同城市的差异性，因此，对美国城市治理经验的借鉴须根据城市的具体情况而定，不可照搬已有经验而忽视客观实际。

---

① 孟延春：《美国城市治理的经验与启示》，《中国特色社会主义研究》2004 年第 3 期，第 40—43 页。

② 定光莉：《美国城市治理的历史与现实、问题与评价》，《湖北社会科学》2019 年第 6 期，第 42—49 页。

二　英国：生态主导、创新智能的治理

英国作为传统资本主义强国，在第一次工业革命的推动下，率先开启了城市建设。从古老的“日不落”帝国，到现在的世界第五大经济体，其世界强国的地位一直未曾改变。英国在国家治理和城市建设上也一直保有自身独特的治理模式，深刻影响了其他后进国家的城市治理和城市建设。近年来，英国的城市治理实践发生了显著的变化，从政府主导的单一主体，发展为公私合营的多主体治理模式，并结合时代发展和技术变革，极大地丰富和创新了城市治理理论和实践。总结和学习英国城市治理的发展规律和突出特征，对于提升我国的城市治理水平、丰富城市治理实践具有重大意义。

英国城市治理实践是由中央和地方政府为主导，城市居民共同参与，企业集团和社会组织贯彻执行的，对城市进行建设、规划、管理、发展的实践过程。英国城市治理的主要特征可以概括为：以环境治理为价值内涵与基本诉求，寻求城市绿色可持续发展；以城市复兴和区域振兴为基本指向，进行城市规划和建设；以智能科技为支撑和依托，实现智慧城市的发展目标。我们通过考察可以看到，传统的工业城市已经实现了向后工业城市的转型发展，以伦敦、曼彻斯特、利物浦等城市为代表，古老的英国城市正迸发出新的生机与活力。

（一）环境治理：城市治理的价值内涵与诉求

环境治理和生态保护是英国城市治理的重要内容，也是引领英国城市治理的价值旨归。良好的生态环境符合城市居民对于城市发展和美好生活的诉求，因而成为英国一以贯之的城市治理理念。从早期霍华德“田园城市”理念的提出到英国城市环境治理的现实实践，英国城市的环境治理之路走过了近百年的历史，取得了突出的成就，开辟了生态城市建设的独特道路，形成了既具有英国鲜明特

征又可为他国提供借鉴的城市环境治理模式。

英国的城市治理经历了“先污染，后治理”的发展阶段，在1952年“雾都劫难”的残酷教训和阵痛经验之后，英国政府和城市居民树立了生态环境保护的意识，并一直延续至今。对环境的重视，影响着政府的政策制定和居民的生产生活方式，英国也加强了以环境治理为核心的城市治理实践。这一实践开始于早期的环境立法和政府规定，如在“雾都事件”后颁布了《清洁空气法案》《河流污染防治法》《公共卫生法》《水资源法》《污染控制法》等40余项法律法规；发展于城市去工业化的建设过程中，将造成污染的工厂从城区撤离至郊外甚至停产淘汰；创新于近年来的生态城镇发展中，在深刻反思工业化城市危机和弊端的基础上憧憬人居环境建设的畅想曲。伴随着城市治理的进一步深化，环境治理的纵深性、创新性、可持续性不断加深，城市治理的实践过程不断向公众开放、向企业开放，环境治理的价值观念不断内化为城市治理主体的思维方式，也不断外化为城市居民的生活行为习惯。

环境治理的价值理念首先见诸城市的发展规划过程中。以英国第一大城市伦敦为例，其从1942年制定的《大伦敦规划》，到现今城市治理规划的不断调整，都将生态环保的价值诉求放在城市治理的首位。《大伦敦规划》针对日益破坏的城市生态环境，主张设立城市绿化隔离带，以同心圆封闭式系统，将城市空间层次分为城市内环、郊区环带、绿化带和乡村外环。在“延缓中心城市规模扩大、阻滞城市蔓延发展、保护开放空间、提供城市居民休闲娱乐场所、保护环境”① 上发挥了重大作用。随后，以绿带建设促进城市生态环境治理的实践延续至今。2011年，伦敦城市规划仍重视绿带建设，并将其单独列为一章进行讲述，同时针对绿带阻断城市空间

① 谢欣梅、丁成日：《伦敦绿化带政策实施评价及其对北京的启示和建议》，《城市发展研究》2012年第6期，第46—53页。

发展的言论，城市规划部门积极回应并逐步解开绿带“紧箍咒”，解放城市空间和建设用地。当前，环城绿带建设已成为城市发展和生态环境治理的新模式。

环境污染问题的根源是能源消耗问题，维持生态环境的良好发展需要从转变能源消费方式入手，因而英国城市治理在贯彻环境治理的价值导向中，注重能源发展，在减少能源消耗的同时，转变能源消费结构，开发新能源。如英格兰普利茅斯市的南部地区，日照时长非常充足，因此当地政府因地制宜地发展太阳能清洁能源，比如在城市周边设立太阳能农场，或是在社区平房楼顶架设太阳能板。这些措施基本可以满足城市社区居民的用电需求。在探索和推广清洁能源技术的道路上，大到国家层面的核研发计划，如英国能源和气候变化部门（DDEC）的核能发展规划，小到城市层面以人类和动物粪便为能源的生态大巴，处处都体现了城市治理在生态环境保护上所做出的努力。此外，英国诸多城市都设计了林荫步道、骑行线路，积极鼓励市民身体力行地实践生态环保价值观。

显然，英国城市在环境治理的过程中积累了诸多经验，也取得了显著的成就。这不仅仅归功于城市政府的政策推动，也归功于英国各大高校、环保组织与媒体的积极参与。在它们的带动下，城市居民和公众纷纷成为治理生态破坏和环境污染的主体。市民可以通过每小时的空气质量推送，及时获得生态环境数据，实现对政府的治理行为和治理过程的有效监督；而公共媒体和环保组织可以通过公开的民意收集和信息报道，将公众对城市生态治理的意见和建议及时反馈给政府决策机构，形成地方政府和城市居民的双向互动，强化城市居民在生态治理中的监督地位，提升公众的生态环保理念。

（二）城市复兴：城市治理的规划手段与实践

伴随着工业生产从城市空间的迁出和转移，城市发展逐渐失去了核心引导而出现了城市中心衰落、区域人口收缩、城市经济增长缓慢、社会功能逐步丧失等问题，这是英国城市走向后工业化发展阶段必然要面临的挑战。于是，英国启动城市复兴计划，这项计划旨在采取多维度、全方位、综合性的措施治理后工业时代的城市发展问题。城市复兴是英国城市治理的重要举措，其开始于 20 世纪 90 年代，经由城市重建、城市更新、城市开发战略演变而来，是英国私有化改革后的城市发展战略，其强调城市治理政策的统筹性和治理实践的综合性，更加关注对城市诸多元素的整合与规划。

在城市复兴过程中，城市治理的主体不仅有政府，还有私人企业和社会组织。城市复兴主张在政府主导下建设公私伙伴关系，并探索形成 PPP（Public-Private Partnership）的公私合营模式。在这一模式下，大量城市开发公司参与城市规划建设，通过项目承包，成为城市治理的重要推动力量，如英国合作团体（EP）、城市重建公司等。在具体的实践层面，城市复兴的规划远远超出了对物质空间的改造，其不仅仅是对城市中心区贫民窟的清理和生态环境的改善，它更多地包含对经济和社会范畴的关注，使既有的经济活动更具价值，同时强调社区内部和社会之间的融合以及城市结构的转型，从而适应新的社会文化关系。

英国的城市复兴以文化为导向。1999 年，英国“城市工作专题组”发布了一份名为《迈向城市的文艺复兴》的研究报告，强调城市复兴的重要意义及文化复兴的主导作用，首次将城市复兴提高到了同“文艺复兴”相同的历史高度。在这一纲领性文件的指导下，英国城市纷纷走上了以文化复兴城市的发展道路。其主要措施有：一是以文化设施建设引领城区改造复兴，如伦敦的道克兰码头区和利物浦的爱勒特码头区，[①] 成功打造城市文化的亮点，以文化

① 参见李明超《文化规划的发展成效、模式分析与经验启示——以英国为例》，《城市发展研究》2015 年第 22 卷第 11 期，第 25—30 页。

产业发展实现空间转型。二是以文化活动带动城市发展，如伦敦通过举办奥运会兴建改造了一大批文化娱乐设施，带动了旅游业、传媒业等一系列文化产业的发展；卡迪夫市也通过兴建音乐厅、体育场等文化设施成功举办了国际国内文化体育赛事，带动了城市经济发展，推动了南部滨海港口衰败区的复兴，形成了新的社会经济发展核心区块。三是以文化创意打造后工业主体风格城市，在传统工业城市如曼彻斯特、伯明翰、利兹等地打造创意城市名片，改造旧厂房变为文化创意基地，发展后工业城市文化，极大地激发了城市活力，实现了从“灰色工厂”到“文创先锋”的城市风格变形记。

如果将城市复兴规划视为精确到“点”的城市治理实践，那么英国的区域振兴计划则是一种由“点”到“面”的展开。这项计划不再局限于一城之内的发展规划，而更多聚焦于区域发展不平衡的现实问题，通过区域之内、城市之间的双向联动，以“点”成“面”，以“面”带“点”，促进城市间的平衡发展，实现城市正义。

长期以来，英国存在着严重的地区发展不平衡状况。以伦敦为中心的南部城市群因得天独厚的自然资源环境和地理历史因素，一直遥遥领先于英国其他地区的城市。仅伦敦一城的 GDP 总量就占总体的 24.9%，接近 1/4。[①] 伦敦一市独大的格局和区域不平衡的现状，严重制约了英国城市的协调发展。伴随着英国城市复兴计划的实施，区域振兴计划也在 2015 年提上政策议程。这一计划以英国前财政大臣乔治·奥斯本等人为主导，致力于“北部振兴计划”（Northern powerhouse）和“中部引擎计划”（Midland Engine）。

北部城市大多是传统工业重镇，伴随着近年来城市复兴和城市转型的治理实践，曼彻斯特、利物浦和利兹等城市纷纷发展了自身

① 屠启宇：《国际城市发展报告 2017》，社会科学文献出版社 2017 年版，第 263 页。

优势产业，并形成了一定规模。在此基础上，北部振兴计划进一步推进北部城市产业优势的扩大，通过政府权力下放、行政体制改革、兴建基础设施、发展科研学术、建设区域交通等措施，对北部区域的 11 个重要城市进行综合规划和治理。此外，英国政府积极推介北部振兴计划，在 2015 年 9 月的中英财金对话期间，英国商业大臣贾维德赴中国各省寻求合作伙伴和合作机会，以推行该计划。显然，英国政府高度重视区域间城市的平衡发展，推行区域—城市联动发展的政策，创新区域发展的新模式，为城市治理开辟出一条新的国际合作道路。相较于北部地区，“中部引擎计划”同样是聚焦于 11 个城市，依托良好的制造业基础和高校集群优势，集中打造中部地区品牌，以原先的能源、交通、食品制造、健康护理、生命科学、卫生制药、数字设计等产业为基础，重点提升技能、创新、交通等关键领域。近几年，区域振兴计划已经发挥出良好的引导效果，人口向重点中心城市集聚、房地产市场再次繁荣。同时，中国参与建设的英国高速铁路 2 号工程（HS2）也落地曼彻斯特，并吸引了大量的产业投资，如中国华为公司的石墨烯研究项目、北京建工集团的企业区建设项目等。

（三）智能创新：城市治理的科技支持与目标

伴随着信息技术革命的推动和全球化进程的不断加深，物联网、云计算、大数据、区块链、5G 等新技术的应用，不断影响和改变着人们的生活方式和生产方式。当人们感叹未来已来同时，城市治理也已步入网络化、信息化、智能化的发展时代，智慧城市建设也应运而生。英国是较早开始发展智慧城市的国家之一，2009 年 6 月制订的《数字英国》计划，就明确提出要将英国打造成“世界数字之都”。转眼间，英国已经从一个传统工业国家转型升级为智慧创新国家，并将这一目标深刻贯彻到城市治理的过程之中，在政府的大力支持下发展智能科技，打造世界领先的智慧城市。

过去五年，英国已经投资了5亿英镑建设智慧城市项目，着重提升城市的基础设施建设和公共服务。在伦敦，一款名为“Citymapper”的手机应用可以精确地为人们提供出行方案，告诉人们具体的出发时间、所需时长、换乘方式等，甚至可以实时监控地铁流量，精准地告知用户乘车人数最少的地铁车厢。这款应用已经成为伦敦市民出行必备助手，为市民提供便利服务的同时也有助于缓解城市交通拥堵的问题。此外，伦敦交通局建立智能交通智慧系统（SCOOT），街道上的红绿灯可实时根据行人数量自动调整秒数，无人驾驶的汽车已经应用于希思罗机场的接驳工作中，为旅客和市民提供诸多便利。

可见，政府在推动智慧城市建设过程中做出了不懈的努力，其背后是中央政府和地方政府的巨额财政支持。2015年，英国财务大臣奥斯本提出，“政府将投资4000万英镑，用于发展物联网和智慧城市的相关软件应用”①，这一举措预计将为政府节省近17亿英镑的财政支出。而布里斯托市同样看到了高投资背后的高回报，曾投资7500万英镑建设光纤网络、在全市范围内布置传感器等，这些设施可以实时监控城市环境、交通、能源等数据，为市民提供方便快捷的公共服务。布里斯托市在2015年被评为“欧洲绿色首都”，且在2017年的英国智慧城市指数报告中超越长期排名第一的伦敦市，一举成为英国智慧城市的领跑者。此外，还有苏格兰城市格拉斯哥，其地方政府支出1200万英镑用于建设智慧城市“运行中心”，通过大屏幕运转操控，实时链接城市公安、交通、紧急救援等系统，以智能化的方式维护城市安全。

智慧城市的建设以智能科技为依托，广泛借助社会资金力量，通过营造良好的创新环境，吸引新创公司落地。在这一过程中，新

---

① 《英国：鼓励“自下而上”建设智慧城市》，《中国信息界》2015年第6期，第76—77页。

创公司为智慧城市的建设提供了技术力量支持。如英格兰中部城市米尔顿凯恩斯，从一个名不见经传的小镇，一举跃升为英国物联网示范区，其人口和就业增长率位居全国第一。市政府大力推动建立“产学研”相结合的发展模式，建立了众多物联网实验室，这一努力获得了英国电信、安谋等企业和未来城市创新研究所的合作支持。伦敦的格林威治区同样积极推行着智慧城市的发展计划。为了增强科技队伍的支持力量，取得更好的合作和发展，格林威治区成立“数字化工作组”，以加强与电子商务企业、科创企业、教育机构、行业培训机构的合作，[①] 并积极与高校建立合作关系。格林威治大学和拉文斯堡大学都为智慧城市的发展提供技术支撑，它们合作搭建实验创新平台。布里斯托市也依靠布里斯托大学的平台优势，合作建立“开放布里斯托公司”[②]，建设数据分享和分析的平台，其媒体中心项目也得到了西英格兰大学和IBM、东芝、惠普、诺勒威斯特等公司的支持。

英国的城市治理贯彻自上而下、永续发展的理念，在各地区的智慧城市建设中，联合公众力量，实现城市共造的愿景。如格林威治市的智慧城市建设强调以人为核心，注重改善居民参政议政的方式，确保任何政策的发展都以满足城市居民的需求为目标。同时，智慧城市的建设强调增强政府信息的公开性和透明度，保障城市居民的知情权。以英国政府的数据网站（www. data. gov. uk）为例，其在保证个人隐私的前提下开放政府数据，如国家统计办公室数据集、社区和地方政府部的数据集、卫生和社会照顾信息中心的数据集等。通过设置搜索功能，将排名在前20名的数据集列为“受欢

---

① 参见王元汉、田大江、刘朝晖《浅议英国格林威治智慧城市战略对我国的启示》，《智能建筑与智慧城市》2017年第11期，第92—95页。

② 开放布里斯托公司（Open Bristol），该公司通过“公开数据”门户网站将遍布全市的传感器收集的数据公之于众，允许他人利用这些数据进行进一步开发。参见叶田云《从大城到小镇：英国智慧城市怎么建》，《宁波经济》（财经视点）2017年第4期，第48—49页。

迎的数据”，用户可以在网站上申请新数据，开发 APl（应用程序编程接口），[①] 开通便捷获取通道。可见，英国智慧城市的建设不是功利性的发展和盲目的跃进，而是以人为本、便民利民的良心工程，在这一过程中，城市的进步、企业的创新和市民的便利呈现出多元共赢的格局，互相成就并共同见证着英国城市治理的伟大历程。

三　德国："小即是美"、多元主体参与的治理

德国是欧洲第一大经济体，其发展得益于第二次工业革命的影响，工业生产力和经济实力显著提升，并在 19 世纪末至 20 世纪初，完成了对英、法等传统工业强国的“弯道超车”。随之，城市化进程迅速发展。与欧洲其他国家城市发展不同的是，德国的城市星罗棋布、发展均衡，虽没有传统意义上的超大城市，但形成了独具特色的城市发展道路。德国的城市治理实践最早可追溯至 19 世纪的城市规划，如 1875 年颁布的《建筑红线法》，其对城市建设的规定和限制，就属于城市治理的内容。伴随着 20 世纪 90 年代“治理”概念的正式提出，德国城市治理逐步从“权力的单向度强制行使转变为国家与社会的良性互动”[②]，呈现出城市治理主体多元参与和政府权力下放的重要特征，其在不断丰富和完善城市治理实践方式的同时，也推动着德国城市向更好的方向发展。

德国的城市治理是在政府主导、多元参与、基层自治的前提下，对城市进行规划、建设和改造的过程。其显著特点是以实现空间正义为城市治理的价值诉求，并将其贯穿于城市治理的实践过程中。主要表现在如下四个方面：追求“小即是美”的城市发展理

---

① 参见金江军、郭英楼《智慧城市：大数据、互联网时代的城市治理》，电子工业出版社 2018 年版，第 117 页。

② 《德国国家治理的经验与启示》（2016－01－18），[2020－05－26]，https：//www. sohu. com/a/55069446_ 114882。

念，在一定程度上避免大城市病的出现，凸显治理格局的空间正义；强调城市治理主体的多元参与，提升社会公众的参与度，维护城市治理过程的正义；将生态环境保护放在首位，守护城市共同家园，实现城市发展的生态正义；践行智慧城市的发展战略，全面提升城市现代化水平，满足城市居民的发展需求。

（一）“小即是美”的城市治理理念

德国没有传统意义上一枝独秀的大城市，即使是首都柏林，也不像英国伦敦和法国巴黎那样占据诸多的国家优势资源。德国的城市发展一直处于比较均衡的状态。在德国，人口超百万的大城市仅有柏林、汉堡、慕尼黑、法兰克福四市，而更多的则是人口为2000—10000 人的小城镇。德国城市治理遵循“小即是美”的发展思路，也将产业政策的重点放在中心城市和小城镇的发展上。“小即是美”的城市建设理念，既可以有效避免“城市病”的出现，又有利于实现传统农业型村庄的现代转型。由此，德国发展了一大批分布均匀、设施完善、功能明确、经济发达的小城镇，展现出德国城市治理正义性的一面。

“小即是美”的城市治理理念来源于著名经济学家舒马赫的代表作《小是美好的》。他在书中指出了发达国家资本密集型、资源密集型产业的弊端，认为当前大工业化的生产模式导致了资源的枯竭、环境的破坏，城市更大了但人们的生活质量却在下降。为此，他主张要回归人的本身，回归小而美好的生活状态。“合理利用土地，发展一种新的生活方式：新的生产方法和新的消费方式；创造一种‘具有人性的技术’，能够适应生态学的规律。”[①] 正是在该理念的影响下，德国的城市朝着小而美好、小而精致的方向发展，治理实践经验主要表现在以下三个方面。

① E. F. 舒马赫：《小是美好的》，李华夏译，译林出版社 2007 年版，第 1—3 页。

首先，德国城市治理注重保留原始城市风貌，也注重完善城市基本功能，形成“麻雀虽小、五脏俱全”的城市发展状态。由于德国城市历史悠久，城市中心大都留存了原始的教堂和城堡，这在一定程度上限制了城市规划和建设的空间发展。而德国城市则在保护历史古建筑的基础上开辟出城市建设的新模式，即文化空间—政治空间—经济空间层层拓展的城市格局：市中心保留古教堂和古建筑，留存城市历史风貌；四周围绕城市广场和市政厅，满足市民休闲和政治需求；由城市广场延伸出商业街道形成购物街区，满足市民生活需求。而拥有此格局的城市有“大学城”哥廷根、“路德城”维滕贝格、“中世纪古城”罗腾堡等。这些城市在兼顾历史文化发展的同时，也注重加强城市公共设施和基础设施的建设，及时更新水电网设施及能源供应系统，完善城市功能。在这些城市中，古老的历史建筑与居民住宅和商业街区融合在一起，充分满足城市居民生活需要，也为他们提供了诸多便利。基础设施与商业街区的建设并没有因为小城市的地域限制而被忽视，充分体现了城市治理的空间正义。

其次，德国城市治理打破千城一面的发展格局，形成独有的城市风格与特色。德国中小城市的发展除了有“小即是美”的理论遵循外，还有深厚的历史渊源。德国的城市来源于19世纪后期的诸侯国和骑士领地，如法兰克福、慕尼黑、汉诺威等城市都是由原来的诸侯国首府发展而来。因而很多城市都保留了原先的文化传统和城市风格。二战结束后，联邦德国政府依据国家现实状况及各城市发展需求，制定了相对宽松的地方政策，没有强制性的统一部署，充分允许地方政府依据当地特色制定文化战略和城市规划战略，在进行现代城市建设的过程中保留城市文化遗产和历史建筑。于是，德国城市都具有各不相同的特色，建筑风格存在着明显的地区差异，比如，南德巴伐利亚地区的城市保留了清新明快的巴洛克式建筑，北德地区的城市如慕尼黑、汉诺威、汉堡等保留了庄重严谨的哥特式建筑，形成独具一格的城市特色。

最后，德国颁布法律法规，充分保障城市发展建设的自主权，给予城市治理和规划的自由。1960 年联邦德国通过的《联邦建设法》和 1965 年的《联邦空间规划法》，都强调德国城市和地区间的均衡发展。德国城市规划由联邦、州、市三级主导。原则性规定由联邦和州进行，主要通过颁布法律条例规范城市建设过程及行为。而市级政府则享有充分的自主权，以不违反上级法律条例为前提，在充分论证的基础上，可以制定并推行符合自身特点、满足居民需求的城市发展战略。因此，德国城市治理没有“大一统”和“一刀切”，城市更新及建设均力求保持原有特色风貌，以修补改造古旧建筑为基础，同步完善城市基础设施建设，避免城市内部推倒重建，大大节约了城市更新的成本。同时避免城市之间以大吞小现象的发生，在一定程度上保障了中小城市的发展权益，维护了城市空间正义。1987 年，《联邦建筑法》与《城市建设促进法》合并调整为《建筑法典》，主要负责城市空间规划，并进一步开放了州、地区和市一级的规划自由权，如在柏林，涉及对城市发展有特别意义的城市规划可直接由城市发展参议部门予以运作，进而制定城市发展方案并实施。

（二）多元主体参与的城市治理模式

多元主体参与城市建设和发展是德国城市治理过程正义追求的突出表现。其非常强调社会公众在城市规划和城市治理中的重要作用，并向社会公众开放治理权限，这也是为什么德国的社会公众参与度在世界范围内是最高的重要原因。

在德国，社会公众参与城市治理有明确的法律依据。如联邦德国的宪法《基本法》就充分强调了公民在土地私有权之上的“建造自由”，而随后《建设法典》的颁布，应尽早告知公众以下内容：城市规划的总体目标和基本意图；城市建筑更新的主要及备选方案；各项规划措施的结果及可能性影响等。且公众告知的时间应不晚于规划草案公示之前，确保程序正义，充分保障社会公众参与城市治理的权利。不仅如此，德国社会也一直保有公民自治的传统，认为人的尊严和个人财产神圣不可侵犯，在社会管理和民众交往中普遍讲法制、讲民主、讲秩序、讲规则，民众则会将城市的发展规划和治理都看作是与自身息息相关的事情，并积极参与其中，为城市治理和公共服务的实现奠定社会基础。

新合作主义是德国城市治理过程中公众参与的重要表现形式。其主张超然于竞争之上的合作精神，通过引入各种社会组织和不同社会阶层进入社会治理过程，加强政府部门与社会组织和社会公众之间的对话交流，在协商合作的基础上保障各方权利，尊重各方利益，共同完成对城市建设、治理、改造、规划的任务和使命。例如，1985 年建成的柏林城郊人民公园，就是社会公众力量参与城市治理过程的最好见证。起初，政府部门计划在原址上兴建商业建筑，但遭到了地方市民的反对，于是附近的居民联合当地教会的社区工作者及地方市民行动委员会一起向政府施压，发起抗议。他们呼吁修建公园，一是为了美化城区，增加绿色空间，二是为了缓解城市交通压力。为此，居民成立了“人民公园协会”，与地方议员进行谈判，前后共历时 8 年，人民公园得以兴建，当地居民获得自由合法的使用权。再如，莱比锡城市复兴过程中的公众参与，也是德国社会公众参与城市治理的典型范例。政府在实施莱比锡“城市再生计划”的过程中，举办了“地区标语和标志”设计比赛。这项比赛旨在加强城市居民与城市之间的联系感，切实让居民体会到个人对城市发展过程的参与感和融入感。此外，政府着重保障信息的公开性和透明度，以确保民众对城市更新进程的完全知情，通过政府门户网站、宣传海报、新闻媒体播报或特定的市民咨询机构等进行宣传，以保证信息的通达，获得民众的支持，为城市更新和建设筑牢民意基础。因此，不论是在城市建设的前期准备阶段、中期决策阶段，还是后期的实施阶段，城市居民均能平等地参与并享有一定的决策权和监督权。此外，为了充分体现城市治理过程的公平正义，也为了顾及当地居民的不同需求特别是不同利益相关者的诉求，莱比锡政府在建设公共广场、公园、运动场的过程中，还广泛征询当地儿童和青少年群体的意见，采用街头走访、问卷调查、市民论坛、座谈会以及其他公众接触等方式，来倾听民意和感悟公众视角。我们认为，德国城市治理正是以治理过程的公平正义来保障治理结果的公平正义，为城市的发展和社会的进步奠定良好的民众基础。

（三）生态至上的城市治理原则

对生态环境的热爱和保护是德国城市治理的核心理念之一，从社会公众到社会组织再到地方政府，可以看到生态环保的理念比较深刻地贯穿在城市治理过程的始终。这可以看作是德国城市治理中独特的生态正义思想，它主要表现在城市治理实践过程中制度的完善、观念的先进和措施的超前三个方面。

首先，在环保制度方面，德国联邦政府和地方政府制定了一系列措施以规范环保工作的内容，确保环保工作的有序开展。以巴伐利亚州为例，州环保局是隶属于联邦环保局之下的政府部门，其主要负责对环境进行监测、评估落实各项环境指标等核心工作。州环保局还要与立法机构合作制定环境质量评估标准，这一标准既要符合欧盟要求，也要与邻国达成共识，保持一致。此外，他们还要组织社会力量，保证城市居民良性有序地参与环保工作。比如州政府要对城市规划进行广泛宣传、通过电视报纸传媒、街头走访宣传等方式，保障城市居民的知情权，同时通过公民听证会、学术会议论坛、网上论坛等方式与专家学者和社会各阶层人士进行对话，保障城市居民的参与权。这些流程虽然繁复，但最终能够确保环保工作的顺利开展和工作效果的尽善尽美。

其次，德国城市环境治理的另一显著特征就是观念先进。这主要表现在德国很早就开始实施垃圾分类，其垃圾分类的历史最早可追溯至1904年，是世界上最早进行垃圾分类的国家。德国政府为了顺利推进垃圾分类工作，建立了完善的垃圾分类法案。目前在德国，与垃圾管理相关的法律约有800项、行政条例近5000项，这些条例能够确保城市生活垃圾处理中的各项环保措施落实到位。另外，垃圾分类强调从源头做起，政府采取诸多有效措施进行垃圾的分类处理。如居民家中需要备放四色垃圾桶：蓝色的纸类垃圾、黄色的包装垃圾、棕色的有机垃圾和黑色的剩余垃圾。且根据垃圾产量及体积的不同对垃圾桶的大小进行调整。在德国的超市门口和公共场所都设有回收空瓶子可以抵现的机器设备，以鼓励城市居民垃圾回收。还有，德国家庭每年都会收到政府发放的大型垃圾清运日历，以处理大型家用垃圾。在这样的社会氛围中，德国的公民素质不断提高，环保意识也更加强烈。

最后，德国城市治理尤其关注新能源的开发和利用。德国政府早在1999年初就启动了“10万户太阳能电力项目”，并出台政策要求电网公司收购风能和太阳能等可再生能源的发电设备，以推广新能源技术的使用范围。如柏林的“被动式节能住宅”，能应对夏季高温和冬季寒冷等极端天气，保持室内温度适宜，维持居民正常生活。而且被动式节能房使用的是可再生能源，由屋顶上的太阳能装置来供电，只在极少数的情况下用于取暖，大大降低了能源的使用并减少了环境污染。受2011年日本福岛核电站泄露事件的影响，德国政府逐步下架核能，并全面推广可再生能源，改善能源比例。预计到2030年，可再生能源比例提高至40%，天然气占比60%，而煤炭能源的占比逐步缩减为零。与此同时，德国还积极开发利用生物替代能源，如生物柴油、甲醇汽油及生物乙醇等，且已逐步推广至德国汽车工业和制造业，遥遥领先于世界其他国家。

（四）智慧城市的城市治理愿景

在智慧城市建设方面，德国依靠先进的电子技术开辟了智慧城市的独特发展道路，并取得了一定的成就。其主要聚焦于城市的智慧交通、智慧住宅、智慧医疗、智慧教育等诸多方面，在为城市居民提供便捷的生活服务的同时，也满足了城市居民的发展需求，并形成了可为他国提供借鉴的治理经验。

首先，智慧交通是智慧城市建设的内容之一。构建城市智慧交通系统需要借助于互联网、大数据等信息技术，还需要政府部门、互联网公司和汽车厂家等多方的合作。如柏林在“2020 年电动汽车行动计划”中与奔驰公司 Smart 开展 car2go 项目合作，为用户提供 Smart 汽车的租用服务，用户可在柏林市区大多数地方租用该汽车，且不限驾驶时长，归还时只需停放至运营区域内的任何公共停车场即可，为市民出行带来了诸多便利，实现了政府部门、汽车厂家和城市居民的多方共赢。此外，互联网公司也在该项目中提供技术和应用支持，如 iPhone 手机运营商也与 car2go 项目展开合作，推出专门的手机应用以协助用户定位附近可供使用的 Smart 车辆信息，并相应地开展汽车租用服务，提升用户体验。再如，毗邻法兰克福的达姆施塔特市，该市的交通管理部门安装了 200 多个 FLIR 公司的视频探测器，并使用 FLUX 视频管理系统，使各种摄像头拍摄的交通流量实现可视化状态，超越了原先使用的地感线圈检测器，实现了城市智慧交通管理，极大地缓解了城市拥堵问题。

其次，智慧医疗系统为城市居民提供了诸多便利，显著提升了城市的公共服务质量。2018 年，德国推出首个电子医疗档案，覆盖了上千万名医保参保人员，获得了 14 家法定医疗机构和 2 家参保公司的技术支持，迈出了医疗系统无纸化档案的第一步。医疗参保人员可以通过手机 Vivy 应用软件实名认证并关联自身健康信息，储存医疗检查结果，如体检报告、化验单据、X 光片等各种医疗资料。同时，该应用软件也与各大医院机构合作，用户就诊时可与医生实时共享电子档案，减少重复的化验和检查，高效使用医疗资源，切实实现了医疗档案的电子化和医疗服务的智慧化。不仅如此，德国的智慧医疗辐射范围广泛，即使地处偏远小城，也有规范的智慧医疗体系。比如位于博登湖畔的德国小城弗里德里希哈芬市，就通过利用信息通信技术在患者和医院之间建立了远程医疗监测数据中心，实现了远程医疗模式，定期提醒用户进行体重、血压、心率等基本数据的测量及上传。通过该模式，医生可以对用户身体状况进行风险预测，并及时给出医疗建议，在提升医生诊疗速度的同时，降低了用户线下的诊疗次数，创新并完善了城市公共卫生服务体系。

此外，智慧城市的建设还包含日常生活的诸多方面。智慧教育，如弗里德里希哈芬市通过“在线幼儿园”等平台快速分配学生资源，使居民了解并选取心仪的学校就读，还可以通过 EDUNEX 教育平台查看相关学习资料并进行师生互动；智慧住宅，如柏林和法兰克福所建造的被动式节能住宅，其智慧化的能源供应系统不仅能够节约资源，还可以使居民享受政府补贴，一举多得；智慧仪表，如弗里德里希哈芬市的居民可在家中安装该仪表，实时了解家庭能源消费现状及当前价格信息，辅助性地为家庭提供能源消费结构的调整计划，进而改变能源消费习惯，在降低家庭生活成本的同时，节约能源，保护环境。

伴随着 5G、移动互联、大数据、物联网等技术的发展，德国也在不断探索智慧城市建设的新模式和新方向。比如杜伊斯堡市在 2018 年就与中国华为公司发表了联合声明，将继续深化在智慧城市方面的合作，包括智能政务，智能港口物流，智慧教育，智慧基建，5G 和宽带，智慧家庭以及城市 IOT（物联网）等领域，以进一步提升城市的智能化水平。可以预见，在不久的将来，智慧城市建设将成为城市治理的核心内容，用科技改变城市生活将成为未来发展的前景和方向。

四 日本：前瞻性、服务化的集约城市治理

明治维新之后，日本便开始了近代化进程和城市建设。在有序推进的近代化基础上，日本在二战后短短 30 年内就完成了欧美国家的百年城市化进程，并在此后快速崛起的城市化管理中，形成了独特的城市治理体系。由于特殊的地理地形，日本自然灾害频发、资源匮乏，但在城市治理的发展中，日本建构了完善的灾害防治系统、集约的资源开发系统和均衡的城市规划系统。善于学习的文化传统和二战后特殊的历史背景，使日本在城市治理中关注人文、注重细节。尽管日本城市治理模式的形成具有特殊性，但是日本在城市治理中关于灾害防治的前瞻性、资源开发的集约性、城市发展的均衡性、城市设计的人文性等特色，对我国的城市治理仍然具有一定的借鉴价值。

（一）城市治理的前瞻性：建构完善的灾害防治系统

日本的地理位置十分特殊。日本四面环海，并且位于亚欧板块和太平洋板块的交界处，地壳运动活跃，因而地震、台风、火山等多种自然灾害频发。在长期防治自然灾害的过程中，日本形成了较为完善的灾害防治体系。

二战前，日本的城市大多只是一些分散的较大的聚居地和商品交换地，对外的界线不分明，结构也比较松散，因而在此时期，日本的城市建筑多为木结构低矮建筑，方便拆除与搬迁，但却带来了火灾隐患，如 1872 年东京银座的重大火灾。火灾后，东京政府随即出台了《银座炼瓦街计划》，提出“建立不燃的东京”规划。

1923 年，日本关东地区又爆发了 7.9 级强烈地震，超过 10 万人遇难，东京、神奈川、千叶等城市遭受毁灭性打击。“关东大地震”暴露了日本城市建设的薄弱环节——灾害防治的缺失，也催促着日本在日后的城市建设和管理中增强灾害防治的意识。

由于灾害频发，在战后 50 年内的城市规划治理中，日本为建立完善的城市灾害防治系统付出了巨大努力。日本各城市积极建立防灾组织体系，修建防灾基础设施，提高政府对于灾害的应急管理能力，并且提高城市居民的灾害防护意识。由此形成了以防灾计划为预防、法律制度为保障、政府协调为主体、公民防治为补充的完善的灾害防治系统。如东京都专门成立了东京都综合防灾行动指挥部，通过对市民进行安全教育提高其防灾与危机应急意识，“促进政府、企业、社区、居民以及志愿者团体携手合作，建立了一个能够在灾害发生时相互帮助的社会体系”[①]，并且从 1961 年起，修改了 30 多次《地方防灾计划》，而且将计划落实到每一处细节，以确保其危机管理的有效性。2011 年的“3·11”地震更是激发了全日本的危机意识，许多城市的政府纷纷修正其地方的防灾计划及法规，以防患于未然。在灾害防治的过程中，日本城市治理始终保持着忧患意识，不断地对当前城市治理中暴露的问题进行修正，保持着精益求精的城市治理精神。

（二）城市治理的集约性：建构严谨的资源开发系统

国土面积狭小、资源匮乏的局限，使日本形成了集约、严谨的资源开发系统。在城市治理中，则体现为对城市资源的严谨开发和细致使用中。日本国土面积仅 37.8 万平方公里，城市面积仅 18.1 万平方公里，但城市化率在 2017 年就已达到 93%，城市人口密度极大。为了更好地使用城市土地资源，日本政府制定了严谨、细

---

① 杨典：《特大城市风险治理的国际经验》，《领导之友》2015 年第 7 期，第 50—51 页。

致、针对性强、操作性强的土地管理法律体系，由国家颁布的土地管理法律便有40余部，并且在每条法律的后面都附加了细致的解释条文，因此，日本土地管理法律的“数量之多、范围之广、要求之明确，为世界各国所公认”[①]。另外，日本在城市建设中，由于受土地私有制的影响，往往会细致考虑土地征用带来的诸多利益相关方，制定了详细的补偿体系和补偿标准。

对于城市其他资源，日本的使用同样严谨。从20世纪90年代，日本便开始制定城市资源开发使用的相关法律，并且不断补充发展，例如《关于促进再生资源的利用的法律》《关于促进产业废物处理特定设施的整顿的法律》《关于为了特定水源水域水质保护的特别措施的法律》等。一系列城市治理法律的制定和执行使日本在相关领域形成了完善、细致的法律体系，逐渐走向世界城市治理法制化的前列。此外，为了促进资源的节约和循环使用，日本从1980年起，便开始实行以垃圾分类回收为代表的资源循环使用模式，并且通过市民教育，将垃圾分类内化为市民的自觉行为，目前，日本已成为垃圾分类回收做得最好的国家之一。除对资源进行循环使用外，日本还不断开发再生清洁能源，在城市中主要体现为公共交通的新能源开发，以减少石油等不可再生能源的消耗。大力推动沿海城市的风力发电和其他城市的废弃物发电，减少城市由于传统能源消耗带来的环境污染，建设低碳城市。例如东京都从20世纪就已经开始研发第二代生物柴油燃料（Bio-diesel Fuel），大力推广沿海风力发电、废弃物发电和太阳能发电，“全面探索海洋温差发电、波浪发电、潮汐发电以及潮流发电”[②]，经过20多年的努力，东京都基本形成了成熟、完整的城市再生清洁能源开发系统和

① 张诗雨：《国外土地征用补偿和科学的土地管理制度——国外城市治理经验之七》，《中国发展观察》2015年第8期，第83页。

② 段霞：《世界城市建设与发展方式转变》，中国经济出版社2011年版，第337页。

能源循环使用系统。

（三）城市治理的均衡性：制定全面总体的城市规划

在城市治理过程中，日本以城市的均衡发展为目标导向，注重城市间、城乡间的区域均衡发展，通过制订各种总体开发计划，促进都市圈发展的同时，注重缩小城市间、城乡间的差距。此外，日本城市发展对均衡性的追求，还体现在城市的政治、经济、文化及生态等各维度共同发展的目标导向上。

与其他国家一样，日本的城市发展也由于政治和历史原因，存在着城市发展差距和城乡发展差距。为缩小两个差距，日本曾在1962年、1969年、1977年和1987年四次制订了国土综合开发计划，以促进全国城市的均衡发展。前三次综合性开发计划的实施，在短时间内使各城市间的差距有一定程度的缩小，但80年代的经济危机又使地区间的城市差距再次显现出来。于是，日本又在1987年制订了“第四次全国总体开发计划”，以应对经济危机、促进日本城市的均衡发展。除了综合性的全国总体开发计划之外，日本还十分注重区域性的整体性发展，这也是日本都市圈较为发达的原因之一。狭小的国土面积，使日本许多城市之间紧密相连，例如东京、川崎和横滨，这三个城市已经打破了行政区划分界，融合成东京都市圈。日本政府在制定相关发展规划时，也已经开始以都市圈为范围进行规划。像东京都市圈这样的大都市圈，在日本还有两处，即著名的京阪神都市圈和名古屋都市圈。都市圈的形成与发展既体现了日本城市区域规划的整体性，但也引发了人口密度过大、交通拥堵、住房拥挤等城市问题。

为了解决城市问题，日本大都市圈规划的重心开始转变。日本开始在都市圈内的大城市周围建立卫星城市，用来分散大城市的功能，促进大小城市之间、城乡之间的均衡发展。由于超速的经济发展和城市化，早在20世纪70年代中期，日本人口向三大都市圈的高度集中已十分明显，随着都市圈内人口的急剧增加，都市圈内的大城市由于负荷超重，许多功能开始退化，但同时小城市、乡村却由于人口流失，出现了空洞化现象。为了解决城市间差异过大的问题，促进城市发展的均衡性，日本政府提出建立大城市与小城市、乡村多极分散型关系的计划，并开始大量兴建卫星城市。因此，日本的大都市周围出现了许多卫星城市，例如东京周围的神奈川县、千叶县、埼玉县等，大阪周围的京都府、奈良县等，名古屋周围的爱知县、岐阜县、三重县等。而为了缩小城乡差距，日本政府则采取城乡统一的管理方式，将城市及周边的农村地区进行统一规划，实行统一的调整与建设。例如东京在进行城市规划时，对城市功能的设置便不限定市区以内，而是将周围农村地带相统一，既缓解了东京市区功能超载负荷的压力，还带动了周围乡村的发展，促进了东京城乡一体的均衡发展。

日本在城市治理中，还十分注重城市发展的全面性和总体性，强调城市内部经济、文化、生态等方面的均衡发展。为促进城市文化、经济均衡发展，日本制定了一系列相关法律法规，例如《都市计划法》中明确指出，都市不仅应该协调农林渔业的发展，还需要确保有文化的都市生活和功能性的都市活动。日本还鼓励城市依靠区域的特色产业发展经济，例如东京所在的关东地区，以钢铁、造船、飞机、服务业为主，大阪所在的近畿地区则以重化工、食品业为主。此外，对于城市文化的发展，日本不仅注重保留城市的传统文化，还着力开发创造性的都市文化，以东京动漫文化为代表的各类创意城市文化，已被打造为日本各城市特色的创造性都市产业。

在城市治理中，日本还十分注重对城市生态的保护。早在20世纪六七十年代，日本就已经针对城市的生态问题制定了一系列细致的法律，诸如《有关化学物质审查与制造控制的法律》《自然保护法》《水质污浊防止法》《大气污染防止法》等。随着城市生态问题的日益增多，日本诸多城市还适时地提出了各种绿色计划和绿色项目。例如东京便在2007年推出“推动创造绿色都市本部”的计划，并在同年6月确定了“绿色东京10年项目”。2010年，东京又推出“绿色东京10年项目的实施状况（2010）”[①] 的项目进度书，以优化生态项目的建设、强化生态政策的实施。在城市生态治理过程中，日本各城市还十分注重对公民主体性作用的发挥，通过环境保护基金的普及以及政府对市民的绿化教育，培育市民在城市生态治理中的主人翁意识，以便更好地发挥市民的主体性作用。

（四）城市治理的主体性：充满人文关怀的城市建设

日本的城市治理十分关注人在城市中的美好感受。因此，在进行城市建设中，日本政府坚持主体性为原则，重视市民的治理参与，观照个体在城市生活中的感受，提高城市政府的服务性，在城市规划的细节中充满了人文关怀。

日本在城市治理过程中，强调市民的治理参与。以城市规划为例，在进行城市规划过程中，政府非常重视市民的意见，为了更好地征集民意，地方政府的城市规划部门往往会通过电视媒体向市民征集意见及建议，并根据意见，适当对城市规划进行调整，以期达到民众期待的要求。此外，日本城市政府还设置了城市规划中市民参与的相关制度，规范和保障市民的治理参与。为了提高市民治理参与的质量，培育市民的地域意识，增强市民对城市的认同，日本还建立了系统的市民教育体系。许多城市开展的“都市再发现活动”便是市民教育的一种形式，例如东京市的“新东京百景评选”活动、横滨市的“开港纪念节”，以及其他城市举办的各式各样的“祭”（节、活动）。此外，日本的许多城市还经常组织市民参观、

① 段霞：《世界城市建设与发展方式转变》，中国经济出版社2011年版，第337页。

学习、旅游，了解本市的建设成果，强化市民对城市的情感。日本市民教育的独特性在于教育的终身性，这归功于日本的文化和社会传统。早在19世纪60年代，日本文部省和大城市的大学便制定了有关市民终生学习课程一体化的规划，并加以实施，经过一百多年的发展和完善，日本的市民终身教育已经形成了成熟的理论学习和实践体验系统。日本的市民教育，既增强了市民治理参与的能力，还提高了日本市民的综合素质，促进了日本城市治理的有序性。

日本城市治理中不断多样化的城市服务，既是对市民多样化需求的满足，更是对市民主体性地位的确证。随着城市化进程的不断加深，日本的城市治理理念也发生转变，不再追求单纯的经济增长和财政的改善，而是以提高市民的生活水平、满足多样化的居民需要为目标。以东京为例，东京政府为满足市民日益增长的出行需求，建立了四通八达的城市公共交通系统，在东京都范围内，“几乎任何一个地方步行到最近的地铁站都不会超过20分钟，而且电车已延伸至乡村，通过换乘电车或者地铁，可以到达东京的任何地点”[①]。除了公共交通系统的建设，日本诸多城市还不断发展公共服务业，例如，为了满足市民深夜时间增加所需的服务需求，东京政府不断提高城市的24小时功能服务能力，增加深夜营业的店铺，并提供24小时服务的互联网和信息通信技术，全方位、细致化地满足市民日益多样化的需求。

日本城市治理的人性化还突出体现在城市建设的诸多细节中。充满人情味的规划细节使城市充满着人文关怀。为了缓解低收入者的住房压力、保障边缘市民的居住权，日本的诸多城市在20世纪便开发了公营住宅，并且配备了较为齐全的商业、娱乐和公园等生活设施。日本的城市户籍制度也十分人性化，实行“户口随人走”

---

① 段霞：《世界城市发展战略研究——以北京为例》，中国经济出版社2013年版，第86页。

的户籍管理制度，方便市民迁移至喜欢的城市。为了关怀日益增多的老年人，日本诸多城市还开设了老人街，例如著名的东京山手线巢鸭车站老人街，为老人提供喜爱的商品和特色服务，满足老人缓慢的生活节奏和特殊的生活需求。在城市的规划和建设中，日本还十分注重推行公共场所、住宅和建筑物的无障碍化，政府专门制定的《关于促进高龄者、残疾者等的移动无障碍化的法律》中明确指出，建筑和公共交通设计时，必须充分考虑特殊群体的使用便利性。因此，日本城市街头和交通设施上的无障碍设施完善且细致，体现了日本城市的人文关怀。

回望日本城市治理的发展过程，尽管日本因其地理、历史的特殊性，而具有复杂曲折的城市发展过程，但日本的城市治理发展却积累了许多成功经验，这离不开日本城市治理体制的科学性，更离不开日本城市治理主体的勤勉严谨。尽管日本城市治理仍存在许多问题，但前瞻性、集约性、均衡性、人文性的诸多治理经验，仍然具有一定的借鉴价值。

第三节　珠三角城市群：协调、创新、生态、多元的共治模式

当代城市治理的地区实践，毫无疑问已成为国家建设的最重要的主题，也是推进社会发展的重要动力。而今天世界城市化所表现出来的突出特征，除了大城市之外，还有超大城市、大都市区、大都市带，以及城市群的出现。城市群是城市化发展到一个成熟和高级阶段所出现的城市空间组织形式，它反映着国家经济、产业、人口、财富的发展，代表着城市空间活力与竞争力。

本节之所以聚焦珠三角城市群，是因为珠三角是我国改革开放的“试验田”，伴随着改革开放的春风发展起来，并且快速崛起，

无论是在经济增长速度，还是在持续发展的内生动力和活力方面都非常突出。[①] 更重要的是，新时代国家赋予其重要使命——打造粤港澳大湾区。在这样一个机遇与挑战并存的重要时期，珠三角城市群在治理过程中，牢牢抓住区位优势发展区域特色，不断扩大开放，积累了综合区域规划、产业优势打造、环境协同共治、开放多元创新的治理经验。梳理珠三角城市群治理的地区实践可以为中国城市群的提升提供治理经验，从而为建立进一步高度开放的城市经济体系、引领和推动世界城市群的发展奠定基础。

一 协调、整体的共治理念

从 1994 年广东省委提出“珠三角”这一概念后，以“珠三角”为整体的区域性规划便不断出台。紧跟改革开放的时代变迁，珠三角城市群在国家的战略规划下，迅速崛起。经历近 30 年的改革开放，珠三角已经成为我国人均 GDP 最高的城市群，[②] 可以说，战略性的顶层规划是珠三角城市群崛起的核心驱动力。伴随着粤港澳大湾区国家战略规划的出台，珠三角城市群治理所面临的特殊问题更加凸显。面对粤港澳地区两种政治经济制度、三个关税区、三种法律制度的差异，建立协调的制度安排和组织设计是区域内部合作治理的重要内容。

为了协调两个制度、三个关税区、三种法律制度，珠三角城市群在治理过程中，积极建立各种协调机制。在 2010 年，粤港签订的《粤港合作框架协议》基础上，珠三角城市群以粤港的合作为契机，促进区域内现代服务业、金融业、生态治理等方面的合作，在此过程中，粤港合作积累了协调两个制度的重要经验。在此基础

---

① 据国家统计局官网数据现实，珠三角城市群的 GDP 在 1988 年为 74 亿元，2019 年为 8.68 万亿，增长了 1172 倍，是我国的三大城市圈中经济增长速度最快的城市群。

② 据国家统计局官网数据显示，2018 年珠三角城市群（含港澳）的人均 GDP 为 12.9 万元，是我国三大城市群中人均 GDP 最高的城市群。

上，2017 年粤港澳签订的《深化粤港澳合作　推进大湾区建设框架协议》和 2019 年国务院发布的《粤港澳大湾区发展规划纲要》，确定了粤港澳合作的相关制度，建立了粤港澳合作的各种联席会议与合作小组，这是对粤港合作经验的肯定和拓展，是珠三角城市群在制度安排和组织设计上对粤港澳两个制度、三个关税区、三种法律制度的协调。以国家战略规划推进的、协调两个根本制度的组织机制，打破了粤港澳合作的经济政治制度的障碍，为珠三角城市群的合作形成了基础性的制度保障。珠三角城市群还通过建立各种保税区，协调区域内部关税制度的差异，例如广州保税区、深圳福田保税区、珠海保税区等，促进了珠三角城市群区域内人流、物流、信息流等要素的流通。此外，珠三角城市群还积极探索构建区域性的法律体系，以协调粤港澳三种法律制度的差异，减少合作过程中的摩擦。

整体性规划是协调差异的重要途径。在协调粤港澳合作差异的基础上，珠三角城市群积极推动区域内部的整体性建设。在规划过程中，珠三角城市群打破行政壁垒，改变以往以行政区划为单位的规划理念，注重区域的整体性和区域内部各地区的联通、畅通。通过不断加强区域的公共事务管理意识，推动区域性合作的深入和扩展。在整体性治理理念的指导下，珠三角城市群积极消除区域合作障碍、共促区域性利益，不断拓展生态、交通等公共事务上的合作，在城际轨道、绿道网络以及污染治理等方面均已取得显著成效。目前，珠三角城市群已经形成了以广州为中心、到周边任何一座城市所需时间不超过 60 分钟的城际轨道，建成了总长约 1700 公里的区域绿道，将区域内公园、自然保护地、名胜区与居民住宅相连接，形成了方便通达的区域绿道网路。深港高铁的开通、珠港澳大桥的规划与建立，是港澳地区与内地合作的新优势，增进了珠三角城市群的要素流动和区域联通。除了基础设施领域的综合规划外，在产业发展、民生保障、制度建设等各方面，珠三角城市群也始终坚持整体性的规划理念，以协调区域内部的诸多差异。

二 创新的经济共治模式

1992 年，邓小平同志的南方谈话提出要建立社会主义市场经济体制。作为改革开放的试验田，珠三角城市群率先进行了市场化改革，建立起市场经济体制的基本框架。为了打造富有竞争力的经济优势，珠三角城市群明确了面向世界、服务全国的产业战略定位。经过近 30 年的发展和探索，珠三角城市群已能够敏锐察觉市场变化，创新产业转型方式，创造性地将产业转型和人口转移同时并举，不仅建立了规模性的产业集聚，还初步构建起现代化产业体系。此外，粤港澳大湾区的市场一体化和金融一体化建设，给珠三角城市群带来了人才新“引力”和经济新动力，通过与两个特区的紧密合作，珠三角城市群的经济发展速度进一步得到提升。

经济共治模式的创新性首先体现在珠三角城市群的产业转型上。在面对全球性的产业调整和技术升级时，珠三角城市群及时抓住机遇，创造性地提出了“腾笼换鸟，造林引凤”的经济发展战略，积极推动区域产业的转型与升级。在这一过程中，珠三角城市群并非全盘淘汰旧的产业，而是注重对现有产业资源的利用，创造性地将产业转型与人口转移相整合，“通过推进产业和人口的‘双转移’，把珠三角技术水平低、附加值低的劳动密集型产业制造环节向粤东、粤西、粤北地区和泛珠三角转移，同时对粤东、粤西、粤北地区的劳动力进行教育培训后转移到珠三角就业”①。此外，珠三角城市群的产业转移、人口转移等措施，还缓解了区域发展失衡和贫富差距逐渐拉大的问题，在一定程度上促进了区域发展的协同

① 刘品安：《珠三角地区改革发展战略研究》，广东人民出版社 2013 年版，第 25 页。

性与公平性。在产业转型的过程中，珠三角城市群还借助与港澳特区的合作平台，大力发展现代服务业，提升整体的产业层次。规模性的产业集聚还产生了良好的溢出效应[①]，使珠三角城市群形成了错位发展的区域产业模式和以深圳、广州为中心的产业梯度[②]，打造了独特的区域产业优势和空间优势。经过产业转型与区域产业调整，珠三角城市群建立了产业分工的新格局，在诸多高尖端领域取得了自主创新的重大成果，优化了产业结构，初步建立了现代化的产业体系。

此外，珠三角城市群还借助港澳特区的市场优势和金融优势，积极推动区域市场一体化和金融一体化建设。为了推动市场一体化建设，珠三角城市群在内地与香港、澳门签署的《关于建立更紧密经贸关系的安排》（CEPA）及相关协议的框架下，积极推动区域内部贸易的自由化发展，促进人才、资本、商品等要素的自由流通。通过增设关口、简化过关程序、建立一体化物流、发展保税区等方式，消除珠三角城市群的制度壁垒，减少区域内部要素流通的成本，促进区域内部效益最大化。为了推动金融一体化发展，珠三角城市群以深港金融合作为试点，推广经验，积极推进区域内部的金融合作。珠三角城市群充分发挥香港作为国际金融中心的优势，在内地的城市建设中引入港澳资本，鼓励内地积极参与香港金融业发展，积极推动内地大型企业，例如深圳市腾讯计算机公司在香港上市，以市场参与的方式共促香港的金融建设，用内地与香港的强强联合推动珠三角城市群内部金融体系的一体化。经过十几年的市场一体化和金融一体化建设，珠三角城市群形成了巨大的区域经济优

---

① 溢出效应指，某一组织在进行某项行动时，除了收获预期的效果，还收获了该组织外的人或社会的影响。此处指珠三角的产业集聚，不仅带动了区域内部的经济发展，还促进了珠三角周边地区经济社会的发展。

② 产业梯度主要指，珠三角地区以深圳、广州等大城市与周边的小城市因技术、分工差异而形成的逐层递减的产业水平结构。

势，建立了充满活力的经济治理模式。

三 可持续的生态治理

在珠三角城市群工业化和城镇化过程中，大规模的城市建设活动和粗放型的经济增长方式造成了资源的过度消耗以及环境的严重破坏，在21世纪初，酸雨、水污染、海岸带破坏等生态问题便开始逐渐凸显。为了解决区域性的环境问题，珠三角提出了“生态城市群”的建设目标，制定了系统的生态治理规划和严格的环境保护政策，提高城市群的可持续发展能力。目前，珠三角城市群的环境治理建设已显露成效，城市群的PM2.5大幅下降，空气质量、水源质量在我国的三大城市群中遥遥领先。

珠三角城市群通过制定各种法律法规和政府规划，进行区域性的生态治理。秉持着区域性的环境治理理念，珠三角城市群积极促进区域内部生态治理理念的整体转变，发挥协同治理的最大效能。在全国首个区域性环境治理纲要——《珠江三角洲环境保护规划纲要（2004—2020）》中，广东省政府明确提出了珠三角生态建设的宏伟目标：“到2020年把珠三角地区打造成林城一体、林水相依、生态优美、绿色宜居、人与自然和谐相处的‘森林城市群’”[①]。在这一总体框架下，珠三角还制定了诸多政策法规，为城市群的生态治理保驾护航，例如《广东省珠江三角洲大气污染防治办法》等。除了各类行政协议与政策支持，珠三角城市群还充分发挥广东省联席会议、广佛肇市长联席会议等合作机制的作用，保障区域性生态治理政策的有效性，形成了以合作机制为支撑，以区域性环境规划为保障，以生态环境保护合作协议为依据的生态治理体制。在区域性的生态治理中，珠三角城市群共同检测重点污染区域、划清污染

---

① 《珠江三角洲环境保护规划纲要（2004—2020）》（2005－02－18），［2020－04－15］，http：//www. gd. gov. cn/gkmlpt/content/0/136/post_ 136279. html#7。

区域治理职责、规范环境治理方式。在特殊区域，例如深圳湾、大鹏湾和珠江口，珠三角城市群通过共建环保工程进行治理。

除此之外，珠三角城市群还制定了严厉的污染物排放、工业燃料改造的政策法规，并且借助产业升级的契机，淘汰重污染、高耗能、低产能的落后企业，积极促进节能减排，促进城市群的可持续发展。珠三角城市群围绕几大核心城市——深圳、广州、香港等，开展集约化、生态化、可持续化的产业结构建设。一方面，借助严格的环境保护政策和手段，控制企业的污染物排放，例如对码头船舶废气排放的严格限制，对高污染工业燃料的严格改造，对违反生态保护政策的严厉惩罚，这些举措使珠三角城市群环境质量得到明显改善。如今，深圳成为全国唯一全市禁燃高污染燃料的城市，广州成为国家中心城市及省会城市中 PM2.5 达标①的首个城市。另一方面，珠三角城市群借助产业布局优化的契机，以高要求的产业落户要求，关闭重污染企业淘汰高耗能企业，引进绿色节能企业，促进区域的可持续发展。

四　多元的主体参与

在包容、开放的社会文化背景下，珠三角城市群在治理过程中，积极引入各种社会组织参与治理，形成了政府、居民、社会组织的多元主体治理模式。与长三角城市群和京津冀城市群相比，珠三角城市群在治理过程中除了有居民参与，还允许各种社会组织的参与。对社会组织治理主体地位的肯定，已成为珠三角城市群最重要的治理特色，也是珠三角城市群充满活力的重要原因。

为了激发治理活力、提高治理科学性，珠三角城市群降低社会

---

① 我国 PM2.5 标准采用世卫组织设定最宽限值，《PM2.5 国家标准》（2012）中 PM2.5 年和 24 小时平均浓度限值分别定为 0.035 毫克/立方米和 0.075 毫克/立方米，与世界卫生组织（WHO）过渡期第 1 阶段目标值相同。

力量参与治理的门槛，创新合作治理机制、内容与渠道。在我国的诸多城市群中，珠三角城市群最早引入非政府组织参与治理，既包括港澳的国际非政府组织（NGO），还包括内地的诸多商会与行业协会。珠三角城市群引入社会力量参与治理，在政策制定、信息传递、协调利益、监督政府等方面都发挥了重要作用。因此，“许多国际NGO、基金会乃至国际双边或多边机构都在珠三角地区的扶贫、环保、教育、健康、妇女、劳工等领域极为活跃”①。但是由于制度的差异，国际NGO组织通常集中在香港、澳门两个特区内，内地的社会组织多是各类行业协会。

珠三角城市群的决策机构在政策制定、规划发展时，往往会邀请各种行业协会的负责人参加，发挥行业协会对市场信息的敏锐性和专业性，赋予其参政议政的权力，听取相关的意见和建议，进行科学的决策和规划。这些社会组织和民间力量还发挥了沟通政府与市场信息的连接作用。一方面，为帮助城市群决策机构更好地了解市场的变化，这些社会组织几乎每年都会为相关决策机构提交行业年鉴，汇报行业的发展状况，为政府的决策提供依据。另一方面，为了更好地帮助行业了解政府出台的政策措施，各行业内部会通过行业组织，对政府的决策进行上传下达，促进市场与政府的协调运转。这些社会组织还发挥了珠三角城市群市场化机制的优势，通过利益的合力分配调节市场内部矛盾。此外，在监督政府的执法行为上，珠三角城市群的各种社会力量也发挥了重要作用，例如在打击假冒伪劣商品上，各相关的行业协会在督促政府严格执法的同时，维护珠三角城市群的市场秩序。

城市群作为城市发展的高级空间样态，是多个城市高度一体化的产物。一体化的城市群建设，需要有区域性的治理模式，才能形

① 朱健刚：《国际NGO与中国地方治理创新——以珠三角为例》，《开放时代》2007年第5期，第34—49页。

成城市群体的合力。珠三角城市群从 30 年前 GDP 仅有长三角城市群的三分之一，发展为当今 GDP 超过 8 万亿元、人均 GDP 全国第一的城市群，创新、多元的治理模式发挥了突出作用。不断扩展的城市聚集，给珠三角城市群带来了区域发展的新机遇，也催生着城市群治理的新问题、新挑战。面对两个制度、三个关税区、三种法律制度的重大差异，珠三角城市群在国家战略规划下，探索出协调创新、多元主体的可持续治理模式。珠三角城市群的成功治理经验，不仅是城市群区域治理的成功探索，更代表着我国一国两制的成功实践。而粤港澳大湾区的国家战略规划、“一带一路”建设的枢纽定位，正成为珠三角城市群迈向世界城市群、展现我国“一国两制”成果、建设中国特色社会主义城市群的重要历史机遇。

第五章

当代城市治理的现实境遇

城市是人类文明的结晶，城市治理的出现是解决当前在快速城市化的背景下，空间的迅速扩张、经济的长足发展并未自动带来对环境污染、贫富差距扩大等社会问题的解决和城市对人们需求的满足等城市危机。我们讨论的主题是基于空间正义的城市治理，空间正义显然是城市治理要达到的目标。作为一项复杂的系统工程，城市治理不仅涉及城市的空间发展和人民生产、生活等各个方面，也涉及城市规划、建设、管理等各环节。所以我们需要进一步思考城市治理究竟治理什么、怎样治理，才能实现公平与正义的诉求。而这离不开对城市发展当前所遭遇的现实问题，尤其是当代城市治理的现实境遇以及其背后根源的挖掘与探析。本章将从城市空间、城市人以及城市治理的现实问题入手，探究城市空间发展矛盾，把脉人在生产、生活中的问题，审视城市治理本身的问题，明晰城市问题的生成逻辑。这可以帮助我们从根本上积极寻找城市综合治理的手段和方案，推动城市系统性、有效性、现代化以及正义化的治理。

第一节　城市空间的现实问题

城市作为人类对象化实践活动的产物，生动地展现着人类发展与文明进步的成果。作为人类实践活动的空间场所，集中体现着错综复杂的社会关系。伴随着资本主义的发展及资本的全球范围流动，“肆虐的资本主义开发已经摧毁了传统城市，过度积累的资本推动着不顾社会、环境和政治后果，无休止的城市增长。城市成为了永无休止地消化过度积累资本的受害者”[①]，城市空间成为资本活动最频繁、问题最集中的场所。“资本主义过程并非偶然地逐步提高了民众的生活标准，而是缘于资本主义本身的这套机制，通过盛衰交替的过程做到了这一点。”[②] 资本的城市化进程不仅仅是城市规模的扩大、人口的增长、功能的优化的过程，同时也是贫富差距扩大、环境恶化、社会冲突等城市问题产生的过程；不仅是城市社会秩序动态更新和优化的过程，也是城市社会秩序功能弱化、人与人关系淡薄等城市社会秩序问题形成的过程。城市化是创造性破坏的过程，在这一过程中，既实现了城市空间的优化与发展，同时也产生了各种城市问题与危机。

一　城市空间生产异化

空间，伴随着当代西方社会科学的空间转向，其重要性日益受到关注，并且也日渐成为新马克思主义者透视城市社会现实问题的重要视角。从福柯对空间被遮蔽的洞见，到芝加哥社会学代表学者们强烈的空间意识、齐美尔对空间的社会学思考，再到列斐伏尔所讲的空间是一种社会产品，我们可以看到社会空间辩证法的框架，以及将空间看作是社会历史的产物这一基本线索，可以帮助我们更好地理解社会、理解城市。在城市这样一个空间性的存在中，资本与空间相互联结在一起：城市空间是资本最好的投资场所，城市空

① 戴维·哈维：《叛逆的城市》，胡大平译，南京大学出版2016年版，第Ⅸ页。

② 约瑟夫·熊彼特：《资本主义、社会主义与民主》，吴克峰等译，江苏人民出版社2017年版，第86页。

间生产过程中，资本扮演着重要的角色。“城市空间的本质是一种建构环境……是资本控制和作用下的结果，是资本本身的发展需要创造一种适应其生产目的的人文物质景观的后果。”[①] 对于城市空间而言，资本对城市空间建构的过程，是一种创造性的破坏过程。一方面，空间作为再生产的载体，不断复制着资本的增殖模式，资本推动并加速了城市化的建设，成为城市化进程的驱动性力量；另一方面，城市空间承载着资本破坏性、扩张性、趋利性的逻辑，破坏与创造、解构与重组构成了城市空间的二元对立因素。从而在城市空间生产过程中复制着资本的异化本质，资本成为城市空间生产异化的根源性力量。在城市空间生产过程中，“空间作为一个整体，进入了现代资本主义的生产模式”[②]。城市空间跨越了单纯的“磁体”与“容器”指向，空间不再是生产的背景，成为生产的一部分，直接服务于资本的增殖、积累和扩张的逻辑，成为资本意识形态的表达。城市空间一旦成为资本，“它就会创造它自己的前提，资本不再从自己的前提出发，它本身就是前提，它从它自身出发，自己创造出保存和增殖自己的前提”[③]，空间不再是人的空间，人的空间主体性地位逐渐被消弭，资本成为城市空间的主体，资本逻辑成为城市空间生产的主导性法则。

对于城市发展的重要本质，列斐伏尔早就有所洞见，“空间是社会的产品”[④]。空间与社会主体、社会实践紧密相关，每个社会都生产着它自身的空间。更重要的是，空间不仅仅是社会的产物，被

---

① DAVID HARVEY, *The Urbanization of Capital*: *Studies in the History and Theory of Capitalist Urbanization*, Baltimore: Johns Hopkins University Press, 1985, pp. 15 – 16.

② 包亚明:《现代性与空间生产》，上海教育出版社 2002 年版，第 49 页。

③ 《马克思恩格斯全集》第 48 卷，人民出版社 1985 年版，第 163 页。

④ HENRI LEFEBVRE, *The Production of Space*, Translated by Donald Nicholson-Smith, New Jersey: Wiley-Blackwell Publishing Ltd. , 1991, p. 26.

社会生产出来，空间本身也必须参与生产过程。空间与城市意识形态、城市规划与理论、城市政治斗争的逻辑相联系，因为“空间的形式和组织是特定生产方式——资本主义——的产物”[①]，资本的城市空间生产不仅生产着城市空间，同时生产着城市空间的异化问题。城市空间生产异化，在一定程度上反映着马克思异化理论中人的生产活动及其产品反对人们自己的特殊性质和特殊关系，这种异化也是“城市作为人的创造物，作为客体，反客为主，成为左右人们命运的主体、主宰”[②] 的城市异化问题。城市空间是人类实践活动的产物，作为城市空间主体的人，拥有占有、使用、支配城市空间的权利。伴随着城市空间作为新的争夺焦点，资本为了保证自身的生存与发展，“在空间方面进行了创新，不仅是在剩余价值生产中合并空间，它还尝试完全重组空间”[③]。也就是一方面不断实现自身矛盾的转移，而另一方面则通过侵占城市的物质、经济、社会等空间扩大自身的生存空间。在城市空间重组的过程中，资本不断确立自身的空间主体性地位，整个城市空间于是烙印下了资本逻辑的印迹。空间的丰富性、秩序性因为逐利的资本而被侵蚀和破坏，无论是人们的日常生活空间，还是消费空间、生存空间等都受到资本的控制。空间成为维护资产阶级、服务资本主义生产和意识形态实践的工具，这导致人的主体性的泯灭。人被逐渐边缘化或排挤出空间，人不能按自身的需求享有相应的空间，而城市空间作为人的异己的力量，也与人自身相异化。城市空间异化具体表现为城市空间的碎片化、隔离化和同质化。

---

① 彼得·桑德斯：《社会理论与城市问题》，郭秋来译，江苏凤凰教育出版社 2018 年版，第 138 页。

② 陈忠：《城市异化与空间拜物教——城市哲学与城市批评史视角的探讨》，《马克思主义与现实》2013 年第 3 期，第 107—112 页。

③ HENRI LEFEBVRE, *The Urban Revolution*, Translated by Robert Bononno, Minneapolis: University of Minnesota Press, 2003, p. 155.

首先，城市空间的碎片化。城市空间生产的过程实际上也是城市空间不断被碎片、被分解的过程。碎片化的城市空间是城市化进程中不可避免的结果，也是城市空间生产异化的显著特征。在地理不平衡发展的作用下，整个城市空间形成中心与边缘、集中与弱化的极化状况，最终会呈现出分裂、离散、隔离的城市空间样态。从空间分布上来看，城市空间的碎片化指城市空间支离破碎、界限鲜明的状态，比如高档住宅区、贫民窟与城中村等在城市中有明确的区域分布，彼此之间有着明显的界限与区隔。从社会关系层面上看，城市空间的碎片化表现为城市社会阶层分化、固化，城市市民之间因贫富差距而产生的阶层隔阂。碎片化的城市空间并非是在城市化过程中偶然出现，而是资本与权力不公正的分配空间及空间资源导致的结果。伴随着大量人口的城市聚集，有限的城市空间资源无法满足每个城市居民对空间的需求，而财富的多寡成为划分空间、使用空间的标准，因此精英阶层或在财富上占据优势地位的群体具有优先占有和使用空间的权利。那么大量的空间资源被少数精英群体占有、使用，这不仅仅是不公正的空间分配问题，更是发生在城市中的一种“圈地运动”。私密空间的集中、对公共空间的圈占、高昂门票的半公共空间（收费公园）等在不同程度上不断地支离、分裂着城市空间。以房地产业为例，由于资本的趋利性、扩张性的本质，资本进入房地产业以获取更多的利润为主要目的，因此会占用更多的空间资源进行高档、奢华的场所建设，因此高档住宅区、封闭式公寓等成为弱势群体无法企及的场所，而这些空间并不会考虑因设立门禁、建造高墙、架设围栏等建造活动所导致的空间支离、破碎、分裂的问题。片断式、界限鲜明式的城市空间限定了空间的准入标准，而大量的弱势群体、贫困人群则无法进入，因此他们是被边缘化的空间群体，他们只能集中在特定场所之中。

"破碎的城市空间是'碎片化'社会的外在表象"[1]，支离破碎与界限鲜明的城市空间表征着城市社会空间的隔离与排斥。在城市空间碎片化的过程中，由于身份特征、贫富差距、文化背景、阶层固化等原因，社会关系碎片化的程度不断加剧。不同的空间场所承载着不同的文化背景，表征着不同的身份特征，而且社会阶层也不尽相同，当然也会产生不同的居住、交往和消费空间。富裕阶层和贫困阶层在城市空间中相对集中形成各自的空间聚集区域，每个阶层拥有各自的活动空间，包括经济生产空间、消费空间和居住空间等，其实它们彼此之间缺乏沟通、交流的渠道，是矛盾的、断裂的空间。城市中的高档住宅区、高级俱乐部和高档消费场所，成为社会中高级阶层人群的活动空间。此类空间对于身份、教育背景和消费能力等方面的要求成为了空间隔离的工具，也在某种意义上成为空间非正义的工具，自觉把该群体与另外的群体隔离开来，群体间的交流和关系发展被阻隔。

其次，城市空间的剥离化。碎片化的城市空间将弱势群体集中在特定的空间场所之中，弱势群体与精英阶层之间的交往的阻隔与隔离，不同空间的交往减少、弱势群体向上层空间流动机会的缩减、阶层固化等，使得大部分弱势群体从空间中剥离出来，弱势群体对整体性空间的感知逐渐被消弭，从而缺乏整体性的空间发展。人作为空间性的存在，其发展尺度与其所处的空间范畴紧密相关，人的空间感知、空间认同总具有一定的地缘性、区域性和实践性，即在人的物质实践活动过程中形成的对空间的认知和描述。"空间的客观性在各种情况下都是由社会再生产的物质实践活动所赋予的。"[2] 不存在脱离人的物质实践活动的空间，一方面，人的物质实

① 胡咏嘉、宋伟轩：《空间重构语境下的城市空间属地型碎片化倾向》，《城市发展研究》2011 年第 12 期，第 90—94、114 页。

② 戴维·哈维：《后现代的状况》，阎嘉译，商务印书馆 2013 年版，第 255 页。

践活动过程中创造出空间，不同的物质实践活动产生差异化的空间观念，“空间也不是一成不变的，它会随着物质实践活动的变化而变化，有什么样的实践活动，就有什么样的空间观念”①；另一方面，不同的空间本性、空间观念也揭示了人的物质实践活动的差异。

在城市持续性的发展实践中，不平衡的地理发展、中心与边缘、拒斥与排挤在空间与时间、历史与地理上持久性地联系在一起。弱势群体的发展往往受到空间资源的限制，很难突破阶层界限，持久性或永久性被固定在原有空间，并在该区域场所的物质实践活动过程中形成该区域的空间身份、空间观念、空间认同。对于占据优势地位或精英阶层在确立自身对资源的掌控权的同时，在空间、生活、交往、思维等方面进行各种形式的设计，营造出一种奢华、高上、品质的精英式的空间氛围，塑造一种贵族式、精英式的空间身份，以此彰显自身独特的空间地位。人的空间身份成为社会空间的识别标志，弱势群体很难打破这种身份识别标志进入其他空间场域，被限定在较为固定的社会空间之中。这种不断再生产的空间身份、识别标志表征着一种固化的社会阶层关系，越来越多的居民在城市中逐渐丧失空间的归属感，人对外部空间越来越漠不关心，对社区的归属感一直呈现一种递减趋势，“日趋个性化的潮流造成了具有威胁性的对这个冷漠世界的孤独感”②。

城市空间的剥离不仅是人的空间性存在与人的空间感知、空间情感、空间认同的剥离，也是人的空间性发展缺失。在碎片化、隔离化的城市空间中，弱势群体需要付出更大的代价获得自身的生产与发展空间。城市空间生产中的不平衡发展以及不公正的空间分

---

① 魏强：《空间正义与城市革命——大卫·哈维城市空间正义思想研究》，《南华大学学报》（社会科学版）2018 年第 19 卷第 6 期，第 62—66 页。

② 潘泽泉：《社会空间的极化与隔离：一项有关城市空间消费的社会学分析》，《社会科学》2005 年第 1 期，第 67—72 页。

配，以类似于扬提出的“压迫的五副面孔”[①] 的形式表现出来，即剥削、边缘化、无权力、文化帝国主义和暴力。弱势群体的空间性发展举步维艰，且不说高档的、奢华的空间消费所付出的巨大代价，即使是弱势群体获得基本衣、食、住、行也需要付出巨大代价，房贷、车贷让弱势群体成为城市空间的“奴隶”，即使存有大量的闲置甚至荒废的空间资源，弱势群体仍无法根据自身的需求平等地享有使用的权利，仍然处于一种空间缺失的状态之中。这也是“权力和金钱的系统规则占统治地位”[②] 所导致的结果，表达着一种抵抗政治学的话语。[③] 城市中每个人应该在城市空间秩序中占据自己的位置，但非正义、等级制的存在，打破了秩序的公正。从这个视角来看，城市空间的发展及其他所展现出来的优势、资源、权利等，最后只能是属于小部分精英阶层，大部分弱势群体或是沦为空间生产的工具、或是成为城市空间的“奴隶”。

最后，城市空间的同质化。“空间是被创造出来的。不管是谁创造了空间，创造空间就等于创造了与空间相关的一切。”[④] 蕴藏于城市中的主导性话语，衍生着城市空间样态的布展、内部结构的变迁及其城市主要品格的形成。无论城市空间是如何演变的，城市的发展变迁总是围绕这一主导力量并衍生出契合这一主导力量的空间形态。“当某座城市被冠以权力、财富、上帝、资本等修饰语时，并非意味着这些词语是某座城市的唯一形态，而是宣告这些词语在城市中的主导性姿态，他们成为该城市话语的主要书写者。”[⑤] 城市

---

① IRIS MARION YOUNG, *Justice and the Politics of Difference*, Princeton: Princeton University Press, 1990, p. 108.

② WHITE, STEPHEN K., *Political Theory and Postmodernism*, Cambridge: Cambridge University Press, 1991, p. 107.

③ 戴维·哈维：《叛逆的城市》，胡大平译，南京大学出版社2016年版，第158页。

④ HENRI LEFEBVRE, *The Urban Revolution*, Translated by Robert Bononno, Minneapolis: University of Minnesota Press, 2003, p. 159.

⑤ JONATHAN RABAN, *Soft City*, London: The Harvill Press, 1974, p. 9.

空间既是资本运作的产物，也是政治意识形态的产物，是被各种各样的人建构出来的。同时，城市空间中蕴含着一种排他性原则，如富人希望将穷人从公共空间中排除。而资本的城市空间生产过程，正是实现以资本逻辑作为主导性话语的对城市空间的进行重组，以空间为载体，承载着城市的经济结构、社会结构和空间样态的演变，实现资本对城市资源的再分配。那么由这样的城市空间生产所决定城市空间的重组，必然以排除异己的力量，消除空间的差异性，打破不同社会的界限，实现空间内部的统一为目标，差异性、多样性逐渐消失。因此我们看到，城市物理空间、城市文化、人们的日常生活方式等逐渐出现同质化趋向。

资本城市空间生产过程中，城市空间被资本所控制，空间中的一切都被资本抽象为生产的要素，变成可被生产、交换、消费的商品，因此被赋予了交换和使用价值，就如同其他商品一样，在统一化、标准化的“生产线”上被生产出来。城市空间区域的划分、关系的建构甚至城市文化架构，都是按照实现扩大性的再生产的原则进行。在这个意义上，城市空间被整齐划一地规划着，人们很难从建筑风格、文化架构、区域划分、道路规划等层面去区分城市与城市之间的区别，同质化现象出现，而且伴随着城市化以及全球化的进程在空间上不断被复制和被强化。摩天大楼、步行街、商业广场等，在任何一个城市都可见到的世界品牌等肆无忌惮地充斥在每个城市空间之中，使我们越来越难以看到具有地域特色的历史文化因素。

空间被资本生产为商品，这也逐渐改变着人们的日常生活方式，货币拜物教、消费主义逐渐侵蚀着人们日常生活。在资本的城市空间生产过程中，资本以符号的意义所构建出来的概念世界，表征着人们日常生活的现实世界，符号抽象出来的空间已不再是本原和真实意义上的空间。直接存在的一切全部转化为被资本加工后想要呈现的表象，引领并掌控着人的情感认知、价值判断，使得整个社会的价值导向变得不清晰，同时也改变并持续改变着人类的生产方式、生活方式以及认知方式。日常生活空间则成为景观符号的堆积场所，意象取代了现实，人们现实的日常生活方式逐渐发生了改变。在日常生活中，人更多的是“沉醉于追逐差异、个性、多元、时尚和各种文化形式的产品，而不再去追问其在现在、过去和未来的意义”①，显然人们已迷失了自己真实的需求与需要。人们的日常生活中处处充斥着资本表征符号复制品，人也不再去追求物的使用价值，而专注于物所表征的符号意义，因此可以说人们的日常生活空间被统一化为追求符号消费的消费空间。

城市空间生产的异化，最终会阻碍城市的发展，从而成为构建高品质、正义性和人文性的城市空间，为人们提供美好城市生活图景的痼疾性障碍。基于空间正义的城市治理，绕不开对城市空间生产异化问题及其背后资本逻辑的现实性剖析，剥离资本逻辑对城市空间的异化，激发资本的驱动性力量，建构良善、适居的城市空间，这是一个现实的难题，也是当前城市治理需要认真对待的问题。

二　城市空间秩序的失序

城市作为人类对象化实践活动的产物，是人类社会走向文明的标志。城市的形成并不仅仅是物质资料、生产资料的简单集聚，更是在此基础上形成的社会关系的汇聚与城市社会秩序的建构。秩序是每个城市社会都必须具有的元素，缺乏了城市社会秩序，城市社会就无法正常运转。城市及城市社会的良性、有序、和谐的运行是在一定的规则、规范的规约下实现的，而这些规则、规范的有机构

---

① 戴维·哈维：《正义、自然和差异地理学》，胡大平译，上海人民出版社 2010 年版，第 133—232 页。

成就形成了城市社会秩序。城市在本质上是复杂的实体，它是由不断变化的社会关系以及植根于文化和历史的多种因素相互作用形成的结果，城市空间秩序对不断变化的社会关系以及植根于历史与文化的多元素发挥着整合与控制的功能。城市空间秩序作为城市及城市社会正常运行的保障，既统筹着城市内部各种社会关系，也规约着城市社会内部的各种要素。“城市就像生命科学一样也是一种有序复杂性问题……城市这种有序复杂性问题不会单独表现为一个问题……这些问题表现出很多变数，但并不是混乱不堪，毫无逻辑可言，相反，它们‘相互关联组成一个有机整体’。”① 城市空间的复杂性具体表现为社会关系、城市问题、日常生活等的杂糅性，城市之所以能作为一个复杂的有机整体而存在，离不开城市社会秩序的整合与控制功能，即城市空间秩序对杂糅性的社会关系、多样性的城市问题、丰富性的日常生活的整合与控制。

“任何一座城市的建立都是一个复杂的过程，是历时酝酿的结果，而不是简单地找一个地方或套用一种模式就可以完成的。”② 城市是历史性建构的结果，城市空间秩序同样也是历史性建构而成，是在历史的发展过程中新与旧、进步与落后的演替与更新中慢慢形成的。在原始社会，城市空间秩序主要表现为人们约定俗成的民族风俗、生活习惯自发形成的一种规范，这样一种秩序被全体城邦聚落自愿地维护；在封建社会，城市空间秩序则主要依托权力的强制手段得以维护，因此集中体现了统治阶层的意识，带有阶级色彩、意识形态色彩的秩序成为维护统治者利益、愿望、要求的手段与工具；到了资本主义社会，城市空间秩序继而成为在财富、权力上占据绝对优势的统治者对被统治者进行统治的工具，我们看到在城市

① 简·雅各布斯：《美国大城市的生与死》，金衡山译，译林出版社 2006 年版，第 397 页。

② 孙逊主编：《都市文化研究（第 1 辑）——都市文化史：回顾与展望》，上海师范大学都市文化研究中心，2005 年，第 1 页。

内部占据统治地位的阶层，总是希望把他们所肯定的社会关系或社会运行的状态作为强制性的社会秩序固定下来，以此维护自身的利益，巩固自身的统治地位。

城市是人类实践活动中不断进化的产物，城市空间秩序也是在不断的“试错”过程中慢慢变得完善，它通过不断调整的规则、秩序以及价值准则表现出来。伴随着资本的全球性空间生产，资本在全球范围的空间性流动，城市空间成为资本争夺的焦点。资本以其强大的扩张性侵占城市空间，成为城市空间生产的主导性力量。从这个角度看，资本及其衍生的其他力量在城市空间的集聚，试图解构原有的城市社会秩序，建构契合资本逻辑的城市社会秩序。城市空间秩序重建过程中，旧的规则、规约、价值体系的消解，新的规则、规范、价值体系并没有立即形成，因而在新旧城市空间秩序的演替过程中，产生诸如城市社会秩序的“真空地带”，城市社会空间秩序逐渐呈现紊乱、失序的状态。具体表现在以下方面：

首先，城市空间秩序整合与控制功能的弱化。城市社会秩序功能弱化意味着良性、有序的社会规范体系或规则秩序的弱化，导致城市社会处于规则虚无甚至无规则运行的混乱状态。这主要是因为，在资本的空间生产过程中，资本的城市空间秩序的建构，弱化了原有城市社会秩序的功能，导致城市及城市社会无序运行，城市内部多元主体行为失范。具体而言，一方面，在资本的城市化进程中，空间作为社会关系的容器，不仅仅是社会关系的表达，同时也是社会关系的一个生产和构成要素。而资本的空间生产过程中，资本逻辑的空间性展开，并不仅仅是经济的交换、消费活动，而更多的是一个建构资本逻辑的社会关系和空间意识形态的整体过程。那么，这就要求空间内建构起顺从资本逻辑的社会关系，同时建构起一种资本主义的空间意识形态，并不断扩大这种意识形态在经济活动中的作用。另一方面，“竞争不过是资本的内在本性，是作为许多资本彼此间的相互作用而表现出来并得到实现的资本的本质规定，不过是作为外在必然性表现出来的内在趋势”①，资本的活力以及内在的竞争性产生了竞争性的社会状态，资本的内在规定性决定了它在资本积累过程中必然以激烈的自由竞争获取更多利润。在剩余价值规律的作用下，资本在相同生产部门和不同生产部门之间展开竞争，这是一个革命化的过程，生产工具、生产关系全部参与其中。城市社会不断处于一种持续的紧张和敌对状态，而这种紧张、敌对的状态在城市的经济体系、社会体系之中成为一种常态。原有城市空间秩序的弱化与新的城市空间秩序的建构之间，规则、秩序、价值体系处于“真空状态”，在一定程度上弱化了城市社会秩序的整合与控制作用。

其次，城市内聚力的消弭，弱化了居民的城市归属感与城市生活的幸福感。城市内聚力的消弭，其实并没有消弭人们对美好城市生活的向往。只是由于城市居民生活幸福感与城市归属感日益弱化，导致居民城市身份认同的弱化。从人的地缘性意义上讲，人都带有地域性的胎记，从出生的那一刻起便挣脱不了地域性的身份标志。同一区域中的群体拥有相同的语言符号、文化理念、思维方式和行为规范，形成身份认同即个人与群体之间情感上的归属意识，它为人们提供心灵寄托。然而，当前城市空间内蕴的自由竞争特性，不仅扰乱了城市社会关系，同时其自由竞争的特性将城市社会塑造成为“丛林社会”，改变了城市社会内部生成和运行机制，文化的凝聚力和向心力逐渐减弱，群体的文化与身份认同感逐渐下降。

伴随着大量人口涌入城市，有限的城市资源难以满足大量的人口需求，加之财富的集中，大多数人占有少数的资源，就更容易激

① 《马克思恩格斯全集》第46卷，人民出版社1975年版，第397—398页。

发人与人争夺空间资源的激烈的敌对状况。每个人都在追逐自身利益的道路上“争渡”，每个人都希望能够早日置身于奢华、有序的空间之中，物质财富、权力、资源成为人们争渡的动力。人的实践活动不再追求其本身所具有的意义价值，而在于能否创造更多的物质财富，是否对自己有利。“社会不再具有认同性和内聚力的价值内核，社会主体完全根据自己的需求和欲望各行其是。”[①] 人们开始以功利主义、个人主义的视角审视周围的世界，人们不再信奉原有社会的道德观念、价值观念、价值体系的权威，从根本上对原有的社会价值理念、规则秩序产生拒斥的情绪，转而信奉功利主义、个人主义的权威。“高级的社会组织，以某种控制为先决条件。必定存在某种公认的权威在相互冲突的利益之间划出界限……如果没有客观的权威中心把他们划出，社会就会在混乱中解体”[②]，缺乏权威的城市社会，人们沉浸在自己的世界之中，人与人之间彼此成为陌生人。“我们所生活的世界几乎被陌生人所充斥，而使得它看起来像是一个普遍的陌生世界。我们生活在陌生人之中，而我们本身也是陌生人”[③]，城市化的进程并没有拉进人与人之间的距离，促进人与人之间的交往，反而让人与人之间的交往失去了原有的意义，出现以利益为纽带的人际关系的交往，“生活在现代社会中的人们丧失了家园之感，人们的心灵无所寄托”[④]，冷漠、失信、功利成为人与人之间关系的代名词。

城市内聚力的消弭，不仅仅弱化了人对城市空间的情感认同，同时蕴含着隐性的冲突因素。自由竞争使财富、资源越来越集中在

---

① 高峰：《社会失序的机理探析》，《北京工业大学学报》（社会科学版）2014 年第 14 卷第 4 期，第 27—30 页。

② 罗斯 E. A.：《社会控制》，秦志勇译，华夏出版社 1989 年版，第 31 页。

③ 齐尔格特·鲍曼：《通过社会学去思考》，高华译，社会科学文献出版社 2002 年版，第 51 页。

④ 鲍宗豪、赵晓红：《现代性视域下的中国社会秩序重建》，《社会科学》2014 年第 5 期，第 84—92 页。

少数人的手中，城市空间发展成果不能够公平地被每个城市居民所享有，更多的资源流向了少数人、少数地区，越来越多的人成为被剥夺的对象，这也意味着边缘化和压迫的形成，非正义的空间形态的形成。被边缘化的人群也是被剥夺和被压迫的对象，他们被排除在社会生活、社会互动和资源的社会分配之外，在生命、生产和生活的空间受到不公正的待遇。城市空间不平衡的地理发展使城乡之间、区域之间、行业之间、群体之间的差距不断扩大。城市社会以权力、财富为标尺被划分为弱势群体与精英阶层。不公平的空间资源分配，使弱势群体很难享有精英阶层所拥有的居住条件、医疗设施、教育环境。大量的弱势群体被边缘到资源匮乏、环境恶劣、治安混乱的场所之中，这本身就会加剧群体间的摩擦与冲突。加之贫富差距的逐渐加大，弱势群体产生仇富的心态，以非理性、偏激化的方式向精英阶层表达自身的不满，肆无忌惮地向社会发泄自身被剥夺的情绪，精英阶层与弱势群体之间的矛盾不断被激化。

最后，区域的不平衡发展，表现在集中性活力的迸发与区域性活力的消散之间的矛盾与冲突上。活力是社会更新与发展的重要内容，也是城市保持强劲发展的动力机制，它谱写着人类建设美好生活“通天塔”故事。城市的活力集中体现为有序、和谐的社会秩序以及充满创造力、生命力的城市活力空间。从秩序与活力辩证关系的角度看，秩序与活力是相互协调、相互依存的关系。活力是秩序的内容，秩序是活力的保障。秩序使活力得以凝聚，城市空间秩序是城市社会空间有条理地、有组织地运行的前提，是城市社会保持旺盛生命力和创造力的保障。整个城市社会的和谐、有序的发展体现为整体性的活力迸发，城市空间秩序是整个社会活力迸发“多米诺骨牌”中的重要环节，一旦城市秩序失衡，可以说整个城市的发展就丧失了活力激发的保障与前提，那么社会空间自然谈不上生机与活力。“城市无序的表象之下存在着复杂的社会和经济方面的有序”[①]，有序表征的是平衡、动态、充满活力的状态，区域的不平衡发展则是失去平衡，是城市无序的表现，也是城市社会秩序失序的结果。在城市内部，不平衡的区域发展，形成多元的集中性中心区域，人才、信息、财富等多元化的资源以不同的方式在城市中心区域凝结，成为中心区域的发展“生命”。资源是有限的，以辩论视角来看如果说有相应也会有资源的区域性流失。城市空间生产异化资源的多元化集聚或凝结不仅仅产生了城市空间隔离化、碎片化，也导致资源的区域性流失。由此让城市失去扩张、更新与复兴的动力，从而导致城市社会极化发展的格局。

从城乡发展维度看，区域间不平衡发展导致资源的转移，而由此产生城乡二元结构差异。资源、信息的流动，总是具有一定的倾向性，即向优势区域或发展区域流动和转移。因此发达的区域相比欠发展或次发达区域，在政治、经济、文化等方面拥有更多的资源，从而发达区域拥有较强的吸引力和辐射力。而处于落后区域的乡村居民为了更好地发展，不断努力地向资源（人力、物力、财力）丰厚、发展机会众多的城市转移，并积极投身到城市的建设中；这样一来，农村地区由于人口的大量转移，导致乡村人力资源紧缺，乡村的建设投入人力物力财力等后续多有不足，那么乡村的发展越发滞缓。因此会形成恶性循环，结果就表现为城乡间的差距不断扩大。城乡差距的不断扩大，不仅仅表现在物态有形层面（饮食、交通、教育、建筑等），而且也体现在社会心理和心态（人的价值观、思维方式、行为等）层面。在全球化的背景下，资源、财富、人才、信息在城市中的凝聚，在持续不断的“接触—交流—融合”中，为城市的发展注入了新元素，增添了新活力，使其更加具

---

① 简·雅各布斯：《美国大城市的生与死》，金衡山译，译林出版社2006年版，第12页。

有现代性和开放性气息；而乡村却出现了相反的情况，因为乡村在信息、人才、资源等方面的劣势，固有的封闭性暂时未能被打破，从而形成城乡二元对立的发展状态。

三 城市生态系统断裂

城市，首先就其自身而言，它是一个生态系统，“它与自然世界交缠在一起，这种关联性体现和反映了社会、经济和政治力量”[①]。其次，城市是建立在自然世界基础之上的，它并非与自然完全隔绝，因此，将城市看作是生态系统，运用的是思考城市自然—社会空间的辩证法。再次，我们这里所谈论的城市生态系统，也是将城市看作是一个与社会、政治和生态相互交叠的整体的、复杂的、有机的系统，城市的环境问题与社会公正问题也紧密相关。和谐的、协调的城市与自然之间的关系，是可持续理念所关注的重要核心。生态多样性、生态系统的脆弱性与城市社会发展的关系，以及社会网络与生态系统之间的关系，这些都是可持续的城市发展以及城市生态文明需要考虑的重要问题。生态文明建设落足到城市建设发展中，则体现为城市生态文明。城市生态文明表现着人类对美好城市空间的向往与追求，也蕴含着城市的经济、社会、文化等方面的生态化、有机化和持续化的内涵。伴随着现代化、城市化的进程，城市生态系统日益遭到破坏，表现出断裂性、不完整性，生态承载力和生态安全受到巨大威胁。因此，修复、重建城市生态系统，构建全新的城市生态图景，既是城市生态文明的重要内涵，也是当代城市治理的题中应有之义。

城市化的进程不仅是人口的城市集聚、城市空间的延展以及商业与金融贸易的城市发展，同时是对城市生态系统的优化与更新的

---

① 丽莎·本顿-肖特、约翰·雷尼-肖特：《城市与自然》，江苏凤凰教育出版社2017年版，第5页。

过程。城市生态系统是维护城市空间生态安全、改善人类城市栖居环境的重要保障，“是城市空间范围内，居民与自然环境系统和人工建造的社会环境系统相互作用而形成的统一体，属于人工生态系统”[①]。城市生态系统是人类在自然环境的生产、生活实践活动基础上建立的包含自然与社会的人工系统，既包含自然生态系统的各种组成要素，也包含人类生产实践、经济活动、社会关系等要素，其内部各要素之间相互联系、相互影响，形成一个不可分割的有机整体。城市系统中的任何一个要素的变动，都会对其他要素产生影响，甚至影响整个城市生态系统的平衡。

城市生态系统具有以下特征：首先，城市生态系统具有人化的特征，城市是建基于自然环境基础上的人化空间，人对自然生态环境的改造过程中逐渐形成的城市生态系统。在人类社会产生以前，自然系统仅仅是纯粹的自然，当人类社会的出现，在人类的物质实践活动过程中建立起人与自然之间相互的依存关系，在人类的实践互动中形成属人性的城市空间。其次，城市生态系统具有开放性的特征，不同于自然生态系统的“自给自足”，由于城市内部有限的资源无法满足城市发展的需要，需要从其他系统输入大量物质资源。同时城市又需要依托广阔的外部空间进行城市运行产生的废弃资料的输出。因此，城市生态系统的维系与完善必须以高度开放性实现外部资源的输入和内部资料的输出。最后，城市生态系统具有脆弱性的特征，城市生态系统是一个复合的人工系统，由于自然生态系统的脆弱性以及城市生态系统牵一发而动全身的各要素间的联系，系统内部的自我调节、自我修复功能很容易受到外界因素的干扰。

城市治理需要将健康的城市生态系统的建构作为重要的目标指

---

① 杨小波等：《城市生态学》，科学出版社 2001 年版，第 43—45 页。

向。健康、生态不是复归原始的自然生境，亦不是乌托邦式的人间仙境，而是积极意义上的、全面的、可持续发展的系统，是技术与自然的高效的协调融合，对生产力与创造力有效保护，物质、信息与资源能够高效运用以及人与自然和谐相处。由于城市生态系统具有开放性、依赖性、脆弱性等特点，所以非常容易受到自然环境条件和人为因素变动的干扰。某个因素的单方面发展或缺失，都有可能引起整个生态系统的失衡。城市的空间延展与扩张，不仅仅改变了城市的空间存在样态，同时也在很大程度上改变了城市生态系统的功能。在城市化过程中，人类城市空间的实践活动对城市生态的破坏速度，已经远远超过城市生态系统的优化与更新速度，人的实践活动已经超出了城市生态的承载限度，以诸如资源短缺、城市人居空间的恶化等社会问题以及自然生态退化、自然灾害频发等自然问题的形式出现，对城市生态系统的有机性、可持续性提出了严峻的挑战。城市社会问题是多种问题复合而成的，具有复杂性与杂糅性。其产生的原因、存在问题的以及表现形式、问题后果以及严重程度各不相同。城市化过程中城市生态系统的断裂产生的社会问题，也有不同的表现。如：

城市生态系统断裂，会导致全球性的城市生态风险。在全球化时代，城市生态系统的断裂不仅仅是某一个城市或特定区域城市的问题，而是全球城市共同面临的问题，关乎着整个人类的生存和发展。如生态学马克思主义认为，城市生态从本质上说不是一个简单的环境问题，它与资本、资本主义的存在逻辑和运行机制及其空间运行过程中产生的固有矛盾、生产方式等存有内在的关联性。从这个视角来理解的话，城市生态系统断裂产生的生态危机，就会像传染病一样，从一个国家蔓延至全世界。也就是说，世界上只要有资本活动的地方，都会产生城市生态问题，不同的只是产生的实践和问题严重的程度而已。在资本积累过程中，“不断扩大的产品销路的需要，驱使资产阶级奔走于全球各地。它必须到处落户，到处开发，到处建立联系，资产阶级由于开拓世界市场，使一切国家的生产和消费都成为世界性的了”[①]，资本的世界市场的开拓，不仅使生产与消费、投资与贸易成为世界性的，同时使城市生态危机在全球范围内蔓延。城市生态环境的破坏，不仅仅是产生区域性的城市生态危机，也会导致世界性的生态危机。经济生产力强劲和发展繁荣的城市，为了改善城市内部生态环境，会通过资本的空间转移，将生产分散到周围欠发达的城市之中，从而把生态危机转嫁到其他城市之中。一方面，伴随着跨国公司的发展以及投资全球化的兴起，高度发展的城市将高耗能、高成本、重污染的产业或工业转移到周围欠发展的城市区域中，城市生态危机伴随着投资的全球化实现全球范围内的蔓延；另一方面伴随着交通、通信技术的发展推动了贸易的全球化，高度发展的城市则凭借其资金、技术、信息等方面的优势，吸纳周边欠发展城市资源的转移，导致越来越多的资源向城市化程度较高的城市聚集，这个过程也会加剧欠发展城市内部的生态环境的恶化。因此可以说，资本逻辑的全球扩张将生态危机转移到世界的每一个角落，从而产生全球性的城市生态危机。

城市生态系统断裂，会造成资源短缺。城市生态系统能够为城市的发展以及人类城市生活提供许多服务，如降低温度、调节雨水、提供娱乐机会等，然而这些服务与更有利可图的住宅、商业和工业用地的开发以及大规模的工商业产品的制造所带来的利润相比，显得微不足道。“随着后福特主义时代的到来，城市中的自然、空气、阳光、水等曾经丰富的东西在变得稀少了，这些元素具有了价值（交换价值和使用价值）并进入了交换流通领域，成了财富的

① 《马克思恩格斯文集》第2卷，人民出版社2009年版，第35页。

一部分，而最终应属于政治经济学范畴。”[①] 资本积累往往只看到自然资源的经济价值，而忽视了自然空间的生态功能。“资本主义经济把追求利润增长作为首要目的，所以要不惜任何代价追求经济增长，包括剥削和牺牲世界上绝大多数人的利益。这种迅猛增长通常意味着迅速消耗能源和材料，同时向环境倾倒越来越多的废料，导致环境急剧恶化。”[②] 资本毫无节制的空间扩张是以大量能源的消耗和生态环境的持续恶化为代价的，资本的投资活动，总期望在最短的时间内实现资本的回流，希望能压缩资本的循环时间，从而攫取更多的利润。资本空间生产以无休止的追求利润为目的，就会生产大量的商品，大量的商品生产就需要大量的资源，从而扩大对自然资源的索取，造成对自然资源的过度开发和利用，肆无忌惮的资源索取在一定程度上已经超出自然环境本身的容载度。商品只有被交换、消费之后，资本家才能实现资本的增殖。因此资本家为了扩大商品的销路，就会以各种营销方式激发人们的消费欲望，而这种消费模式并不是人们为了满足自己的真实需要而进行的消费，仅仅是为了消费而消费。在这样的生产、消费机制下，大量资源被浪费，同时大量的生活垃圾也被制造出来堆积在城市生态空间之中。由于自然资源的不可再生性以及自然生态自身调节、自我维护的能力有限，“那些对人类社会具有最直接影响的环境条件和因素，诸如清洁水源、不可再生资源的分配与保护、废物处理等可持续性问题，与冷酷的资本需要短期回报的本质是格格不入的”[③]，必然带来资本的扩大性再生产与自然生态承载能力之间的尖锐矛盾。

① HENRI LEFEBVRE, *The Production of Space*, Translated by Donald Nicholson-Smith, New Jersey: Wiley-Blackwell Publishing Ltd., 1991, pp. 32 – 33.

② 约翰·贝拉米·福斯特：《生态危机与资本主义》，耿建新等译，上海译文出版社 2006 年版，第 3 页。

③ 解保军、李建军：《福斯特对资本主义的生态批判》，《南京林业大学学报》（人文社会科学版）2008 年第 3 期，第 62—67 页。

城市生态系统断裂，与城市生活方式、建筑环境等的交互影响，影响着城市可持续发展。1987 年联合国世界环境与发展委员会的报告《我们的共同未来》明确指出可持续发展是“既满足当代人的需要，又不对后代人满足其需要的能力构成危害的发展”。可持续发展并不排除未来人民自力更生的能力，这一结果就是代际公平。可持续发展强调，人类的福祉取决于自然与社会的协调、融合中的共同发展，可持续发展将维持人类福祉的生态服务，并为所有人提供生存所需的资源。因此，城市的可持续发展，既指现在城市及城市社会的发展，也指的是城市及城市社会长远的、未来的发展。“地球的危机不是大自然的危机，不是人类生存状态舒服与否的问题，而是人类自身能否生存下去的问题”①，城市生态系统作为一个关乎城市能否持续发展、人类能否持续存在的问题，其关键在于如何处理人与自然、城市经济的发展与生态环境保护的问题。在人与自然的关系中，人依赖于自然而存在，并能够认识、改造自然。人在实践活动中依据对自然界的认识以及自身的构想去改造自然，并在改造自然的实践活动中提升自身的认知水平。然而，伴随着人的认知水平的提高以及城市社会的发展，人作为社会的主体性存在，在人与生态环境的关系中，逐渐看不到人对自然的依存性，否定只有先承认和尊重自然的价值，才有人自身的价值这一事实，就会高估人自身的价值，以征服者的姿态向自然界毫无节制地索取，自然作为人类生存的基础，“我们统治自然界，决不像征服统治异族那样，决不是像站在自然界之外的人似的，相反，我们连同我们的肉、血和头脑都是属于自然界和存在于自然界之中的”②。自然资源的有限性不能满足人类毫无节制的资源索取，人向自然的索

---

① JOHN BELLAMY FOSTER, *The Vulnerable Planet: A short Economic History of the Environment*, New York: Monthly Review Press, 1999, pp. 26 – 28.

② 《马克思恩格斯选集》第 3 卷，人民出版社 1972 年版，第 518 页。

取必须在生态系统所承受的范围。只有在人与自然的和谐关系的基础上，人类才能实现永续的发展。

在自然生态方面，伴随着城市化的进程，尤其是伴随着城市的发展出现了超大城市，我们看到城市的发展付出了惨痛的代价，自然以某种方式报复了城市。然而，城市空间本质上遵循的是追求生产的逻辑，因此为了在短期内实现空间最大限度的延展和获利，往往只注重当前既得利益的获得，而较少考虑资源的浪费和环境的破坏。因此诸如环境污染、垃圾围城、自然灾害（城市内涝等）、绿化减少、疾病横行等城市生态问题在城市越来越现代化的发展中变得越来越严重，这不仅桎梏了城市及城市社会的发展，同时由于污染的城市环境、拥挤的住房条件等问题，使得更多的城市居民身体处于亚健康的状态，各种癌症、呼吸系统的疾病、高血压等千奇百怪的症状侵蚀人的身体健康。城市及城市人的健康遭遇巨大威胁与挑战。

城市生态系统的断裂，也会导致人居环境的持续恶化。当前超过一半的世界人口居住在城市地区，根据联合国经济和社会事务部人口司发布的《2018 年版世界城镇化展望》数据显示，至 2050 年，全球城市人口总量将增加 25 亿……这一比例预计将达到 68%。[①] 城市是一个庞大的系统，包含着工业、交通运输、建筑建材等各行各业，然而每个行业的生产都会有污染物，如废气、废料、粉尘等的排放，从而使城市环境出现恶化的状况。以 1955 年 9 月洛杉矶光化学烟雾事件为例，由于大气污染和高温，短短不到两日的时间内，超过 400 余人死亡，许多人的身体出现不同程度的症状，直至 20 世纪 70 年代，洛杉矶城市还被称为“美国的烟雾城”。在中国，自 20 世纪 80 年代以来，中国雾霾问题日益凸显，雾霾日数的延

① 《〈2018 年版世界城镇化展望〉报告发布》，《上海城市规划》2018 年第 3 期，第 129 页。

长，波及范围的宽广，尤其是2017年雾霾问题，被称为“人类历史上最严重的大气污染”，甚至将北京形容为“机场里的吸烟区”。另外，会导致垃圾围城问题。城市是人们生产和生活的集中场所，伴随着人口的城市集聚，利用和消耗着大量的自然资源，同时产生大量生活、生产垃圾，使城市环境的构成与状态受到破坏和污染，中国城市环境卫生发展研究报告显示，仅仅2016年全国城市清运垃圾20351.28万吨，县城共清运垃圾6659.53万吨，城市清运粪便1299.16万吨，县城420.35万吨，[①] 虽然城市垃圾大部分已经过处理，但大量的生活垃圾的排放仍成为当前城市环境问题的重点。还会导致诸如城市内涝频发等灾害，城市内涝是由于城市植被稀少、钢筋水泥的路面建设以及城市排水系统不完善等，在强降雨过程中引发的洪水灾害问题。一旦出现强降雨，城市即刻开启“看海”模式，从而影响城市生产、生活秩序。

城市是建基于自然环境基础上的人化空间，城市的发展不仅要立足于经济、文化、政治的发展，也要立足于人的可持续性发展。贪婪是资本的本性，资本活动总是追求利益的最大化与合法化，“无限扩张的资本主义不可避免地要与有限的生态系统之间发生矛盾冲突”[②]，因此，只要资本、资本主义一直存在，即使城市生态危机、城市生态系统断裂问题已经得到暂时的解决，城市生态、城市生态系统也会不断产生新的问题。

第二节 城市人的现实问题

当代城市治理的现实境遇，既是对城市治理本身所遭遇的现实

---

① 许碧君等：《中国城市环境卫生行业年度发展研究报告2016—2017》，上海交通大学出版社2017年版，第6—8页。

② 王雨辰：《制度批判、技术批判、消费批判与生态政治哲学——论西方生态学马克思主义的核心论题》，《国外社会科学》2007年第2期，第2—7页。

问题的诊断以及开出的应对方案，同时也包括我们上一节分析的城市空间所遭遇的现实问题，以及在这一部分我们将讨论的城市人的现实境遇和现实问题。对于城市空间本身存在的问题，我们已经从城市空间生产异化、城市社会秩序失序、城市生态系统断裂三方面分析了根源，在对根源的剖析中，有对城市治理究竟应该如何治理的思路建议。如果我们把城市空间本身所面临的现实问题看作是城市发展的外在表现，那么进一步往内看的话，城市发展中存在的问题表现在空间之中，而造成城市问题的根本原因，其实是生活于其中的人本身，所以，对城市治理现实境遇的分析，离不开对城市人①的现实境遇的分析这样一个重要视角，甚至可以说，城市人的问题才是当代城市发展的根本源头。可以将城市人和城市之间的关系看作是潜能与实现之间的关系：如果将城市看作只是一堆材料(质料)，那么城市人的存在就是城市独特性的实现形式。作为城市主体的“城市人”，指的是“一个理性选择聚居去追求空间接触机会的人”②。他既具有理性的特征，也具有空间性特点。城市人并不是盲目地进入一个新的空间，而是他们看到了城市具有比农村更丰富的资源、更便捷的交通、更高的工资，才选择去城市聚居。进入城市意味着这部分人生活在城市空间中，并且具有了参与城市治理的权利。但是城市由于发展的阶段性而不可避免地存在着一些问题，从而限制了城市人所应该享有的权利。比如城市人的生存与发展资源的不平衡分配，资源以及分配的不平衡会限制主体交往与参与方式，使之慢慢走向单一化和片面化，结果最终会导致城市人的幸福感、安全感、获得感的缺失。城市的发展关系着人的生存和发展，城市是人进行交往和参与的政治共同体、经济共同体和情感共

---

① 城市人，从哲学层面分析，指的是城市的主体，他们既是城市的建设者也是城市的享用者，既是城市的决策者也是被城市塑造的对象。

② 梁鹤年：《城市人》，《城市规划》2012 年第 36 卷第 7 期，第 87—96 页。

同体，如何进行城市治理，将城市看作是一个共同体的存在，充分考虑制度、环境、情感等各方面的因素，帮助城市人实现对城市生活、城市权利等各方面参与的正义感、获得感、安全感和幸福感，这显然是基于空间的城市治理应该考量的重要内容。

一　生存与发展资源的不平衡

人的生存和发展是当代哲学的重要主题，与人的本质的现实化、人的德性的外化和彰显有紧密的联系。生存和发展两者一脉相承、不可分割，生存是发展的基础，人只有生存下去才能继续发展；发展是在生存基础之上的发展，是生存论意义上发展，发展是为了更好地生存，也可以说发展是生存的更好的阶段。生存与发展都指向人的自由全面发展以及人性的充盈。“人的生存就是人不断生成、演进的社会历史性过程，因而本质地具有发展的向度和性状。”① 我们对生存和发展要做出清晰的界定，划清两者的边界。生存是人类最基础的存在，包括了人的吃、喝、住、行等物质性的实践活动，只有当最基本的生存条件满足时，人类的生命才能在自然的恶劣环境中保存下来。而发展则是人类满足了生存的需求之后，对自身提出的更高的要求。我们应该区分工具理性的发展和价值理性的发展：“一是以主客二分为前提的属于工具理性的发展概念，一是人自成目的的生存论意义上的发展概念。前者把人的生命时空规定为单向度同质态的流程，后者在时间上则具有多维性和回复性，在空间上具有异质性。”② 以工具理性为发展理念的实践，其主要目的是促进经济的增长、推进技术的进步，这其实可以看作是人类在物质层面的发展，是发展的一种基础性的类型；而以价值理性

① 张曙光：《“生存与发展”问题和生存论哲学》，《哲学研究》2001 年第 12 期，第 13—15 页。

② 同上。

为发展理念的实践，是从生存论层面进行的考量，它将人看作是发展的中心，在发展经济的同时考虑到人类自身的发展以及生态环境的发展。这种发展内蕴着生命目的性、本真性与价值性，本质上是一种可持续性的发展。生存论是对人自觉地寻求生命的意义的哲学表达，马克思的实践哲学中所有的范畴与概念都来自于实践，只有人的实践才能为理论提供基础，既避免了人类的盲目发展，也避免了人类实践的被动性。

在生存与发展的辩证关系中，生存为发展提供了实践主体，发展为生存提供了延续的条件。马克思开启的唯物主义的实践哲学，将人的生存和发展纳入到实践中来，从而使得我们对自身的反思都从现实生活中出发，不再用形而上的思辨去研究存在和主体。“实践生存论是自然、人、社会通过人的历史性的生存实践及社会化活动所实现的、自为的生存论结构。”[①] 自然、人和社会不再是自在存在的对象，自然和社会都和人结合在一起了，自然成了人类参与其中改造的“自然界的生活”；人也不再是可以用自我意识代替的主体，而转变成了现实的、实践的个体；社会是在不同的主体间形成的交往共同体。在这其中，关键的是个体的存在，因为人类从自我意识回归到现实的个体的过程中，才让自然和社会发生了转变，才让个体、自然和社会成为一个有机的统一体。

人作为有限的存在者，需要借助其他的外在环境和他者的帮助才能实现安全的、可持续性的生存和发展，“只有在社会中，自然界才是人自己的存在的基础，才是人的现实的生活要素”[②]。人类具有自然性和社会性双重属性，人不仅需要私人空间，更需要群居生活，不仅需要物质生活的资源，还需要精神、文化、交往环境。因此，对于城市人的生存与发展，我们需要从全面而整体的角度来关

① 邹诗鹏：《马克思实践哲学的生存论基础》，《学术月刊》2003 年第 7 期，第 26—33 页。

② 《马克思恩格斯文集》第 1 卷，人民出版社 2009 年版，第 187 页。

注和分析。从人类历史发展的不同阶段来看，人类总是寻求着一种安全而丰裕的生存环境，这也是对美好生活的积极追求与向往，相比较农村的贫穷、资源短缺，城市必然是人类更好发展的选择空间。正是这种对更好生存与发展需要的推动，人类实践创造了城市，而且城市也伴随着资本不断地在扩大。从依赖农村资源的本土城市，到四通八达、自由交换的现代城市，再到全球化普遍联系的全球城市，城市始终在动态的提升、进步和转型之中。城市转型是人类文明进步的表现，不仅意味着城市本身发展的环境和方向的变化，更意味着城市人的生活条件和生活方式的转变。生存和发展条件的转变，不只是指生活资源从匮乏状态到丰富、多样的变化，还指城市中公平、正义理念的逐渐实现，即城市资源分配从少数人占有大多数资源到城市人之间公平、平衡地获得生存和发展资源的转变，而后者的转变显然代表着的是人们对公平、正义的更高层次的需求表达。

历史是在人类的推动下发展的，城市的历史也是人类实践推动的历史进程，或者说就是人类发展的历史。人的行为会影响社会生产空间的结构和现象，同时，社会空间的变化也会对人的社会生活产生影响。从农耕时代进入工业时代的过程，也是人类生活方式从乡土生活转向城市生活的变迁。在 18 世纪左右，由于生产技术和工具的革新，机械化生产开始代替手工业小作坊式生产，同时，资本的流动性与阶级斗争的此起彼伏，突破了古典城市的封闭、固定的本性，促使了开放的、交通便利的现代城市的产生。马克思、恩格斯所在的曼彻斯特、巴黎等城市就是资本积累所促成的大工业城市的典型代表。他们居于此、思于此，并且能够创新性地将资本积累、阶级形成和城市起源与空间组织结合在一起进行分析。马克思、恩格斯不仅仅看到了大工业生产方式中资本对人口与资源的吸引，而且看到了这种吸引或集聚在空间上则表现为城市对乡村逐步脱离以及城乡逐渐对立的过程。因而城乡对立是人类文明进步中不可或缺的一个重要阶段，“物质劳动和精神劳动的最大的一次分工，就是城市和乡村的分离。城乡之间的对立是随着野蛮向文明的过渡……它贯穿着文明的全部历史直至现在”①，城市与乡村的分离，农业与工业的分工，在生产方式的变革角度来讲就是人类文明进步的表现和需要。我们看到，从农村到城市，空间的划分越来越精细化、专业化，生产有相应的生产空间，生活则有相应的居住空间，还有可供城市人进行开放性公共交往的公共空间。因为分工的专业化，人的职业越来越多样化和专业化，人们的社会关系与生产关系都紧密地与职业联系在一起。概括来说，人们在生产商品的同时也在生产着自身的社会关系。

但是，城市里集中的资源和有利于人们更好地生活的条件，实际上是不平衡地分布在有产者和无产者之间的。有产者和无产者之间的根本区别在于资本的多少，谁掌握资本谁就成为城市的代言人，他们是有产者阶级，能够获得大部分优良的生活发展资源。而另外相对立的则是无产者阶级，这些人付出了大量的自我劳动，但却只能够得到满足生存的基本资源，甚至有时候连基本的生存资源都无法得到充足的保证，没有办法获得可以继续发展的机会。因此城市资源分布呈现出一种异化的状态：一方面少数人拥有着本应属于大多数人的资源，而另一方面多数人却占有少部分的资源，人们对资源的占有与为此所付出的劳动呈反比例关系。而城市人在阶级关系中则被简化为资产阶级和无产阶级，这其中资本既是这样一种对立的阶级关系产生的原因，同时也是加剧阶级对立的重要力量，同时也是城市空间资源占有、分配不公正的结果。所以，我们在这里要讨论的是城市人，主要的目光则聚焦于城市中那些无法平等地

① 《马克思恩格斯全集》第1卷，人民出版社1995年版，第556页。

拥有资本和权力的边缘化的贫困人口。城市是人类文明进步的标志，如何让城市中的人活得更好，是城市发展的根本原则、第一要义。城市意味着更快的速度、更高的效率和更激烈的竞争，个体要获得生存空间和资源，必须付出大量的劳动时间、获得更好的技术手段，只有这样才能在有产者占据了大量的生活和生产资料的不平衡中获得满足自身发展的资源和社会关系。

生存和发展的问题，是涉及民生的大事件。民生问题包括了教育、生态、政治等方方面面。城市人对发展资源的争夺，主要包括对城市空间的占有，公共空间和私人空间的合理划分，住宅空间的拥有率，工作空间环境的生态改造；除此之外，还包括工作机会的相对平等；城市环境的美化；城市基础教育中硬件、软件的平衡；公民参与政治的机会平等和渠道畅通。以生存与发展的视角来看，以经济建设为中心，关注经济生产力、人民物质生活水平的提高，可以说是国家发展初期为了满足人们生存的阶段性要求。目前我国已经进入了新时代，我们的生存与发展也进入了新阶段，国家将在2020年全面实现小康社会，因此，现在我国的民生问题体现了“以人民为中心”“美好生活的实现”为发展内涵的目标。因此，我们对发展的要求也从单方面的经济发展转变为多方面的美好生活的全面实现。

生存和发展条件和资源的不平衡问题，也是一个具有体系性、整体性和复杂性的问题。这个问题不仅具有历史性的特点，同时也打上了强烈的现实性的烙印；不仅是个体性的问题，也是国家性、社会性的问题。生存和发展资源分布的不平衡状态并不是一朝一夕就可以解决的。造成条件和资源的不平衡的根本原因，是资本的贪婪魔力，资本总是集中在少部分人的手中，资本具有强大的吸引力和向心力，它吸引着周围资源的聚集，它也决定着人的价值和身份地位。因为资本和权力本身的不平衡状态，附着于资本的资源和条件也处于不平衡的分布之中。资源的不平衡表现在与人生活相关的各方面，比如稀少的资源、恶劣的环境、狭小的住房、廉价的劳动力等，这些不利因素和劣势因素，都向城市的边缘人扑面而来。但是我们并不能对资本持全盘否定态度，资本本身只是一个因素，资本因使用的方式和作用而表现出它的双面性：一方面资本具有积极的生产性，另一方面资本对传统的社会关系具有破坏性。从基础的生存资源的占有的不平衡，到延伸的发展资源的不平衡，身份地位的高低，发展机会的多少等这样的恶性环境，最后都导致了边缘人自身发展陷入一种恶性循环。结果当然也导致城市人在社会交往和参与城市治理方式方面的单一化。

二 交往与参与方式的单一化

人的交往构成了复杂的社会关系。交往理论和社会关系是马克思哲学研究的重要内容之一，也是马克思之后社会学家主要研究的对象。因为人的社会性的本质，只要人存在，就必然会有交往关系和社会关系存在。因此，研究城市中人的问题，人的交往问题必然是要研究的一部分。交往既是人的需要，也是表达人类社会关系的一类范畴。马克思通过对人类历史的研究，发现交往是展示人的复杂性的实践方式之一，它涉及人的生产关系，即人与物的关系，也包括人的社会关系，即人与他人、与人类的关系。“交往范畴在马克思那里，是一个涵盖了经济、政治、文化等各个领域以及它们之间的相互关系的整体性范畴。它与实践、生产力、分工、生产方式等重要范畴紧密相关，与社会形态历史发展的更替以及共产主义理论密不可分。”[①] 交往范畴如此重要，它包含着与人相关的一切的关系的实践，是人存在的本质体现，人的社会性就是由与人相关的这

① 范宝舟：《论马克思交往理论的基本特征》，《武汉大学学报》（人文科学版）2003 年第 5 期，第 529—534 页。

些交往实践塑造出来的。一个人的社会性格、社会地位以及对社会的认同，都是通过与周围世界的交往而获得。“交往关系是人类社会的存在方式。在人的社会关系中，交往关系是最基本的关系，是人们社会生活的内容，人创造环境，同样，环境也创造人……第三种交往形态是自觉联合起来的个人之间的自由交换，这是马克思设想的人类理想的交往形式。交往是人的全面发展的前提条件。人的全面发展也是交往能够有序进行的有力后盾。最后，随着人自身发展的进步，社会交往已经跨越到全球性交往。”① 交往的形式因交往环境而具有多样性，自由人的联合体才是马克思认为能够取代资本主义制度最后的归宿。自由人的交往是全面的交往、是在自由劳动过程中的联合，这是马克思所设想的批判了资本主义制度和私有制以后人类理性的交往形式和生活方式。综合来看，马克思的交往理论是历史唯物主义研究中的一个核心概念，它体现的是历史性与现实性的结合，展示出了个体实践性和社会性的统一，综合了人的物质性和价值性。这对我们研究城市中人的交往实践具有重要的理论价值。

城市人的交往方式因为人的社会性的丰富内涵而呈现出多样化和多元化，它既包括人与自身、人与人的交往，也包括人与环境的交往。但是，随着城市空间生产自身的资本性、逐利性而逐渐导致城市人的社会交往的片面性，而且社会成员涉及的所有自然形成的关系演变成货币的关系。可以说伴随着城市化的快速发展，在城市社会中，“一切传统的血缘关系、宗法从属关系、家庭关系都解体了”②。社会关系呈现单一化发展趋势，这其实是不利于人、自然和城市的良性发展的，并且会导致传统伦理道德和礼仪传承的断裂、

---

① 许美玲：《马克思交往理论与人的自由全面发展》，《经济与社会发展》2009 年第 7 卷第 1 期，第 9—12 页。

② 《马克思恩格斯文集》第 3 卷，人民出版社 2009 年版，第 533 页。

生态环境系统的破坏以及个体的异化发展等威胁城市可持续文明的问题。

人们的交往方式是基于生产实践活动而形成的人与人、人与环境之间的关系模式。我们可以根据人的生存需求和发展需求，将交往方式划分为生产交往方式和生活交往方式两大类。生产交往方式强调的是在生产过程中人与人的关系，生产关系中包括了资本家和工人两大阶级，表面上看，资本家和工人处于依赖和对立的辩证关系中，资本家依赖工人进行生产，工人依赖资本家“支付”的工资来生存；但是，工人的工资是通过自身的劳动而获得的报酬，而资本家反而通过控制资本、延长工人的劳动时间来剥夺工人阶级的剩余劳动力。因而资产阶级处于生产关系中的优势地位，而工人阶级则处在被压迫的劣势位置。这种不平等的关系是一种畸形的、片面的生产关系。

从现实角度而言，不管处在哪个时代，生产交往方式总是渗透着不平衡的关系，生产交往中总有劳动阶级和资产阶级两个对立的阶级。而生产必须要进入交换阶段和消费阶段，这样资本才能实现流通和积累。从生产阶段结束后，人与人的关系就进入了生活交往方式，也是一种社会关系的实践模式。生活交往方式是全部社会关系的一种类型。“在马克思看来，交往是一个总体性范畴，它指认一个系统，包括物质交往、精神交往和语言交往三个层次，而‘物质交往’即交往实践是多极主体间物质交换过程。”[①] 生活交往方式，因为主体的不同而具有多样性和异质性。我们知道交往既包括生产物质的交往，也包括精神文化的交往。物质交往是生存和精神交往的基础，一定的物质基础决定了精神层面交往的领域和方向。物质交往也是生产关系的外化，而精神交往和语言交往是社会关系

① 任平：《走向交往实践的唯物主义》，《中国社会科学》1999 年第 1 期，第 53—69 页。

的表现。当人们的物质需求满足的时候，人们会提出更高的要求，那么就是对诸如情感、安全、幸福感的需求。这也正是新时代我国社会主要矛盾的变化所体现出来的内涵，即新时代我国社会的主要矛盾已从人民日益增长的物质文化需要同落后的社会生产之间的矛盾，转化为“人民日益增长的美好生活需要和不平衡不充分的发展之间的矛盾”①。在物质条件发展到满足人的生存需求时，人就开始追求精神层面的发展。一方面美好生活中包含着人们对安全感和幸福感的需求与追求，另一方面美好生活来源于个体对身边环境的感知与体察，既包括对生存自然环境的认知，也包括对社会环境的改造。

当前我们正经历着的前所未有的城市革命，给城市治理带来新的挑战。作为城市最重要的主体——城市人而言，其交往、参与等互动所形成的城市治理的内在模式，对于实现治理的正义、秩序与发展本质至关重要。城市交往体现了城市中人与人之间的具体互动，交往方式则是人与人之间的互动关系的表现方式。参与方式在城市中则可以看作是城市治理方式的创新，它体现为城市主体的主动参与，达到主体共治的城市治理形态，因此参与方式也就是实现城市治理的途径和方法。随着信息流通技术的变化，互联网的普及，城市主体参与城市治理的方式也发生了革命性变化，城市主体表达关于城市治理的话语方式已经从传统的选举、信访转向了多元的方式，如通过网络信箱、政府办公网络平台、微博等电子化途径实现对城市治理的参与。另外，在参与方式的途径多样化的同时，我国还扩大了城市人参与治理的范围，特别是城市人可以直接参与到基层治理和社区治理中，这无疑也体现了城市治理模式的创新。基层治理和社区治理更加强调基层民众的自我治理和透明化办公，

---

①　习近平：《决胜全面建成小康社会　夺取新时代中国特色社会主义伟大胜利——在中国共产党第十九次全国代表大会上的报告》，人民出版社 2017 年版，第 11 页。

参与治理的原则和目的始终紧紧围绕“以人为本”这一核心要义。要实现我国城市治理的目标，即打造出一种全民共建共治共享的社会治理格局，那么社会治理的制度建设和完善就十分必要。从党的领导到社会组织的协同，再到全民参与的实践，一种完善的社会治理体制才能建立起来，从而才能在不断的实践中，提高社会治理社会化、法治化、智能化、专业化水平。[①] 也就是我们通过治理的社会化普及、法制化保障、智能化便捷来建设共建共享的城市社会。城市人能够在这样一种制度下，平等参与到城市共建共享的治理实践中，这样城市人既拥有实现平等发展的权利，同时也能够通过主体性实践创造着有机化、共同体化的治理。因此扩大居民参与度和话语权，是当前城市治理中应该考虑的重要内容。我们可以通过法律制度的完善和提升，来保障城市主体的参与权利，并且实现民主协商、群众监督，让城市人对城市空间的发展具有的知情权、参与权和监督权真正地实现。

在资本逻辑和消费文化的影响下，城市人的生活交往方式和参与方式呈现出资本化和片面化的状态，而且目前存在着的现实问题表现为城市居民参与度不高。交往方式的单一化表现为人与人之间的社会关系简化为金钱关系或资本关系，资本关系在社会关系中占据主导地位，传统的部落共同体关系、血缘关系、伦理关系等在城市中被弱化。参与方式则表现为，单一化与片面化，因为互联网的普及，所以导致网络参与成为主要方式。另外，由于进入网络空间门槛较低以及开放性的拓展，则又使得城市人的网络参与呈现出一定程度的混乱性和不可控性。我们发现很多网络主体并不能真正有效地参与到城市治理中，因为网络的虚拟性和网络信息的庞杂性，如何通过网络进行政治参与这个问题还处在一个探索阶段。

---

① 习近平：《决胜全面建成小康社会　夺取新时代中国特色社会主义伟大胜利——在中国共产党第十九次全国代表大会上的报告》，人民出版社 2017 年版，第 49 页。

城市人具有特定的社会特性，“如天生的异质性、在人工环境中生存、高密度聚居、角色及个性的功能化、行为的理性约束、人际交往的实利性与自主性、较强的时效观念、文化的传承性以及在信息包围中生存等”[①]。这些社会特性决定了城市人之间的社会关系是复杂的、多样的。因而单一的、片面的社会关系和参与方式必然是不适合城市社会人类发展的。一种动态的、多样的、全面的社交关系才是一种适合自由人的社交，才是城市文明进步的重要上层建筑。交往和参与的本质是人与他者共存的本体论基础，人是社会的人，人的社会性要求人必须与其他人进行交往。不管是物质之间的交换，还是精神文化层面的交流，都是我们交往的内容。历史唯物主义视域下的交往实践更加关注主体、客体本身的理论，即从主—客体的对立关系转向一种主体间性的交往模式。主体间性的交往模式是将客体或他者也当作主体来看待，大家都处在一种平等的交往关系之中；在尊敬他者的同时，我们也不应该忘记为我们提供物质基础的自然生态环境。

人与环境的交往也是交往理论中需要考量的重要内容。人类与环境的交往模式随着人类对自然的认知而不断发生着转换，从依赖自然到过度破坏自然再到敬畏自然，人类与自然生态的关系一直是紧密相连的。在过度的经济发展中，生态系统严重受损，全球变暖、大气稀薄、物种灭绝、疾病多发，这些都是对自然的过度索取所带来的恶劣后果。所以，我们在改变交往方式的时候，不应该只看到人与人之间的交往模式，还应该关注到人与生态环境之间的交往模式。在党的十九大报告中，“生态”一词被提到43次，属于高频词汇，生态环境治理也是我国国家治理的重要组成部分。习总书记强调，“坚持人与自然和谐共生。建设生态文明是中华民族永续

---

① 张宝义：《城市人的社会特性——源自城市社会学的理解和认识》，《广西社会科学》2008年第9期，第161—165页。

发展的千年大计……实行最严格的生态环境保护制度，形成绿色发展方式和生活方式，坚定走生产发展、生活富裕、生态良好的文明发展道路，建设美丽中国”[①]。建设美丽中国就是我国生态发展的目标，美丽中国体现的是我国的生态文明建设理念，美丽中国不仅是青山绿水，而且还是人与自然之间的和谐共处。

城市主体若想要参与到城市治理中，需要认识到自身所应该具有的城市权利是前提条件。只有城市人的权利意识觉醒了，城市治理才能由潜在的状态跃迁为现实的实践。城市权利是城市主体参与城市、进入城市、治理城市的权利。[②] 在都市马克思主义的著名代表思想家列斐伏尔和哈维的认识中，城市权利是一种集体性的、总体性的权利，不是哪一个城市人所单独具有的特殊权利，而是每一个生活在城市空间中、建造建设城市的人都具有的权利。城市权利是一种参与权利，是一种实践权利，也是一种话语权利，更是一种主体性的生存权利。追求城市权利就是追求城市人自身的身份确认和心灵归属。

三　安全感与幸福感的不足

安全感和幸福感是什么？安全感是一种对安全环境的心理需求，特别是面临着不稳定的、有危险的因素时，对安全感的需求就会更加迫切。“本体性安全感是指大多数人对其自我认同的连续性以及对他们生活的社会与物质环境的恒常性所具有的信心，是一种对人与物的基于信任基础上的可靠性的主观感受。”[③] 虽然幸福是个

---

① 习近平：《决胜全面建成小康社会　夺取新时代中国特色社会主义伟大胜利——在中国共产党第十九次全国代表大会上的报告》，人民出版社 2017 年版，第 24 页。

② 戴维·哈维：《叛逆的城市：从城市权利到城市革命》，叶齐茂、倪晓晖译，商务印书馆 2014 年版，第 4 页。

③ 薛彦波、仇宁：《现代城市人与生存场所情感关系的转变》，《城市问题》2013 年第 6 期，第 28—31 页。

人的一种主观体验，但是这种体验是在于每一个人的现实存在的实践之中而得出的，因此幸福是一种现实幸福而不是虚幻的幸福。

马克思在批判宗教和资本主义的幸福观时就指出，从历史唯物主义的视角来看，幸福不是宗教描绘的彼岸的天堂、遥不可及的虚幻的幸福承诺；幸福也不是拥有大量的资本和物品，被物化的幸福感受。虚幻的幸福是无法实现的幸福，被物化的幸福是不长久的幸福。马克思认为真正的、现实的幸福是在历史条件下个人通过自己的劳动实践得来的成果。马克思哲学中的幸福，首先是一个历史唯物主义的概念，它表达着人们对自身社会关系的认同和感受。而幸福的主体是人民，是每一个正在实践的现实的个体。人民通过实践推动历史的发展，人民既是历史的主体，也是幸福的主体。而且在历史唯物主义视域中的幸福具有阶段性、实践性，它受到历史条件的限制，也受到个体感知能力的限制。在人类的历史发展过程中，直到人类的自由意识觉醒之后人才体会到有幸福感。这种幸福感在自由意识觉醒之前是不存在的，因为人受到各种因素对自我生存的威胁，所以人类并没有认识到要去占有自由而全面的自我本质，因此也谈不上有幸福感。“在马克思哲学的视域中，只有当社会制度为人的自由与发展提供了可能的前提时，也就是只有到‘共产主义’社会时，‘人民的现实幸福’才能真正得到实现。”①这告诉我们，要实现个体自由而全面的发展，需要通过自由劳动，通过阶级斗争推翻资本主义制度，消灭私有制，建立起共产主义社会制度，从而才能实现人类最高的幸福即每个人的幸福。这是一个漫长的历史过程，需要人类不断地通过自己的劳动实践才能推进共产主义的幸福目标。

历史伴随着人类的实践在不断地发展。新时代习总书记提出了

① 杨楹：《马克思哲学的最高价值诉求：“人民的现实幸福”》，《哲学研究》2012 年第 2 期，第 9—12 页。

适应我国当下发展的幸福观，主要的表现就是我国人民对精神、文化的追求。随着生产力的发展，我国人民的物质需求已经得到基本满足，人们对美好生活的向往，更多的是超越了物质层面的其他追求，如对更好的生活质量、对自身素质的全面发展、对社会公平正义的追求。我们越来越要求在物质发展的同时，要发展精神文明和生态文明，因为幸福不只是物质的满足，还包括精神的丰富，与人民生活相关的吃、穿、住、行等内容都是国家和城市发展的重点内容。党的十九大报告中提到，我们就是要在一系列民生问题的解决中，让人民共享社会发展的成果，让人民获得幸福感和安全感，达到全面发展和共同富裕的目的。“坚持在发展中保障和改善民生……在幼有所育、学有所教、劳有所得、病有所医、老有所养、住有所居、弱有所扶……保证全体人民在共建共享发展中有更多获得感，不断促进人的全面发展、全体人民共同富裕。”[①] 一种共建共享的社会，是以人民为中心的社会，围绕着人民的需求来建设，以人民为主体来建设，人民建设的成果人民享用。经济建设为中心的中国发展规划，现在已经转换为以人民为中心的发展理念，经济建设是基础和方法，人民发展是目的，方法服务于最终的目的。“习近平发表的有关人民幸福的系列重要讲话，从客观的现实生活出发，以人们生存和发展的自然环境和社会生态为起点，以人们自身的健康和精神的幸福为目标，以劳动为手段，以共享为保障来追求全体人民的共同幸福。”[②] 新时代的幸福是全民共建共享的幸福，是包含着安全感、参与感和获得感的幸福，是人民自我实践和社会秩序有机融合的幸福。

安全感是一种对安全环境的心理需求，特别是面临着不稳定

---

① 习近平：《决胜全面建成小康社会　夺取新时代中国特色社会主义伟大胜利——在中国共产党第十九次全国代表大会上的报告》，人民出版社 2017 年版，第 23 页。

② 俞光华、黄瑞雄：《论新时代人民幸福思想的内在逻辑》，《中国特色社会主义研究》2018 年第 3 期，第 95—102 页。

的、有危险的因素时，对安全感的需求就会更加迫切。“本体性安全感是指大多数人对其自我认同的连续性以及对他们生活的社会与物质环境的恒常性所具有的信心，是一种对人与物的基于信任基础上的可靠性的主观感受。”[①] 安全感是人天生具有的基本需求，因为这是涉及生存的必要的条件。幸福感是人类对自身状态和安全感得到满足而产生的愉悦心理。从历史唯物主义的视域来看，安全感和幸福感都要在实践中获得，“幸福都是奋斗出来的”，“成就是全国各族人民撸起袖子干出来的，是新时代奋斗者挥洒汗水拼出来的”。[②] 习总书记对我们幸福生活的寄语都点出了幸福、美好的生活都是要通过自我的劳动和奋斗来实现的。只有自己的劳动所得的成果，才是我们获得感、幸福感和安全感的真正来源。

一个安全的城市，可以为我们的安全感提供外在的保障。从城市安全的发展目的，转变为安全城市的本质。“安全城市”是城市治理的非常基础性的内涵和目标，“城市首先而且必须是安全的”。[③] 城市安全代表着和谐稳定的城市秩序，有了强有力的法律、道德秩序的保障，城市人居住其中才会产生某种程度的安全感，继而才有可能积极参与到城市治理之中。如果缺乏基本的安全感，就会对城市生活产生破坏性甚至是摧毁性作用。城市安全也表征着城市生态环境、城市人健康的状态，“整合人、自然与社会等多层次要素”，并且代表着“一个系统全面的城市发展需求总特征”。[④] 城市是人类文明发展的选择，而人类要获得发展必然会选择一个可以提供安全环境和稳定社会秩序的空间。城市既需要发展，也更需要

---

① 薛彦波、仇宁：《现代城市人与生存场所情感关系的转变》，《城市问题》2013 年第 6 期，第 28—31 页。

② 《国家主席习近平发表二〇一九年新年贺词》（2018 - 12 - 31），［2020 - 05 - 26］，http：//jhsjk. people. cn/article/30497657？ isindex = 1。

③ 乔尔·科特金：《全球城市史》，王旭等译，社会科学文献出版社 2010 年版，第 19 页。

④ 张宇栋、吕淑然：《从“城市安全”到“安全城市”——城市发展与安全的辩证分析》，《学习与实践》2018 年第 6 期，第 74—82 页。

安全，而且可以说没有安全也谈不上发展。特别是在全球化浪潮风起云涌为全球城市和国家都带来了诸多风险的情况下，城市安全尤其重要。

全球化浪潮之下的城市社会是一个机遇与风险并存的城市社会。贝克在《风险社会》中指出，“占据中心舞台的是现代化的风险和后果，它们表现为对于植物、动物和人类生命的不可抗拒的威胁……它们不再局限于特定的地域团体，而是呈现出一种全球化的趋势，这种全球化超越了生产和再生产，跨越了国家界限”[①]。风险对社会的可持续发展带来了很大的挑战，风险威胁着安全城市的构建，也威胁着人类的未来。在全球化时代，在经济、文化全球化的过程中，风险也成为全球化的现象，生态问题、资本问题都已成为全球城市要面对的风险问题。城市在风险中需要积极调整自身的资源和社会结构，城市安全则是风险社会中最重要的发展目标。“城市安全状态集成了环境、资源、人与社会间协调可持续发展的基本要素，是保障生产生活秩序和发展根本支撑，决定着城市发展的质与量。”[②] 城市作为一个涉及众多主体、诸多因素和事件的综合体，它的发展必然会导致一些难以克服的问题，会引起城市系统缺少活力、系统脆弱的现象；城市发展要以城市安全为前提，这样城市发展与城市安全之间就形成一种矛盾关系。我们要正确地认识到发展与安全之间的关系，通过城市制度和主体实践来使之和谐。

城市人的安全感和幸福感，不仅仅来源于国家和城市的政策和发展带给人们的物质满足和心理体验，更多的还是来源于城市主体自身对幸福的认知，以及城市主体的自我道德和价值观。正确价值观的确立有助于城市人树立科学的消费观和积极的生活观。因此，

---

① 乌尔里希·贝克：《风险社会》，何博闻译，译林出版社 2004 年版，第 7 页。

② 张宇栋、吕淑然：《从“城市安全”到“安全城市”——城市发展与安全的辩证分析》，《学习与实践》2018 年第 6 期，第 74—82 页。

合理的价值观有助于增进获得感、满足感和幸福感。在消费主义价值观的引导下，人们很容易被激发起更多的欲望和攀比心理。如果符号化的物质生活持续引导城市人，那么会产生非正常的消费观，这样城市人的价值观就出现偏差，无法辨析出自身真正的需求和价值。由此会陷入恶性循环，即欲望越多，越难以满足，而人们的获得感、幸福感会越来越少，甚至最后被物质主义和消费主义所掏空。因而在现代消费主义肆虐的城市中，城市主体不仅要保有道德自觉，更需要树立道德自信。“道德自觉与道德自信是相互渗透、相互制约和相互促进的，二者有着密切的关系。一方面道德自觉是道德自信的前提和基础，没有道德的自觉就没有道德自信，只有当道德主体对于自己的道德有着自觉的体认，有了责任的担当和自觉自愿的行动，才会有真正的道德自信，才有一种正义的力量。”① 道德自信是文化自信的重要部分，只有增进个体的道德自信，才能在面对纷繁复杂的商品中保持着对幸福的真正认知和觉醒。“改善民生是增强国民幸福感的基础，塑造适应社会的健全人格是提升国民幸福感的重要途径。缩小贫富差距，建立公平合理的分配制度是提升国民幸福感的保障。”② 改善民生、增强幸福感，在此基础上要促进经济发展，在经济发展的同时要保证分配的合理性和政策的落实。

但是城市人在城市急速发展的过程中，逐渐被资本异化成了单向度的人。同时也由于人自身不断出现被刺激的欲望而导致人的幸福感缺乏。这是城市人主体性缺陷的重要表现。除此之外，城市人主体性缺陷还表现在城市人具有淡漠的生态观念，他们是工业文明“锻造”的以资源挥霍为特征的消费者，这样的消费观造成了人际

---

① 谭德礼：《道德自觉自信与公民幸福感的提升》，《道德与文明》2013 年第 3 期，第 117—120 页。

② 王妮：《和谐社会视野下的国民幸福感》，《人民论坛》2011 年第 26 期，第 160—161 页。

关系的实利性，同时在主体间形成一种“有限的道德”群体，最终造成非人格化的性格。[①] 这样的城市人与马克思说的自由人理念是背离的。在资本越来越强大的当今时代，如果人们没有在强大的经济基础上提高自身的价值观，那么就会越来越深入地陷到更加严重的资本异化之中。马克思所说的“自由人的联合体”，只能在自由人的前提下实现。自由人的联合体是共同体最终的阶段，这也是城市化发展的最终价值诉求。当前我们提出的人类命运共同体、城市共同体，可以看作是自由人的联合体的中间的一个重要环节和阶段。城市共同体是人们安全感和幸福感实现的保障，只有“不断满足人民日益增长的美好生活需要，不断促进社会公平正义，形成有效的社会治理、良好的社会秩序，使人民获得感、幸福感、安全感更加充实、更有保障、更可持续”[②]。人民的获得感、幸福感和安全感不应该是阶段性的和暂时性的，而理所当然应该成为城市人所具有的一种持续性的感受。正义的、人性的城市治理，可以通过相应的制度机制，来保障城市人的可持续的幸福感，并且进一步彰显公平正义的城市精神。社会正义问题落实到城市之中，就聚焦到了城市空间正义上，城市空间正义包括了城市空间的生产正义、城市空间的分配正义和城市空间的消费正义，要治理城市就要治理城市的空间、城市人的非正义问题，最终要达到城市社会正义，保障城市人的生存与发展权利，满足人的美好生活需求。

我们知道城市是在多种因素相互综合的作用中形成的，比如政治、经济、宗教、风俗等因素都会影响城市的发展规模、发展方向和发展地位。占据城市核心地位的因素，会影响城市治理的方式，比如宗教性城市侧重于通过信仰的方式来治理，政治性城市则会通

---

① 张宝义：《论城市人的主体性缺陷》，《理论与现代化》2005 年第 3 期，第 83—88 页。

② 习近平：《决胜全面建成小康社会　夺取新时代中国特色社会主义伟大胜利——在中国共产党第十九次全国代表大会上的报告》，人民出版社 2017 年版，第 45 页。

过强制性的力量来治理，注重经济发展的城市则会侧重于通过调整资本使城市达到平衡状态以实现城市治理的目标，而基于传统风俗文化的城市，则会通过人与人之间的传统关系建立一种和谐的城市社会。但由于城市是一个复杂的问题和现象，它并不能够由理论上的某一因素简单相加构成的要素来进行解释，而是多种因素共同作用而成的。因此城市治理的问题，如果从城市空间的角度来分析的话，就可以理解成既包括城市空间生产本身的问题，也包括城市空间中"城市人"的问题，当然也包括城市治理的现实问题。从城市空间结构、城市空间主体到城市空间治理，基本涉及了当代城市发展的问题。从空间角度来解析城市问题，将空间当作方法、视域、思路来分析城市治理中的困境。空间和时间的结合，让我们从历史与现实、个体与整体、横向与纵向等多维度、多层面的角度来更加清晰地认识当代城市的现实境遇，并期待走向一种新时代的城市状态。

第三节　城市治理的现实问题

改革开放以来，我国在快速的城市化进程中不断积聚的丰富的人力资源与完善的基础构架，促进了国家产业结构的调整，驱动了国家经济的高速发展，实现了国家面貌的焕然一新。但由于城市发展程度与城市治理水平的不匹配，我国城市发展在促进国家飞速进步的同时，也承受着城乡差距拉大、城市结构失衡、城市污染严峻等各方面的挑战，影响着城市的健康、可持续发展。为了科学应对城市发展过程中面临的深刻变化与严峻挑战，我们应该时刻关注与准确把握城市治理过程中面临的现实问题，本节将在梳理城市治理的演变逻辑、主体要素、主要方式的基础之上，深入挖掘影响城市治理进程的根本原因，也就是聚焦到城市治理的现实问题上。我们认为，当代城市治理内部的均衡受到破坏，究其根源，主要是存在三个方面的问题，即法治化、民主化以及人本化的缺失。围绕这几个问题进行深入阐述，以期及时消除城市治理隐患，恢复城市治理应有的平衡将是本节的主要目的。

一　城市治理法治化的缺失

法治化是城市治理的核心要义和基本保障。“法治是国家治理体系和治理能力的重要依托”，法治化是城市治理主体运用法治观念与法治手段解决城市治理难题的过程，它是保障城市稳定、安全的基础与支撑，是实现城市治理现代化的必由之路，是构建善治城市的基石。习近平曾指出，“人民权益要靠法律保障，法律权威要靠人民维护”[①]。在城市化进程中，我国一贯重视法治思维在城市治理活动中的运用。随着城市化进程的提速、城市治理方面规则体系的逐步建立、法治理念与法律服务的普及与不断深化，城市主体对城市科学化、法治化水平提出更高要求。我们应在现有城市治理法治化水平的基础上，紧紧围绕让城市更加有序、稳定、安全、和谐发展，增强各级政府乃至基层社区的法治观念、法律意识以及运用法治方式参与城市治理，塑造城市治理依法办事的法律氛围；完成城市治理由制度化向法治化转变；构建完善的城市治理制度规范、实施、监督与保障体系，学会总结城市治理规律破解城市治理难题，化解城市治理矛盾。城市治理法治化是一个需要不断完善的过程，当前我国城市治理法治化仍然存在不足，主要表现在以下几个方面：

首先，城市治理缺乏系统的立法依据。我国城市治理立法不足主要表现在缺乏国家高度的立法与各部门综合一体的立法。一方

① 《习近平谈治国理政》第2卷，外文出版社2017年版，第115页。

面，我国缺少国家层面的、纲要性的法律法规。改革开放以来，我国城镇化进程中不断暴露出的城市治理混乱、职责边界不清、管理方式简单、执法行为粗暴等问题在一定程度上对城市可持续化发展的制约，使我国城市治理相关部门逐渐认识到深化城市治理法治化改革的重要性与迫切性。恩格斯曾以汪洋大海航行为例，证明“在危险关头，要拯救大家的生命，所有的人就得立即绝对服从一个人的意志”[①] 的科学性。为了解决城市治理面临的难题，破解城市治理工作中的不足，提高城市治理水平，中共中央与国务院高度重视城市治理问题，曾于2015 年发布《中共中央 国务院关于深入推进城市执法体制改革 改进城市管理工作的指导意见》（以下简称《指导意见》）。该《指导意见》对我国城市管理的总体要求、队伍建设与执法水平等多个方面做出了全面部署。[②] 但目前我国始终没有在国家范围内颁布中央层面的、综合性的城市治理立法法规，这导致各级地方城市在制定城市管理法规时，有可能缺乏有效法律依据而导致地方立法不全面与不完善，进而增加城市治理执法的标准化、科学化难度。

另一方面，我国缺乏系统的、综合性的法律法规。《指导意见》赋予各地立法权之后，我国各级相关部门为响应国家政策，纷纷加强城市治理的制度化建设，发挥制度优势，全面推进依法治市各项工作，加快建设法治政府、立法机制不断完善、制定具体改革方案，提升城市主体法治意识，为社会和谐、城市治理现代化创造良好的法治氛围。截至目前，我国各级部门已颁布多项关于城市治理的法律法规，涉及城市治理工作的有关规定散落在相关多部法律法规与规章制度中。尽管我国已颁布了多项城市治理相关的法律法

① 《马克思恩格斯全集》第 18 卷，人民出版社 1964 年版，第 343 页。

② 《中共中央 国务院关于深入推进城市执法体制改革 改进城市管理工作的指导意见》（2015 －12 －24），［2020 －05 －26］，http：//www. gov. cn/zhengce/2015 －12/30/content_ 5029663. htm。

规，但是由于城市治理本身是一个复杂的涉及面非常广的系统—包括住房城乡建设、环境保护管理、工商管理、交通管理、应急管理等各个领域，所以相关部门虽然已颁布多项立法、涵盖多项内容，但仍然始终无法覆盖城市治理的每个方面。也就是无法构建一个涉及规划、建设、管理、服务于一体的完整的城市治理法律规范体系。那么这就导致城市治理主体在治理过程中一直存在法律依据不充分的现实问题，进而增加城市治理成本，引发城市治理难题。

其次，城市治理缺少执法力度。当前城市治理存在着执法力度不足的情况，主要表现在城市治理工作所需要的专业性、综合性与城市治理主体执法队伍的不匹配等方面（尤其在基层社区治理领域更是如此），还有城市治理过程中，主体法律专业人员的欠缺以及执法过程中出现的法律依据不充分、部门职能交叉、程序不清晰等问题。一方面，基层社区缺乏法律专业技术人员。当前我国城市治理基层社区的法治队伍建设，在公检法力量与行政执法力量等方面的建设尤其不足。我国相关部门已关注到基层社区法治专业化建设的重要性，但由于基层医疗、薪酬、作息等基础保障政策仍然存在不到位的情况，所以难招录到法律相关的高学历人才，对于组建固定的、长期的法律专业人才队伍造成一定的阻碍。这在一定程度上加剧了我国城市基层社区干部队伍建设中的断层现象，基层老干部在法律知识结构和专业素养等方面明显存在不足，而年轻干部队伍又缺乏执法经验。基层干部法律专业与法律意识的淡薄使得整个基层社区治理萦绕在法治思维弱化的氛围中，使其在行政执法过程中处于被动状态，进而增加了基层社区执法的难度。

另一方面，城市治理执法存在职责划分与执法程序的不清晰等问题。城市治理是一个复杂系统，其治理内容具有不可预见性特征，在治理程序上通常会出现与其他职能部门互相交叉的现象。这种复杂性要求城市治理相关部门为执法人员制定清晰的职责边界划分，建立执法网络结构，设置自上而下的整体协同执行机构。清晰的执法边界、完整的执法程序是提高城市治理水平与效率、增加市民社会满意度、实现城市善治的重要基础与手段。但当前我国城市治理呈现出一种职责划分不清晰、执法程序碎片化的现象。这种现象使得法律专业性本就有待提高的执法人员队伍，在执法过程中面临着法律依据滞后等现实困境，如城市治理具体职责划分的不清晰引发城管工作人员执法过程中出现的“越位”或“缺位”现象，继而导致城市治理的无序化、混乱化的执法现状，这在很大程度上挑战着我国城市治理的执法水平与执法的科学性。

最后，城市治理欠缺监督保障。主要表现在外部监督机制与内部监督机制两个方面的建设上面。从外部监督机制来看，我国城市治理存在群众监督渠道不畅通等问题。群众监督是城市治理实现科学化的重要一环，但我国却并没有专门设置城市治理相关的群众监督法，那么城市治理在举报人监督保护机制等方面实际上是存在着制度漏洞的。监督保护机制的欠缺，造成群众参与监督的意愿不强烈，甚至由于担心遭受领导干部的打击报复等行为导致部分群众不敢监督，或是造成相关执法部门频繁出现以权谋私、变相收费、滥用职权、弄虚作假等违法犯纪行为。另外，我国相关执法执纪部门也相对缺乏监督检查的主动性，以至于在城市治理执法过程中相对重视群众投诉举报的单一渠道而轻视了监督检查的重要作用，导致群众监督的渠道受阻，进而为城市治理法治化道路增加了难度。

从内部监督机制来看，我国在城市治理过程中欠缺完备的行政执法问责制。问责制是城市治理内部监督制约权力的一项重要手段，它可以通过大权力大责任、小权力小责任的形式避免行政执法权力的过度集中，进而保障行政执法人员权责平衡的实现。但当前我国行政执法问责机制尚不完备，行政执法问责主体被局限在行政部门内部上级机关对下级行政机关的监督范围之内，而相对忽略了同级行政执法机关的内部监督问责问题，导致行政问责主体单一、行政客体之间职能交叉重叠、分工模糊等混乱现象，进而造成公民诉求无法及时、有效地传达，行政执法人员失职及职权滥用等不正当行为，甚至出现各种保护主义，从而引发政府公信力危机。“某种挑选出来的人可以掌握自我监督的艺术，但所有其他人，即是指压倒性的多数，要让他们保持这种意识，并使他们让其他人愉快，就需要通过强制手段。”① 因此，为了完善城市治理渠道的法治化建设，我们要积极构建与全面落实行政执法部门的问责机制，加强城管部门内部流程的控制与科学有序，健全责任追究与纠错机制。

二 城市治理民主化的缺失

民主化是城市治理的重要特征和有效路径。民主化既指向城市治理体系、结构的民主化建设，也象征着城市治理的民主机制健全。它代表着城市治理的品质和国家治理的能力。我国的城市发展面临着更为复杂的形势，城市治理如何能够体现每一个市民的诉求和整体意志、整合诸多利益相关者和城市多元群体、在地方政策与国家政策之间实现有效平衡，需要有一个积极、主动、良好的公民参与机制。建构民主化的城市治理制度，有效彰显民主治理，促进城市多元主体的协同参与，保障城市的自治、自由，以及依法治市，这也是城市治理民主化的题中应有之义。伴随着新时代城市化水平的提升、城市空间利益的多元化以及城市发展环境的复杂性，人们逐渐认识到城市日益成为一个承载着各主体相互依存、利益相互交融的利益共同体、责任共同体与命运共同体，并且附属着城市主体间的集体记忆与归属想象。这就对政府、公民、社会组织等主体成员之间，如何协同参与、守望相助、深入交流、合作共赢，以

① 齐格蒙特·鲍曼：《共同体》，欧阳景根译，江苏人民出版社 2003 年版，第 24 页。

实现共建共享共治的城市善治状态提出重大挑战。“各民族之间的相互关系取决于每一个民族的生产力、分工和内部交往的发展程度。”① 多元共治的城市善治实现，是一个复杂的过程。目前我国城市治理的多元协同参与仍然存在不足，主要表现在以下几个方面：

首先，市民参与的有效性不够强。这是因为一方面，市民文化认知和价值水平差异较大。市民自身的文化基本价值观念，限制了其有效参与城市治理的程度与水平，也对其与政府主体的互动造成一定程度的影响。例如，部分流动人口，由于有着不同的文化记忆与集体记忆，因而在城市化过程中较难融入到新的空间—当地社区的集体组织中而逐渐发展为社区边缘群体。这不仅影响了市民整体参与城市治理的有效性水平，而且还有可能带动部分市民走向城市治理科学化的对立面。另外，当前我国城市治理过程中还存在“装睡的贫困户”现象，因为陈规陋习的长期性和社会性，导致有些贫困人口滋生了好吃懒做、好逸恶劳的错误思想，他们不肯通过自身的努力主动脱贫致富，却年年占据在贫困户名单上，阻碍着城市治理的进程。“有些贫困人口和贫困地区的‘等、要、靠’思想严重，‘靠着墙根晒太阳，等着别人送小康’的思想是要不得的。”② 因此，在城市治理过程中，除了发挥政府机构的主导作用之外，相关部门还要加强对市民进行公共精神和社会参与意识的培育。另一方面，市民参与城市治理的有效性之所以不强是因为存在着信息不对称与信息孤岛的现象。城市的信息孤岛现象之所以产生主要源于两个方面：一是城市治理和建设中所需要的信息是一种有限资源性数据。信息、数据即资本、即权力，是城市治理主体如政府部门、社会相关主体等通过投入资本、技术等物质资料获取的资本，因而

① 《马克思恩格斯全集》第 3 卷，人民出版社 1960 年版，第 24 页。

② 中共中央文献研究室：《习近平总书记重要讲话文章选编》，党建读物出版社 2016 年版，第 286 页。

城市治理有限性资源的获取可被视为获得话语权的标志。所以城市治理相关主体通常不会公开、共享其搜索舆情后获取的有用信息资源。二是因为政府公职人员对其他城市主体的不信任。由于普通市民并非公职内部人员，也不具备承担公共任务的职责，这使得普通市民始终无法取得政府机关的完全信任，进而降低了普通市民获取信息、参与治理的机会，甚至存在丧失参与权利的可能性。其中素来被称为城市化进程衍生品的外来务工人员便是一个典型，这部分人由于并非城市居民而被视为“法外之民”，也非常容易沦为社会的排斥者，成为社会不安定因素，因而也容易遭受“都市的半殖民主义”① 等不公平待遇。“人的行为和遭遇决定了，他们的性格与愿望是在不断变化的。暴力繁育暴力，不义繁育不义。这种繁育既表现在施加者身上又表现在被施加者身上。”② 城市治理信息不对称与信息孤岛的存在，一定程度上在降低了各政府部门与相关城市主体之间交流、合作深度与广度的同时，也使未掌握信息资源的普通居民面临行为误导危机，降低协同参与的有效性，增加了城市治理的不安定因素。

其次，社会组织参与能力有限。一方面，社会组织专业队伍建设有限。社会组织的发育、成长与成熟，需要专门人才的参与以及专业技能的介入。专业化人才与技能的引进是社会组织科学有效地发挥承担社会组织公共服务能力与社会服务能力的基础与保障。我国在城市治理过程中虽然已经明显意识到社会组织专业化人才培养的重要性，但由于政策层面的支持力度与实践层面的方案培养上存在着不完善情况，使得我国社会组织建设仍然面临着社会组织专业人才缺乏的现实难题。从人才培养情况来看，目前我国关于非政府

① 亨利·列斐伏尔：《空间与政治》（第2版），李春译，上海人民出版社2015年版，第49页。

② 罗素：《权力论》，吴友三译，商务印书馆2012年版，第215页。

（非营利）组织、社会工作等专业的人才培养政策力度不足，造成在社会组织专业化人才培养方面尚缺乏本科、硕士、博士等多层次的社会组织人才梯队建设，进而无法满足多元化的城市治理人才需求；从人才流动情况来看，社会组织也面临着如何吸引、鼓励专业技术人员参与到城市治理中的实践难题。因为一是缺乏完善的志愿者合法权益保护的法律规定，所以基层社会组织中仍然存在着志愿者缺失的情况。二是由于专业人才薪酬等待遇过低，使经过专业训练的社工大学生从事基层社区工作的意愿偏低。另一方面，社会组织自我发展能力有限。城市治理理念转变以来，我国社会组织在新理念指导下得到了锻炼与发展，一批有能力、有作为、扎根于基层的社会组织脱颖而出，成为动员社会力量、维持社会秩序、增强社区活力、服务当地居民的重要组织力量。但从整体来看，社会组织在城市治理参与过程中所发挥的作用，仍然处于不温不火的状态。那么，反思社会组织应如何以治理主体的身份，科学有效地参与到城市治理中来，关键还是在于其自身的发展能力和水平程度问题。追根溯源，当前社会组织自我发展能力水平有限主要在于：从社会组织自身内部来看，部分社会组织内部管理机制不规范、管理制度不健全、组织结构不完整、组织定位不清晰等内部矛盾，导致组织内部管理较为混乱，因而无法在公共领域赢得较高的公信力并阻碍了社会组织内部的自我发展渠道；从影响社会组织参与的外部因素来看，则是因为社会组织外部发展面临经费限制、行业竞争、人才流失等多重障碍，导致社会组织自身运营困难、生存压力过大，进而影响了组织发展能力的发展与提高。

最后，政府行政命令过强。“发挥政府作用，不是简单下达行政命令。”① 行政命令在城市治理中应该紧紧围绕服务人民这一核

① 习近平：《在十八届中央政治局第三十八次集体学习时的讲话》，《人民日报》2017 年 1 月 22 日。

心，发挥凝聚城市治理主体合力的作用。行政命令具有一定的强制性特征，这种特征由于强化了政府机关在城市治理中的作用，进而可能会逐渐引发个人乃至社会组织等治理主体的主动性能力弱化，从而在一定程度上限制其他城市主体参与到城市治理中。我国在城市治理过程中，比较重视政府的行政命令。从历史角度来看，几千年来的封建专制统治，使得以盲目崇拜权力、唯上为核心的“官本位”思想观念根深蒂固。当前，我国在城市治理过程中仍然习惯于沿用传统的城市管理模式。在这一思维下，政府机构被默认为城市治理中唯一具有权威性的主体。但我们知道，政府作为唯一主体参与到城市治理中本身具有明显的局限性，比如官本位思想不仅容易引发政府官僚主义、脱离群众等问题，而且容易使得人情网络被编织到城市治理的复杂环境中，继而呈现出新的形式主义问题，并最终影响城市治理的公平正义与善治的实现。从现实因素来看，由于我国政治体制改革的不彻底性，导致在城市治理过程中仍过度依赖政府的治理主体作用。改革开放以来，我国在市场经济下逐渐展开对经济体制与政治体制的改革进程。在经济体制改革下，我国实现了快速的城市化进程，实现了劳动、资本、技术、管理等各种社会因素的竞相迸发。但我国的政治体制改革却并没有跟上经济体制改革的步伐。我国政府职能转变方面存在着一定的缺陷，政治体制改革尤其是行政体制改革仍然面临着如何处理政府和社会、管理和服务、收和放、大和小等关系问题，执法队伍中门难进、脸难看、事难办、老爷作风、衙门习气等现象仍然层出不穷。这些都阻碍着多元主体的参与权益，抑制着社会活力的散发。另外，政企分离还存在着不彻底性，企业、社会组织等仍然倾向于依赖政府的指挥与安排，遇到困难时习惯于寻求政府机构的帮助，这些则为政府滥用权力提供了条件，进而增加了政府职权转变以及实现多元协同治理的难度。

三　城市治理人本化的缺失

人本化是城市治理的关键理念和必然要求。城市治理的人本化，是指城市治理理念由经济至上、理性主义转向充分考虑人的因素，对人的尊重和关注，从人性出发、以人的价值为中心，把以人为本当作重要的目标和原则，以人民群众的诉求为治理导向。城市治理的人本化在城市治理理念、治理过程和治理方式等治理环节的表现过程中，要体现人文关怀。城市治理既需要依靠科学技术的力量，更需要人本导向，人本化是对统一化、标准化的超越，体现了服务意识、合作共建的治理导向，是中国特色社会主义城市治理的重要特征。

城市治理的人本化表达的是以人为本的理念。以人为本理念是我国传统的民本思想、马克思主义的群众观点与中国现代化建设实际相结合的产物，它把人类的生存作为万事万物的开端，把人的生存与发展作为最高的价值目标，强调对个体生命价值的尊重与保护，对个体合法权益和利益诉求的维护与维持；对人的全面发展目标的竭力与实现。习近平曾指出，“要坚持以人为本，尊重人民主体地位，发挥群众首创精神，紧紧依靠人民推动改革”①。在治国理政的过程中，我们应该把以人为本的理念中所强调的人的生存与发展、自由与权利等作为制度政策设计的根本依据。改革开放以来，伴随着飞速的城市化进程，产生了城市规模不断扩张、城市结构持续分化、城市资源分布不均以及城市需求的利益多元等问题，增加了我国城市治理的复杂性，城市治理成本与效果变得更加不确定，过去传统粗放的、经验的、非理性的城市治理方式的弊端逐渐显露出来。为了提高城市治理科学性，不断释放城市治理的效能，我国

① 《习近平谈治国理政》第 1 卷，外文出版社 2018 年版，第 97 页。

逐渐将大数据、云计算、互联网等新兴智能技术引入到城市治理中，这一突破性变革使得城市治理模式逐渐由“治人”“治物”向“治数”转变，城市治理在很大程度上依靠技术治理。“物质的生产第一次是随着人口的增长而开始的，而且生产本身又是以个人之间的交往为前提的”①，技术治理的引入使得城市治理日益朝着精细化与科学化方向前进，弥补了经验治理的缺陷与不足，提高了城市治理的效能，但同时也使得城市治理人本化日益缺失，城市治理内在核心价值面临被掏空的威胁，主要表现在以下几个方面：

首先，技术治理理念抑制了城市主体活力。一方面，技术治理理念使城市治理趋向同质化。城市主体本是由具有不同自我意识的、活生生的、有血有肉的个体组成，这种自我意识使人及其发生交集的外部城市与社会关系处于一种具有特殊性与复杂性的异质空间之中，使人的需求在社会实践过程中呈现为合规律性与合目的性的活动。城市“空间是一种非连续的多样性，不过在这种多样性中，多样性的各要素本身充满了时间性”②。然而，技术治理尤其是大数据技术的引入，使我国城市治理理念逐渐偏向“以数据为本”，逐渐聚焦于“数治”与“治数”的主客体关系上。城市治理主体开始过度聆听数据发出的声音、关注数据信息所反映的相关关系，将复杂多样的城市主体抽象化为一种碎片编码与数据衍生物，而慢慢忽略了城市治理的主客体关系是以人为本的，是以人为价值核心的。进而会导致城市治理过程中对城市主体及其发展独特性的漠视，最终与城市善治的目标即对人的逻辑、人的基本生活需求与自由全面的发展需求的关注相背离，那么城市空间逐渐变得同质化，城市主体也逐渐失去活力。

另一方面，技术治理理念会限制城市治理的多元参与。随着民

① 《马克思恩格斯全集》第3卷，人民出版社1960年版，第24页。

② 多琳·马西：《保卫空间》，王爱松译，江苏教育出版社2013年版，第76页。

主化、多元化治理浪潮的推进，大众式民主逐渐在城市治理中扩大了活动领域，占据了主导地位，并发展成为一种主流的治理方式。多元化的城市治理方式，即政府、社会组织以及公众等主体的多元民主参与、讨论与协商，这种方式可以不断促进城市社会活力的激发，使城市居民参与治理水平的能力得到提高，也能够增加公民对政府决策的直接参与机会，从而降低政府在治理过程中逐渐偏离治理目标与初衷的可能性，始终切实关切并且满足城市居民的整体利益需求，实现城市治理的透明化、民主化和科学化。“生产方式总是具有某些异己的、不仅不以分散的个人而且也不以他们的总和为转移的实际力量统治着人们”①，技术治理的引入为培养数据精英阶层提供了条件，但同时也逐渐拉大了精英阶层与大众阶层之间的差距，降低了多元参与治理的可能性。例如，由于技术治理的专业性要求，对于迫切需要改变环境的城市边缘性弱势群体来说，百度等搜索引擎提供的数据对其几乎起不到参与治理的作用，但却可以作为技术专业人员参与治理的重要条件。技术的这种专业性特征所体现出的数据资源的有限性，在为数据精英阶层创造城市治理决策机会的同时，也限制了城市治理的多元化水平，抑制了城市主体活力的释放。

其次，技术治理方式挑战着人本价值核心。我国在城市治理过程中始终坚持人本驱动的价值核心，强调把人的价值放在首位，把人的价值需求作为城市治理的目标。但技术治理的引入，使技术本位逐渐逾越人本价值在城市治理中核心地位。一方面，技术治理方式超越私人界限，侵犯了人们对安全的需要。城市治理作为城市治理主体的有意识、有目的的活动，是人类意识及其社会交往在城市生活中的必然产物与阶段性反映。城市治理作为人类社会交往的一

---

① 《马克思恩格斯全集》第3卷，人民出版社1960年版，第273—274页。

种反映，其最终目标是为了实现人们对社会公平、美好生活以及人类自由全面发展的追求，而这一追求的基本要求即满足人们在生活中对安全的需要。这一需要实现的最关键因素在于确保公共领域与私人领域之间界限的清晰化，即确保城市空间内受保障的私人领域以及引导个体成为公众的公共交流与交往的社会空间。“公共领域模式的前提是公共领域和私人领域的严格分离”①，然而大数据技术在城市治理中的开发与运用却打破了公—私领域之间的界限。它使整个城市以大数据和大数据控制中心的形式集成起来，并以一种特定商品的形式留存在数据中，并且始终面临被暴露的一览无余的风险，进而使公共领域的强制约束力开始被打破、私人领域的内部事务被迫在公共空间中公之于众。

另一方面，技术治理中的工具理性消解着人们对价值理性的追求。工具理性与价值理性源于马克斯·韦伯的合理化概念，他认为现代国家出现之后，人类开始进入到“合理化”的新阶段，并把这个阶段分为价值理性与工具理性。价值理性侧重于对价值问题的理性思考，以主体为中心，并推动人类朝着自由全面的方向发展。工具理性侧重于对社会问题的实用主义思考，以客体为中心，以追求功利为动机，以达到自身行动需要预期为目的，以效果最大化为考量，漠视与贬低人的情感和精神价值在活动过程中的作用。工具理性的价值尺度是效率，关心的是实用。人类当前所处的社会合理化状态主要表现为“行为关系当中工具理性与策略理性的增长”②，其中工具理性与策略理性可以理解为一种效率，即对投入与产出所做的一种经济核算。人们在工具理性的驱使下，往往会沉迷于海量的异质数据，关注数据源收集、数据存储管理、数据分析挖掘、数

---

① 尤尔根·哈贝马斯：《公共领域的结构转型》，曹卫东等译，学林出版社 1999 年版，第 201 页。

② 尤尔根·哈贝马斯：《交往行为理论：行为合理性与社会合理性》，曹卫东译，上海人民出版社 2004 年版，第 142 页。

据展现与获取，过分强调数据、技术及知识获取。但实际上人们从海量数据中获取信息的方式，在本质上仍是一种机械论的方法。这种方法以机械外因来分析人类的行为特点，把人类作为一种数据对象进行管理，把人类的具体需求抽象化、量化为均一单位这一行为。因此，技术治理的引入会使得城市治理的人本化价值日益缺失。

最后，技术治理的目的忽视了善治城市的诉求。一方面，技术治理目的忽略了城市治理的空间正义诉求。城市空间正义关涉“不同城市主体的空间权益表达与实现、公正配置价值资源、保障公民基本空间参与及空间权利追求、抵制空间压迫与剥削等问题”[①]。城市空间正义的实现以规则公平、程序公平与保护弱者的城市治理基础为保障。但技术治理在城市治理中的引入会加剧城市治理主体间的不平等。技术治理本身所具有的价值潜力、逐渐释放的能量及其随之而来的价值是庞大的，这种价值与能力庞大到可以决定一个企业的兴衰成败。技术的工具理性所捕捉到的人性弱点使其可发展成为一种必要的营利模式并逐渐扩大资本市场以获得更多利润。当人类的需求被抽象化为一种商品时，资本作为能控制这一商品的要素之一，将获得无边际的权力。控制资本的利益者为了在庞大的市场中赢得有利地位，不断开发创造出能够在城市检测与监管方面具有不可或缺性价值的产品，继而建立技术锁定，以此实现对技术的垄断地位，延缓其在社会上的普及速度。这容易导致数据专制主义，对城市空间正义实现的基础与保障造成挑战。

另一方面，技术治理的目的偏离了善治城市的价值目标探求，“善治”作为城市治理的发展目标与衡量标准，是城市治理现代化的理想状态。城市善治与城市治理不同，善治赋予了城市治理更多

---

① 董慧、李菲菲：《城市治理：关于理念、价值及动力的哲学思考》，《理论与改革》2019年第4期，第157—166页。

的价值伦理诉求以及使命，它的初衷是为了使人生活得更美好，涉及价值伦理的意蕴内涵。价值伦理侧重于对价值问题的理性思考，以主体为中心。城市治理价值伦理的实现离不开工具理性的参与，它是人类在工具理性与价值理性的相互碰撞中实现的。城市善治要求工具理性与价值理性相结合，实现公共理性的终极价值追求。为了保证城市治理不偏离城市善治的治理目标，我们应认识并始终确保城市治理的出发点源自正义、德行与美。所以技术治理在城市治理中的运用，应始终坚持城市善治的价值目标诉求，重视内在“城市善”的结果公平性，把人类的生存作为万事万物的开端，把人的生存与发展作为最高的价值目标，强调对个体生命价值的尊重与保护，对个体合法权益和利益诉求的维护与维持，对人的全面发展目标的竭力与全力实现。

第六章

新时代城市治理的变革与实践

党的十九大提出“构建现代社会治理格局”，党的十九届四中全会提出“提高中心城市和城市群综合承载和资源优化配置能力”“加快推进市域社会治理现代化”。这对于我国如何在新时代、新的历史方位下更有效地推进城市化进程具有重要的指导意义。本章将在前面讨论的基础之上，聚焦新时代城市的新空间、新发展、新问题，观照新时代城市治理的理念及其实践建构，试图在中国全面深化改革总体目标框架下，对城市治理变革与实践所揭示出来的新任务和新方略进行积极思考，为解决新时代的新矛盾和新议题即城市社会空间结构不平衡、城市社会建设不充分、城市资源环境不均衡做出有价值的智慧思考与助益方案。

第一节　新时代城市治理的理念转变

正如我们所强调过的一样，城市治理涉及内容丰富、广泛，对其新形势、新任务的把握与确定，离不开城市治理理念的及时更新与变革。“城市治理的理念，既是思想的、理论的，同时也具有实践的、现实的意义”[①]，我们既需要以五大发展理念和以人民为中心的理念作为城市治理理念的基本指导，同时也需要时刻关注到城市这一复杂系统所遭遇的危机、困境与问题。本节将对新时代城市治理的理念转变进行哲学前提式追问，即从哲学视角对城市治理的认识论、价值论及动力论意义进行考察与阐发。我们看到，现代化的城市发展，在价值、动力等方面逐渐呈现为一种二重性的状态，影响着人们对待城市问题的态度和方法，阻碍着城市化的发展进程并造成城市治理理念上的偏差，同时也衍生出一系列诸如人口、交通、住房、犯罪等方面的城市问题，这些城市问题反过来又加剧着人民对美好生活的需要和不平衡不充分发展之间的矛盾。因此，为了使城市治理真正解决当前社会所面临的主要矛盾，我们必须要保证城市治理理念坚持认识的科学性、确保价值的规范化、实现动力的保障性。对以上问题的继续讨论与深入研究，有助于在理论上更加深入地理解城市治理，明晰城市治理对于人类文明的启示性与重要性，进而做出治理方式、治理策略上的路径转变。

一 认识论意义：城市治理的科学性与人文性

从认识论角度分析城市治理的意义，首先在于将城市治理看作源于人类城市空间实践的理念，它的本质是对城市以及如何治理的认识，即对城市的起源演变的认识，和对城市空间发展相关议题——利益结构、资源配置、决策机制、主体关系等的回应。那么这是需要历史学、人类学、社会学、经济学、地理学等多学科的力量综合起作用的。其次在于，治理理念发展指导城市治理不断做出调整，实现治理过程的深化，进而反向推动治理理念的循环往复以至无穷。由于受自然科学技术发展条件以及客观过程的某些方面及其本质尚

① 董慧、李菲菲：《城市治理：关于理念、价值及动力的哲学思考》，《理论与改革》2019年第4期，第157—166页。

未充分暴露的限制，我们对城市发展规律的认识、对城市治理如何进行的认识，充满着风险和不确定性。因此，城市治理理念作为一种认识方法，在城市治理过程中也经历着螺旋上升的曲折发展态势。“理论创新也没有止境，世界每时每刻都在发生变化，我们必须在理论上跟上时代。”[①] 城市治理的理念作为主体的一种认识需要必须根据实践情况不断做出调整与更新。

马克思主义哲学认识论为城市治理理念的科学性与人文性意义提供了理论基础和理解框架。哲学从古希腊罗马哲学开始，其间经历了近代理性主义等，一直到现代哲学，经历了历史悠久的发展历程，实现了从本体论关于世界本原性问题探讨到认识论世界与人的关系探讨的方向转变。17、18 世纪哲学认识论探讨中形成了经验论和唯理论两大流派。其中经验论只承认感性经验，而唯理论则认为感官是不可靠的，坚持用理性来认识世界。19 世纪哲学以德国古典哲学为顶峰，同时马克思主义、功利主义、存在主义等各种思潮迅速发展起来，并形成了现代哲学的起点，其中英国经验主义、法国理性主义、德国古典哲学辩证法、费尔巴哈唯物主义等，对马克思主义哲学产生了深刻影响。德国古典哲学主张认识先于人的实践、先于物质；而费尔巴哈则以感性直观为基础，把人的认识看成是消极、被动反映和接受外界对象的活动。

马克思主义唯物史观的能动反映论表明了认识的反复、无限、前进与上升的特征。对于认识有限与无限性问题，恩格斯在批判认识有限论者的过程中，表达过自己的认识。他认为，“自然界的一切真实的认识……按其本性来说，只能通过一个无限的渐进的前进过程而实现”[②]。对于认识的相对与绝对性问题，恩格斯在批判以杜

① 习近平：《决胜全面建成小康社会　夺取新时代中国特色社会主义伟大胜利——在中国共产党第十九次全国代表大会上的报告》，人民出版社 2017 年版，第 26 页。

② 《马克思恩格斯选集》第 4 卷，人民出版社 1997 年版，第 341—342 页。

林为代表的终极真理论者过程中，曾指出“思维的至上性是在一系列非常不至上地思维着的人中实现的”[①]。由于环境的复杂性以及人的认识的有限性特征，人们在认识事物的过程中常常受到主观和客观等多重因素的影响，因此其认识结果也往往表现为真理与谬误两种形式。所以我们必须要善于聆听时代的声音，坚持在社会实践中检验真理，并将真理运用到新的社会实践中去。

科学性与人文性的辩证统一，是城市治理适应新时代社会变革的必然结果。科学性是保证城市治理理念创新、治理能力现代化转型的基础与前提，它要求对城市治理诸要素的把握要具有合理性与明确性，包括治理主客体关系、治理目标、治理体系完善等。既要科学认识城市发展规律，提高城市规划的科学性，又要科学认识到在大数据、云计算、人工智能这些前沿技术所推动的信息化革命浪潮之下，我们可以利用科学的认识和方法、科技的力量来实现城市治理理念的更新，推进城市治理决策的科学化与精准化。人文性是城市治理的重要属性，它表现在对城市化的理解与定位，应该充分将人的因素纳入其中，城市化应该由土地的城市化转向人的城市化；要关注到城市治理中的主体、客体及其关系，城市治理主体具有广泛和鲜活的内涵，不仅仅包括政府，还包括其他诸如非政府组织、公众等多元主体，要关注到城市人的主体性、意识性、能动性与实践性，激活城市治理的主体意识。

在现代化和城市化发展进程中，人们一直在试图探索一条科学的城市治理道路。过去，在快速城市化中所采用的基本上是以土地扩张为中心的方法，在土地利用为核心的理念之下，城市空间向农村蔓延扩张，农村空间逐渐被城市空间所侵占。无论从全球化还是从本土化来看，城市的空间生产被资本所主导，到处都是疯狂的

---

① 《马克思恩格斯选集》第3卷，人民出版社1995年版，第427页。

“造城运动”。这种以土地为中心的城市化策略，有很大的弊端，不仅仅造成了城镇化的空间格局不平衡不均衡、土地城镇化与人口城镇化发展的不匹配问题，而且也在很大程度上背离了城镇化的发展应该满足人的美好城市生活需要这一核心价值。为了实现城镇化，通过低标准的补偿方式使农民必须出让宅基地，进而造成一部分农村人口被迫卷入到城市中并沦为流动人口。流动人口的出现加剧了城市内部的矛盾。城镇化的真正实现，不能只是以城市的发展为衡量标准，而是要更关注农村。因此人们又开始认识到应该将过去的以土地为中心的城市发展理念转向以人为中心，也就是从以农民工为代表的流动人口的主体诉求出发。

生态环境保护与经济社会发展之间的协调，需要成为新时代城市治理理念更新的重要内涵。生态环境与经济发展之间，存在着尖锐的矛盾，这既是人们在长期社会发展过程中逐渐认识到的，也是人类实践所造成的结果。以往人们急切地追求经济进步，所以经济增长始终是全社会关注的焦点和重点，所有的生产活动都是以人为中心展开，因为“人类同时是自然界和社会的奴隶，又是它们的主人”①。人类大规模地向自然界掠夺资源，结果造成生态破坏严重、资源日益匮乏，人类为此付出了惨重的代价。后来人们逐渐认识到生态环境的包容性是有限的，自然资源也不是取之不尽、用之不竭的，“人类只有遵循自然规律才能有效防止在开发利用自然上走弯路”②。所以人们开始努力在经济效益最大化与生态效益最大化之间寻求一种平衡，并将“绿水青山就是金山银山”“既要金山银山、又要绿水青山”的理念落实到城市治理中。当然，我们已经认识到人与自然是一个生命共同体，但探寻人与自然如何和谐共生的认识

① 《毛泽东著作选读》下册，人民出版社 1986 年版，第 846 页。

② 习近平：《决胜全面建成小康社会　夺取新时代中国特色社会主义伟大胜利——在中国共产党第十九次全国代表大会上的报告》，人民出版社 2017 年版，第 26 页。

路程仍然是曲折的。所谓经济效益最大化是指通过维护最大的人为资本和自然资源来实现，但这种成本—效益分析只能反映当代人的诉求；而生态环境最优化则认为人类的知识可以为人类寻求一条科学的最佳路线，但人类的知识是不可能达到一种完善状态的。因此，如何在经济效益最大化与生态效益最大化之间寻求一种平衡状态，是新时代城市治理需要考虑的重点。为了在经济—生态之间建立一种平衡关系，有人曾经提出“生态经济”的概念，并将经济活动纳入自然生态环境的大背景中，一方面，强调社会经济的发展不以牺牲环境、破坏生态平衡为代价；另一方面强调注重生态经济也应该尊重经济发展的基本规律的重要性。但是，“生态经济”是否真正实现二者的平衡，其运行水平与状况离不开城市治理的现实实践的最终检验。

二　价值论意义：城市治理的规范性与制衡性

城市现代化发展，一方面带来了城市及其生活方式全新的变革，同时也引发了诸如理性化与单向度的人、工业化与单一化、市场化与世俗化、都市化与都市病、民主化与极端个人主义、法制化与实质公正、公平、效率等一系列问题。而且由于新时代的新特点——数据化、信息化、智能化，以及新时代的城市发展中经济、政治、文化领域中产生的新矛盾，城市治理的内涵、手段与模式也相应地发生了变革，但其价值内涵也正面临着各种冲突与挑战。这促使我们不仅仅要重新审视和考量城市治理的目标——善治，更重要的是要以全面深化改革总目标为方向，进一步深入挖掘城市治理的价值内涵及其诉求，致力于推进城市治理的现代化建设。

价值标志着主—客之间的相互关系，具有社会性、历史性、生成性等特征，在特定历史语境下还表达着效益特征。社会主体由于不同的政治制度、社会条件，在出生伊始便先天地具有不同的社会地位。这种不同性在空间中表现出一种主体的异质性。主体的这种异质性使客体在满足主体需要时呈现出一种变化着的价值发展过程。价值是人类所特有的社会现象，它不同于具体价值形态，也区别于具体科学的价值，它反映的是一种程度，即主—客之间的需求程度。价值相对于人而言，可以说是根据人的需要、诉求而产生，价值的主体是人。那么在价值评判标准问题上，也必须要考虑主体的需要和利益。由于社会主体存在着异质性，他们的需要千差万别，价值诉求、类型、评价标准具有多样性。在"'全球化'已经成为了替代'现代化'的一种话语和社会想象"[①] 的今天，受全球化的影响，世界各国的城市内部充斥着以个体本位为核心的新自由主义价值理念。这种价值理念促使着每个城市主体都在试图使自身的利益实现最大化，例如，人们在认同着城市化所带来的便利的同时，却忽略了城市化衍生出的一系列诸如交通堵塞、人群拥挤、空气污染、房价高昂等城市问题。因此，为了实现城市空间内部各领域以及各种关系间的公平与公正，城市内部需要形成一种正确的价值观，并且使这种价值观具有一种规范性。

价值的规范性是城市治理价值的特征表现，即社会规范领域内的价值表现。无规矩不成方圆，人们的行为、活动、实践需要有统一的价值规范的引导、制约与保障，这样才能使得生产生活在一个相对公平的空间下进行，从而为面向美好生活的奋斗实践提供基本的价值遵循。也只有在统一价值标准内展开实践活动，才能构建更加美好的社会。正是因为在现代城市化过程中，出现了所谓的价值二重性现象，所有对价值的规范和制约有了很大的必要性。价值规范性反映了社会主体对价值的一种评判标准。社会主体行为是否具有道德性或者法律性，都可依据以上价值标准做出判断。那么，关

① 爱德华·W. 索亚：《后大都市：城市和区域的批判性研究》，李钧等译，上海教育出版社 2000 年版，第 1 页。

于如何对价值进行规范的问题，这就需要从社会主体间的关系角度来考虑了。社会主体的异质性使其所认可的价值观念各异，因而为了形成统一的价值规范，需要在城市主体之间寻找到一种共同利益。所以价值规范的评价标准，要以城市人的发展需要为基础，使不同的城市社会主体为了共同利益来对彼此不协调甚至相冲突的价值观念进行整合，建立统一的规范，从而在城市内部形成一种稳定的公共秩序。

价值的规范性也表征着其内在的制衡性特征。价值制衡性，即价值内涵、意识等对主体思维方式、价值理念的制约、规导作用。在城市现代化发展的初期，我们坚持效率优先、兼顾公平的价值意识和价值理念，使得城市化进程大规模、快速度推进，整个城市面貌焕然一新。但这种价值意识同时所引发的负面效应，让我们更理性地反思，如何在城市治理内在价值这个问题上保持平衡与张力，这实际上就是需要深层次地挖掘价值制衡性的内蕴。例如，城市治理的法制化科学化，与公正、公平、效率的价值二重性问题。土地批租制度作为一种土地使用权的转移制度，其实行在一定程度上促进了城市经济快速增长，因此在快速规模化的城市化进程中扮演着重要角色，但因为资本、权力与垄断的复杂交织，造成了公平与效率的问题。因为“拍卖出最高土地出让金，然后平摊到房屋建筑面积中，构成房屋成本的一部分，再通过销售回收”①，一方面纵容了由于房屋成本增长所导致有失公平的房奴现象，另一方面又出现了由于高昂土地租金而引发的低效现象。如何通过价值的制衡与规约，在制度弹性空间之内寻求效率、公平两者的辩证统一，有效化解城市矛盾，这是城市治理需要考量的问题。

空间正义代表着空间的伦理和价值关系，作为城市存在和发展

---

① 苏小东：《基于效率与公平的城市住宅用地供给制度优化探讨》，《学术交流》2013 年第 10 期，第 79—82 页。

的价值轴心，既是化解今天城市化进程中多种矛盾、冲突的根本价值选择，也是城市治理关键性、重要性、核心性的价值诉求。城市空间本质上是一个复杂问题场域，其内部充斥稀缺性资源竞争，凝结着空间生产的复杂社会关系。当前我国社会主要矛盾的转变所表现出的对更广泛的美好生活的需求，使我们认识到，新时代城市治理的关键是要认识到，城市建设的意义在于如何使城市主体切身感受到生活的日益美好。为了实现这一目标，我们在城市治理过程中必须要确保"底线公平"① 的空间正义意识，完善城市正义的价值诉求，更好地关注到如何使多元城市主体的空间权益得到表达与实现、如何优化配置价值资源的公平性及公民基本空间参与和空间权利追求的保障性、如何实现对空间压迫与剥夺的抵抗等一系列问题。为此，我们需要：

第一，确保城市空间追求社会和谐发展的正义价值诉求。这种价值诉求实现的关键在于从空间内部寻求一种生产力发展与文化的总体价值相切合的机制，也就是说要使城市空间发展理念符合社会的发展规律和历史逻辑。在历史—逻辑统一中，实现社会结构、产业结构和文化结构的现代化转型，而不至于陷入"社会堕距""文化堕距"的现实困境之中。我国是一个传统的农业社会，城市与农村有着千丝万缕的联系。因此和谐的空间正义价值，其最核心的就是能够将城乡差别限定在合理的范围之内，并且代表着相对而言公平合理的城市居民社会的价值诉求。具体来说，这种价值诉求包括：空间布局、城乡居民的和谐发展；尊重、平等对待城市主体的异质空间文化与多元价值观念，以构建每个人获得全面发展的城市空间价值系统；消除弱势群体在政治、文化以及日常生活中遭受的空间歧视现象，打造一种多元的民主空间价值诉求。另外，在面对

① 景天魁、冯波：《时空社会学：记忆和认同》，中国传媒大学出版社2017年版，第3页。

流动人群的自愿性隔离导致的无法享受城市市民的平等待遇问题，以及城市居民因制度与资本的排挤而被迫边缘化问题，例如公共住房、公共教育、公共卫生等涉及高度分化问题时，需要凸显分配的正义性问题，即要求城市内自然生态、各种权利和机会、社会保障等公共资源的分配是合理且公正的。[①]

第二，确保城市空间追求资源理性发展的正义价值诉求。我国在城市化过程中以过度集权的城市化为指导，坚持“制度型城市化”的理念。由于这种理念的参与主体是政府与企业，因此其他城市主体只能被迫边缘化，最终造成一定意义上的剥削，也就是劳动成果从一个群体向另一个群体转移。例如，政府在城市管理过程中，依据企业的管理模式，单纯追求 GDP 效益，而忽视了政府主体应负的社会责任，造成环境资源浪费等。因此，在城市空间治理中，要坚持群众史观在城市治理领域的真正贯彻、践行，实现城市多元主体的全面、深入的广泛参与。只有关注空间主体的价值诉求才能在未来的城市治理过程中合理利用资源，并确保空间资源的理性发展与可持续性发展，从而实现空间上的代际正义。

第三，确保城市空间探索生产规范性的正义价值诉求。城市治理的生产性问题涉及复杂的巨系统问题，它包括生产流程、环节，以及生产场域等多种问题，例如城镇化、工业化等方面的生产；还包含着城市主体的再生产、再调节等问题。城市治理的生产问题离不开以生产平等、公平与公共为原则的生产规范性制约。“从空间生产实践出发寻求空间正义价值，而不是从正义价值出发寻求空间生产实践。”[②] 我国仍处在社会主义初级阶段，在这个阶段中存在着贫富差距悬殊的问题，而这个问题就是一种不正义的表现。因此，

---

① 庄立峰、江德兴：《城市治理的空间正义维度探究》，《东南大学学报（哲学社会科学版）》2015 年第 17 卷第 4 期，第 45—49、146 页。

② 王文东：《〈德意志意识形态〉中的空间正义思想解读》，《哲学研究》2016 年第 4 期，第 8—14 页。

单纯追求理性层面的正义只能是一种泛泛而谈。但是，分配的公平正义仍然需要外在价值规范的制约作为保障，“仅仅从物质层面把生产资料转归全社会共有（通常所说的‘社会主义’）也不能消除分配方面的缺点和‘资产阶级权利’的不平等”①。所以，空间正义一方面致力于从规范生产实践上寻求一种合理的、正义的价值规范，并使这种价值规范成为一种普遍形式而建立在历史—地理的共享生活方式之上；另一方面又借助这种正义的价值规范实现城市空间主体的每个人都能参与并被包含进道德和社会生活中。

三　动力论意义：城市治理的主体性与驱动性

城市治理的动力论视角，本质在于立足唯物史观，理性审视城市治理对于城市发展与社会文明的推动作用。为此，也要深入挖掘城市治理本身发展、运行和演进的内在机制，因为城市治理本身就是建立在城市自组织系统基础之上的复杂的有机的动力系统。城市治理动力论意义表现在主体性与驱动性上。其中，主体性体现为城市治理主体在治理实践过程中的本质力量、实践能动性，内含着生命力、创造力激活的重要意蕴；驱动性既包括城市治理作为一种外部力量，对城市中经济、政治、社会等环境的整合、协同与推动，以走向正义、美好和城市居民的共同福祉，也包括城市中存在的各种因素和各种力量对城市治理的外力推动，使之成为推动城市进步和美好城市生活的强大动力。

动力是一切力量的来源，在社会发展中起着推动社会各要素发展前进的作用。从社会结构和社会系统视角来分析，城市治理的动力是一个由“结构性动力与主体性动力”② 两种主要动力构成的系

---

①　《列宁选集》第3卷，人民出版社1995年版，第195页。

②　李聪：《马克思社会形态演进动力论研究》，《马克思主义理论学科研究》2017年第3卷第5期，第171—175页。

统。结构性动力主要指生产力、生产关系（经济基础）、上层建筑等；主体性动力则主要表现为主体的革命性和能动性。结构性动力由于内部影响着社会发展的基本矛盾运动，因此是推动社会化生产的根本动力，其中城市正是社会化发展的焦点。主体作为推动城市发展的作用，其主体性动力表现为，主体的参与及其能动性的发挥在城市的发展与城市的治理中扮演着非常重要的角色。下面将对结构性动力即科学技术、资本、制度和主体性动力，各自的作用以及它们与城市治理的关系分别进行阐述。

科学技术是第一生产力，它对城市规划、城市行动以及城市社会发展起着非常重要的决定性作用，也是城市治理结构性动力的核心组成部分。从科学技术发展历史中可以看到，每个时代都会有具有里程碑意义的科学技术变革推动社会进步。今天是信息化时代，信息科学技术革命对城市居民的生活、工作的影响程度越来越深远。而且大城市人口在不断扩张，大城市区域的数量也在不断增长，比如可以运用诸如地理信息科学技术系统这样的现代科学技术，更好地获取关于城市空间的多层次、多数据信息，为模拟和预测城市的发展与演变提供有效工具。信息技术革命，在历史发展中带动了城市信息产业的发展，也对诸如新能源、新材料、高端装备制造等城市战略性的新兴产业具有引领作用。“随着大工业的发展，现实财富的创造较少地取决于劳动时间和已耗费的劳动量……相反地却取决于一般的科学水平和科技进步。”① 但同时我们也要看到科学技术的双重效应，一方面，它对社会的前进起着加速作用。例如，社会进步的情况下，它可以加速社会进步；社会衰退的情况下，它又会加速社会衰退。另一方面，它给人提供的自由条件越多，那么人们受到的种种强制也就越多。例如，计算机网络能够使

① 《马克思恩格斯全集》第46卷，人民出版社1979年版，第217页。

人们足不出户便可以了解全世界、给人们带来空前精神享受的同时，也成了左右人们思想的主要途径。“科学—技术的合理性和操纵一起被熔接成一种新型的社会控制形式”[①]，这表明新时代的城市治理，需要理性辩证地对待科学技术，在积极赋能信息化建构智慧城市，提升城市经济发展活力的同时，也要在化解由互联网带来的新的社会矛盾、社会冲突方面积极作为，加强互联网本身的治理，强化监督执法力度，健全和完善城市公共安全体系，提高城市公共服务水平。

资本与城市治理具有交互作用、彼此影响的辩证关系。作为理解城市政治经济和空间地理学关键术语的资本，既是驱动城市竞争、全球经济的关键性力量，也是城市治理的重要推动力量。资本作为“惊险的跳跃”，是一个经济体系的基本要素之一。它处于经济生产发展的核心位置，决定着经济是否循环往复地运行。但资本也往往被看作是城市化进程中的经济非正义、区域非均衡竞争、空间生产与分配不均、劳动力市场的无序等这些议题的深层原因。资本在城市发展中具有复合性作用。唯物史观认为，社会生产关系主要包括：生产资料所有制形式及其相互关系和产品分配形式。其中，资本作为生产资料的一部分，总是表现为体现在物上的生产关系。例如，钢筋、混凝土的本质是建筑材料，它只有在房地产的开发买卖中才能成为资本。资本除了表现为物的生产关系，还体现为对人的剥削所带来剩余价值的作用。历史上，城市的产生及其发展过程，便是资本创造剩余价值的最好证明。资本在生产过程中，通过不断扩大再生产和利润空间，实现着资本的积累过程。当劳动力与利润不能满足资本积累的要求时，生产就会开拓一个新的空间，这个空间有着廉价的劳动力、资源以及广阔的商品市场。因此，资

① 赫伯特·马尔库塞：《单向度的人——发达工业社会意识形态研究》，刘继译，上海译文出版社 2008 年版，第 117 页。

本的运作是城市化进程的必要因素，“城市化与工业化进程之间是一种充分共生和扩展的关系。”[①] 但是，资本的运转虽然在加速着城市化的发展进程，但同时也使城市空间引发出一系列关于土地拆迁、房地产开发、农民工进城等矛盾。恩格斯在《论住宅问题》[②]中指出，住房问题本质上是分配不公的问题，当资本的力量不能得到有效遏制，甚至与权力形成联合时，公民权利的主张就一定会受到资本与权力的双重挤压。资本的这种自发性会在追逐利益时不择手段地与政治权力等相结合，并最大限度地剥削劳动者并掠夺自然资源。因此，资本在进行空间扩展时，不仅容易造成城市以及区域间的发展不平衡问题，也容易引发城市内部的社会极化现象等“结构性空间矛盾”[③] 问题。

制度作为一种外在因素，也推动着城市治理的发展与现代化。制度是城市治理过程的依据，制度为城市治理提供方向性的政策指引；城市治理实质，即制度的外化、实践化。新时代，我国致力于提高城市治理能力和水平，就是充分发挥制度效能的实践体现。完善的城市治理体系，好的、科学的、人性化的制度，是完善城市治理体系的根本。党的十九届四中全会《决定》指出，“我国国家治理体系和治理能力是中国特色社会主义制度及其执行能力的集中体现”。可见，我国的城市治理是在中国制度指引下的治理，而城市治理体系及其治理能力也彰显着我国的制度优势。制度作为上层建筑的一种，在政策领域规范社会主体间的人性和利益冲突、促进城市发展的重要因素。现代化过程中，资本的积累与扩张所引发的社会分层等威胁城市社会稳定和谐的问题，使人们认识到资本本身是

---

① 爱德华·W. 索亚：《后大都市：城市和区域的批判性研究》，李钧等译，上海教育出版社 2000 年版，第 93 页。

② 《马克思恩格斯选集》第 3 卷，人民出版社 1995 年版，第 240 页。

③ 陈忠：《空间理论与城市秩序：中国特色城镇化研究报告 2010》，黑龙江人民出版社 2011 年版，第 100 页。

没有理性的。为了使资本在追逐利益的机械论基础上增加一种目的论元素，人们开始把资本的自发性纳入到人类理性的自觉性上来。通过政治法律制度等上层建筑层面来规范运作资本的主体——企业家，并最终上升到制度层面的约束。过去我国在社会主义市场经济的条件下容纳了国有企业、混合所有制企业等，容纳了诸如国有资本等复合性的资本支持。资本的活力在市场经济下被大大激发，这种活力把我国市场搞活了，推动了我国经济的飞速发展，开启了我国高速的城市化进程。城市人口与城市用地规模显著增加，城市面貌诸如城市建筑、城市街道等都让人耳目一新。但“我国现阶段还存在的有违公平正义的现象，许多是发展中的问题，能够通过不断发展，通过制度安排、法律规范、政策加以解决的”[①]。通过制度的完善来保障城市化的建设，又存在着明显的行政命令的弱点。这种弱点加剧了城市与城市、区域与区域之间的经济与社会发展要素整合难度，造成城市辐射功能不完善的问题。另外它还会恶化政府与公民之间的关系。国家为了扩大城镇化的土地面积，大量拆迁农村房屋、加强基础设施建设，使人们失去自己的安身之处。这种由利民转变为扰民的工程使群众权益遭受着粗暴野蛮的侵犯。如何把握好制度规范的合理限度，让城市治理真正成为利民工程，这是今天我们面对制度、权力、资本、发展、人民之间复杂关系时需要认真思考的问题。

主体性动力是城市治理的重要动力因子，也是影响城市化建设的关键抉择。主体性动力是指在城市治理中，城市主体实践能动性的发挥，成为推动治理、影响治理的原因和力量，即成为动力因素。主体性动力本身蕴含着价值上的指向性，观照着治理主体的价值追求。主体性动力在阶级社会发展过程中主要表现为阶级斗争，

---

① 《习近平谈治国理政》第1卷，外文出版社2018年版，第96页。

它是解决社会主要矛盾的根本办法。“被剥削被压迫（无产阶级），如果不同时使整个社会一劳永逸地摆脱任何剥削、压迫以及阶级划分和阶级斗争，就不可能使自己从进行剥削和统治的那个阶级（资产阶级）的控制下解放出来。”① 我们今天所讲的主体性动力，也是解决城市化快速发展进程中一系列矛盾的根本方法。城市主体包括所有生活在城市中的人，他们有不同职业、年龄，教育程度也不同，因此有不同的需求偏好，这种偏好作用于日常生产、生活实践影响着城市空间内部的社会关系变化。尤其是外来人口、流动群体，一方面他们是快速城市化推进的主要参与力量，但另一方面也是城市化的必然产物。大量农村人口在城市化进程中，不得不离开农村投入到城市空间生产中，城市空间资源以及就业机会变得越来越有限。那些无法在城市空间获得生存、生产和生活机会的人群，大部分是城市空间所能吸纳的劳动者之外的群体，这一部分人群是城市治理所要特别关注的群体。在城市治理中，不能简单地对这部分人群采取依法取缔的方式。而是既要考虑治理目标，经济财富的创造，也要关注流动人群的生存环境和内在诉求，并且始终将满足人民美好生活需要作为核心价值原则。因此，要加强多元民主参与，关注到不同人的价值诉求，尤其是弱势群体、边缘群体、劣势群体的价值诉求，使人的需要、被理解以及被尊重的愿望得到满足。

上述对结构性动力和主体性动力的分析，是为了进一步探索城市治理动力因素有可能造成的一些问题，并且针对性地提出解决思路，使这些动力因素在城市治理中更好地发挥支撑作用。科技推动着城市生产力的发展与进步，但也加速着城市主体的单向度进度；资本以最快速度实现了城市空间扩张的同时，却又造成了城市发展

① 《马克思恩格斯全集》第21卷，人民出版社2003年版，第408页。

的结构性矛盾突出等问题；制度在规范城市利益、保障城市化进程规范化的同时，也因为行政命令的弱点限制了城市治理的科学化发展、现代化转型。对于科技的合理化逐渐使社会主体变为单向度人的问题，我们应该增强对科技的辩证认识能力以及反思能力，同时还要确定“一种知识战略，以便持续不断地将理论与经验进行比照，以便通向一种总体性的实践，即都市社会实践。这种实践就是要像人类占有时间和空间一样，争取一种高级形式的自由”①。国家应该不断完善科技方面的法律规范与监督制度，确保科技的正确发展道路，同时还要保证科技发展要以尊重自然规律为基础。对于资本的自发性弱点造成的地理与结构的失衡问题，则可以考虑城市治理主体在参与治理、制定政策时各自的作用和地位，以及如何协调不同主体的关系。尤其要关注政府与资本的关系，政府需要从企业化、资本化中脱离出来，如果与资本合谋，则会造成追求官员自身利益最大化的政治权力资本化。国家应该运用法律限制政府权力，以防权力过大而造成个人权利被侵犯，确保把权力关进“笼子”里。

我国的城市治理应该是一个由政府、房地产商和作为城市空间主体的居民等利益群体全面参与和互动的过程。在政府、资本、居民的三方博弈中，居民往往处于劣势地位。土地资源的过度开发导致城市居民被迫边缘化；部分地方政府为了追求 GDP 增长，不断招商引资，发展资源密集型产业，搞“减免征收”等土地政策，同时环保部门又迫于社会关系网的压力也不愿意真抓实干，最终导致空间资源严重浪费。所以，我国城市治理相关部门要通过政策完善等相关保障，建立良好的城市治理生态，最大范围实现公民以及社会组织的平等参与。同时，要明确城市治理目标，坚持将“善治”

① 亨利·列斐伏尔：《空间与政治》（第 2 版），李春译，上海人民出版社 2015 年版，第 6 页。

的治理理念贯穿于城市治理全过程，进而努力构建“政治国家和公民社会的一种新型关系”[①]。为了构建健康的城市治理生态环境，政府作为城市治理的主导部门，要保证信息公开性、社会法治性、治理互动性、权责一致性、管理有效性等。所谓信息公开性，就是要求政府主动将信息向社会公众或依申请而向特定的个人或组织进行公开。我国的城市化由于制度保障不到位，引发了很多社会问题。例如，土地资源的过度开发导致居民的被迫边缘化，以及资本的力量不能得到有效遏制时，容易与权力形成联合。所谓行为负责终身性，就是政府要对自己的行为终身负责。过去政府为了搞好在任期间的业绩，把经济增长和财政收入放在首要位置而忽略了社会责任意识，导致离任后出现大量烂尾工程，造成资源浪费、环境破坏。责任终身制能够有效地遏制政府的短期效益行为。所谓社会法治性，就是要求法律作为城市治理的最高准则，没有法治就没有城市治理的现代化。社会法治性的核心在于，法治思维、法律制度、法治行为在城市治理过程中的全面参与，完善城市治理中央—地方的立法工作、锻炼基层执法人员的法治思维等。所谓治理互动性，就是要实现自上而下的政府治理与自下而上的公民参与协同互动的有序治理。当前社会民众对政府的不信任感一部分原因正是在于政府部门对民众诉求的冷漠，以至于造成民众习惯性地引申、质疑、曲解政府发布的信息以及事件解读。所谓管理有效性，就是要求政府需要提高办事效率。2018 年 7 月份，中国经济网报道了一篇题目为《市民办证跑多趟，举报工作人员态度差遭怼：你这老百姓够厉害》的文章，引发了社会的广泛关注与热烈讨论。因此，政府为达到“善治”，务必要着力整治慵懒散漫的作风，真正做到坚持以人为本、执政为民的治理理念。

---

① 李善同等：《城市化中国：新阶段、新趋势、新思维》，经济科学出版社 2018 年版，第 384 页。

第二节　新时代城市治理的实践建构

“中国特色社会主义进入了新时代，这是我国发展新的历史方位。”① 在快速城市化进程与新时代历史方位转变的大背景下，城市日益成为一个承载着复杂社会关系的利益共同体与复合风险聚集的中心地，城市治理面临着内部结构挑战与外部交往全球化双重压力。为了在新时代下更好凸显中国特色社会主义优势，实现城市的健康、可持续发展，满足城市居民对更加广泛的美好生活需要，我们党明确指出要努力推进国家治理体系和治理能力现代化建设。城市治理作为国家治理现代化的重要组成部分，作为经济发展、提升人民生活品质的手段，担负着“让生活更美好”的动力支撑作用。实践没有止境。这一节，我们将基于新的历史方位和城市治理面临的现实问题，诊断我国城市治理面临的更加严峻的现实任务，破解城市治理实践难题，积极探索新时代城市治理的实践建构，即如何更好地完成城市治理体系与城市治理能力的现代化转型任务，解决城市发展程度与城市治理水平不匹配、城市发展与治理环境存在潜在风险危机等实际问题，深化城市治理变革，优化城市治理实践水平。

一　城市治理实践建构的新背景与新挑战

新时代以来，城市治理过程中不断涌现的新问题、新情况，所引发的政府、社会组织、城市居民等多元协同共治社会发展中的矛盾和问题，是新时代城市治理现代化转变过程的实践反思与变革动力所在。

① 习近平：《决胜全面建成小康社会　夺取新时代中国特色社会主义伟大胜利——在中国共产党第十九次全国代表大会上的报告》，人民出版社2017年版，第6页。

第一，新时代城市发展的持续性变化，挑战着城市治理现代化变革的现实任务。我国城市建设在改革开放40多年里发生了翻天覆地的变化，城市建设用地、城镇人口数量、城市人口密度等呈现持续上升趋势。现代城市作为集政治、经济、文化、社会等于一身的地理空间综合体，聚集着高密度的人口与建筑数量，丰富的资源与信息要素等。从内部关系来看，我国城市建设面临着一系列诸如城市人口基数与基础设施等不匹配问题，其复杂性与多变性使城市面临城市治理潜在风险。从外部环境来看，我国城市建设进程被置于交往全球化的现实境遇中，其发展进程遭受着西方文明与本土文化的剧烈碰撞、常规风险与现代性非传统风险的双层叠加。城市发展过程中内外矛盾冲击，使城市日益成为一种风险汇集地，并挑战着城市治理的科学化水平。新时代是我国致力于实现中华民族伟大复兴的关键期，城市发展日渐暴露与凸显出的城市发展程度与城市治理水平不匹配、城市发展与治理环境存在潜在风险危机等实际问题，使我国深化城市治理变革，优化城市治理实践水平，实现城市治理体系与城市治理能力的现代化等现实任务成为当今城市治理时代变革的迫切需要。

第二，突发公共卫生事件的爆发，使城市治理问题更加凸显，城市治理现代化建设任务更具迫切性。新冠肺炎疫情的突如袭来与快速蔓延给全球城市治理带来了巨大冲击与挑战，也使我们认识到“复杂、动态和多样化的城市环境需要强大的治理能力”①。疫情防控初期，由于数据信息的不对称与孤立现象，使得政府在风险识别、风险分析、风险预测、风险决策中处于被动状态，国民经济受创、政府公信力受到一定程度的威胁，引发庞大的成本需求以满足城市恢复与治理完善。此次新冠疫情突发公共卫生事件的爆发，暴

① KARIEN DEKKER, Ronald Van Kempen, “Urban Governance within the Big Cities Policy”, *Cities*, Vol. 21, No. 2, 2004, pp. 109 – 117.

露出我国政府部门城市治理水平需要提升，尤其是面对突发事件的应急能力。一方面，疫情防控初期，政府部门向公众报告疫情信息不及时、初期“误判”等造成的居民疫情警觉意识降低、城市应急管理联动链条过长造成的疫情防控速度缓慢等问题，使我们意识到新时代城市治理过程中政府主导城市治理过程中应继续加强与完善精细化、网络化进程；另一方面基层社区工作者在防治过程中存在治理混乱、工作繁琐、上下信息不畅通等非秩序化和非正义性的问题，要求基层社区应该积极加强人才队伍建设，提高社区工作的专业化水平。另外，我国城市居民在疫情期间的参与治理水平也非常有限。由于精细化信息资源管理技术不成熟，由于我国城市居民的受教育水平差异加大，尤其在精细化治理理念下，大数据专业人才需求上尚存在较大缺口，造成城市居民的参与有效性不强。突发疫情也暴露出社会组织参与城市治理的非专业化、非秩序化等能力不足的问题。比如疫情期间红十字会作为官方指定的受捐窗口之一，本应以系统、高效的形式助力疫情防控工作，但却屡屡被爆物资分配不合理等问题、物资分配渠道拥挤、团队人员紧张等应急预警能力短板。目前，我国新冠疫情防控工作虽然取得阶段性胜利，但疫情对政府、个体、社会组织等社会治理主体所带来的风险还在持续地存在着，其自身的不确定性、突发性、强传染性等强大特征，逆向推动着城市治理主体反思现有城市治理实践的缺陷与不足，思考如何优化城市治理水平问题使城市能够更及时、有效、精细地破解城市治理难题等迫切性问题。

第三，新时代城市发展的持续性变化与突发性挑战，反映出我国城市治理主体仍然存在单一化问题，这在很大程度上考验着城市治理实践过程中以人为本价值诉求的实现。一方面，城市治理水平的发展程度滞后于城市发展变化速度的现状，反映出我国城市治理实践过程中，对以人为本为核心的城市空间价值诉求的实践性偏离。城市治理作为如何优化配置城市空间资源、协调城市治理的现行压力的治理活动，要想获得健康发展，其治理过程与善治目标需要关涉民本化、人本化等公平正义的价值判断。我国在改革开放40多年所实现的城市化的高速发展里，有大量的社会主体以主动或者被动的形式涌入到城市中来，构成城市主体的一部分，其中教育认知水平有限、技术资本因素不足的城市居民逐渐降低政治参与意识最终演变为边缘群体。例如，城市发展过程中路障、围墙、隔离的形成，增加了城市空间多元主体之间直接交流的困难度，使城市内部表现为“消极、沉默、谨慎精明”[①] 等体现民主缺失的状态。另一方面，公共卫生突发事件暴露出，我国城市治理过程中对以人为本理念原则的实践性不足问题。例如，在疫情防控过程中，有关行政人员仍然存在雷声大雨点小的形式主义做法、大事化小小事化了的作风、基层干部单一使用硬手段与暴力手段执法等行为，这些都暴露着我国城市治理过程中的对人本主义轻视的危机风险，考验着我国城市治理科学化的水平。

二　城市治理实践建构的新基础与新问题

新时代城市化水平的提升、城市空间利益的多元化以及城市发展环境的复杂性，使人们逐渐认识到城市是一个承载着各主体相互依存、利益交融的利益共同体、责任共同体与命运共同体。那么如何在复杂利益交织的城市共同体中，保证城市治理实践的系统性、整体性与协调性，需要我们对城市治理主体的实践基础进行全面分析，以正确认识与科学应对城市治理实践过程中的现状与不足，破解城市治理过程中的实践难题与困境，提高城市治理能力现代化的水平，满足人民日益增长的广泛的美好生活需要，构建生动和谐的

---

① 亨利·列斐伏尔：《都市革命》，刘怀玉等译，首都师范大学出版社2018年版，第156页。

城市共同体，为探索健康、可持续性的城市治理实践路径奠定基础。习近平在党的十九届四中全会中曾指出“要完善党委领导、政府负责、民主协商、社会协同、公众参与、法治保障、科技支撑的社会治理体系”①，为我国城市主体的治理实践提供了政治高度上的依据，体现了主体多元化在保障城市治理科学化中的重要地位。

首先，多元主体是城市治理实践的科学运行基础。城市治理的实践进程是治理主体在坚持空间正义的前提下，保证政府、公民、社会组织等多元主体共同参与、守望相助、合作共赢的过程。其一，政府主导保证城市治理实践的整体性。为了保证城市治理实践的科学性与稳定性，政府主导是治理过程中的重要一环，它可以促进城市治理运行，只有通过一定形式下的政府把控，才能凝聚社会治理力量，保证多元治理合力的统一行动。公民参与促进了城市治理实践的科学性。公民参与是一种有计划的行动，它通过政府部门、相关负责单位与公众实现双向交流，提高城市治理实践的科学化水平，化解城市治理实践过程中潜在的社会风险与矛盾，推动城市朝着健康、持续有序的方向发展。社会协同在一定程度上可确保城市治理实践的高效化水平。“一个木桶的盛水量，是由最短的那块板决定的。”② 城市治理实践效果的好坏取决于城市系统内部各要素发挥协同合作水平的高低，相互团结、协调配合的系统要素有利于推动城市治理实践的发展，而充斥着斗争、分裂、分散、松散的因素，则很难正常发挥其效能，因而整个社会治理系统也将处于一种错综复杂的混乱状态。

其次，多元主体协同治理的实现需要一定的条件保障。多元主体对于城市治理实践的整体性、高效性与科学性的实现具有诸多积

① 《中国共产党第十九届中央委员会第四次全体会议公报》，人民出版社 2019 年版，第 13 页。

② 《习近平谈治国理政》第 1 卷，外文出版社 2018 年版，第 255 页。

极作用，但城市主体由于包含大量异质的冲动欲望且受不同职业、年龄、教育程度等因素影响而具有不同的需求偏好。那么，如何在丰富异质的城市治理主体中寻找构建多元主体治理有机整体的实现条件，是城市治理协同高效的重要基础。其一，寻找目标一致的多元利益。善治愿景是城市治理多元主体实践的共同目标。我国在改革开放 40 多年里实现了城市化进程的高速发展，在这一过程中虽然大量的社会主体以主动或者被动的形式涌入到城市，深化了城市主体的异质性特征，但构建使人民生活更美好的善治城市却是每个城市主体的愿景，也是城市治理发展的一种理想状态。城市善治的实现，要求体现内在“城市善”的结果公平，只有结果公平才能真正做到得民心、顺民意，使人信服。因此，城市善治内含的价值伦理诉求是多元主体利益的交汇点，在城市治理协同工作中起到精神引领作用。其二，完善多元主体有效参与的治理实践平台。多元主体之间的利益交汇点是城市协同治理的基础，但实现程度以智慧化的技术支撑与完备性的法律制度为保障。一方面，智慧化技术是城市治理多元主体实现的动力支撑。新时代以来，城市规模的扩张、城市结构的分化、利益需求的多元使传统粗放的、经验的、非理性的城市治理方式弊端逐渐显露，制约着城市多元治理的实现程度。随着大数据、云计算等智能技术在城市治理中的引入，信息技术的网络化程度全面普及，如何在有效、科学、智慧化精准治理城市的基础上，构建精细化智能管理平台，将其横向全面贯彻到城市治理的旅游、教育、卫生、交通等各个方面，纵向全面贯彻到中央、省、市、县、社区基层等各个层次，是保证城市多元主体治理实践协同性的重要条件之一。另一方面，完备的法治建设是城市治理多元主体实践的运行保障。受历史因素影响，我国在改革开放的 40 多年里依然注重政府管控城市规划、政府充当投资主体、政府规划人口模式、政府掌控城市土地等城市管理方式，这阻碍了城市治理主体多元的实现。为了保证城市治理多元主体治理实践的全方位运行，我们应加快建设法治政府、不断完善立法机制，增强各级政府、基层社区、群众的法治观念、法律意识以及运用法治方式参与城市治理，为社会和谐、城市治理现代化创造良好的法治氛围。

三　城市治理实践建构的新目标与新路径

为了解决城市治理的迫切现实问题，满足人民更加广泛的美好生活需要，我国需要将关注点置于城市治理实践道路探索上。新时代我国城市治理现代化水平虽得到了明显提升，但我们应该认识到目前我国城市治理仍然面临着三个方面的挑战：作为城市居民的人、社会组织以及政府的治理实践的不足。

第一，城市居民。新时代以来，随着城市主体利益诉求与价值观的多元化需求日益增长，城市居民在城市治理实践中的参与要求也日益加深。城市作为多元主体的利益共同体，需要增强城市空间共同体的凝聚力与向心力，构建多元参与的城市治理共同体。多元化城市治理理念推进以来，全国各级政府一直致力于调动多元主体参与城市治理的积极性问题。例如，宿州市曾构建“四意合一”①的新模式，致力于汇集城市管理执法部门的意图、街道社区意志、经营户的意向、市民的意愿，寻求各方利益交融点，实现多元城市治理格局，满足市民知情权，提高市民参与城市治理的积极性，逐步确立市民在城市治理中的主体地位。上海市曾出台《关于进一步创新社会治理　加强基层建设的意见》，主张通过开发系列创新举措，激发城市居民参与治理实践的积极性。

城市居民参与城市治理实践的水平十分有限。目前，全国各地虽然正为打造全民参与的城市治理实践目标而努力，但从整体来看

---

① 《城市治理：市民参与城管部门构建“四意合一”新模式》（2017-04-27），[2020-05-26]，http://www.zgfxnews.com/gz/content/2017-04/27/content_190057.htm。

仍存在诸多不足。其一，被动式城市治理参与是城市居民参与治理实践的主要形式。城市居民主动参与意识薄弱，参与城市治理的认同感、归属感不强，使其参与治理实践的形式主要呈现为被动形式，制约着城市治理的发展。很多城市居民仍然习惯性地把城市治理工作当作政府的内部职责，把基层社区（如居委会）当作一个与自己无关的工作场所，只有在生活过程中出现问题需要社区帮忙时才会想到社区的存在。其二，非政治性的城市治理参与是城市居民参与治理实践的内容表现。当前城市居民在城市治理过程中的参与内容主要表现为非政治性的治理活动，诸如小区保洁、物业管理、文体娱乐、环境整治、爱心捐赠等一般性治理内容，但对于涉及城市治理现代化的关键领域，诸如如何实行精细化城市治理等治理参与，则较少发挥作用。其三，单一的城市治理参与渠道是城市居民参与治理实践的路径表现。当前，城市居民参与城市治理实践的重要载体之一为居委会基层社区组织，但却较少获得参与基层社区工作的机会。当前，我国社区治理工作成员一般由社区工作人员、党员、居民代表等组成，普通居民一般没有权利、机会参与社区居委会组织的会议或活动。

第二，社会组织。社会组织的城市治理参与水平稳步提升。新时代以来，伴随着全国各地社会治理实践的不断推进，社会组织作为独立于政府部门具有公益性质的非政府组织，日益成为城市多元主体参与社会治理和公共服务的重要载体，实现城市治理实践科学性的重要力量。习近平曾强调“要激发社会组织活力，创新有效预防和化解社会矛盾体制，健全公共安全体系”①。依据中央指示，全国各级组织在各级党委领导下，全面推进以完善社会组织为主要内

① 《中国共产党第十八届中央委员会第三次全体会议公报》，人民出版社 2013 年版，第 14 页。

容的多元主体治理协同性工作。[1] 社会组织作为凝聚社会力量的重要载体，在促进城市治理科学性、系统性、协同性等方面发挥着重要作用，是促进城市善治实现的助推器。

社会组织自身能力不足限制了自身的城市治理参与水平。社会组织在国家政策的支持下虽然得到一定程度上的发展与壮大，但从整体上来看仍然存在内部管理无秩序、资金来源单一、人才吸引力不足等困境，因而尚无法满足新时代城市治理现代化转型对社会组织的新要求，制约着社会组织参与效能的发挥。其一，社会组织无秩序状态导致城市治理参与有效性不足。社会组织内部管理的无秩序现状导致社会组织在城市治理实践过程中出现工作不协调、信息沟通不畅通、突发事件应对不及时等问题，制约着城市治理实践的高效性发挥。其二，社会组织资金来源的单一性表明社会力量的发力不足。社会组织的资金主要来源于政府机构的拨款与经费以及部分服务性收费、社会捐赠等自筹渠道，表现出社会组织的民间力量调动能力问题。据国家统计局数据显示，截至 2017 年底，我国公共管理和社会组织固定资产投资资金为 7021.76 亿元、国家预算投资资金为 1902.56 亿元、自筹资金为 3964.16 亿元、其他资金来源为 763.34 亿元。[2] 其三，社会组织有限的专业化水平制约城市治理整体质量。其中，社会组织内部专业工作人员的缺乏是制约社会组织参与治理实践的要素之一。目前，在全国范围内，依据社会组织工作人员招募情况来看，除部分领导职位由政府人员兼任或指派以外，其他工作人员一般较少具有专业素质与能力，部分工作人员采用社会招募志愿者的方式组织工作。社会组织专职工作人员的缺乏，可能会降低城市治理实践过程中的专业价值理念体现，阻碍参

① 据国家统计局数据显示，截至 2018 年底，全国共有 817360 个社会组织、366234 个社会团体、7034 个基金会、444092 个民办非企业单位。http：//www.status.gov.cn/tjsj/ndsj/2020/indexch.htm。

② 数据来源：国家统计局官网。

与治理的服务质量水平实现。例如，武汉市红十字会在抗击疫情期间出现的物资分配不合理、捐赠款项使用效率低下等问题，使我们认识到社会组织的专业能力已明显与时代现实需要脱钩。

第三，政府机构。政府各级行政部门在城市治理的主导性作用日渐呈现体系化方向发展，以制度化形式实践着政府的行政体制机制。习近平曾强调“要完善国家行政体制，优化政府职责体系，优化政府组织结构”[①]。新时代为了满足人民美好生活的日益广泛、多层次的需求，我国不断加强和改进社会治理与服务的精细化职能转变，以致力于解决城市治理难题与短板。例如，从 2017 年 10 月 31 日“世界城市日”上，住房和城乡建设部部长王蒙徽指出“传统粗放的发展模式已经不能适应城市可持续发展的要求，迫切需要转变城市发展模式”；[②] 到 2019 年 4 月 2 日，南京市政府发布的《城市治理单元治理通则》，通过“5 + X”治理模式用以实现城市治理精细化；[③] 再到 2020 年 4 月 4 日，习近平总书记在浙江考察中为推进城市治理体系和治理能力现代化提供重要遵循，指出“让城市更聪明一些、更智慧一些，是推动城市治理体系和治理能力现代化的必由之路，前景广阔”[④]，并对杭州市运用城市大脑提升交通、文旅、卫健等系统治理能力的创新成果做出肯定。

政府机关在城市治理中的实践能力有待深化。政府机构，尤其是地方乃至基层政府，在城市治理实践中的治理能力与治理状况关

---

① 《中国共产党第十九届中央委员会第四次全体会议公报》，人民出版社 2019 年版，第 10 页。

② 《2017 年“世界城市日”在广州开幕聚焦城市治理新模式》（2017 - 11 - 01），［2020 - 05 - 26］，http：//www. gov. cn/xinwen/2017 - 11/01/content_ 5235916. htm。

③ 《南京：为城市治理定标准　打造示范单元上千个》（2019 - 04 - 02），［2020 - 05 - 26］，http：//www. gov. cn/xinwen/2019 - 04/02/content_ 5379053. htm。

④ 《让城市更聪明更智慧——习近平总书记浙江考察为推进城市治理体系和治理能力现代化提供重要遵循》（2020 - 04 - 04），［2020 - 05 - 26］，http：//www. gov. cn/xinwen/2020 - 04/04/content_ 5499045. htm。

系到城市治理现代化乃至国家治理现代化的进程与发展。我国地方政府在城市治理中的实践能力仍存在着不足，例如新型城市治理理念尚未全面实现、数字化的信息平台建设较为滞后、权责划分问题较为混乱、法治化建设不完善问题等影响了多元主体参与城市治理实践的实现，从而阻碍了城市善治的最终实现。具体表现在，其一，新型治理理念的落实不全面问题制约了政府治理人本主义价值观的实现。虽然目前政府治理正在逐渐深入以人为本的城市治理价值核心，致力于城市空间正义的实现，但部分地区仍然存在干群关系不和谐的状况，尤其是此次疫情更是放大了干群之间的矛盾点。疫情防控工作过程，屡屡被爆出政府工作人员知法犯法、懒政怠政、权力滥用等把人民群众利益置之脑后的行为。例如黄冈市卫健委主任面对调查组的"一问三不知"则是工作责任心不够，工作能力不足的表现，背后所反映的是治理理念落后问题。其二，数字化信息平台滞后导致的城市治理实践的粗放型问题。此次新冠疫情突发公共卫生事件暴露出我国数字化智慧城市平台建设的滞后性与问题。我国各级政府部门虽然意识到智慧平台建设的重要性，但是在平台的运行程序以及信息基础建设上仍存在较多问题，阻碍着城市治理实践应急水平的提高。例如基层治理人员在执法过程中要经历向上级汇报、申请执行等复杂的流程，造成城市问题解决的滞后性。其三，政府治理权责划分不清问题。一方面，各级政府在城市治理过程中掌握绝对的治理决策权，造成城市治理指令上传下达过程漫长、程序烦琐。另一方面，不同级别政府之间的界限划分不清晰造成市民有问题时求助无门、城市治理出现问题时无人负责等难题。其四，法治化建设的不足导致城市治理实践无秩序。我国一贯重视城市治理的法治化，但现阶段法治化建设需继续完善。目前，我国城市治理法治化问题主要表现在立法体系不完善与执法力度不严的层面。2015 年，我国虽然制定了《中共中央　国务院关于深入推进城市执法体制改革　改进城市管理工作的指导意见》，但却并没有国家层面的、纲要性的相关立法，导致各级地方城市在制定城市管理法规时缺乏有效的法律依据。

新时代城市化水平的提升、城市空间利益的多元化以及城市发展环境的复杂性，使人们逐渐认识到城市是一个承载着各主体相互依存、利益交融的利益共同体、责任共同体与命运共同体。城市治理过程是在坚持公平正义价值观的前提条件下，保证政府主导、公民参与、社会组织协助等多元主体同心协力共同参与、守望相助、合作共赢的过程。为了完成城市治理现代化的转型任务，我们应该针对三个方面的挑战，总结治理经验，科学提炼城市治理规律，完善城市治理实践科学性的可行路径。为此我们需要：

第一，推动城市居民广泛参与，培育居民积极主动的治理参与意识。依据城市治理实践现状分析，目前城市居民参与治理的现实难题主要表现为：参与治理形式被动化、参与治理内容非政治化、参与治理渠道单一化等。其一，针对城市居民的被动式参与形式现状，我国相关部门可通过系列爱国主义教育，始终坚持党的优良传统，“发展社会主义民主，调动人民和基层单位的积极性”[1]，增强城市居民的主动深入参与治理的意识，增强城市主体的主体责任、主动参与意识，认识到主动参与城市治理的最终目的是为了实现自身美好生活的需要，并在主动参与中激发城市主体的潜在的自我组织、自我服务与自我发展能力。其二，针对城市居民参与城市治理非政治化的内容表现，可制定操作性较强的城市居民参与治理的制度法规，以制度形式保障城市居民参与治理实践内容的多元性，提高城市治理参与水平与质量。其三，针对城市居民参与城市治理渠道单一性的现实状况，可开发易操作的城市治理智慧参与平台，拓

① 《邓小平文选》第3卷，人民出版社1994年版，第160页。

宽城市居民参与治理的渠道。政府在发挥主导作用的基础上，可运用大数据、云计算等信息通信技术，通过构建各部门协同治理信息共享平台等方式保障城市居民治理参与的多元化、多层次、高水平，通过扁平化的信息交流、开放共享、交往合作等形式凝聚民心民智民力，听取、吸纳民意，最大程度地动员其他城市主体参与到治理进程中来，以此推动和提高城市治理决策水平。

第二，提升社会组织参与能力，激发城市治理活力。依据社会组织城市治理实践现状分析，目前社会组织参与治理实践的现实难题主要表现为：内部结构混乱限制了参与治理的效率与水平、社会力量发力不足、参与治理专业性不强。其一，针对社会组织参与治理的有效性问题，可通过构建以章程为核心的内部治理结构，通过完善的工作制度，明确管理人员至基层职工的职责划分、办事流程，防止财务失真、负责人权力过分集中、权责分工不明晰等内部治理混乱局面的出现。其二，针对社会力量发力不足问题，相关部门可通过政策资金扶持等形式，加大社会组织参与治理可行性与科学性的宣传力度，构建社区居委会与社区社会组织共同参与的城市治理制度，提升基层社区与社会组织的协作治理能力等。其三，针对社会组织参与治理的专业性不强问题，我国可通过高校、专业培训班、社区专题辅导等各类教育部门，构建专业、系统的社会组织专业人员的人才培养机制，采用社会组织工作人员的国家统一招募形式，完善社会组织专业工作队伍建设，从源头上改革社会组织的专业化问题。

第三，加快政府职能转变，提高行政管理水准。依据政府部门在城市治理中的实践现状，目前政府治理实践的现实难题主要表现为：新型治理理念贯彻不全面、城市治理精细化程度不深、职责划分不清晰、法治化治理不足等。其一，针对城市治理理念贯彻不全面问题，各级政府部门可继续加强对下级部门的理论宣传保证新型城市治理理念的入心、入脑、入行，广泛吸纳民意，深化城市治理主体间的互动，激发社会活力，在充分发挥政府、公众、市场、社会组织等城市主体的多元参与、协同共治的基础上，不断引导企业、高校、医院、志愿者等更多主体参与到城市治理的进程中来。其二，针对城市治理精细化程度不深问题，可借助大数据技术、新媒体等互联网平台构建精细化智能管理平台，将其横向全面贯彻到城市治理的旅游、教育、卫生、交通等各个方面，纵向全面贯彻到中央、省、市、县、社区基层等各个层次。完善网格化服务管理体制，将其在服务、管理、监督等各个领域普及，提高基层互联网普及率。其三，针对职责划分不清晰问题，可建立健全权责清晰的问责机制，增加社会评价配套机制，确定清晰的治理边界，进而改善地方、基层城市治理范围交织的现实难题。其四，针对城市治理法治化建设问题，我国各级政府应该坚持立法先行观念，通过确立纲要性的城市治理相关法律，继而在落实立法精神的基础上，进一步完善城市治理法律体系；可通过培训、教育、宣传等方式，向城市治理多元主体普及法律专业知识，尤其提高基层社区工作人员的法治思维，并发挥模范带头作用，坚持各项事务依法办理与解决，使市民做到学法、守法、用法；可建立健全监督机制，做到各级政府、群众、媒体等多元监督，同时加强对人工智能制造者、使用者、软件和数据等技术部门运行的监督，完善执法程序的透明度以及公开度。

第三节　走向城市正义之途

城市正义，顾名思义，即城市的正义性，它体现着城市发展的正义性、城市建构的正义性、城市治理的正义性。城市是人类聚居地的演进产物，是由资本、物、环境、资源等聚集的人类共同生活的场所。正义的城市是人们对美好生活的共同追求，它展现了一种理想的城市空间形态——城市共同体。城市共同体是充满认同、归属、安全与幸福的城市空间，是人作为主体在城市空间中公平获取实现自身自由发展与解放条件的理想场域。可以说，城市共同体代表着正义和民主的空间实践，城市空间则是城市共同体所表征出来的共同利益、共同生活地域、共同的价值诉求、共同的伦理秩序的地域性基础。随着城市化进程不断加深，资本大行其道，城市中人与人的关系和认同变得不堪一击，出现了空间生产异化、生态系统断裂、社会秩序混乱等城市问题，导致城市共同体的伦理取向、认同归宿、实践基础受到严重威胁，城市空间逐渐走向机械化与同质化。若要消解这些问题，我们需要重拾城市正义，把建立一个正义性的城市空间作为城市治理的重要伦理目标，构建共建共享、开放包容的城市共同体。

一　正义与城市正义

城市化导致了“充满暴力、缺少安全、过度开发、贫穷落后”[①]等非正义以及各种不平等现象，挑战着城市生活。因此积极寻求针对非正义问题的治理方式，既是城市留给我们的解放空间，也是人们拯救非正义城市环境的多元努力。这需要为城市、正义与治理建立一个清晰的理论思考框架，也需要在城市化、全球化的背景下认真审视具体的问题——住房、公共空间、福利、权利、社会秩序等，思考并构想一种可以联结人居环境、自然资源、社会正义，并且表达它们之间的政治和道德联系的共同体、团结的意识。将正义问题引入城市视角，则是当代城市治理的必要阶段。我们关注的何种正义是城市性的正义，以及对其本质、内涵的澄清与阐述，是正义的城市治理探索中所需关注的重要问题。这个重要的问题也与城

---

① 彼得·马库塞等主编：《寻找正义之城》，贾荣香译，社会科学文献出版社 2016 年版，第 1 页。

市共同体有着内在深层的关联。理解、讨论普遍意义上的正义与特殊的城市语境下的正义的内涵，是实践美好正义城市愿景的理论基础。对正义概念的把握，最终是用来引导构建、评价实施一种城市发展的治理办法，而且是更好的更善的办法。而且更重要的是，“尽管迄今为止城市规划活动仍然存在理论质疑、执行困难、结果不公等种种问题，但是通过规划建设一个有活力、无地域偏见、正义、民主的城市的理想依然没有消失”[①]。

关于正义问题的探讨贯穿人类解放自身过程的始终。因此关于正义的认识也具有历史性，随着时间与空间的变化，人们对正义的理解也不断发生变化，正义是动态的、多样的。一方面，正义具有历史性，正义是动态的和变化的，不同时期的人们对于正义的认识也是不同的。以马克思的人的发展阶段理论为指导进行分析，可以将前资本主义时代的正义看作是“人”的正义，是人的依赖性的正义，是君主的正义和宗教的正义，君主、教皇即正义；而在资本主义时代，正义则是资本的正义，是物的依赖性的正义，是资产阶级的正义，资本即正义；在社会主义和共产主义时代，正义发生了质的变化，正义是人的自由与解放，解放即正义。另一方面，正义还具有多样性。正义理念的多元化，正义是具体的，因此在对社会问题的正义探讨中，近代的哲学家们便有不同的正义观，例如美国哲学家罗尔斯曾提出：“每个人对与所有人所拥有的最广泛平等的基本自由体系相容的类似自由体系都应有一种平等的权利。”[②] 罗尔斯认为正义即平等，并且强调再分配的正义，是一种获得的正义；与罗尔斯不同，诺齐克认为正义即权利，他强调权利上的公正性，是一种权利的正义。

---

① 彼得·马库塞等主编：《寻找正义之城》，贾荣香译，社会科学文献出版社 2016 年版，第 24 页。

② 罗尔斯：《正义论》，何怀宏等译，中国社会科学出版社 2009 年版，第 237 页。

当哲学发生空间转向后，空间哲学家、新马克思主义城市学家纷纷将正义引入到空间中，将罗尔斯等人对普遍意义上的正义理念用于思考城市中的问题（如分配不公正、地理不平衡发展、城市权利的斗争等），提出了许多关于城市正义及其实现的深刻理念。这种城市语境下对正义的探讨，已经不同于以往普遍意义上的关于社会正义的探讨，因为城市正义的本质是人的正义。它关注的是城市发展中出现的区域平衡发展、分配公正、城市权利斗争等问题，尤其关注城市边缘地区及其人群的发展，其本质是关于人的正义，是对人的自由平等发展与解放的理想状态的追求。例如列斐伏尔认为城市正义体现的是城市空间与城市权的复杂交织，城市权是走向正义城市的基础，城市是争取正义、平等的空间战场。它是空间对人的解放，要以一种“人类的新的历史阶段与生活方式想象的革命”[①] 来实现这种正义；哈维积极探索城市中的社会正义和城市权的重拾，并将其看作是正义的城市化中必要的环节。正义在城市中体现为区域的公平分配、多样化需求满足、城市公益投入、环境治理功绩等正义原则。正义对城市的规范作用，需要通过建立确保最不利地区的人也能获取正义的社会、经济和政治组织机制来实现，最关键的是要实现“区域人的需求的最大满足和内部资源分配的最大化，以及额外的资源分配帮助克服特殊困难”[②]；索亚在推进空间批判中，将空间正义深入到具体的城市政治实践中，认为“不平衡地理发展不仅构成新的资本增殖来源，而且形成了阶级剥削的新花招”[③]，为此，他积极探讨为空间正义与区域民主斗争的模式。尽管

---

① 亨利·列斐伏尔：《都市革命》，刘怀玉译，首都师范大学出版社 2018 年版，中译本代译序。

② DAVID HARVEY, *Social Justice and City*, Athens: University of Georgia Press, 2009, pp. 96 – 115.

③ 爱德华·W. 苏贾：《寻求空间正义》，高春花、强乃社等译，社会科学文献出版社 2016 年版，第 7 页。

我们所探讨的是在中国特色城市化进程中城市正义如何实现，但是新马克思主义学者们关于城市正义的丰富思想可以为我们提供有借鉴意义的启发。

作为一种规范性、指向性概念，城市正义体现了当代城市发展、建构、治理的价值内涵和价值目标。城市正义是系统性、多层次、多维度的，其内涵涉及城市的政治、经济、文化、生态和社会各个方面，因而，城市发展和建构的目标涵盖：正义的政治，主要指城市权利的平等获得；正义的经济，包括合理的经济制度、开放的经济市场、公正的分配和再分配等；正义的文化，包括独特的城市风格、深厚的城市文脉和温暖的城市情感等；正义的生态，包括合理的绿化布局、更多共享的优质环境、更可持续的生态发展模式等；正义的社会，即安全稳定的社会生活环境。正义性的城市发展与建构的实现依赖于正义的城市治理，它体现为合理的城市权力构架，即城市党政组织、普通市民和社会组织的权力分布构架；以及科学的城市治理模式，即共建共享、开放包容的城市治理模式。

二　城市正义与共同体

从价值目标和实践指向来看，城市正义与城市共同体具有深刻的内在一致性。城市正义与城市共同体具有价值目标的契合性。共同体作为一种人的理想生存状态与生存场所，往往代表着安全感、归属感和幸福感。城市共同体代表着正义的城市空间及其中的人的美好生活追求。它体现了城市空间自身平衡、活力、多样的发展状态，以及城市化时代人们向往的共同生活状态及生产实践状态，是人们在流动的现代性中寻求安定的归属之地和理想生存场所。城市共同体作为人的向往的归属和空间发展的目标，体现为平衡的空间发展、和谐的共同生活、安全舒适的人居环境、多元包容的城市文明等。人们建立城市正是为了追求这样的共同体生活。可以说，城市共同体正体现了城市正义对人的自由发展和城市空间平衡发展的追求。然而在现代化与城市化深入发展的过程中，人们对城市共同生活的理想却被资本逻辑所湮灭：不平衡的城市区域发展分解了人们的共同生活，加速的城市流动使人们逐渐丧失了认同和乡愁情感，交换经济的逻辑使人的多样化生产生活变得机械、单一，丧失活力。同时，城市空间也由于资本逻辑对利润和增殖的要求，被为资本服务的空间规划和交通网络建设所压缩。空间中同时进行的蔓延与紧缩使城市空间处于不平衡、不稳定的发展状态。在这种背景下，重拾城市正义的实质是重构充满认同、多元纷呈的人的理想的城市共同生活，提升城市空间发展的平衡与活力，继续构建被资本中断、扭曲的城市共同体。

城市共同体是城市正义的实践指向和实践场域，城市共同体的构建是城市正义的行动论体现。一方面，城市正义的实现过程在本质上就是城市共同体的构建过程。城市共同体构建包含共同建设的经济基础、共同认同的精神文化、民主平等的政治权利、安定舒适的共存环境，它是多维度、立体化、层次化的城市正义实践过程。另一方面，城市共同体所提倡共建共享城市的理念，既是新时代城市治理的新格局，也是城市正义实现的本质要求。这种理念不仅是一种价值性原则，还是作为城市正义实践场域的城市共同体的构建要求。从全部意义上来看，城市正义的实践过程与城市共同体的构建过程，其实是对正义的、共善的城市治理实践的探索过程。这种以城市共同体的构建为实践逻辑的城市治理探索，体现了现代化城市治理属人的价值追求、超前的治理理念。

三　打造共建共享的城市治理新格局

人类社会的发展过程，实际上就是一部以城市为主的城市化发展演变史。人类为了生活创造城市，为了更美好的生活而定居城市，美好的生活内在地包含共享理念。其次，城市共同体作为城市化时代人类生存的形式，也内在地包含共享理念。而若要构建正义的城市共同体、更加美好的生活则需要更多内容的、更深层次的共享。正义的城市空间实践、宜居的城市共同体构建要求打造的创新性共建共享城市治理新格局，体现为所有城市主体共同参与治理、共同建设城市，城市居民共享政治、经济、文化、社会和生态建设的成果，共享城市发展带来的发展机会，共享城市带来的美好生活空间，共享城市人性化的公共空间等。共享与共建相互关联，共建是正义城市空间的基础，共享是正义城市空间的题中应有之义。其核心是巩固团结、合作共治，体现为城市主体携手抵御城市风险、解决城市问题的共同行动。

城市共建要求所有主体共同参与城市建设与城市治理。以往的城市治理中，政府是城市治理的主要参与者，而城市生产阶层则被排除在治理外，成为城市治理的边缘阶层，而新的城市发展理念强调城市边缘阶层的治理参与。其次，城市共建需要建立科学合理的共建机制，包括协同参与机制、集体行动机制以及服务增效机制，科学合理的机制是有效共建的保障。城市共建的内容包含政治、经济、文化、社会和生态等维度。在共建正义的城市共同体过程中，这五大板块互相联系、不可分割，走向正义城市的共建同时进行、不分先后。

政治共建是城市共建的保证。在政治共建中，应注重城市权利的平等获得、城市权力的合理制约这两个方面。政治共建的核心是平等的城市权利，基础是规训的城市权力。平等的城市权利是主体共同参与城市治理的前提，只有获得了平等的城市权利，城市主体才能有行使权利的有效建设。城市权力是城市管理阶层对城市决策的影响力、操纵力，对城市权力的有效规训是政治共建的基础。只有对城市权力进行有效制约，才能避免城市决策者对治理的绝对操纵与垄断，因此，必须对城市权力作用与城市治理的全过程、全要素进行有效监督和限制。

经济共建是城市共建的基础，在经济共建中，应该以生产、分配、交换和消费为主线，除了要共同创造物质财富外，更重要的是共建相应的制度，因此经济共建的对象应是物质财富及经济制度。全球资本主义环境下，城市中物质财富的生产主体主要是城市生产阶级，而物质财富生产的价值，以及物质财富的分配、交换和消费这三个阶段全部被垄断在城市富人阶层手中，而城市共建提倡物质财富的生产、分配、交换和消费应由所有城市主体共同参与，对于每个环节相应的经济制度，城市共建则提倡民主协商、共同制定、共同遵守。

文化共建是城市共建的精神补充。文化深深根植于政治和经济之上，政治经济的共建必然要求文化的共建。文化共建的内容包括良善的城市伦理、较高的公民素质、丰韵的城市文化、饱满的城市精神等。在资本逻辑的主导下，城市伦理出现严重的缺失问题，出现了诸如对弱势群体的漠视、只追求私人利益而不顾集体利益等问题，因此，当前城市文化共建的关键是城市伦理的共建。正义的城市要求内在良善的伦理关系、自觉的伦理关怀和自发的伦理规范，其目标是建设良善的、合理有序的美德之城。城市伦理体现为城市内部的道德风气、居民的整体文明素质，对其建设需要所有城市主体一起行动，共同培养伦理意识、共同遵守伦理规范，最终以良善的城市伦理的环境影响力和惯性推动力，促进城市治理正义实践的发展。

社会共建是城市共建的重要条件。强调城市社会的正义性建构，要落实在城市空间中居民生活环境的稳定、人身安全的保障以及城市情感的归宿上。它既强调社会组织与政府等具有领导力的团体的社会责任，也强调城市居民的城市归属感、幸福感和获得感。

在社会共建的过程中，共同体的诸多要素譬如认同、归属等的实现是关键，这也是城市共同体所不同于其他城市空间形态的特殊性所在。在社会共建的过程中，尤其应该关注诸如外来务工人群、棚户区居民等城市边缘人群的身份认同与情感归属问题，积极为他们打造稳定的生活环境，让他们有城市安全感。

生态共建是城市共建的必然要求。针对城市生态问题的建设，这些问题既包括城市发展面临的生存性问题，也包括城市空间面临的各种风险。当前城市生态问题主要体现为资源的滥用和环境的破坏。生态共建要求所有城市主体共同参与可持续城市生态系统的建设，公平、合理地开采和使用自然资源，要求在城市治理中“加大对自然资本的投资力度”①。在正义的城市生态空间构建的过程中每位城市居民都应该承担起生态责任：政府作为城市治理的领导者、指挥官，要注重自然资源分配的公平性，注重生态空间的均衡发展，促进自然资源、生态空间的公共化。在城市流动加速的过程中，所有城市主体的联系日益紧密，城市日益成为一个命运共同体。在此背景下，每一个城市居民对周围生态环境的维护，都是对其他人生命的维护，所有城市居民都应行动起来，维护共有的城市生存家园。

城市治理的新格局是共建共享的，也是开放包容的，更是有活力的正义性。共享是重要的，但是共享的方式也是必须考虑的，要使共享合理科学，达到最大效益，则需要对共享进行规范。首先，城市共享必须先进行资源整合。细致准确地整合各类城市资源，使城市内部更具系统性，使其共享更全面、更系统。其次，公正的共享还须消除共享障碍。共享障碍构成了共享者间的屏障，例如宗教差异、民族矛盾等，只有处理好各个共享者之间的相互关系，移除

① 诸大建：《重构城市可持续发展理论模型——自然资本新经济与中国发展C模式》，《探索与争鸣》2015年第6期，第18—21页。

这些障碍，才能真正达到共享。最后，科学的共享机制是共享合理性与科学性的保障。建立科学的共享机制，保障各方的合理利益，能够使共享合理公正而不破坏各方利益，使共享形成有效的良性循环。城市内部同样也需要开放包容，以增添共建共享的活力。

开放就是要欢迎外来的积极因素，让一切充满活力的源泉充分地涌流。“城市社会的重要特点是文明多样性，多样异质文明是城市社会生成、发展、转换的重要动力”①，要合理吸收外来的积极因素，让异质性的文明共同发展，让新的活力因素为城市发展提供更多能量，提升城市发展的开放性。开放是公平竞争、自由发展的前提，只有开放交流才能打破垄断，使竞争更加平等，使城市文明更加多样、使城市个体更加自由、使城市发展更加充满活力。城市共同体的开放应体现在以下两个方面：其一，对外开放，不同城市间在互相交流的过程中，吸取其他城市的先进经验和科学技术等积极因素，城市间交流互鉴、均衡发展、共同进步。其二，城市内部的开放，即城市内部人们之间、行业之间、阶层之间的开放。城市内部的开放是城市内部平衡发展的重要条件。它能够增进人与人之间的信任，促进消除城市内部生产、生活空间的区隔，打破城市阶层的隔离。城市内部的开放是城市活力要素涌流，城市潜力激发，城市政治、经济、文化、社会、生态平衡发展的重要途径。

开放与包容是孪生共存的，它们往往同时出现、相辅相成。包容产生于开放的环境，指涉在这种环境中各个主体的多元共生、和谐共生。包容是开放的前提，开放为包容提供场域。城市中共同生活的多元主体往往会因为差异而引发一系列的矛盾与冲突，如文化冲突、宗教冲突、阶层冲突等。包容是消除歧视、减少这些冲突的有效途径，各种阶层之间、原住城市居民与外来人口之间，以及城

---

① 陈忠：《城市社会：文明多样性与命运共同体》，《中国社会科学》2017 年第 1 期，第 46—62、205 页。

市内部与城市外部之间都需要理解包容、和谐共生。包容性发展符合城市伦理的要求，符合城市和谐发展的需要，符合可持续发展的条件。包容性发展表现在以下两方面：其一，平等对待异质文明。在宽容的城市发展中，各类文明是平等共存的，也是和谐共生的。其二，平等分配城市资源。要公平对待城市内部各文明、各阶层，注重城市资源在分配和再分配中的公平，使每种文明、每类主体都可以平等享受到城市发展带来的红利。

四　实践城市正义

城市正义既是城市共同体的空间意蕴、价值根基，也是新时代城市治理的价值指向与实践逻辑。城市正义的实践途径也在城市共同体的构建之中。城市正义归根到底是人的正义，因此，实现城市正义，除了需要在经济生产上努力创造发达的物质世界，更重要的是要实现城市人的自由与解放这一终极目标。城市政府的努力、社会组织的行动都需要以此为方向。除了我们在上面所谈到的五位一体的共建共享、开放包容的城市治理，更重要的是要关注到人作为城市主体，在实践中所遭遇的困境，尤其是城市权利的不平等、城市权力的滥用、制度的缺失以及社会组织的不在场等突出问题。人作为社会动物，在城市中往往因不同的目的、身份、职业参与到各类行为组织（政府组织、社会组织等）中进行着社会实践，因此，在城市问题的解决中，人们同样需要这种方式进行治理实践。因此，以人为主体所进行的城市人的正义实践、城市政府的正义实践和城市社会组织正义实践，对于实践城市正义，构建城市共同体，创造城市生活的美好空间具有重要意义。对此，我们需要积极创造城市主体进行正义实践的条件，具体而言如下：

首先，保障城市人的平等权利，发挥城市人的主体性。当前在城市发展过程中，城市正义的缺失问题，最为突出的表现之一是在城市人城市权利的不平等和城市权力的滥用上。城市权利的不平等是城市人归属感和安全感缺失的重要诱因。在当前城市阶层不断分化的背景下，城市权利的平等实现以城市生产阶层尤其是城市边缘人群城市权利的获取为目标。实现这一目标，需要在政治协商、政策保障、制度供给等方面进行努力。充足的物质条件是保障他们城市生存权的基础，也是城市正义要积极实践的方面。今天的城市中，城市生产阶层只占有城市生产成果的小部分，却要负担起城市的生存和消费，城市的贫富差距不断扩大；资本逻辑下城市空间的扩张、蔓延产生了索亚所说的边缘空间："边缘空间是指远离社会生活重心的区域，包括各种缝隙、角落、边缘等微不足道的空间形式"①，导致了大量城市边缘人群生活在狭小、低端的城市空间，无法得到身份认同、拥有城市话语、公平参与城市活动——无法拥有平等的城市权利。贫富差距扩大、空间发展失衡所导致的城市生产阶层与边缘人群无法获得公平的城市权利，需要打破资本逻辑，促进城市分配的公平性、空间规划的属人性，这也是城市共同体的重要因素。在平等的城市权利获取的基础上，还要充分发挥城市人的主体性。"城市由人所创造，主体性是理解城市文明多样性生成的重要维度"②，城市人的主体性发挥是走向正义城市的关键，也是城市共同体的构建基础和核心目标。城市人是城市实践的主体、城市治理的主体和城市伦理的重要载体，主体性的发挥既体现在城市主体积极参与城市实践、城市治理上，还体现在自觉树立城市伦理意识并且遵守城市伦理规范上。因此，作为个体的城市人的正义实践应注重提高治理参与能力、思想道德素质，以更好地发挥主体性作用，为每个城市人的全面发展、自由和解放提供条件。

---

① 爱德华·W. 苏贾：《寻求空间正义》，高春花、强乃社等译，社会科学文献出版社 2016 年版，第 6 页。

② 陈忠：《城市社会：文明多样性与命运共同体》，《中国社会科学》2017 年第 1 期，第 46—62、205 页。

其次，提升政府治理能力，完善城市制度。作为城市问题的重要责任者，城市政府是城市治理的重要机构，其决策、行动决定了城市治理的发展方向和发展状况。“政府的核心功能是制定法律（立法）、实施法律（行政）和解释法律（司法）”[①]，它具有居民个体与社会组织所不具备的资源整合力、高效行政力。但在当代城市化进程中，城市政府出现了制度固化、机构陈腐等问题，正义的城市政府及其制度、机构应以服务为宗旨，扮演领导者、指挥者的角色，因此，改善固化制度、改革陈腐机构，是提升政府能力的核心内容。政府改革、制度先行，制度是政府治理的规程和准则。制度完善需要以服务性为标尺，以民主、公正为原则，以科学创新、准确高效、贴近实际为目标。制度改革就是要克服旧有制度的弊端，突破传统思维的禁锢，促进资源分配的合理，实现制度系统的优化，为政府的行动提供可循之路，并在一定程度上约束和规训政府的权力，使政府权力得到有效行使和监督。制度的完善必然会带来机构的改革，制度与机构须相匹配，才能发挥最大的治理效能。政府机构的改革是建设正义政府的关键，它包括权力结构的调整、先进人才的引进、内部纪律的严明等。机构改革应以服务性政府的建设为目标，促进政府权力分布科学合理、运行清廉高效。因此，政府机构的改革除了要简政放权，还要加强监督，以问题为导向，打破机构内部利益固化的藩篱，深入改革监督系统。

最后，探索集体行动，构建正义的社会组织。社会组织作为城市人和城市政府的补充，是城市居民表达利益的集体行动探索，是居民和政府在城市治理中沟通的桥梁。社会组织的正义性主要体现为两方面：其一，行为的有效性。具有集团效应的社会组织是城市个体参与治理的重要方式，其凝聚力的大小是个体能否有效参与治

① 安德鲁·海伍德：《政治学核心概念》，吴勇译，天津人民出版社2008年版，第22页。

理的关键。美国经济学家奥尔森提出的集体行动逻辑认为，“相对较小的集团具有更大的有效性”[①]，更能产生有效的集体行动。因而，城市社会组织若要产生有效的集体行动，必须是小范围的、代表特殊利益的联合，例如城市的环保协会、慈善组织等。其二，社会组织本身的正义性。只有正义的社会组织，才能产生良好的社会影响，真正对城市治理提供支持和补充。社会组织代表的利益必须符合城市社会发展的先进性要求，真正为城市弱势群体谋利益，而不是成为获取特殊的不正当利益的工具。此外，社会组织的机构必须是科学、廉洁的，制度必须是严格、规范的，只有这样，它才能以正面积极的社会形象、高效科学的运行机制产生良好的社会影响，参与城市治理。

走向城市正义、创造美好生活空间是新时代城市治理的内在要求，其实践逻辑是构建共建共享、开放包容的城市共同体。作为未来美好城市的蓝图，城市共同体的构建需要城市居民、城市政府和城市社会组织共同努力。面临当今日益复杂多样的城市问题，城市居民不断呼唤着城市正义、期待着城市共同体带来的美好生活改变。因此，进行正义的城市治理实践、构建理想的城市共同体，是我们走向城市正义的必由之路。

---

① 曼瑟尔·奥尔森:《集体行动的逻辑》，苏长和、嵇飞译，上海人民出版社 2018 年版，第 64 页。

参考文献

一 著作类

[1]《马克思恩格斯全集》第1、2、3、4、6、9、12、18、19、21、23、24、27、31、39、40、42、46、47、48卷，人民出版社1960年版。

[2]《马克思恩格斯选集》第1、2、3、4卷，人民出版社1995年版。

[3]《列宁选集》第3卷，人民出版社1995年版。

[4]《习近平谈治国理政》第1卷，外文出版社2018年版。

[5]《习近平谈治国理政》第2卷，外文出版社2017年版。

[6] 中共中央文献研究室：《习近平总书记重要讲话文章选编》，党建读物出版社2016年版。

[7] 习近平：《决胜全面建成小康社会　夺取新时代中国特色社会主义伟大胜利——在中国共产党第十九次全国代表大会上的报告》，人民出版社2017年版。

[8] 霍布斯：《利维坦》，黎思复、黎廷弼译，商务印书馆1997年版。

[9] 卢梭：《社会契约论》，何兆武译，商务印书馆2003年版。

[10] 黑格尔：《法哲学原理》，范扬、张企泰译，商务印书馆1961

年版。
[11] 埃比尼泽·霍华德:《明日的田园城市》,金经元译,商务印书馆2010年版。
[12] 安东尼·奥罗姆、陈向明:《城市的世界——对地点的比较分析和历史分析》,曾茂娟、任远译,上海人民出版社2005年版。
[13] 托马斯·马卡卡罗:《空间简史》,尹松苑译,四川文艺出版社2019年版。
[14] 刘易斯·芒福德:《城市发展史——起源、演变和前景》,宋俊岭、倪文彦译,中国建筑工业出版社2008年版。
[15] 刘易斯·芒福德:《城市文化》,宋俊岭、李翔宁等译,中国建筑工业出版社2009年版。
[16] 曼纽尔·卡斯特:《网络社会的崛起》,夏铸九、王志弘等译,社会科学文献出版社2006年版。
[17] 曼纽尔·卡斯特:《认同的力量》,曹荣湘译,社会科学文献出版社2006年版。
[18] 曼纽尔·卡斯特尔:《信息化城市》,崔保国译,江苏人民出版2003年版。
[19] 爱德华·W. 苏贾:《寻求空间正义》,高春花、强乃社等译,社会科学文献出版社2016年版。
[20] 爱德华·W. 索亚:《第三空间》,陆扬等译,上海教育出版社2005年版。
[21] 爱德华·W. 索亚:《后大都市:城市和区域的批判性研究》,李钧等译,上海教育出版社2000年版。
[22] 亨利·勒菲弗:《空间与政治》,李春译,上海人民出版社2008年版。
[23] 亨利·列斐伏尔:《空间与政治》(第2版),李春译,上海

人民出版社 2015 年版。

[24] 亨利·列斐伏尔:《都市革命》, 刘怀玉等译, 首都师范大学出版社 2018 年版。

[25] 戴维·哈维:《叛逆的城市》, 叶齐茂、倪晓晖译, 商务印书馆 2014 年版。

[26] 戴维·哈维:《正义、自然和差异地理学》, 胡大平译, 上海人民出版社 2010 年版。

[27] 戴维·哈维:《后现代的状况》, 阎嘉译, 商务印书馆 2013 年版。

[28] 大卫·哈维:《希望的空间》, 胡大平译, 南京大学出版社 2005 年版。

[29] 大卫·哈维:《资本的限度》, 张寅译, 中信出版社 2017 年版。

[30] 大卫·哈维:《马克思与资本论》, 周大昕译, 中信出版社 2018 年版。

[31] 大卫·哈维:《世界的逻辑》, 周大昕译, 中信出版社 2017 年版。

[32] 大卫·哈维:《资本的空间: 批判地理学刍论》, 王志弘、王玥民译, 台北: 群学出版有限公司 2010 年版。

[33] G. 波特若:《论城市伟大至尊之因由》, 刘晨光译, 华东师范大学出版社 2006 年版。

[34] 保罗·诺克斯、史蒂文·平奇:《城市社会地理学导论》, 柴彦威、张景秋译, 商务印书馆 2005 年版。

[35] 托马斯·皮凯蒂:《21 世纪资本论》, 巴曙松、陈剑等译, 中信出版社 2014 年版。

[36] 尤尔根·哈贝马斯:《公共领域的结构转型》, 曹卫东译, 学林出版社 1999 年版。

[37] 尤尔根·哈贝马斯：《交往行为理论：行为合理性与社会合理性》，曹卫东译，上海人民出版社 2004 年版。
[38] 霍菲尔德：《基本法律概念》，张书友译，中国法制出版社 2009 年版。
[39] 杰里米·沃尔德伦：《法律与分歧》，王柱国译，法律出版社 2009 年版。
[40] 凯文·林奇：《城市形态》，林庆怡等译，华夏出版社 2001 年版。
[41] 凯文·林奇：《城市意象》，方益萍等译，华夏出版社 2001 年版。
[42] 埃米尔·涂尔干：《社会分工论》，渠东译，生活·读书·新知三联书店 2000 年版。
[43] 托马斯·库恩：《科学革命的结构》，金吾伦、胡新和译，北京大学出版社 2003 年版。
[44] 埃德加·莫兰：《伦理》，于硕译，学林出版社 2017 年版。
[45] 麦金泰尔：《谁之正义？何种合理性？》，万俊人等译，当代中国出版社 1996 年版。
[46] 迈克尔·J. 桑德尔：《自由主义及正义的局限性》，万俊人等译，译林出版社 2001 年版。
[47] 迈克尔·沃尔泽：《正义诸领域——为多元主义与平等一辩》，褚松燕译，译林出版社 2002 年版。
[48] 简·雅各布斯：《美国大城市的死与生》，金衡山译，译林出版社 2006 年版。
[49] 简·雅各布斯：《经济的本质》，刘君宇译，中信出版社 2018 年版。
[50] 简·雅各布斯：《城市与国家财富》，金洁译，中信出版社 2018 年版。

[51] 简·雅各布斯：《帝国的边缘》，何文郁译，江苏教育出版社 2016 年版。

[52] 马克斯·韦伯：《经济行动与社会团体》，康乐、简惠美译，广西师范大学出版社 2004 年版。

[53] 弗朗西斯·福山：《大分裂——人类本性与社会秩序的重建》，刘榜离等译，中国社会科学出版社 2002 年版。

[54] 彼得·纽曼、安迪·索恩利：《世界城市规划：全球化与城市政治》，叶齐茂、倪晓辉译，中国建筑工业出版社 2016 年版。

[55] E. F. 舒马赫：《小是美好的》，李华夏译，译林出版社 2007 年版。

[56] 约瑟夫·熊彼特：《资本主义、社会主义与民主》，吴克峰等译，江苏人民出版社 2017 年版。

[57] 彼得·桑德斯：《社会理论与城市问题》，郭秋来译，江苏凤凰教育出版社 2018 年版。

[58] 罗斯·E. A.：《社会控制》，秦志勇译，华夏出版社 1989 年版。

[59] 齐尔格特·鲍曼：《通过社会学去思考》，高华译，社会科学文献出版社 2002 年版。

[60] 齐格蒙特·鲍曼：《共同体》，欧阳景根译，江苏人民出版社 2003 年版。

[61] 齐格蒙特·鲍曼：《流动的现代性》，欧阳景根译，生活·读书·新知三联书店 2003 年版。

[62] 齐格蒙特·鲍曼：《被围困的社会》，郁建立译，江苏人民出版社 2005 年版。

[63] 齐格蒙特·鲍曼：《全球化：人类的后果》，郭国良、徐建华译，商务印书馆 2004 年版。

[64] 齐格蒙特·鲍曼：《寻找政治》，洪涛、周顺等译，上海人民出版社 2006 年版。

[65] 丽莎·本顿－肖特、约翰·雷尼－肖特：《城市与自然》，江苏凤凰教育出版社 2017 年版。

[66] 约翰·贝拉米·福斯特：《生态危机与资本主义》，耿建新等译，上海译文出版社 2006 年版。

[67] 乔尔·科特金：《全球城市史》，王旭等译，社会科学文献出版社 2010 年版。

[68] 乌尔里希·贝克：《风险社会》，何博闻译，译林出版社 2004 年版。

[69] 罗素：《权力论》，吴友三译，商务印书馆 2012 年版。

[70] 多琳·马西：《保卫空间》，王爱松译，江苏教育出版社 2013 年版。

[71] 多琳·马西：《空间、地方与性别》，毛彩凤、袁久红等译，首都师范大学出版社 2017 年版。

[72] 彼得·马库塞等主编：《寻找正义之城》，贾荣香译，社会科学文献出版社 2016 年版。

[73] 罗尔斯：《正义论》，何怀宏等译，中国社会科学出版社 2009 年版。

[74] 罗伯·希尔兹：《空间问题——文化拓扑学和社会空间化》，谢文娟等译，江苏凤凰教育出版社 2017 年版。

[75] 安东尼·肯尼编：《牛津西方哲学史》，韩东晖译，中国人民大学出版社 2007 年版。

[76] 安德鲁·海伍德：《政治学核心概念》，吴勇译，天津人民出版社 2008 年版。

[77] 曼瑟尔·奥尔森：《集体行动的逻辑》，苏长和、嵇飞译，上海人民出版社 2018 年版。

[78] 原广司：《空间——从功能到形态》，张伦译，江苏科技出版社 2017 年版。
[79] 藤田昌久等：《空间经济学》，梁琦等译，中国人民大学出版社 2011 年版。
[80] 加斯东·巴什拉：《空间的诗学》，张逸婧译，上海译文出版社 2018 年版。
[81] 汉娜·阿伦特：《帝国主义》，蔡英文译，台北：联经出版事业公司 1968 年版。
[82] 萨利斯：《方圆说——论柏拉图〈蒂迈欧〉中的开端》，孔许友译，华东师范大学出版社 2013 年版。
[83] 罗伯·希尔兹：《空间问题》，周宪译，江苏教育出版社 2017 年版。
[84] 威廉·怀特：《小城市空间的社会生活》，叶齐茂等译，上海译文出版社 2016 年版。
[85] 杰弗里·马丁：《所有可能的世界：地理学思想史》，成一农等译，上海世纪出版集团 2008 年版。
[86] 威廉·罗伯逊：《全球资本主义论》，高明秀译，社会科学文献出版社 2009 年版。
[87] R. J. 约翰斯顿：《哲学与人文地理学》，蔡运龙、江涛译，商务印书馆 2000 年版。
[88] 德雷克·格利高里等：《社会关系与空间结构》，谢礼圣等译，北京师范大学出版社 2011 年版。
[89] 鲍德里亚：《消费社会》，刘成富、全志钢译，南京大学出版社 2000 年版。
[90] 鲍德里亚：《符号政治经济学批判》，夏莹译，南京大学出版社 2015 年版。
[91] 德波：《景观社会》，王昭风译，南京大学出版社 2007 年版。

[92] 罗莎·卢森堡：《资本积累论》，彭晨舜等译，生活·读书·新知三联书店 1959 年版。

[93] 迈克·克朗：《文化地理学》，杨淑华、宋惠敏译，南京大学出版社 2005 年版。

[94] 罗宾·科恩、保罗·肯尼迪：《全球社会学》，文军等译，社会科学文献出版社 2001 年版。

[95] 段义孚：《恋地情结》，志丞等译，商务印书馆 2018 年版。

[96] 夏铸九：《空间的文化形式与社会理论读本》，明文书局 2002 年版。

[97] 乔瑞金：《英国的新马克思主义》，人民出版社 2013 年版。

[98] 张一兵：《回到马克思》，江苏人民出版社 2009 年版。

[99] 刘怀玉：《现代性的平庸与神奇：列斐伏尔日常生活批判哲学的文本学解读》，中央编译出版社 2006 年版。

[100] 徐国源：《空间性、媒介化与城市造像哲学》，上海人民出版社 2015 年版。

[101] 程金生：《空间与永恒——实践哲学视域中的价值问题》，江西人民出版社 2004 年版。

[102] 尹保红：《西方马克思主义空间理论建构及其当代价值》，光明日报出版社 2016 年版。

[103] 童强：《空间哲学》，北京大学出版社 2011 年版。

[104] 杨宇振：《资本空间化：资本积累、城镇化与空间生产》，东南大学出版社 2016 年版。

[105] 刘少杰：《西方空间社会理论评析》，中国人民大学出版社 2020 年版。

[106] 汪民安等：《现代性基本读本》，河南大学出版社 2009 年版。

[107] 汪民安：《身体、空间与后现代性》，江苏人民出版社 2015 年版。

［108］程金生：《空间与永恒——实践哲学视阈中的价值问题》，江西人民出版社 2004 年版。
［109］蔡禾：《城市社会学：理论与视野》，中山大学出版社 2003 年版。
［110］冯雷：《理解空间：现代空间观念的批判与重构》，中央编译出版社 2008 年版。
［111］段进军：《转型期中国城市社会空间重构研究》，苏州大学出版社 2015 年版。
［112］张红樱、张诗雨：《国外城市治理变革与经验》，中国言实出版社 2012 年版。
［113］曹海军编：《国外城市治理理论研究》，天津人民出版社 2017 年版。
［114］王佃利：《城市治理中的利益主体行为机制》，中国人民大学出版社 2009 年版。
［115］包亚明：《后现代性与地理学的政治》，上海教育出版社 2001 年版。
［116］包亚明：《现代性与空间生产》，上海教育出版社 2002 年版。
［117］包亚明：《后大都市与文化研究》，上海教育出版社 2008 年版。
［118］高鉴国：《新马克思主义城市理论》，商务印书馆 2006 年版。
［119］曹海军：《国外城市治理理论研究》，天津出版社 2017 年版。
［120］陈忠：《空间与城市哲学研究》，上海社会科学院出版社 2017 年版。
［121］段霞：《世界城市发展战略研究——以北京为例》，中国经济出版社 2013 年版。
［122］屠启宇：《国际城市发展报告 2017》，社会科学文献出版社 2017 年版。

[123] 刘品安：《珠三角地区改革发展战略研究》，广东人民出版社2013年版。
[124] 杨小波等：《城市生态学》，科学出版社2001年版。
[125] 景天魁、冯波：《时空社会学：记忆和认同》，中国传媒大学出版社2017年版。
[126] 米歇·傅寇：《地理学问题》，载夏铸九、王志弘编：《空间的文化形式与社会理论读本》，明文书局2002年版。
[127] 孙逊主编：《都市文化研究·第一辑·都市文化史：回顾与展望》，上海师范大学都市文化研究中心，2005年。
[128] 张一兵主编：《社会批判理论纪事》第一辑，中央编译出版社2006年版。

二 期刊类

[1] 董慧、陈兵：《空间批判理论研究的主题、趋势及意义》，《教学与研究》2018年第10期。
[2] 董慧、陈兵：《空间政治经济学批判与城市权利的建构》，《苏州大学学报（哲学社会科学版）》2018年第39卷第2期。
[3] 董慧：《理解空间的三条批判性路径》，《马克思主义与现实》2013年第5期。
[4] 董慧：《何种后现代——大卫·哈维对后现代的历史地理唯物主义解读与建构》，《苏州大学学报（哲学社会科学版）》2010年第31卷第2期。
[5] 董慧：《身体、城市及全球化：哈维对解放政治的空间构想》，《哲学研究》2012年第4期。
[6] 董慧：《公共空间：基于空间正义的一种尝试性思考》，《华中科技大学学报（社会科学版）《2017年第31卷第4期。
[7] 董慧、李家丽：《城市、空间与生态：福柯空间批判的启示与

意义》,《世界哲学》2018 年第 5 期。
[8] 董慧、李家丽:《新时代网络治理的路径选择:网络空间命运共同体》,《学习与实践》2017 年第 12 期。
[9] 董慧:《秩序与活力:城市文化空间的意义构建》,《苏州大学学报(哲学社会科学版)《2011 年第 32 卷第 4 期。
[10] 董慧、李菲菲:《城市治理:关于理念、价值及动力的哲学思考》,《理论与改革》2019 年第 4 期。
[11] 刘怀玉:《空间化视野中的全球化、城市化与国家—区域化发展》,《江海学刊》2013 年第 5 期。
[12] 刘怀玉:《中国道路自信中的历史空间辩证法》,《武汉大学学报(哲学社会科学版)》2018 年第 71 卷第 6 期。
[13] 刘怀玉:《城市马克思主义的问题域、空间话语与中国实践》,《理论视野》2017 年第 2 期。
[14] 胡大平:《马克思主义与空间理论》,《哲学动态》2011 年第 11 期。
[15] 陈忠:《城市社会:文明多样性与命运共同体》,《中国社会科学》2017 年第 1 期。
[16] 梁琦、黄卓:《空间经济学在中国》,《经济学(季刊)》2012 年第 11 卷第 3 期。
[17] 迈克尔·华莱士、大卫·布拉迪、童珊:《全球化还是空间化?——世界范围内劳动过程的空间重构》,《马克思主义研究》2012 年第 3 期。
[18] 李春敏:《〈博士论文〉:马克思空间思考的重要起点》,《天府新论》2010 年第 4 期。
[19] 潘泽泉:《空间化:一种新的叙事和理论转向》,《国外社会科学》2007 年第 4 期。
[20] 潘泽泉:《社会空间的极化与隔离:一项有关城市空间消费

的社会学分析》,《社会科学》2005 年第 1 期。

[21] 刘奔:《时间是人类发展的空间——社会时—空特性初探》,《哲学研究》1991 年第 10 期。

[22] 陆铭、李鹏飞、钟辉勇:《发展与平衡的新时代——新中国 70 年的空间政治经济学》,《管理世界》2019 年第 35 卷第 10 期。

[23] 陆铭:《城市、区域和国家发展——空间政治经济学的现在与未来》,《经济学(季刊)》2017 年第 16 卷第 4 期。

[24] 张梧:《资本空间化与空间资本化》,《中国人民大学学报》2017 年第 31 卷第 1 期。

[25] 陈立新:《空间生产的历史唯物主义解读》,《武汉大学学报(人文科学版)》2014 年第 67 卷第 6 期。

[26] 陆扬:《解析卡斯特尔的网络空间》,《文史哲》2009 年第 4 期。

[27] 张应祥:《资本主义城市空间的政治经济学分析——西方城市社会学理论的一种视角》,《广东社会科学》2005 年第 5 期。

[28] 任平:《空间的正义——当代中国可持续城市化的基本走向》,《城市发展研究》2006 年第 5 期。

[29] 诸大建:《基于三元治理结构的现代化城市管理》,《上海城市管理职业技术学院学报》2005 年第 3 期。

[30] 姚尚建:《城市治理:空间、正义与权利》,《学术界》2012 年第 4 期。

[31] 王绍光:《治理研究:正本清源》,《开放时代》2018 年第 2 期。

[32] 孟延春:《美国城市治理的经验与启示》,《中国特色社会主义研究》2004 年第 3 期。

［33］朱健刚：《国际 NGO 与中国地方治理创新——以珠三角为例》，《开放时代》2007 年第 5 期。

［34］《坚持构建中美新型大国关系正确方向　促进亚太地区和世界和平稳定发展》，《人民日报》2015 年 9 月 23 日第 1 版。

［35］习近平：《在十八届中央政治局第三十八次集体学习时的讲话》，《人民日报》2017 年 1 月 22 日。

［36］《加快推进网络信息技术自主创新　朝着建设网络强国目标不懈努力》，《人民日报》2016 年 10 月 10 日第 1 版。

三　外文文献

［1］ALANE KAZDIN, *Encyclopedia of Psychology*, London: Oxford University Press, 2000.

［2］CHRISTOPHER FREEMAN, LUC SOETE, *Mass Unemployment or Work for All?*, London: Pinter, 1994.

［3］DAVID HARVEY, *Social Justice and the City*, Baltimore: John Hopkins University Press, 1973.

［4］DAVID HARVEY, *Social Justice and City*, Athens: University of Georgia Press, 2009.

［5］DAVID HARVEY, *The Urbanization of Capital: Studies in the History and Theory of Capitalist Urbanization*, Baltimore: Johns Hopkins University Press, 1985.

［6］DON MITCHELL, *The Right to the City: Social Justice and the Fight for Public Space*, New York: The Guilford Press, 2003.

［7］DOREEN MASSEY, *Space, Place and Gender*, Minneapolis: University of Minnesota Press, 1994.

［8］EDWARD WSOJA, *Seeking Spatial Justice*, Minneapolis: University of Minnesota Press, 2010.

[9] GASTON BACHELARD, *The Poetics of Space*, Boston: Beacon Press, 1958.

[10] GIDDENS A., "Time, Space and Regionalization", Gregory, D. Urry, J. Social *Relations and Spatial Structures*, New York: St Martin's Press, 1985.

[11] HARRISONBENNETT, *Lean and Mean: The Changing Landscape of Corporate Power in the Age of Flexibility*, New York: Basic Books, 1994.

[12] HENRI LEFEBVRE, *The Urban Revolution*, Translated by Robert Bononno, Minneapolis: University of Minnesota Press, 2003.

[13] HENRI LEFEBVRE, *The Production of Space*, Translated by Donald Nicholson-Smith, New Jersey: Wiley-Blackwell Publishing Ltd., 1991.

[14] HENRI LEFEBVRE, *Critique of Everyday Life*, London: Verso, 1991.

[15] HOFSOMMER, DON L., *The Minneapolis & St. Louis Railway: A Photographic History*, Minneapolis: University of Minnesota Press, 1994.

[16] IRIS MARION YOUNG, *Justice and the Politics of Difference*, Princeton: Princeton University Press, 1990.

[17] JEAN BAUDRILLARD, *For a Critique of the Political Economy of the Sign*, Telos Press, 1981.

[18] JONATHAN RABAN, *Soft City*, London: The Harvill Press, 1974.

[19] JOHN BELLAMY FOSTER, *The Vulnerable Planet: A Short Economic History of the Environment*, New York: Monthly Review Press, 1999.

[20] JULIAN WOLFREYS, *Introducting Criticism at The 21st Century*, Edinburgh: Edinburgh University Press, 2002.

[21] MANUEL CASTELLS, *The Urban Question: A Marxist Approach*, Cambridge: MIT Press, 1977.

[22] MANUEL CASTELLS, *The City and the Grass Roots*, Berkeley and Los Angeles: University of California Press, 1983.

[23] MIKE CRANG, *Thinking Space*, New York: Routledge, 2000.

[24] NEIL SMITH, *Uneven Development: Nature, Capital, and the Production of Space*, New York: Blackwell, 1984.

[25] ROSA LUXEMBURG, *The Accumulation of Capital*, New York: Routledge, 2003.

[26] ROWEIS S. & SCOTT A., *The Urban Land Question in K. Cox* (ed.), *Urbanization and Conflict in Market Societies*, Methuen: Methuen, 1978.

[27] STEVE PILE, *The Body and the City: Psychoanalysis, Space and Subjectivity*, London: Routledge, 1996.

[28] WHITE, STEPHEN K., *Political Theory and Postmodernism*, Cambridge: Cambridge University Press, 1991.

[29] WILLIAMAS R., *The Countryside and the City*, New York: Oxford University Press, 1973.

[30] SAUNDERS P., "Space, the City and Urban Sociology", GREGORY D. URRY J., *Social Relations and Spatial Structures*, New York: St Martin's Press, 1985.

[31] ADRIAN LEFTWICH, "Governance, the State and the Politics of Development", *Development & Change*, Vol. 25, No. 2, 1994.

[32] BACHE I., "Government within Governance: Network Steering

in Yorkshire and the Humber", *Public Administration*, Vol. 78, No. 3, 2000.

[33] BENZ A., EBERLEIN B., "The Europeanization of Regional Policies: Patterns of Multilevel Governance", *Journal of European Public Policy*, Vol. 6, No. 2, 1999.

[34] CHARLES W. J. WITHERS, "Place and the 'Spatial Turn' in Geography and in History", *Journal of the History of Ideas*, Vol. 70, No. 4, 2009.

[35] DAHL, ROBERT ALAN, "Who Governs? Democracy and Power in an American City", *American Journal of Sociology*, Vol. 29, No. 3, 1961.

[36] DAVID HARVEY, "The Geography of Capitalist Accumulation: A Reconstruction of the Marxian Theory", *Antipode*, No. 5, 2006.

[37] DAVID HARVEY, "Labour, Capital, and Class Struggle Around the Built Environment in Advanced Capitalist Societies", *Politics & Society*, Vol. 6, No. 3, 1976.

[38] DAVID HARVEY, "Social Justice, Postmodernism and the City", *International Journal of Urban & Regional Research*, Vol. 16, No. 4, 1992.

[39] DIKE, MUSTAFA, "Justice and the Spatial Imagination", *Environment & Planning A*, Vol. 33, No. 10, 2001.

[40] EDWARD W. SOJA, "Spatializing the Urban, Part I", *City*, Vol. 14, No. 6, 2010.

[41] JON PIERRE, "Models of Urban Governance", *Urban Aairs Review*, No. 1, 1999.

[42] JONATHAN MURDOCH, "Land Use and the Limits to (Region-

al) Governance: Some Lessons from Planning for Housing and Minerals in England", *International Journal of Urban and Regional Research*, Vol. 23, No. 4, 1999.

[43] KARIEN DEKKER, Ronald Van Kempen, "Urban Governance within the Big Cities Policy", *Cities*, Vol. 21, No. 2, 2004.

[44] LEFEVRE, "Metropolitan Government and Governance in Western Countries: A Critical Review", *International Journal of Urban & Regional Research*, Vol. 22, No. 1, 1998.

[45] LOWNDES V., SKELCHER C., "The Dynamics of Multi-organizational Partnerships: An Analysis of Changing Modes of Governance", *Public Administration*, Vol. 76, No. 2, 1998.

[46] MACLEOD G., GOODWIN M., "Reconstructing an Urban and Regional Political Economy: On the State, Politics, Scale, and Explanation", *Political Geography*, Vol. 18, No. 6, 1999.

[47] PIERRE J., "Models of Urban Governance: The Institutional Dimension of Urban Politics", *Urban Affairs Review*, Vol. 34, No. 3, 1999.

[48] PATIRCK LE GALES, "Regulations and Governance in European Cities", *International Journal of Urban & Regional Research*, Vol. 22, No. 3, 1998.

[49] PIRIE G. H., "On Spatial Justice", *Environment & Planning A*, Vol. 15, No. 4, 1983.

[50] ROBERT DAVID SACK, "Conception of Space in Social Thought: A Geographic Perspective", *Human Geography*, Vol. 33, No. 4, 1981.